Wissenschaftliche Untersuchungen
zum Neuen Testament

Herausgegeben von
Martin Hengel und Otfried Hofius

88

Johannesstudien

Untersuchungen zur Theologie
des vierten Evangeliums

von

Otfried Hofius

und

Hans-Christian Kammler

J.C.B. Mohr (Paul Siebeck) Tübingen

Die Deutsche Bibliothek - CIP-Einheitsaufnahme

Johannesstudien : Untersuchungen zur Theologie des vierten Evangeliums /
von Otfried Hofius und Hans-Christian Kammler. - Tübingen : Mohr, 1996
    (Wissenschaftliche Untersuchungen zum Neuen Testament ; 88)
    ISBN 3-16-146571-7 kart.
    ISBN 3-16-146572-5 Gewebe
NE: Hofius, Otfried; Kammler, Hans-Christian; GT

Das Buch wurde von Martin Fischer in Tübingen aus der Times-Antiqua belichtet, von
Gulde-Druck in Tübingen auf alterungsbeständiges Werkdruckpapier der Papierfabrik
Weissenstein in Pforzheim gedruckt und von der Großbuchbinderei Heinr. Koch in Tübin-
gen gebunden.

ISSN 0512-1604

Vorwort

Der vorliegende Band vereinigt sechs exegetische Studien, die zentralen Texten des vierten Evangeliums und gewichtigen Themen der johanneischen Theologie gewidmet sind. Drei Arbeiten werden hier erstmals vorgelegt: *Das Wunder der Wiedergeburt. Jesu Gespräch mit Nikodemus Joh 3,1–21; Jesus Christus und der Geistparaklet. Eine Studie zur johanneischen Verhältnisbestimmung von Pneumatologie und Christologie; Die „Zeichen" des Auferstandenen. Überlegungen zur Exegese von Joh 20,30+31.* Die drei bereits früher veröffentlichten Aufsätze (*Struktur und Gedankengang des Logos-Hymnus in Joh 1,1–18; „Der in des Vaters Schoß ist" Joh 1,18; Erwählung und Bewahrung. Zur Auslegung von Joh 6,37*) wurden auf Fehler durchgesehen und in ihrer formalen Gestalt den Neuveröffentlichungen weitgehend angeglichen; inhaltlich blieben sie dagegen unverändert.

Die einzelnen Beiträge verbinden mit der gründlichen philologischen Textanalyse jeweils das Bemühen, den theologischen Gehalt der johanneischen Aussagen möglichst präzise zu erschließen. Wenn die Texte dabei primär aus ihrer internen Argumentationsstruktur interpretiert und im Lichte ihres unmittelbaren literarischen Kontextes bedacht werden, so soll damit die Notwendigkeit traditionsgeschichtlicher und religionsgeschichtlicher Fragestellungen keineswegs geleugnet werden. Bei der Exegese muß jedoch die textimmanente Interpretation den sachlichen Vorrang haben, weil andernfalls die Gefahr besteht, daß die Wahrnehmung der Textaussage durch textfremde Erwägungen verstellt wird.

Die Arbeit am Johannesevangelium hat uns immer stärker erkennen lassen, was die monographische Studie zum Verhältnis von Pneumatologie und Christologie exemplarisch deutlich macht: daß das Johannesevangelium – von dem Nachtragskapitel Joh 21 und gewissen redaktionellen Einfügungen selbstverständlich abgesehen – das gedanklich konsistente Werk eines herausragenden urchristlichen Theologen ist, der seinen Lesern in eindringlicher Weise Jesus Christus als die Mitte ihres Glaubens vor Augen stellt. Ihr Fundament hat die johanneische Theologie in dem Bekenntnis zur wahren Gottheit Jesu Christi, das die Voraussetzung und Grundlage für die soteriologischen Aussagen des Evangeliums bildet. Die soteriologischen Aussagen selbst bringen nachdrücklich zur Sprache, daß das Heil des Menschen einzig und allein in Jesu Person und Werk beschlossen liegt und daß die Teilhabe an diesem Heil ausschließlich

in dem prädestinierenden Handeln Gottes begründet ist. Daß beide Gedanken –
derjenige der Gottheit Jesu Christi wie derjenige der Prädestination – im vierten
Evangelium vorliegen, ist nach unserer Erkenntnis ein exegetisch eindeutiger
Textbefund, der schwerlich mit überzeugenden Argumenten bestritten werden
kann.

Der Aufsatz über Jesu Gespräch mit Nikodemus ist *Ernst Käsemann* zu seinem 90. Geburtstag gewidmet. Aus Anlaß dieses Tages grüßen wir mit Respekt
und Dankbarkeit den profilierten Exegeten und engagierten Theologen, mit
dem wir uns in der Überzeugung verbunden wissen, daß die Auslegung des
Neuen Testamentes weder auf die verantwortliche dogmatische Reflexion ver-
zichten kann noch auch die gegenwärtige Predigt und Praxis der Kirche aus
dem Blick verlieren darf. So hoffen wir, daß die in diesem Band versammelten
Arbeiten über die Fachexegese hinaus auch für die Systematische Theologie
von Belang und für die kirchliche Verkündigung hilfreich sein mögen.

Wir danken dem Verlag und seinen Mitarbeitern für die sorgfältige Betreu-
ung des Bandes, Herrn Martin Fischer für die hervorragende Gestaltung des
Satzes sowie Götz Häuser, Christos Karakolis, Joachim Ruopp, Falk Schöller
und Jochen Stolch für ihre Unterstützung beim Lesen der Korrekturen.

Tübingen, im März 1996   Otfried Hofius
                                            Hans-Christian Kammler

Inhalt

Struktur und Gedankengang des Logos-Hymnus
in Joh 1,1–18[*]

von

OTFRIED HOFIUS

In der Exegese des Johannesevangeliums hat sich weithin die Erkenntnis durchgesetzt, daß dem Prolog Joh 1,1–18 ein ursprünglich selbständiger Hymnus zugrunde liegt, den der vierte Evangelist mit kommentierenden Zusätzen versehen und so an den Anfang seines Werkes gestellt hat. Die Fragen nach Abgrenzung und Aufbau, Aussage und Herkunft dieses Hymnus sind in der Forschung allerdings lebhaft umstritten[1]. Die Ergebnisse der ständig anwachsenden Literatur[2] divergieren in ungewöhnlichem Maße, und es fehlt dabei auch nicht an kühnen Hypothesen, gewagten Konstruktionen und abenteuerlichen Kombinationen. Nicht zu Unrecht ist deshalb im Blick auf die dem Johannesevangelium gewidmeten Arbeiten der letzten 20 Jahre bemerkt worden: „Allein was in dieser Zeit zum Prolog geschrieben wurde, könnte einem übelgesinnten Kritiker genügend Material liefern, die Nutzlosigkeit der historisch-kritischen Methode zu beweisen, da mit ihrer Hilfe jedes beliebige Ergebnis erreicht werden könne."[3] Angesichts dieses Tatbestandes kann natürlich gefragt werden, ob es überhaupt sinnvoll ist, die Literatur zum johanneischen Prolog bzw. zu dem in ihm verarbeiteten Hymnus noch um weitere Beiträge zu vermehren. Jedoch – ein so großartiger und zugleich anspruchsvoller Text, wie es der Prolog nun einmal ist, verdient es, daß man sich immer | neu um seine

---

[*] *Martin Hengel zum 60. Geburtstag.*

[1] S. dazu die Forschungsberichte: H. THYEN, ThR. NF 39, 1974, 1–69, dort 53–69; 222–252; J. BECKER, ThR. NF 47, 1982, 305–347, dort 317–321; ThR. NF 51, 1986, 1–78, dort 12f. 32. 64. 69f.

[2] Zur Bibliographie s. außer den Angaben in den Anm. 1 genannten Forschungsberichten: R. SCHNACKENBURG, Das Johannesevangelium, HThK IV/1, 1965, 197ff.; IV/4, 1984, 190ff. 201ff.; J. BECKER, Das Evangelium nach Johannes. Kapitel 1–10, ÖTK 4/1, 1979, 66f.; E. HAENCHEN, Das Johannesevangelium, hg. v. U. BUSSE, Tübingen 1980, 112ff. 145ff. Ergänzend notiere ich noch: E. RUCKSTUHL, Kritische Arbeit am Johannesprolog, in: The New Testament Age. Essays in Honor of B. Reicke, hg. v. W. C. WEINRICH, Bd. II, Macon, Ga. 1984, 443–454.

[3] W. KLAIBER, Die Aufgabe einer theologischen Interpretation des 4. Evangeliums, ZThK 82, 1985, 300–324, dort 300.

Erschließung bemüht. So sei denn das Ergebnis meiner eigenen Untersuchungen zu Struktur und Gedankengang des Logos-Hymnus hier vorgelegt und zur Diskussion gestellt[4].

I

Was zunächst die Scheidung von Tradition und Redaktion anlangt, so sind m.E. – einem relativ breiten Konsensus der Forschung entsprechend – die Verse 6–8.12d + 13[5].15 und 17 + 18 als sekundäre Zusätze zu dem Logos-Hymnus zu beurteilen[6].

Für die Verse 6–8 und 15 liegt das auf der Hand: Die deutlich prosaischen Stil verratenden und den Textzusammenhang spürbar unterbrechenden Aussagen über Johannes den Täufer sind nach Form und Inhalt fest mit den beiden Täufer-Abschnitten 1,19–34 und 3,22ff. verbunden; sie wenden sich wie diese Abschnitte gegen eine Überschätzung von Person und Werk des Täufers, indem sie nachdrücklich betonen, daß Johannes nur der „Zeuge" eines anderen – nämlich des Logos – gewesen ist[7]. Um reine Prosa handelt es sich, wie die Abfolge οὐκ … οὐδέ … οὐδέ … ἀλλά … zeigt, auch bei dem Relativsatz V. 13, der zusammen mit der typisch johanneischen Formulierung V. 12d[8] die dem Hymnus selbst angehörenden Zeilen V. 12a–c kommentiert. Und zwar erläutert V. 12d (τοῖς πιστεύουσιν εἰς τὸ ὄνομα αὐτοῦ) die Worte ὅσοι δὲ ἔλαβον αὐτόν V. 12a, während V. 13 (οἳ οὐκ ἐξ αἱμάτων οὐδὲ ἐκ θελήματος σαρκὸς οὐδὲ ἐκ θελήματος ἀνδρὸς ἀλλ' ἐκ θεοῦ ἐγεννήθησαν) die Aussage ἔδωκεν αὐτοῖς ἐξουσίαν τέκνα θεοῦ γενέσθαι V. 12b.c expliziert. Den Logos „aufnehmen" (V. 12a), das heißt – wie der Evangelist erklärt – an seinen Namen „glauben"[9] und ihn somit „im vollen Umfang seiner Selbstoffenbarung" bejahen und anerkennen[10] (V. 12d). Und die den Glaubenden geschenkte Gotteskindschaft (V. 12b.c) verdankt sich – so fügt er hinzu – | nicht menschlichem Wollen und Entscheiden, sondern ausschließlich dem Wunder der Geburt aus Gott (V. 13)[11].

---

[4] Entscheidende Anregungen verdanke ich – auch da, wo ich dann eigene Wege gehe – dem wichtigen Aufsatz von H. GESE, Der Johannesprolog, in: DERS., Zur biblischen Theologie. Alttestamentliche Vorträge, BEvTh 78, 1977 (2. Aufl. Tübingen 1983), 152–201.

[5] Als V. 12d bezeichne ich die Worte τοῖς πιστεύουσιν εἰς τὸ ὄνομα αὐτοῦ.

[6] Gewichtige sprachliche und sachliche Argumente finden sich bereits bei R. BULTMANN, Das Evangelium des Johannes, KEK 2, [14]1956, 29 (zu V. 6–8); 37f. (zu V. 12d + 13); 50 (zu V. 15); 53f. (zu V. 17 + 18).

[7] Zur Frage, warum V. 6–8 hinter V. 5 und V. 15 hinter V. 14 eingefügt worden sind, s.u. Anm. 114.

[8] S. dazu 2,23; 3,18 (vgl. 20,31); 1Joh 3,23; 5,13.

[9] Vgl. 5,43f.: Jesus „aufnehmen" (V. 43) = „glauben" (V. 44).

[10] R. SCHNACKENBURG (1), a.a.O. (Anm. 2) 238.

[11] Die Nikodemus-Erzählung 3,1ff. wird diesen Gedanken näher entfalten (vgl. zu 1,13 besonders 3,5f.).

Außer den beiden Täufer-Stellen V. 6–8 und V. 15 und den Versen 12d + 13 sind schließlich – trotz ihrer gehobenen Sprache – auch die Verse 17 + 18 der Redaktion zuzuweisen[12]. Die entscheidenden Gründe dafür seien stichwortartig genannt: 1. Die bekennende „Wir"-Rede der Verse 14 + 16, die das Charakteristikum der letzten Hymnus-Strophe darstellt, wird in den Versen 17 + 18 nicht weitergeführt; beide Verse sprechen vielmehr die Sprache der strengen theologischen Reflexion. 2. Der in V. 17f. thematisierte Gegensatz von mosaischem νόμος einerseits und einzig in Christus beschlossener χάρις καὶ ἀλήθεια andererseits „lag" in V. 14 + 16 „noch fern"[13]; er „ist und bleibt im Hymnus unvermittelt"[14]. 3. Die Erwähnung des Mose – d.h. einer menschlichen Person – in einem urchristlichen Christushymnus wäre ein völlig singuläres Phänomen. 4. Erst in V. 17 erscheint der Name Ἰησοῦς Χριστός, während der Hymnus den Sohn Gottes gerade mit dem „Logos"-Begriff benennt. 5. Die in V. 18b zu verzeichnende Aufnahme des Subjekts durch das Pronomen ἐκεῖνος ist typischer Stil des Evangelisten[15]. 6. Die Aussagen von V. 17f. haben im Evangelium selbst deutliche Entsprechungen[16]. 7. Die beiden Verse 17 + 18 sind nach Form (ὅτι V. 17a) und Inhalt als eine Anmerkung zu V. 14 + 16 zu beurteilen. Sie betonen in Entfaltung des dort Gesagten, daß die Heilsfülle Gottes (ἡ χάρις καὶ ἡ ἀλήθεια) *nicht* in der Tora vom Sinai, sondern *einzig und allein* in dem menschgewordenen Logos beschlossen liegt (V. 17)[17], weil *ausschließlich* Jesus Christus in seiner Person und in seinem Werk die rettende Offenbarung Gottes ist (V. 18). Damit klingt in den Versen 17 + 18 bereits die scharfe Auseinandersetzung des Evangelisten mit dem zeitgenössischen Judentum an, die dann in den Kapiteln 5–12 des Evangeliums beherrschend hervortritt. |

Während die Verse 6–8.12d + 13.15 und 17 + 18 aus formalen und sachlichen Gründen als redaktionell zu beurteilen sind, besteht m.E. kein wirklich begründeter Anlaß, dem in Joh 1,1–18 aufgenommenen Hymnus noch weitere Teile des Prologs abzusprechen. So stellt z.B. V. 2 keineswegs eine sekundäre, das in V. 1 Gesagte nur noch einmal unterstreichende Wiederholung dar[18], son-

---

[12] Die beiden Verse bilden eine sprachliche und gedankliche Einheit, und das Asyndeton gibt dem V. 18 den Charakter einer Begründung für die Aussage von V. 17b.

[13] R. BULTMANN, a.a.O. (Anm. 6) 53.

[14] J. BECKER, ThR 1982 (a.a.O. [Anm. 1]) 320.

[15] Vgl. 1,33; 5,11.37; 9,37; 10,1; 12,48; 14,21.26; 15,26.

[16] Vgl. zu V. 17a: 7,19; zu V. 18: 5,37b; 6,46; 12,45; 14,9; zur Antithese Mose – Christus in V. 17: 6,32f.

[17] Wie V. 18, so ist auch V. 17 zweifellos ein *antithetischer* Parallelismus membrorum (gegen J. JEREMIAS, ThWNT IV, 877,9ff.; R. SCHNACKENBURG (1), a.a.O. [Anm. 2] 253, Anm. 1). Der Vers formuliert eine „radikale Antithese" (J. SCHNEIDER, Das Evangelium nach Johannes, Berlin ²1978, 63), die jede Heilsrelevanz des Mose und der durch Mose gegebenen Sinai-Tora negiert. Zutreffend erklärt deshalb J. A. BENGEL, Gnomon Novi Testamenti, Tübingen ³1773, zu V. 17b: „Antea mundus nec scierat nec habuerat gratiam."

[18] So z.B. die Vermutung von J. BECKER, Johannes (a.a.O. [Anm. 2] 69; vgl. R. SCHNAKKENBURG (1), a.a.O. (Anm. 2) 212.

dern der Vers ist stilistisch wie inhaltlich als Abschluß des V. 1 schlechterdings unentbehrlich[19]. Und ebensowenig liegt – um ein weiteres Beispiel zu nennen – in V. 9f. eine Wiederholung von V. 4f. vor, die deshalb als der Redaktion zugehörig anzusehen wäre[20]; denn die Verse 4f. und 9 einerseits und Vers 10 andererseits sind, wie noch deutlich werden wird, in ganz unterschiedlichen Aussagezusammenhängen verankert. Sind nun aber lediglich die Verse 6–8.12d + 13.15 und 17 + 18 der Redaktion, die Verse 1–5.9–12c.14 und 16 dagegen dem im Prolog enthaltenen Hymnus selbst zuzuweisen, so bedeutet dies: Der Evangelist hat den ihm vorgegebenen Hymnus an mehreren Stellen durch Zusätze kommentiert, er hat jedoch *nicht* in seinen Wortlaut selbst eingegriffen.

II

Ehe wir uns nun die Struktur und den Aufbau des Hymnus Joh 1,1–5.9–12c.14.16 verdeutlichen können, müssen zunächst zwei für die Textanalyse nicht unwesentliche Einzelprobleme erörtert werden. Es handelt sich um die Frage nach der grammatisch-syntaktischen Beziehung (1.) des Relativsatzes ὃ γέγονεν in V. 3 und (2.) des Partizipialsatzes ἐρχόμενον εἰς τὸν κόσμον in V. 9.
1. Die Frage, ob die Worte ὃ γέγονεν noch zu οὐδὲ ἕν gehören[21] oder aber zum folgenden ἐν αὐτῷ ζωὴ ἦν V. 4a zu ziehen sind[22], ob also die starke Interpunktion erst hinter γέγονεν[23] oder bereits hinter οὐδὲ | ἕν[24] vorzunehmen ist, wird nach wie vor kontrovers beantwortet. Wenn ich mich für die erstgenannte der beiden Möglichkeiten entscheide, so deshalb, weil sich einerseits keines der gegen die Verbindung des ὃ γέγονεν mit οὐδὲ ἕν vorgebrachten Argumente als wirklich zwingend erweist und weil andererseits die Verbindung von ὃ γέγονεν mit V. 4a einen Wortlaut ergibt, der keine befriedigende bzw. überzeugende Interpretation zuläßt.
Zunächst seien die ernsthaft diskutablen Gründe, die *gegen* die Verbindung von ὃ γέγονεν mit οὐδὲ ἕν geltend gemacht werden, knapp skizziert und eben-

---

[19] Überzeugend: H. GESE, a.a.O. (Anm. 4) 161f. Vgl. das unten zur Form und zur Aussage von V. 1f. Bemerkte.
[20] So z.B. J. BECKER, a.a.O. (Anm. 2) 69f.
[21] So z.B. R. SCHNACKENBURG (1), a.a.O. (Anm. 2) 215ff.; E. HAENCHEN, a.a.O. (Anm. 2) 121f.; C.K. BARRETT, The Gospel according to St John, London ²1978 = 1982, 156f.
[22] So z.B. R. BULTMANN, a.a.O. (Anm. 6) 19.21 (mit Anm. 2); H. GESE, a.a.O. (Anm. 4) 162f.; und besonders: K. ALAND, Eine Untersuchung zu Joh 1,3.4. Über die Bedeutung eines Punktes, ZNW 59, 1968, 174–209.
[23] Novum Testamentum Graece ²⁵1963, z. St.
[24] Novum Testamentum Graece ²⁶1979, z. St.; Greek New Testament 1966, ³1975, z. St. (s. aber das Sondervotum von B.M. METZGER in: A Textual Commentary on the Greek New Testament, 1971, 195f.).

so knapp kommentiert[25]: a) Die Beziehung des ὃ γέγονεν zum Vorhergehenden „widerspricht dem Rhythmus der Verse"[26]: Das Argument des Rhythmus läßt sich mit gleichem Gewicht auch zugunsten der Verbindung οὐδὲ ἓν ὃ γέγονεν anführen; denn auch so „entsteht ein guter Rhythmus, nämlich ein Dreizeiler mit gleichem Ausklang in jeder Zeile"[27]. – b) Setzt man ὃ γέγονεν an den Anfang des V. 4, so ergibt sich die für den Hymnus charakteristische Anadiplose-Figur[28]: Dieses Argument wird neutralisiert durch die Beobachtung, daß bei der Verbindung von ὃ γέγονεν mit οὐδὲ ἕν das Tristichon V. 3 die Figur der Epiphora aufweist und die ersten drei Strophen des Hymnus sämtlich mit ἐν anfangen[29]. – c) Die Wendung οὐδὲ ἕν (bzw. οὐδὲ εἷς) erscheint in der griechischen Literatur nicht selten als ein „wegen seiner Wirkung beliebter Satzschluß"[30]: Das ist zweifellos richtig, besagt für Joh 1,3 jedoch nichts, da sich genügend Belege für die Position von οὐδὲ ἕν (bzw. οὐδὲ εἷς) *im* Satz oder *innerhalb* eines Satzgefüges anführen lassen[31]. – d) Bei der | Beziehung von ὃ γέγονεν auf das vorhergehende οὐδὲ ἕν müßte man eher die Worte ὧν γέγονεν erwarten[32]: Die hier postulierte Formulierung οὐδὲ ἓν ὧν γέγονεν wäre nur dann zu erwarten, wenn gesagt sein sollte: „auch nicht eines von allem, was besteht (was geschaffen ist)[33]"; soll dagegen ausgesagt werden: „kein einziges [Ding oder Wesen], das da besteht (das da geschaffen worden ist)", so ist die

---

[25] Als seltsam empfinde ich die Behauptung von K. ALAND, a.a.O. (Anm. 22) 205, daß die Zeile V. 4a im Falle des bloßen Wortlautes ἐν αὐτῷ ζωὴ ἦν „unterhalb der johanneischen Aussagen über Jesus" stehe, daß sie „zu blaß", „ja geradezu banal" sei. Es ist doch schlicht eine interpretatio in malam partem, wenn K. ALAND mit diesem Wortlaut vom Logos ausgesagt findet, „daß das Leben bloß *in* ihm sei", und dagegen dann das Zeugnis des Evangeliums ausspielt, daß Jesus das Leben *ist*.

[26] R. BULTMANN, a.a.O. (Anm. 6) 21, Anm. 2. Vgl. auch W. BAUER, Das Johannesevangelium, HNT 6, ³1933, 12.

[27] R. SCHNACKENBURG (1), a.a.O. (Anm. 2) 216. – Vgl. unten die Wiedergabe des Hymnus.

[28] H. GESE, a.a.O. (Anm. 4) 162; sachlich ebenso: R. BULTMANN, a.a.O. (Anm. 6) 21, Anm. 2.

[29] S.u. die Textdarbietung.

[30] R. BULTMANN, a.a.O. 20, Anm. 1; ebenso W. BAUER, a.a.O. (Anm. 26) 12. Die von R. BULTMANN und W. BAUER genannten Belege erweitern das Material von E. SCHWARTZ, Aporien im vierten Evangelium IV, NGWG 1908, 497–560, dort 534, Anm. 3.

[31] Belege für οὐδὲ ἕν: Xen., Hell. II 3,39; Aristoph., Pl. 138. 1115; Diogenes von Apollonia, Frgm. 5 (H. DIELS / W. KRANZ, Die Fragmente der Vorsokratiker II, Dublin – Zürich ¹³1969, 61,8.9); Men., Epitr. 316. 410; Perik. 179; Fab. incert. 15. 58; Jos 11,14 LXX; 1Makk 11,36; Longus, Daphnis et Chloe II 19,2. – Belege für οὐδὲ εἷς: Aristoph., Pl. 1182; Men., Mis. frgm. 2; Frgm. (ed. A. KÖRTE / A. THIERFELDER) 6,2; 59,9; 118,1; 795,1; Jos 10,30 LXX; 1Makk 8,14; 11,70; Sir 49,14 B; grHen 19,3; Philo, Ebr 165; Sobr 17; Congr 142; Virt 6; Prob 79; LegGai 336; im NT: Act 4,32.

[32] So z.B. R. BULTMANN, a.a.O. (Anm. 6) 21, Anm. 2; W. BAUER, a.a.O. (Anm. 26) 12; H. GESE, a.a.O. (Anm. 4) 162; Bl-Debr-R § 342, Anm. 1.

[33] Bl-Debr-R schlagen ebd. für ὃ γέγονεν die Übersetzung „was besteht" vor. Möglich – und m.E. vorzuziehen – ist auch die in Klammern notierte Wiedergabe. S. dazu u. Anm. 98.

Formulierung οὐδὲ ἓν ὃ γέγονεν durchaus korrekt[34]. Eben dieser letztgenannte Sinn kann aber mit guten Gründen für V. 3 angenommen werden. Der Vers faßt zunächst die gesamte Schöpfung in ihrer unermeßlichen Fülle und unüberschaubaren Vielfalt[35] und sodann jedes einzelne Schöpfungswerk in den Blick[36], so daß der antithetische Parallelismus in sich chiastisch strukturiert ist: (a) πάντα [sc. ὅσα γέγονεν] (b) δι᾽ αὐτοῦ ἐγένετο, καὶ (b) χωρὶς αὐτοῦ ἐγένετο (a) οὐδὲ ἓν ὃ γέγονεν. – e) Textkritisch ist der Punkt nach οὐδὲ ἕν als die ältere Lesart zu erweisen, wie denn auch die Kirchenväter bis in die 2. Hälfte des 4. Jahrhunderts ganz überwiegend ὃ γέγονεν zu V. 4a ziehen[37]: Diese richtige Feststellung besagt nur etwas für das Textverständnis der Texttradenten bzw. der Väter, aber nichts für den Text | selbst. Die älteste Lesart muß nicht notwendig den ursprünglichen Text repräsentieren[38]; es kann sich bei ihr sehr wohl auch um ein „uraltes Mißverständnis" handeln[39].

Fassen wir nun den Vorschlag, ὃ γέγονεν mit V. 4a zu verbinden, in den Blick, so ist zunächst die Interpunktion ὃ γέγονεν ἐν αὐτῷ, ζωὴ ἦν (also die Verknüpfung von ἐν αὐτῷ mit ὃ γέγονεν) aus inhaltlichen Gründen auszuschließen; denn dieser Text erlaubt keine Deutung, bei der sich auch nur annähernd ein sinnvoller Gedankenzusammenhang mit der in V. 4b folgenden Aussage herstellen ließe[40]. Will man ὃ γέγονεν zu V. 4a ziehen, so muß auf jeden

---

[34] Man vergleiche die unterschiedliche Nuance der beiden Aussagen τῶν ... ἀληθῶν λέγοντες οὐδὲ ἕν (Longus, Daphnis et Chloe II 19,2) und οὐ πάνυ εἴωθ᾽ ἀληθὲς οὐδὲ ἓν λέγειν γυνή (Men., Frgm. 591). Im 1. Fall ist gemeint, daß die Methymnäer in der Bürgerversammlung „von der Wahrheit (d.h. von dem, was tatsächlich passiert ist) kein einziges Wort" sagen, im 2. Fall, daß die Frau „kein einziges wahres Wort" sagt. – Vgl. ferner etwa *einerseits*: οὐδὲ εἷς τῶν φαύλων „kein einziger von den Schlechten" Philo, Plant 164; ὧν οὐδὲ εἷς „kein einziger von ihnen (sc. den φιλόσοφοι)" Philo, Congr 142; *andererseits*: οὐδὲ εἷς λόγος „kein einziges Wort" Sir 42,20; οὐδὲ ἓν ῥῆμα desgl. Mt 27,14; πόλεμος οὐδὲ εἷς „auch nicht ein einziger Krieg" Philo, Sacr 25.

[35] Dies ist der Sinn des artikellosen πάντα!

[36] In diesem Fall ist die Zufügung von ὃ γέγονεν zu οὐδὲ ἕν keineswegs überflüssig, unterstreicht sie doch nachdrücklich, daß „nichts, aber auch gar nichts" von dem δι᾽ αὐτοῦ ἐγένετο ausgeschlossen ist (J. CALVIN, CR LXXV, 4 z. St.: nihil penitus excipi). Zum plerophoren Stil in hymnischen Schöpfungsaussagen vgl. im übrigen etwa Kol 1,16; Apk 4,11b.

[37] S. dazu den ausführlichen Nachweis bei K. ALAND, a.a.O. (Anm. 22), und vgl. die Angaben im textkritischen Apparat des Greek New Testament z. St.

[38] Vgl. R. SCHNACKENBURG (1), a.a.O. (Anm. 2) 216; E. HAENCHEN, a.a.O. (Anm. 2) 121f.

[39] So K. BARTH, Erklärung des Johannes-Evangeliums (Kapitel 1–8), Zürich 1976, 37.

[40] S. dazu R. BULTMANN, a.a.O. (Anm. 6) 21, Anm. 4. – Im Anschluß an F.-M. LACAN, L'Œuvre du Verbe Incarné: le Don de la Vie (Jo I,4), RSR 45, 1957, 61–78 will H. THYEN, ThR 1974 (a.a.O. [Anm. 1]) 61f., Anm. 3, V. 4a auf die „Lebens"-Gabe des *geschichtlichen* Offenbarers deuten: „Es ist ... zu übersetzen: ‚Was in ihm erzeugt ward' – nämlich in der Begegnung mit dem, der allein Leben ist und verleiht – ,das war Leben'." Diese Deutung scheitert jedoch schon am sprachlichen Befund. Setzt man nämlich einmal voraus, daß die Worte ὃ γέγονεν den Anfang des V. 4 bilden, so nehmen sie doch fraglos das zweimalige ἐγένετο von V. 3 auf, so daß γίνεσθαι auch hier (wie dann in V. 10b) das „Werden" der *Schöpfung* bezeichnet. Außerdem wäre für „erzeugt werden" in übertragenem Sinn nicht das

Fall zwischen diesen Worten und der präpositionalen Wendung ἐν αὐτῷ eine Zäsur angenommen und also gelesen werden: ὃ γέγονεν, ἐν αὐτῷ ζωὴ ἦν. Doch auch gegen diese Textfassung erheben sich schwerwiegende Bedenken. Das sei – wiederum in knappen Strichen – an den drei in der Forschung erwogenen Deutungen aufgezeigt, die durch die sich jeweils ergebende Übersetzung repräsentiert sein mögen[41]: a) „Was geworden ist, war in ihm (dem Logos) Leben."[42] Diese Interpretation, die ὃ γέγονεν als Subjekt des V. 4a ansieht, wird durch sachliche Erwägungen als unmöglich erwiesen. Nachdem nämlich V. 4a formuliert hätte, daß das Geschaffene – zwar nicht aus sich selbst, aber doch „in" dem Logos – „Leben" *ist*, würde V. 4b eben dieses | „Leben" als das „Licht der Menschen" bezeichnen[43]. Ein theologisch ganz unmöglicher Gedanke! – b) „Was geworden ist, – in ihm (dem Logos) war (dafür) das Leben."[44] Erblickt man, wie es hier geschieht, in ζωή das Subjekt des V. 4a, so müssen die für das Verständnis des Satzes entscheidenden Worte („dafür") erst eingetragen werden. Das beweist aber, „daß der Text selbst das nicht hergibt, was man in ihm sucht"[45]. – c) „Was geworden ist, – in dem war er (der Logos) das Leben."[46] Diese Deutung geht davon aus, daß das Subjekt des V. 4a in dem Prädikat ἦν steckt und die Worte ἐν αὐτῷ Aufnahme des casus pendens ὃ γέγονεν sind. Hier erhebt sich jedoch die Frage, ob die Beziehung von ἐν αὐτῷ auf ὃ γέγονεν in sachlich-inhaltlicher Hinsicht vertretbar ist. Wo nämlich in dem Hymnus sonst das Pronomen αὐτός mit einer Präposition verbunden ist, da ist von dem *Logos* die Rede (δι' αὐτοῦ V. 3a und V. 10b; χωρὶς αὐτοῦ V. 3b); und gleiches gilt für das Akkusativ-Objekt αὐτόν in den Versen 10c, 11b und 12a sowie für den Genitivus subiectivus αὐτοῦ in V. 14c und V. 16a. Da sich der Singular des Pronomens αὐτός somit im Hymnus sonst *stets* auf den *Logos* bezieht[47], ist kaum zu bezweifeln, daß es sich in V. 4a ebenso verhält.

Verbum γίνεσθαι, sondern das Verbum γεννᾶσθαι zu erwarten; s. Joh 1,13; 1Joh 2,29; 3,9; 4,7; 5,1.4.18.

[41] Die Übersetzung „Was geworden ist, – in dem war Leben" scheidet natürlich aus inhaltlichen Gründen aus; s. dazu R. Bultmann, a.a.O. (Anm. 6) 21, Anm. 4.

[42] Erwogen, aber doch als „mit Zweifeln und Bedenken behaftet" beurteilt von K. Aland, a.a.O. (Anm. 22) 209. Als Alternativvorschlag bietet K. Aland ebd. an: „In Bezug auf das, was geworden ist (ὃ γέγονεν = acc. lim.), war in ihm Leben." Diese Übersetzung läßt der griechische Text nicht zu; denn ὃ γέγονεν entspricht bei dem hier erzielten Verständnis keineswegs dem, was nach den Regeln der griechischen Grammatik als ein „accusativus limitationis" zu gelten hätte.

[43] Der Artikel bei ζωή V. 4b hat auf jeden Fall anaphorische, vielleicht sogar – wie W. Bauer, a.a.O. (Anm. 26) 13 annimmt – „demonstrative" Bedeutung.

[44] So z.B. R. Bultmann, a.a.O. (Anm. 6) 21.

[45] E. Haenchen, a.a.O. (Anm. 2) 122.

[46] So z.B. R. Bultmann, a.a.O. (Anm. 6) 21 (als Alternative zu der o.g. Deutung); H. Gese, a.a.O. (Anm. 4) 163 (als „einzig mögliches Verständnis" von V. 4a).

[47] Das gilt indirekt auch für das auf τὸ φῶς V. 5a bezogene Neutrum αὐτό V. 5b.

Der skizzierte Befund, daß den gegen die Zugehörigkeit des ὃ γέγονεν zu οὐδὲ ἕν vorgebrachten Argumenten die überzeugende Stringenz fehlt und die Verbindung von ὃ γέγονεν mit V. 4 mit nicht geringen sprachlichen oder inhaltlichen Problemen belastet ist, legt m.E. nur *eine* Schlußfolgerung nahe: Es empfiehlt sich, in V. 3 οὐδὲ ἕν ὃ γέγονεν zu lesen und also den Punkt erst *nach* γέγονεν zu setzen.

2. Die den V. 9 abschließenden Worte ἐρχόμενον εἰς τὸν κόσμον stellen die Exegese vor die Frage, worauf das Partizip ἐρχόμενον bezogen sein will. Mit dieser Frage ist die andere verknüpft, wie das Subjekt des ganzen Satzes V. 9 zu bestimmen ist.

Faßt man die Worte τὸ φῶς τὸ ἀληθινόν als Subjekt auf, so bildet das Partizip ἐρχόμενον zusammen mit dem am Anfang des V. 9 stehenden Hilfsverb ἦν das Prädikat des Satzes (= coniugatio periphrastica): „Das wahre Licht, das jeden Menschen erleuchtet, kam in die Welt."[48] Diese Interpretation des V. 9 scheitert jedoch daran, daß coniugatio periphrastica | über einen ganzen Relativsatz hinweg[49] unmöglich sein dürfte[50]. Das Subjekt des V. 9 kann nur in dem – auf den Logos zu beziehenden – Prädikat ἦν stecken, und τὸ φῶς τὸ ἀληθινόν muß dementsprechend Prädikatsnomen sein. Unter der Voraussetzung dieser syntaktischen Analyse sind auf die Frage nach dem Bezugswort des Partizips ἐρχόμενον drei Antworten gegeben worden: Die erste Antwort faßt ἐρχόμενον als adjektivisches Partizip zu τὸ φῶς auf[51]: „Er (der Logos) war das wahre Licht, das jeden Menschen erleuchtet, (das Licht,) das in die Welt kam." Die zweite Antwort beurteilt ἐρχόμενον als ein zu φωτίζει gehörendes modales Participium coniunctum: „Er war das wahre Licht, das jeden Menschen erleuchtet, indem es in die Welt kommt."[52] Die dritte Antwort schließlich bezieht ἐρχόμενον auf ἄνθρωπον[53]: „Er war das wahre Licht, das jeden Menschen erleuchtet, der in die Welt kommt." Von diesen drei Vorschlägen scheidet der erste aus sprachlichen Gründen aus. Es müßte nämlich, wenn ἐρχόμενον adjektivisch auf τὸ φῶς bezogen sein sollte, vor dem Partizip der Artikel stehen[54]; außerdem wird man bezweifeln dürfen, daß eine solche Beziehung über einen Relativsatz hinweg möglich ist. Grammatisch unanfechtbar

---

[48] In diesem Sinn deuten z.B. W. Bauer, a.a.O. (Anm. 26) 18; J. Jeremias, Der Prolog des Johannesevangeliums, CwH 88, 1967, 19.

[49] Also entschieden *anders* als in 1,28; 2,6; 3,23; 10,40; 11,1; 13,23; 18,18.25.

[50] Zu dem weiteren Problem, daß das Prädikat des V. 9 bei der Annahme einer coniugatio periphrastica *imperfektischen* Sinn hat, s. R. Schnackenburg (1), a.a.O. (Anm. 2) 230.

[51] So z.B. Bl-Debr-R § 353, Anm. 7; R. Schnackenburg (1), a.a.O. (Anm. 2) 231 (die folgende Übersetzung dort 208).

[52] So z.B. H. Gese, a.a.O. (Anm. 4) 157 (Übersetzung). 164f. (Begründung).

[53] So bereits die Vulgata und die Peschitta; von den neueren Auslegern z.B. J. Schneider, a.a.O. (Anm. 17) 50. 58; J. Becker, a.a.O. (Anm. 2) 65. 82f.; E. Haenchen, a.a.O. (Anm. 2) 112. 126.

[54] Das wird von R. Schnackenburg (1), a.a.O. (Anm. 2) 231 selbst betont (unter Hinweis auf 6,14 und 11,27).

sind nur die beiden letzten Vorschläge. Dabei verdient die dritte Deutung den Vorzug, weil es das in sprachlich-syntaktischer Hinsicht naheliegendste ist, ἐρχόμενον auf das unmittelbar voraufgehende ἄνθρωπον zu beziehen[55]. Diese Deutung wäre nur dann ausgeschlossen, wenn sich durch die Beziehung von ἐρχόμενον εἰς τὸν κόσμον auf ἄνθρωπον eine Kombination des direkten Begriffs ἄνθρωπος mit dem – zur allgemeinen Bezeichnung des Menschen verwendeten – rabbinischen Ausdruck „(alle,) die in die Welt kommen" ergäbe[56]. Das | ist m.E. jedoch keineswegs der Fall. Die rabbinische Umschreibung[57] lautet nämlich *stets*: כָּל בָּאֵי (הָ)עוֹלָם[58] bzw. בָּאֵי (הָ)עוֹלָם[59]; sie erscheint also *ausschließlich* im Plural[60]. In der *singularischen* Formulierung von Joh 1,9 liegt nicht jene Umschreibung vor, sondern die dort erscheinende Wendung ἔρχεσθαι εἰς τὸν κόσμον entspricht dem rabbinischen Ausdruck בּוֹא לְעוֹלָם = „ins Dasein treten", „ins Leben treten", „geboren werden"[61]. Das heißt: Der Logos wird in V. 9 als das „wahre Licht" gekennzeichnet, „das jeden Menschen erleuchtet, der da ins Dasein tritt".

III

Nach der Klärung der syntaktischen Verhältnisse in V. 3 und V. 9 können wir nunmehr Struktur und Aufbau des Logos-Hymnus Joh 1,1–5.9–12c.14.16 in den Blick fassen. Der Hymnus weist durchgehend das aus der alttestamentli-

---

[55] Der Umstand, daß ἔρχεσθαι εἰς τὸν κόσμον im Evangelium selbst ausschließlich auf Jesus bezogen ist (3,19; 6,14; 9,39; 11,27; 12,46; 16,28; 18,37), zwingt keineswegs zu der Folgerung, daß es im Hymnus ebenso sein müsse. Die Wendung „in die Welt kommen" ist eine aus dem antiken Judentum stammende und dort vor allem im Blick auf den *Menschen* verwendete Formulierung; s.u. Anm. 61.

[56] Diese Auffassung vertritt H. Gese, a.a.O. (Anm. 4) 164.

[57] S. dazu A. Schlatter, Die Sprache und Heimat des vierten Evangelisten, BFChTh 6/4, 1902, 18f.; ders., Der Evangelist Johannes, Stuttgart ³1960, 15; Bill. II 358.

[58] RH 1,2; tBer 1,15; jHag II 1,77c,48.55.58; jSan VII 19,25d,58; VIII 8,26c,9f.; jKet IV 4,28c,7f.; MekhEx zu 14,24; 14,29; 15,2; 15,3; 18,12; 23,17; SifNum § 119 zu 18,20; LevR 31,1.6 zu 24,2; u.v.a.

[59] So z.B. Pesiq 26 § 8 (= ed. S. Buber 27 [172b]); TanB Gen, *wjr'* § 32.

[60] Es ist deshalb nicht korrekt, wenn R. Bultmann, a.a.O. (Anm. 6) 31f., Anm. 6 erklärt, πᾶς ἐρχόμενος εἰς τὸν κόσμον sei „eine im Semitischen geläufige Umschreibung für ‚jeder Mensch'", oder wenn R. Schnackenburg (1), a.a.O. (Anm. 2) 230 von der „rabbinische(n) Umschreibung ‚einer, der in die Welt kommt' für ‚Mensch'" spricht. Ebenso inkorrekt z.B. E. Haenchen, a.a.O. (Anm. 2) 126.

[61] S. dazu etwa die Belege Hag 2,1; tHag 2,7 (234,22); SifDtn § 311 zu 32,8; § 312 zu 32,9; § 313 zu 32,10; TanB Ex, *pqwdj* § 8; QohR 3 § 4 zu 3,2; Pesiq, Zus. 1 § 11 (= ed. S. Buber 32 [198b. 199a]); SER 19 (ed. M. Friedmann, 110f. [mehrfach]); TQoh 5,15 (hier aram.: אתא לעלמא). – Im Johannesevangelium ist 18,37 aufschlußreich: γεγέννημαι neben ἐλήλυθα εἰς τὸν κόσμον. Die johanneischen Aussagen über das „Kommen" Jesu „in die Welt" gehen natürlich aufgrund ihres christologisch-soteriologischen Aussagegehaltes über die ursprüngliche Bedeutung der Wendung hinaus; vgl. dazu 1Tim 1,15 (auch Hebr 10,5).

chen Poesie bekannte Gestaltungsprinzip des Parallelismus membrorum auf[62]. Dabei finden sich neben der grundlegenden Zweierstruktur a + b auch Erweiterungen zu der Dreiheit a + (b₁ + b₂) bzw. (a₁ + a₂) + b. Was den Gesamtaufbau betrifft, so gliedert sich der Hymnus in vier Strophen (I: V. 1–3; II: V. 4 + 5 + 9; III: V. 10–12c; IV: V. 14 + 16), | deren jede in sich zweiteilig ist (A + B). Es ergibt sich somit das folgende Bild[63]:

I	A	1a	Ἐν ἀρχῇ ἦν ὁ λόγος,	a
		b	καὶ ὁ λόγος ἦν πρὸς τὸν θεόν,	b
		c	καὶ θεὸς ἦν ὁ λόγος,	a
		2	οὗτος ἦν ἐν ἀρχῇ πρὸς τὸν θεόν.	b
	B	3a	πάντα δι᾽ αὐτοῦ ἐγένετο,	a
		b	καὶ χωρὶς αὐτοῦ ἐγένετο	b₁
		c	οὐδὲ ἓν ὃ γέγονεν.	b₂
II	A	4a	Ἐν αὐτῷ ζωὴ ἦν,	a
		b	καὶ ἡ ζωὴ ἦν τὸ φῶς τῶν ἀνθρώπων·	b
		5a	καὶ τὸ φῶς ἐν τῇ σκοτίᾳ φαίνει,	a
		b	καὶ ἡ σκοτία αὐτὸ οὐ κατέλαβεν.	b
	B	9a	ἦν τὸ φῶς τὸ ἀληθινόν,	a
		b	ὃ φωτίζει πάντα ἄνθρωπον	b₁
		c	ἐρχόμενον εἰς τὸν κόσμον.	b₂
III	A	10a	Ἐν τῷ κόσμῳ ἦν,	a₁
		b	καὶ ὁ κόσμος δι᾽ αὐτοῦ ἐγένετο,	a₂
		c	καὶ ὁ κόσμος αὐτὸν οὐκ ἔγνω·	b
		11a	εἰς τὰ ἴδια ἦλθεν,	a
		b	καὶ οἱ ἴδιοι αὐτὸν οὐ παρέλαβον.	b
	B	12a	ὅσοι δὲ ἔλαβον αὐτόν,	a
		b	ἔδωκεν αὐτοῖς ἐξουσίαν	b₁
		c	τέκνα θεοῦ γενέσθαι.	b₂
IV	A	14a	Καὶ ὁ λόγος σὰρξ ἐγένετο	a₁
		b	καὶ ἐσκήνωσεν ἐν ἡμῖν,	a₂
		c	καὶ ἐθεασάμεθα τὴν δόξαν αὐτοῦ –	b
		d	δόξαν ὡς μονογενοῦς παρὰ πατρός,	a
		e	πλήρης χάριτος καὶ ἀληθείας.	b

---

[62] S. dazu besonders die Arbeiten von J. Jeremias, a.a.O. (Anm. 48) und H. Gese, a.a.O. (Anm. 4). Auf die knappen, aber wichtigen Bemerkungen zum Parallelismus membrorum bei Gese, ebd. 160f. weise ich mit besonderem Nachdruck hin.

[63] Links neben dem κατὰ κῶλα dargebotenen Text notiere ich die Strophenzählung einschließlich der Unterteilung sowie die biblische Verszählung (mit meiner Untergliederung); rechts gebe ich die Disticha bzw. Tristicha an.

B   16a   ὅτι ἐκ τοῦ πληρώματος αὐτοῦ   a
     b   ἡμεῖς πάντες ἐλάβομεν   b₁
     c   καὶ χάριν ἀντὶ χάριτος.   b₂ |

Im Anschluß an die Textdarbietung seien einige Beobachtungen zur Struktur des Hymnus notiert, die zugleich der Begründung unserer Analyse dienen sollen.

1. Der Hymnus läßt eine eindrucksvolle *Inclusio* erkennen: Nur in der ersten und in der letzten Strophe erscheint der Ausdruck ὁ λόγος (V. 1a–c, V. 14a), und beide Strophen sprechen die Beziehung des Logos zu Gott bzw. zum „Vater" an (V. 1f., V. 14d). Daß sich so ein Bogen von der ersten zur letzten Strophe des Hymnus spannt, wird vom Inhalt her durch das „insigne antitheton" bestätigt, das J.A. Bengel sehr schön beobachtet hat[64]:

	Verbum	
erat in principio	factum est
Deus	caro
apud Deum	et habitavit in nobis

2. Zwischen Strophe I und II einerseits und Strophe III und IV andererseits besteht eine *parallele Struktur*: a) Die Strophen I und II umfassen in Teil A jeweils vier Stichoi, d.h. zwei Disticha im Parallelismus a + b, und in Teil B jeweils drei Stichoi, d.h. einen einzigen Parallelismus nach dem Schema a + (b₁ + b₂)[65]. Die vier Stichoi von Teil A sind in beiden Strophen durch eine schlichte Parataxe aneinandergereiht[66]; sie weisen zugleich in völliger Parallelität eine dreifache fortschreitende Anadiplosis auf[67], so daß sich hier wie dort die Figur der *gradatio* bzw. κλῖμαξ ergibt[68]. Das Tristichon von Teil B ist in beiden Strophen so gestaltet, daß der zweite und dritte Stichos (b₁ + b₂) eine Satz- und Aussageeinheit bilden (Enjambement)[69]. Der Epiphora in I/B (ἐγένετο V. 3a, V. 3b; γέγονεν V. 3c)[70] korrespondiert das Homoioteleuton in II/B (ἀληθινόν V. 9a; ἄνθρωπον V. 9b; κόσμον V. 9c). – b) Die Strophen III und IV bestehen

---

[64] J. A. Bengel, a.a.O. (Anm. 17) zu Joh 1,2.

[65] Zu diesem Schema vgl. Ps 19,5b.6; 22,12 sowie die u. Anm. 69 genannten Belege.

[66] Der vierte Stichos ist in Strophe I asyndetisch, in Strophe II dagegen durch καί angeschlossen. Diese Differenz hat ihren Grund in dem besonderen Aussagegehalt des V. 2 (s.u.).

[67] In I: λόγος V. 1a, V. 1b; θεός V. 1b, V. 1c; λόγος bzw. οὗτος V. 1c, V. 2. In II: ζωή V. 4a, V. 4b; φῶς V. 4b, V. 5a; σκοτία V. 5a, V. 5b.

[68] Zur *gradatio* s. E. W. Bullinger, Figures of Speech Used in the Bible, London 1898 (= Grand Rapids 1982), 256ff.; H. Lausberg, Handbuch der literarischen Rhetorik, München ²1973, I § 623f.

[69] Zum Tristichon a + (b₁ + b₂) mit Enjambement bei (b₁ + b₂) vgl. in den Psalmen: Ps 66,20; 67,8; 80,5.10; 83,13; 91,2; 119,104; 124,6.

[70] Es liegt Lockerung der Gleichheit durch Polyptoton vor.

in Teil A jeweils aus fünf Stichoi, die ein Tristichon des Schemas $(a_1 + a_2) + b^{71}$ |
und ein Distichon a + b umfassen, und in Teil B jeweils aus drei Stichoi, die –
wie in I/B und II/B – einen Parallelismus nach dem Schema $a + (b_1 + b_2)$ darstellen. Die beiden ersten Stichoi des Tristichon von Teil A bilden, durch καί
verbunden, eine Sinneinheit (V. 10a.b[72], V. 14a.b). Bei dem Tristichon Teil B
handelt es sich jeweils um eine alle drei Stichoi umgreifende Satz- und Aussageeinheit (Enjambement)[73].

3. Die *Parallelität* der Strophen III und IV zeigt sich auch an zwei anderen
Punkten: a) In beiden Strophen liegt Stichwortverknüpfung zwischen dem letzten Stichos von Teil A und dem ersten Stichos von Teil B vor (III: παρέλαβον
V. 11b / ἔλαβον V. 12a; IV: πλήρης V. 14e / πλήρωμα V. 16a). b) Es besteht
eine antithetische Korrespondenz zwischen III/A und IV/A und eine sachliche
Entsprechung zwischen den beiden letzten Stichoi der Teile B (ἔδωκεν V. 12b /
ἐλάβομεν V. 16b; τέκνα θεοῦ γενέσθαι V. 12c / χάρις ἀντὶ χάριτος V. 16c).

4. Aus der unter 2 beschriebenen Parallelität ergibt sich, daß die Strophen I
und II und die Strophen III und IV je eine größere zusammengehörige Einheit
bilden[74]. Der Logos-Hymnus ist also als ein *Diptychon* komponiert worden.
Das findet nicht bloß, wie noch zu zeigen sein wird, vom Inhalt des Hymnus
her seine Bestätigung; es spiegelt sich auch in einer weiteren Struktur-
beobachtung wider, die sich allerdings erst von der inhaltlichen Analyse her
voll erschließt: Wie Strophe II die Aussage von Strophe I/B weiterführt, so
nimmt Strophe IV die Aussage von Strophe III/B auf.

5. Teil B einer jeden Strophe hat sein Kennzeichen darin, daß eine *universale*
Aussage gemacht wird (I: πάντα V. 3a; II: πάντα ἄνθρωπον V. 9b; III: ὅσοι =
„alle, die"[75] V. 12a; IV: ἡμεῖς πάντες V. 16b). Die Zusammengehörigkeit der
Strophen I und II einerseits und III und IV andererseits wird dabei darin sichtbar, daß wir es in V. 3 und V. 9 mit einer kosmologischen bzw. anthropologischen, in V. 12 und V. 16 hingegen mit einer ekklesiologischen Aussage zu tun
haben.

6. Die Strophen I, II und III reden in der Sprache des hymnischen *Berichts*,
während in Strophe IV die Sprache des hymnischen *Bekenntnisses* („Wir"-Stil)
laut wird. Dieser Umbruch von beschreibenden bzw. berichtenden Aussagen
zur bekennenden „Wir"-Rede hat Parallelen in alttestamentlichen Psalmen.
Der als eine Einheit zu beurteilende 19. Psalm besteht | aus den vier Strophen

---

[71] Vgl. dazu z.B. Ps 19,7; 30,3; 61,3a–c; 88,19; 119,39.112; 121,5; 130,5.
[72] In V. 10a.b liegt grammatische Parataxe bei logischer Hypotaxe vor; s.u. Anm. 117.
[73] Zum ein ganzes Tristichon umfassenden Enjambement vgl. Ps 78,6a–c; 91,3; 119,63.75; 121,4.8.
[74] Beide Einheiten sind durch die Stichwortverknüpfung κόσμος V. 9c/V. 10a (= Ana-diplosis) miteinander verbunden.
[75] Vgl. W. BAUER, Wörterbuch zum Neuen Testament, Berlin ⁵1958, 1162 s.v. ὅσος 2: „Auch ohne πάντες hat ὅσοι die Bed. *alle, welche*" (dort auch der Hinweis auf unsere Stel-le). S. z.B. Mt 14,36; Röm 2,12; 6,3; 8,14; Gal 3,27 (vgl. πάντες V. 26); 6,16.

V. 2–5a, V. 5b–7, V. 8–11 und V. 12–14, wobei die beiden ersten Strophen vom Schöpfungs-Logos und die beiden letzten Strophen von der Offenbarungs-Tora handeln[76]. Hier folgt auf die in beschreibendem Stil gehaltenen Worte der ersten drei Strophen das bekennende Zeugnis des Beters in der vierten Strophe („dein Knecht" V. 12; „ich" V. 13f.). In dem Hymnus Ps 33 schließt sich an das beschreibende und berichtende Gotteslob der Verse 4–19 das hymnische „Wir"-Bekenntnis der Verse 20–22 an. Auch auf den hymnischen Text Ps 36,6–10 kann hingewiesen werden: Nachdem die Verse 6–9 zunächst im beschreibenden „Du"-Stil von der heilvollen praesentia Dei auf Erden gesprochen haben, erfolgt in V. 10 der Übergang zum „Wir"-Stil des Bekenntnisses: „Ja, bei dir ist die Quelle des Lebens; in deinem Lichte sehen *wir* das Licht."[77] Wie die genannten Texte belegen, ist der in Joh 1,14 zu verzeichnende Wechsel vom beschreibenden bzw. berichtenden Stil zum bekennenden Lobpreis in der alttestamentlichen Psalmendichtung präformiert. Dieser Wechsel berechtigt deshalb keineswegs dazu, die Verse 14 und 16 dem Logos-Hymnus abzusprechen. Wohl aber zeigt der Umbruch des Stils bereits an, was dann vom Inhalt her eindeutig sichtbar wird: daß die vierte Strophe einen besonderen Charakter trägt und den Höhepunkt des ganzen Hymnus bildet[78]. Ein formaler Hinweis darauf ist auch darin gegeben, daß die vierte Strophe im Unterschied zu den Strophen I–III nicht mit der Präposition ἐν, sondern mit einem affirmativen καί beginnt[79].

7. Teil A der Strophe I erweist sich als besonders kunstvoll gestaltet. Neben der Inclusio ἐν ἀρχῇ (V. 1a, V. 2) und dem Gleichklang der Stichosendungen (V. 1a par. V. 1c: ἦν ὁ λόγος; V. 1b par. V. 2: πρὸς τὸν θεόν) ist besonders der spiegelbildliche Aufbau der vier Stichoi zu nennen[80]: Die Disticha V. 1a.b und V. 1c + 2 enthalten beide die Abfolge Prädikat – Subjekt/Subjekt – Prädikat. Sie sind damit nicht nur in sich selbst chiastisch | strukturiert, sondern stehen, was die Anordnung der Satzglieder anlangt, zugleich auch zueinander in einem spiegelbildlichen Verhältnis[81].

---

[76] Die Einzelnachweise s. bei H. GESE, Die Einheit von Psalm 19, in: Verifikationen. FS G. Ebeling, hg. v. E. JÜNGEL / J. WALLMANN / W. WERBECK, Tübingen 1982, 1–10.

[77] נראה ist mit den Masoreten und den alten Übersetzungen als *qal* und nicht etwa als *nifal* zu lesen.

[78] Die von verschiedenen Exegeten mit unterschiedlichen Begründungen vorgetragene These, daß die Verse 14 und 16 *nicht* zu dem Logos-Hymnus gehören, hat mich nicht zu überzeugen vermocht. S. zu dieser These insbesondere die folgenden Arbeiten: E. KÄSEMANN, Aufbau und Anliegen des johanneischen Prologs, in: DERS., Exegetische Versuche und Besinnungen II, Göttingen 1964, 155–181 (bes. 162ff.); CHR. DEMKE, Der sogenannte Logos-Hymnus im johanneischen Prolog, ZNW 58, 1967, 45–68; G. RICHTER, Die Fleischwerdung des Logos im Johannesevangelium, NT 13, 1971, 81–126, dort 93ff.; 14, 1972, 257–276.

[79] S. dazu u. Anm. 127.

[80] Vgl. H. GESE, a.a.O. (Anm. 4) 162.

[81] Die spiegelbildliche Struktur wiederholt sich in dem bereits erwähnten Chiasmus des V. 3.

8. Zuletzt seien einige weitere Formbeobachtungen zu den Strophen III und IV notiert: a) In dem Tristichon V. 10 und dem ihm parallelen Distichon V. 11 begegnet jeweils die Figur der Anaphora, – in beiden Fällen mit dem Phänomen des Polyptoton verbunden[82]. b) Auf die Figur der Anadiplosis, die in den Strophen I/A und II/A beherrschend hervortritt, stoßen wir noch einmal in Teil A der Strophe IV: Zum einen verklammert die Wiederaufnahme des Wortes δόξα das Tristichon V. 14a–c mit dem Distichon V. 14d.e; zum andern liegt eine Anadiplosis in lockerer Form darin, daß die 1. Pers. Plur. ἐν ἡμῖν von V. 14b in V. 14c durch das Suffix des Verbums (ἐθεασάμεθα) aufgenommen wird. c) Im letzten Stichos der beiden Teile von Strophe IV erscheint das Wort χάρις (V. 14e, V. 16c), im zweiten Fall in Form der – die unerschöpfliche Fülle bezeichnenden – Wendung χάρις ἀντὶ χάριτος. Dadurch kommt auch sprachlich zum Ausdruck, daß die glaubende Gemeinde *dem* die Fülle des Heils verdankt, in dem allein alles Heil beschlossen liegt.

IV

Es würde den Rahmen eines Aufsatzes sprengen, sollte nunmehr eine ins einzelne gehende und auch die traditionsgeschichtlichen und religionsgeschichtlichen Zusammenhänge aufhellende Interpretation des Logos-Hymnus vorgelegt werden. Ich muß mich deshalb darauf beschränken, in einem letzten Schritt der Betrachtung den Gedankengang des Hymnus nachzuzeichnen und wenigstens die wichtigsten exegetischen Entscheidungen zu begründen. Dabei gehe ich mit der überwiegenden Mehrheit der Exegeten davon aus, daß der Logos-Hymnus *christlichen* Ursprungs ist[83]. Er gehört von seiner Entstehung an zu jenen „Psalmen und Liedern", von denen Eusebius sagt, daß sie „Christus, das Wort Gottes, besingen, indem sie seine Gottheit verkündigen" (τὸν λόγον τοῦ θεοῦ τὸν Χριστὸν ὑμνοῦσιν θεολογοῦντες)[84]. |

1. Die erste Strophe des Hymnus (I) beginnt, wie wir bereits sahen, in Teil A mit vier besonders kunstvoll gestalteten Stichoi. Die in sich geschlossene poetische Form entspricht hier der theologischen Aussage, die das Sein zur Spra-

---

[82] In V. 10 steht ἐν τῷ κόσμῳ neben dem zweimaligen ὁ κόσμος, in V. 11 τὰ ἴδια neben οἱ ἴδιοι.

[83] Im Blick auf Stil und Inhalt möchte ich mit H. GESE, a.a.O. (Anm. 4) 171 (und anderen Exegeten) vermuten, daß das Lied dem Traditionskreis des vierten Evangelisten entstammt. – Gegen den christlichen Ursprung des Logos-Hymnus spricht übrigens *nicht*, daß der Name Jesu Christi nicht genannt wird; denn gleiches gilt z.B. für den Christushymnus bei Ignatius, Eph 19,2f., aber auch für nicht wenige Christuslieder der späteren Hymnodie der Ostkirche.

[84] Eus., hist. eccl. V 28,5. – Zur Frage nach dem Ursprung der urchristlichen Hymnendichtung s. M. HENGEL, Hymnus und Christologie, in: Wort in der Zeit. FS K. H. Rengstorf, hg. v. W. HAUBECK / M. BACHMANN, Leiden 1980, 1–23.

che bringt, das dem Logos „von Ewigkeit zu Ewigkeit" eignet[85]. Der erste Stichos (V. 1a), in dem die Worte ἐν ἀϱχῇ den Ton tragen[86], hebt mit seiner „zeitlichen" Aussage auf das Vor-der-Schöpfung-Sein des Logos ab[87]. Er stellt also die ewige vorweltliche Existenz des Logos heraus und macht so deutlich, daß der Logos nicht zu der geschaffenen Welt gehört, – daß er nicht Geschöpf (creatura) ist. Die „räumliche" Aussage des zweiten Stichos (V. 1b) führt die ἐν ἀϱχῇ-Aussage steigernd fort, indem sie das Bei-Gott-Sein des Logos anspricht. In den Worten ὁ λόγος ἦν πϱὸς τὸν θεόν sind zwei Momente unlöslich miteinander verknüpft. Zum einen wird die untrennbare Zusammengehörigkeit und personale Verbundenheit von Gott und Logos betont: der Logos steht in engster Gemeinschaft mit Gott, er gehört ganz auf die Seite Gottes. Zum andern wird aber auch die Unterschiedenheit von Gott und Logos angezeigt: der Logos ist nicht personidentisch mit dem, der dann in V. 14d der „Vater" genannt wird. Das den dritten und vierten Stichos umfassende Distichon V. 1c + 2 „geht von der zeitlich-räumlichen Aussage zur ontologischen über"[88]. Der Stichos V. 1c erklärt zunächst, daß das ἐν ἀϱχῇ-Sein und das präexistente Bei-Gott-Sein des Logos in seinem Gott-Sein gründen. In sprachlicher Hinsicht ist zu V. 1c dreierlei zu bemerken: 1. ὁ λόγος ist Subjekt, θεός Prädikatsnomen; 2. weil das Prädikatsnomen an dieser Stelle weder „auf Bekanntes oder Erwähntes hinweist" noch auch „das einzige oder vermeintlich einzige Wesen seiner Art" bezeichnet, es sich vielmehr um den abstrakten Begriff einer vom Subjekt ausgesagten „Eigenschaft" handelt, deshalb *muß* nach den Regeln der griechischen Syntax der Artikel fehlen[89]; 3. die Voranstellung verleiht dem Prädikatsno- | men θεός besonderen Nachdruck[90]. Aufgrund dieses sprachlichen Befundes kann V. 1c nur bedeuten, daß der Logos *Gott* – wahrer und wirklicher Gott – ist. Dagegen ist es philologisch unbegründet, aus dem artikellosen θεός den Schluß zu ziehen, daß der Logos nach der Meinung des Hymnus nicht im

---

[85] Dies ist der Sinn des ἦν von V. 1f., V. 4a und V. 9a, das H.-J. IWAND, Predigt-Meditationen, Göttingen 1963, 50 sehr schön als „ein alle Zeitlichkeit transzendierendes ‚tempus'" bezeichnet, das „das Sein des Wortes von Ewigkeit zu Ewigkeit" umschließt. – Nach L. SCHOTTROFF, Der Glaubende und die feindliche Welt, WMANT 37, 1970, 229ff. wäre bereits von 1,1 an von dem Logos *ensarkos* – dem geschichtlichen Auftreten des Offenbarers – die Rede. Im Unterschied etwa zu H. THYEN, ThR 1974 (a.a.O. [Anm. 1]) 62f. kann ich diese These weder für den Hymnus noch auch für den Prolog als Ganzen für richtig halten.

[86] Die Anastrophe (hier: die Voranstellung des präpositionalen Ausdrucks) dient der Emphase. Zu den exegetischen Konsequenzen vgl. K. BARTH, a.a.O. (Anm. 39) 22: „Nicht was *im Anfang* war: daß nämlich im Anfang der Logos war und nicht etwa irgend etwas Anderes, soll gesagt werden, sondern: was es mit dem Logos auf sich hat: daß er schon im *Anfang* war und nicht später erst wurde und hinzukam."

[87] S. H. GESE, a.a.O. (Anm. 4) 161.

[88] H. GESE, ebd.

[89] Bl-Debr-R § 273. – Stände vor θεός der Artikel, so ergäben sich zwei gleichermaßen unsinnige Aussagen: entweder die, daß der Logos die gleiche Person ist wie der in V. 1b erwähnte θεός; oder die, daß außer dem Logos überhaupt kein Gott existiert.

[90] Wie in V. 1a liegt eine Anastrophe vor. Vgl. 4,24: πνεῦμα ὁ θεός.

eigentlichen Sinne Gott, sondern nur „göttlicher Art" und also ein Wesen sei, das „im Verhältnis zu dem einzigen, wahren Gott ... auf untergeordneter Stufe" steht[91]. Die Aussage θεὸς ἦν ὁ λόγος ist zu begreifen als *„Identifikation des Wesens* zweier zu *unterscheidender* Personen"[92]; und zugesprochen wird dem in engster personaler Verbundenheit mit dem Vater stehenden Logos „ohne Rückhalt" dessen θεότης[93]. Damit ist in V. 1c eine Aussage erreicht, die „nicht gesteigert werden" kann[94]. Der Parallelismus V. 2 nimmt deshalb den „Gesamtinhalt" von V. 1a.b wiederholend auf[95] und verbindet ihn mit der Aussage von V. 1c: „Hic Logos, qui erat Deus, erat in principio et erat apud Deum."[96] Dieser Satz, der schon aus stilistischen Gründen dem Hymnus nicht abgesprochen werden kann[97], ist auch in sachlich-inhaltlicher Hinsicht unentbehrlich. Denn er macht als Abschluß des ersten Teils der ersten Hymnus-Strophe unmißverständlich deutlich: Das ewige Sein des Logos ist ewiges Sein in der personalen Zugehörigkeit zu Gott und in der vollkommenen Wesensidentität mit Gott.

Im zweiten Teil der Strophe (I/B) schreitet die Betrachtung nun weiter von dem Gott-Sein des Logos zu seinem *Schöpfer*-Sein (V. 3)[98]. Was das Verständnis des δι' αὐτοῦ V. 3a anlangt, so kann nach dem in V. 1f. Gesagten nicht zweifelhaft sein, daß der Logos nicht bloß als „instru- | mentum" der Weltschöpfung, sondern – wie in Kol 1,16 und Hebr 1,2 – als der aktiv Mitwirkende und Schaffende bezeichnet werden soll. Im Gesamtkontext des Hymnus hat die Aussage über die Schöpfungsmittlerschaft nicht zuletzt den Sinn, den Herrschaftsanspruch des Logos auf die Schöpfung zum Ausdruck zu bringen: Die ganze Schöpfung – und damit auch ein jeder Mensch – ist Eigentum des Logos und schuldet ihm als dem rechtmäßigen Herrn die gehorsame Anerkennung. Die drei Stichoi von V. 3 sind so Vorbereitung dessen, was dann in den Versen 10 + 11 gesagt werden wird, – wie denn ja V. 10b expressis verbis auf V. 3 zurückweist.

2. Von dem Logos *asarkos* handelt auch die zweite Strophe des Hymnus (II), die – an Strophe I/B anknüpfend und das dort Gesagte weiterführend – das Wir-

---

[91] So z.B. J. BECKER, a.a.O. (Anm. 2) 72. Dagegen hat schon J.A. BENGEL, a.a.O. (Anm. 17) z. St. *auch* philologisch zu Recht bemerkt: „Absentia articuli graeci, in praedicato praesertim, non imminuit significationem Dei veri" (mit Verweis auf 3Reg 18,24 LXX). Mit der Differenzierung von ὁ θεός (= Gott) und θεός (= der Logos) bei Philo, Som I 228ff. hat Joh 1,1f. auch nicht das geringste zu tun!

[92] So nicht nur dogmatisch, sondern sehr wohl auch exegetisch zutreffend: K. BARTH, a.a.O. (Anm. 39) 35 (Hervorhebung von BARTH).

[93] Ebd. 25.

[94] H. GESE, a.a.O. (Anm. 4) 161.

[95] Ebd.

[96] So – in angemessener Interpretation der Anadiplosis ὁ λόγος V. 1c / οὗτος V. 2 – J.A. BENGEL, a.a.O. (Anm. 17) z. St.

[97] Die Streichung von V. 2 würde die Inclusio ἐν ἀρχῇ beseitigen, vor allem aber den Gleichklang der Stichosendungen und den spiegelbildlichen Aufbau der Stichoi zerstören. Vgl. H. GESE, a.a.O. (Anm. 4) 162.

[98] Zu γίνεσθαι in der Bedeutung „geschaffen werden" s. in LXX Ps 32,9; 148,5; Jdt 16,14; ferner: Hebr 11,3; Philo, Cher 127. Vgl. auch Jes 66,2 α´ σ´ θ´.

ken des ewigen Logos in der Schöpfung beschreibt[99]. Dies geschieht zunächst im ersten Teil der Strophe (II/A) unter kosmologischem und sodann im zweiten Teil (II/B) unter anthropologischem Aspekt[100]. Die anthropologische Zielrichtung wird dabei bereits in den Worten τὸ φῶς τῶν ἀνθρώπων V. 4b sichtbar.

Das erste Distichon von Strophe II/A kennzeichnet den Logos als das „Lebensprinzip" der Schöpfung[101]. Von ihm, der der „Inbegriff" des Lebens ist (V. 4a), geht alles Leben und so auch „das Licht der Menschen" aus (V. 4b)[102]. Wenn hier – in der kosmologischen Aussage des ersten Strophenteils – sogleich ganz betont die Menschen in den Blick kommen, so klingt darin zum einen sicher das alttestamentliche Zeugnis an, daß die Schöpfung in der Erschaffung des Menschen ihr Ziel hat und dem Menschen in einzigartiger Weise die Zuwendung des Schöpfers gilt (Gen 1f.; Ps 8). Zum andern aber hat der Hymnus bereits von der ersten Strophe (V. 3!) an den unerhörten, in Strophe III/A dann thematisierten Tatbestand vor Augen, daß das menschliche Geschöpf sich *dem* verschließt und | verweigert, dem es als seinem Schöpfer das Leben verdankt. Die ζωή, von der in V. 4 die Rede ist, meint das kreatürliche Leben, das – als gottgegebenes – „heilvolles" Leben ist[103]. Dieses Leben hat die Kreatur nicht in sich selbst und aus sich selbst, sondern einzig von dem her, dessen Werk sie ist. Die Schöpfung und in ihr der Mensch verdanken – so sagt V. 4 – dem Logos nicht bloß ihr Vorhandensein, sondern sie empfangen beständig von ihm das Leben und werden durch seine Leben gewährende Zuwendung kontinuierlich im Sein erhalten[104]. Daß diese fortwährende Erhaltung des geschaffenen Seins auf dem Hintergrund einer Bedrohung und Gefährdung dieses Seins gesehen werden will, bringt das Distichon V. 5 zum Ausdruck. Die beiden Stichoi nehmen deutlich auf das erste Schöpfungswerk in Gen 1,3–5 Bezug: „Das Licht verliert sich nicht in der chaotischen Finsternis, mit ihr im

---

[99] In der zweiten Strophe erscheinen mit ζωή und φῶς zwei Begriffe, die im Evangelium sonst soteriologische Bedeutung haben. Das nötigt jedoch nicht dazu, diese Bedeutung auch für die Verse 4f. und 9 anzunehmen. Mit C. K. BARRETT, a.a.O. (Anm. 21) 157 ist vielmehr zu sagen: „The Prologue ... sets first in a *cosmological* aspect what later will appear in a soteriological" (Hervorhebung von mir).

[100] Vgl. H. GESE, a.a.O. (Anm. 4) 193f. – Die kosmologische Orientierung des ersten Strophenteils erhellt aus V. 5.

[101] H. GESE, ebd. 163.

[102] Das Distichon V. 4 sagt schöpfungstheologisch, was Ps 36,10 im Blick auf die heilvolle Gegenwart des Deus revelatus im Heiligtum bekennt: „Bei dir ist die Quelle des *Lebens*; in deinem *Lichte* sehen wir das *Licht*." Im Hintergrund des V. 4 steht die alttestamentliche Verknüpfung und Synonymität von „Licht" und „Leben". S. dazu außer dem Ausdruck „Licht des Lebens" (Ps 56,14; Hi 33,30) auch die Wendungen נָתַן אוֹר = „Leben geben" (Hi 3,20) und רָאָה אוֹר = „leben" (Ps 36,10; 49,20; Hi 3,16; 33,28; vgl. Jes 53,11 Qª·ᵇ). – Vgl. zu V. 4 auch JosAs 12,2.

[103] Vgl. H. GESE, a.a.O. (Anm. 4) 191. 194.

[104] Die Aussage von V. 4 entspricht also in der Sache den hymnischen Sätzen Kol 1,17b (τὰ πάντα ἐν αὐτῷ συνέστηκεν) und Hebr 1,3b (φέρων ... τὰ πάντα τῷ ῥήματι τῆς δυνάμεως αὐτοῦ).

Dämmer vermischt, sondern im kosmischen Sieg erstrahlt es, die Finsternis eingrenzend."[105] Die σκοτία als das die Schöpfung Bedrohende ist durch den Logos, der permanent alles Geschaffene trägt und erhält[106], ein für allemal[107] in ihre Grenzen gewiesen, – vermochte sie doch den, der von der Weltschöpfung an das Lebensprinzip der Schöpfung ist, nicht zu „überwältigen"[108].

Der zweite Teil der zweiten Strophe (II/B) führt die Aussagen über das Wirken des Logos asarkos in der Schöpfung weiter, indem er – nun in betonter anthropologischer Zuspitzung – den Logos als den Spender und Erhalter allen menschlichen Lebens prädiziert: als das „wahre" Licht, „das jeden Menschen erleuchtet, der da ins Dasein tritt" (V. 9). Die Deutung des vielumstrittenen φωτίζειν auf die Gewährung und Erhaltung des kreatürlichen Lebens wird durch rabbinische Texte gestützt, die das hebräische Äquivalent אור hif. („erleuchten" = „Licht spenden") in eben jenem Sinn verwenden[109]. Gott ist – so hören wir – „das Licht der Welt" (אורו של עולם), und als dieses Licht ist er der, „der alle (oder: alles) | erleuchten" (שהוא מאיר לכל)[110]. Von ihm kann gesagt werden: „Du erleuchtest die Oberen und die Unteren, du erleuchtest alle, die in die Welt kommen (= alle Menschen)" (אתה מאיר לכל באי עולם)[111]. In beiden Texten meint „erleuchten" das Leben spendende und erhaltende Wirken Gottes[112]. Entsprechend wird im Hymnus der Logos als das in der Finsternis „scheinende" und die Menschen „erleuchtende" Licht gepriesen[113]. *Er* ist es, dem ein jeder Mensch beständig Sein und Leben verdankt[114]. |

---

[105] H. GESE, a.a.O. (Anm. 4) 163.

[106] Den Aspekt der Permanenz bringt das Präsens φαίνει V. 5a zum Ausdruck.

[107] Diese Nuance liegt in dem effektiven Aorist κατέλαβεν V. 5b.

[108] Dieses Verständnis von καταλαμβάνειν ist philologisch unanfechtbar. Für das Verbum lassen sich nämlich folgende Bedeutungen belegen: „übermannen" (Hom., Il. 5,82f.; Od. 17,326; Longus, Daphnis et Chloe II 23,1); „sich bemächtigen" (Herodot V 71,1; Thuk. I 126,4.5; Plat., Rep. 560b); „Macht gewinnen über" (Thuk. IV 20,1); „Herr werden über" (Herodot I 87,1 [hier synonym zu ἐπικρατεῖν „die Oberhand gewinnen", „überwältigen" I 86,6!]).

[109] Das Material bietet bereits A. SCHLATTER, Johannes (a.a.O. [Anm. 57]) 14f.

[110] TanB Num, bh'lwtk §5. Parallelen: Tan Num, bh'lwtk §4; NumR 15,4 zu 8,2 (hier: „der die ganze Welt erleuchtet"); ExR 36,2 zu 27,20 (nur die zweite Aussage).

[111] LevR 31,1 zu 24,2; ähnlich ebd. 31,6 zu 24,2.

[112] Vgl. zum Wortsinn auch die Aussage von SifDtn §306 zu 32,1, daß die Sonne „die ganze Welt erleuchtet".

[113] Zum Neben- und Miteinander von φαίνειν V. 5a und φωτίζειν V. 9b vgl. die interessante Wiedergabe von Gen 1,2f. im Fragmententargum (MS Vatican Ebr. 440) zu Ex 12,42: „Die Welt war wüst und leer, und Finsternis war ausgebreitet über der Urflut, und der Memra des Herrn schien und (er)leuchtete" (הוה נהיר ומנהר). Vgl. auch Targum Neofiti z. St.

[114] Zwischen die beiden Teile A und B der zweiten Hymnus-Strophe hat der Evangelist die Verse 6–8 eingefügt. Sie sind eine Anmerkung zum Stichwort φῶς und richten sich polemisch gegen Täuferkreise, die den Täufer als eine messianische Heilsgestalt verehrt und ihn offensichtlich als das „Licht" bezeichnet haben (vgl. zu dieser Messiasbezeichnung TJes 42,6; Lk 1,78f.; 2,32). Der Evangelist hat die Anmerkung an der einzig möglichen Stelle eingefügt. Trotz des nicht ganz glatten Übergangs von V. 8 zu V. 9 ist doch auch *sprachlich* deutlich, daß sich die Worte von V. 9a nur auf *den* beziehen können, der in V. 7f. in aller

3. Mit der dritten Strophe (III) wendet sich der Hymnus dem Kommen des Logos in die Welt und seiner Gegenwart in der Welt zu. Das bedeutet: Von V. 10 an ist von dem Logos *ensarkos* die Rede[115]. Der erste Teil der dritten Strophe handelt von der Abweisung des Logos ensarkos durch die ungläubige Welt, der zweite Teil von der Aufnahme des Logos ensarkos durch die glaubende Gemeinde.

Das aus V. 9c aufgenommene und in dem Tristichon V. 10 dreimal begegnende Wort κόσμος bezeichnet zunächst in V. 10a und V. 10b den Kosmos als ganzen und sodann in V. 10c in engerem Sinn die Menschenwelt. Der erste Stichos V. 10a stellt betont die Anwesenheit des Logos in der Welt heraus: ἐν τῷ κόσμῳ ἦν[116]. Der diesem Satz grammatisch koordinierte, logisch jedoch subordinierte zweite Stichos V. 10b weist auf V. 3 zurück und soll in Erinnerung rufen, daß der κόσμος Eigentum des Logos ist[117]. Auf diesem Hintergrund gewinnt die Aussage des dritten Stichos V. 10c ihre ganze Schärfe: Die Menschenwelt verweigert dem Logos, dem sie doch ihr Dasein verdankt und der doch ihr rechtmäßiger Herr ist, die Anerkennung; sie „wollte nichts von ihm wissen" (αὐτὸν οὐκ ἔγνω)[118]. Die auf das Tristichon folgenden beiden Stichoi von V. 11 werden nicht selten auf Israel als das „Eigentumsvolk" Gottes gedeutet. Diese Deutung ist jedoch keineswegs zwingend, ja, sie ist nicht

---

Eindeutigkeit als das „Licht" bezeichnet worden ist. Hätte der Evangelist seine Anmerkung dagegen erst hinter V. 9 – also am *Ende* der zweiten Strophe – angebracht, so hätte der Übergang zu V. 10 in *sprachlicher* Hinsicht nur so verstanden werden können, als sei der *Täufer* Subjekt der Aussagen von V. 10ff. – Aus der Einfügung der Verse 6–8 hinter V. 5 folgern nicht wenige Exegeten, daß zumindest der Evangelist V. 5 auf den Logos *ensarkos* bezogen habe. Das ist m.E. eine recht kurzschlüssige Folgerung. Die Einfügung des Abschnitts V. 6–8 erfolgte doch nicht deshalb, weil der Täufer unter chronologischen Gesichtspunkten am frühest möglichen Ort erwähnt werden sollte, sondern sie erfolgte aus *theologischen* Gründen ad vocem φῶς, damit gleich zu Anfang klargestellt sei, daß der Täufer nur der „Zeuge" des wahren „Lichtes", nicht aber das „Licht" selber war. Die Einfügung hinter V. 5 ergibt gerade im Kontext einer Strophe, die von dem Logos *asarkos* handelt, einen ausgezeichneten Sinn. Sie macht nämlich von vornherein in aller Schärfe deutlich, wer der Täufer im Verhältnis zu Jesus Christus ist: Der *Mensch* Johannes (ἐγένετο ἄνθρωπος ... V. 6!) ist einer von jenen ἄνθρωποι, die dem Logos als ihrem Schöpfer und Erhalter Dasein und Leben verdanken (V. 4, V. 9). Dieser Aussageintention korrespondiert die Anfügung von V. 15 an V. 14: Der Täufer selbst bezeugt in seiner μαρτυρία ausdrücklich die *Präexistenz* und damit die wahre Gottheit Jesu Christi (zu πρῶτός μου ἦν vgl. 8,58).

[115] Für die Deutung der Verse 10–12c auf das Wirken des Logos *ensarkos* spricht nicht zuletzt der Tatbestand, daß die Wendung „in der Welt sein" V. 10a in der rabbinischen Literatur als ein fester Ausdruck für die *geschichtliche Existenz* erscheint; s. etwa SifDtn § 38 zu 11,10; TanB Gen, *wjšb* § 1; bGit 73b; GenR 2,6 zu 1,3. Im Johannesevangelium selbst vgl. 9,5 und 17,11f.!

[116] Das ἦν hat jetzt einen anderen Sinngehalt als in den Versen 1f., 4 und 9. Es steht in Parallele zu ἦλθεν V. 11a und meint das geschichtliche „Sein" des Logos ensarkos in der Welt (vgl. ἤμην 17,12).

[117] Grammatische Parataxe bei logischer Hypotaxe ist ein im neutestamentlichen Griechisch verbreitetes Phänomen, das auf den Einfluß des Hebräischen bzw. Aramäischen zurückgeht. In V. 10a.b ist der Sinn: „Er war in der Welt, die durch ihn geschaffen ist."

[118] Zu γινώσκειν vgl. יָדַע 1Sam 2,12; Jer 2,8; 4,22; Hos 5,4; Hi 18,21 u.ö.

einmal wahrscheinlich[119]. Es liegt vielmehr näher, anzunehmen, daß τὰ ἴδια
V. 11a die | dem Logos als dem Schöpfer gehörende Welt (= ὁ κόσμος V. 10a.b)
und οἱ ἴδιοι V. 11b die ihm als dem Schöpfer gehörenden Menschen (= ὁ
κόσμος V. 10c) bezeichnen, so daß die beiden Verse 10 und 11 einander parallel sind und sich gegenseitig erläutern[120]. Wie V. 10, so sagt auch V. 11, daß die
Menschenwelt sich dem Logos als ihrem rechtmäßigen Herrn verschlossen,
daß sie ihn „nicht aufgenommen" hat.

Der durch Stichwortverbindung mit III/A verknüpfte[121] und durch das δέ
V. 12a antithetisch auf III/A bezogene zweite Strophenteil (III/B) spricht nun
von „allen denen", die den Logos „aufnahmen" und von ihm die Gabe der
Gotteskindschaft empfingen. Diese ὅσοι sind jene „Wir", die dann in der vierten Strophe – in dem hymnischen Bekenntnis der glaubenden Gemeinde – zu
Wort kommen. Als erstaunlich muß empfunden werden, daß auf die in V. 11b
formulierte kategorische Verneinung nun mit V. 12 doch eine positive Aussage
folgt. Man wird dieses Phänomen schwerlich einfach mit dem Begriff der
„Dialektik" erklären können und es erst recht nicht unter den Aspekten von
„Regel" (V. 10f.) und „Ausnahme" (V. 12) betrachten dürfen. Es werden in der
dritten Hymnus-Strophe vielmehr in schärfster Antithese zwei Bereiche einander gegenübergestellt: der Bereich des Menschen und des vom Menschen her
Möglichen einerseits und der Bereich Gottes und des von Gott her Möglichen
(und dann auch Geschehenden!) andererseits. Das bedeutet: Es gibt die ὅσοι
von V. 12 nicht deshalb, weil *sie* – sich dadurch positiv von dem κόσμος V. 10c
bzw. den ἴδιοι V. 11b abhebend – den Logos in freier Entscheidung „aufgenommen" haben und aufgrund dieses ihres Verhaltens die erfreuliche Ausnahme von der in V. 10f. beschriebenen betrüblichen Regel bilden; sondern es gibt
sie einzig deshalb, weil sie – „derselben Regel unterworfen wie alle Anderen,

---

[119] Gegen die Deutung auf Israel sprechen m.E. gewichtige Gründe: 1. Nirgends sonst im
Hymnus ist von Israel die Rede; es geht vielmehr um die Menschen allgemein. Die im Johannesevangelium hervortretende Auseinandersetzung mit dem sich Christus verweigern-
den Judentum darf nicht schon in den Hymnus eingetragen werden. – 2. Die Assoziation
„Eigentum" (τὰ ἴδια; οἱ ἴδιοι) / „Eigentumsvolk" Israel hat keine sprachliche Basis, erscheinen doch in LXX die Ausdrücke λαὸς περιούσιος (Ex 19,5; 23,22; Dtn 7,6; 14,2; 26,18)
bzw. περιουσιασμός (Ps 134,4). – 3. Im Zusammenhang mit dem betont auf V. 3 zurück-
verweisenden V. 10 kann das „Eigentum"-Sein von V. 11 nur im Geschaffen-Sein begründet
sein. Zu dem Gedanken, daß alles Geschaffene dem Schöpfer „gehört", vgl. Ps 24(23),1f.;
82,8; 89(88),12; 95(94),4f.; 1Chr 29,11; Weish 11,26; Abh 4,22; MekhEx zu 15,13. – 4. οἱ
ἴδιοι V. 11b kann schwerlich in Analogie zu 13,1 (vgl. 10,3f.) verstanden werden. Denn dort
geht es um die tatsächliche Zugehörigkeit zu Christus im Sinne der Heilsteilhabe (vgl.
10,14.27; 17,6.9f.), in 1,11 dagegen ist von „Eigentum" im Sinne des Besitzes die Rede (Belege für diese Bedeutung bei BAUER, Wörterbuch, 732 s.v. ἴδιος 3.b).
[120] Vgl. R. BULTMANN, a.a.O. (Anm. 6) 34f., der zu Recht bemerkt: „Es liegt … im Begriff des ἴδιον der gleiche Gedanke, den in V. 10 das ὁ κόσμος δι᾽ αὐτοῦ ἐγένετο zum Ausdruck brachte."
[121] Man beachte den Chiasmus der Wortstellung: αὐτὸν οὐ παρέλαβον V. 11b / ἔλαβον
αὐτόν V. 12a.

der massa perditionis an sich durchaus angehörig"[122] – von dem *Logos* das Geschenk der Gotteskindschaft empfangen haben[123]. Daß da Menschen sind, die den Logos „aufnehmen", | das ist allein das Werk und die Tat des Logos selbst[124]. *Er* ist das handelnde Subjekt in dem in V. 12a–c geschilderten Geschehen[125].

4. Mit der vierten und letzten Strophe (IV) erreicht der Logos-Hymnus seinen Höhepunkt. An die Stelle des hymnischen Berichts tritt nun die bekennende „Wir"-Rede der ὅσοι von V. 12a–c, d.h. der glaubenden Gemeinde[126]. Das die Strophe einleitende καί hat nicht die Funktion der weiterführenden, den geschichtlichen Fortgang anzeigenden Konjunktion, sondern es ist ein emphatisches affirmatives καί („ja", „ja fürwahr"), wie es nicht selten in den Psalmen des Alten Testaments begegnet[127]. Daran zeigt sich: Das, was die dritte Strophe bereits in der Sprache des Berichtes dargelegt hat (V. 10a.11a.12a–c), wird jetzt in Gestalt des lobpreisenden Bekenntnisses aufgenommen, unterstrichen, expliziert und – vor allem! – in eindrücklicher Weise *vertieft*. Denn über das Zeugnis der dritten Strophe hinaus kommt in der vierten Strophe *Neues*, bisher *nicht* Gesagtes zur Sprache, so daß die Aussage eine unverkennbare Steigerung erfährt. Während nämlich die dritte Strophe lediglich das *Faktum* angesprochen hat, daß der ewige Logos in die Welt kam und in der Welt war, wird jetzt – und jetzt erst! – der unerhörte *Modus* dieses Geschehens im Lobpreis bekannt: ὁ λόγος σάρξ ἐγένετο[128]. Daß hier erstmals nach V. 1 wieder der λόγος-Begriff erscheint, darf nicht übersehen werden. Die Aussagen von V. 1f. wollen in V. 14 mitgehört werden: Eben jener Logos, der ἐν ἀρχῇ war, der „bei Gott" war, ja der selbst „Gott" war, ist und bleibt, – eben der ist „Fleisch geworden"[129]. |

---

[122] K. BARTH, a.a.O. (Anm. 39) 232.

[123] Die Stichoi 12b.c sprechen nicht von der Eröffnung einer bloßen Möglichkeit, die vom Menschen her erst noch wahrzunehmen wäre; es ist vielmehr von einer Wirklichkeit die Rede, die der Logos selbst setzt und schafft.

[124] Vgl. die schöne und theologisch in die Tiefe gehende Auslegung bei K. BARTH, a.a.O. (Anm. 39) 84ff. (bes. 89ff.).

[125] Der Relativsatz V. 12a ist dem Hauptsatz V. 12b.c zwar *rhetorisch* betont vorangestellt; gleichwohl ist der Hauptsatz „auch *sachlich* der Hauptsatz …, der das Ganze trägt" (K. BARTH, ebd. 89 [Hervorhebung von mir]).

[126] M.E. ist nicht zwischen einem *pluralis apostolicus* in V. 14 und einem *pluralis ecclesiasticus* in V. 16 zu unterscheiden. In beiden Versen handelt es sich um das „Wir" der glaubenden und sich auf das apostolische Christuszeugnis gründenden Gemeinde. S. dazu – wie auch zur Frage der „Augenzeugenschaft" – R. BULTMANN, a.a.O. (Anm. 6) 45f.

[127] S. etwa als Strophenanfang: Ps 51,8; 71,8.15; ferner z.B.: Ps 21,32; 22,6; 36,10; 37,15; 58,6; 68,37; 71,11; 72,11; 77,5; 88,24.30; 89,16; 108,17.25; 144,6 (alle Angaben nach LXX-Zählung); vgl. auch das analoge Phänomen in den Oden Salomos: 5,11; 8,15; 11,10; 16,12; 19,10b; 31,3b.

[128] Vgl. K. BARTH, a.a.O. (Anm. 39) 107.

[129] Vgl. J. A. BENGEL, a.a.O. (Anm. 17), Anm. (V.g.) z. St.: „Repetit h.l. Johannes priorem denominationem, hoc sensu: Idem ille, qui antehac Verbum, qui Vita, qui Lux erat, idem Caro jam factus est. Quod prius fuerat, id esse non desiit: at factus est, quod non fuerat prius."

Der erste Teil der vierten Strophe (IV/A) redet von dem Wunder der
ἐνσάρκωσις des ewigen göttlichen Logos als dem Wunder der heilvollen Gegenwart Gottes „unter uns"[130]. Im Blick auf den ersten Stichos – ὁ λόγος σάρξ
ἐγένετο V. 14a – ist zu bedenken, daß das Wort בָּשָׂר / σάρξ im Alten Testament
den Menschen in seiner Schwachheit und Ohnmacht, Hinfälligkeit und Ver-
gänglichkeit kennzeichnet[131]. Wenn demnach der erste Stichos besagt, daß der
Logos ein sterblicher Mensch wurde, so liegt darin ein deutlicher Hinweis auf
den Tod, den der σάρξ γενόμενος erleiden wird. Im Hintergrund des zweiten
Stichos V. 14b, der mit dem ersten eine Aussageeinheit bildet, steht das alttestamentliche Theologumenon von der „Einwohnung" Gottes in Israel bzw. im
Heiligtum[132]. Zu dieser „Einwohnung" Gottes gehört das Erstrahlen des כְּבוֹד
יְהוָה, der δόξα κυρίου[133], und also die Begegnung Israels mit der Manifestation göttlichen Wesens und göttlicher Macht. Ganz entsprechend ist in dem dritten Stichos V. 14c von dem erkennenden „Schauen" der göttlichen δόξα des
Logos ensarkos die Rede. Die Worte ἐθεασάμεθα τὴν δόξαν αὐτοῦ meinen
zweifellos: „Wir schauten seine *Gottheit*."[134] Das unterstreicht der vierte Stichos
V. 14d, indem er die δόξα des Logos als „die wahre und volle väterliche Doxa"
bestimmt[135], die der Logos deshalb besitzt, weil er der *eine* und *einzige* „Sohn"
des „Vaters" ist[136]. Die soteriologischen | Konsequenzen bringt der letzte
Stichos V. 14e zur Sprache, der nicht auf δόξα V. 14d zu beziehen ist, sondern
den Logos ensarkos selbst charakterisiert[137]: Weil dem menschgewordenen

---

[130] Für unübertroffen halte ich die Auslegung, die K. BARTH dem V. 14 gewidmet hat:
Johannes-Evangelium (a.a.O. [Anm. 39]) 104ff.; KD I/2, 145–187. Unter Beachtung dieser
Auslegung wären m.E. jene Fragen zu bedenken, die mit der Interpretation des V. 14 bei R.
BULTMANN, a.a.O. (Anm. 6) 38ff. einerseits und bei E. KÄSEMANN, a.a.O. (Anm. 78) 168ff.
andererseits gestellt sind. (Zu KÄSEMANNS Sicht s. auch: Jesu letzter Wille nach Johannes
17, Tübingen ⁴1980, bes. 16ff.)

[131] S. etwa Gen 6,3; Jes 31,3; 40,6; Jer 17,5; Ps 56(55),5; 78(77),39; Hi 10,4; Sir 14,17f.;
vgl. auch 1QH 4,29.

[132] Ex 25,8; 29,45; Lev 26,11f.; Num 35,34; 1Kön 6,12f.; Ps 78(77),60; Ez 37,26ff.;
43,7.9; Sach 2,14 u.a. Vgl. zur Sache H. GESE, a.a.O. (Anm. 4) 168. 181ff. – Das Verbum
σκηνοῦν heißt in 1,14b nicht „zelten", sondern „wohnen" (wie Xen., an. IV 5,23; V 5,11
u.ö.; 3Reg 8,12; Apk 7,15; 12,12; 13,6; 21,3), und der Aorist ist als ein ingressiver aufzufassen: der Logos „nahm Wohnung unter uns". Sowohl der Gedanke der Fremdlingschaft wie
auch derjenige eines nur vorübergehenden und episodenhaften Aufenthalts des Logos in der
Welt liegen in V. 14b völlig fern.

[133] Ex 29,43; 40,34f.; 1Kön 8,11; vgl. H. GESE, a.a.O. 185f.

[134] K. BARTH, a.a.O. (Anm. 39) 121; vgl. J. A. BENGEL, a.a.O. (Anm. 17) z. St.: δόξα =
deitas.

[135] H. GESE, a.a.O. (Anm. 4) 168.

[136] Zum Sprachlichen: 1. Die Partikel ὡς hat nicht vergleichende, sondern erklärende
und begründende Funktion. 2. Bei μονογενοῦς steht kein Artikel, weil das Wort den Charakter eines Prädikatsnomens hat (zu ergänzen ist: ὄντος). 3. Die präpositionale Wendung
παρὰ πατρός ersetzt den Genitiv (zur Vermeidung des höchst mißverständlichen ὡς
μονογενοῦς πατρός).

[137] A. SCHLATTER, Sprache (a.a.O. [Anm. 57]) 22 verweist auf die Bezeichnung Gottes als
מלא רחמים („voll von Erbarmen") in MekhEx zu 15,3; 20,2. – Die beiden Stichoi V. 14d.e

Logos die δόξα des Vaters eignet, liegt in ihm die Fülle des göttlichen Heils beschlossen[138].

Der zweite Teil der vierten Strophe (IV/B) expliziert die Aussage von V. 14c–e: Aus der Heilsfülle des Logos ensarkos haben die Glaubenden „Gnade über Gnade" – d.h. überreiche und unerschöpfliche Gnade – empfangen. Was hier im Hymnus χάρις ἀντὶ χάριτος heißt, wird der vierte Evangelist dann im Evangelium ζωή bzw. ζωὴ αἰώνιος nennen[139]. „Ewiges Leben" aber kann – wie M. Luther in seinen großartigen Reihenpredigten zu Joh 17 eindringlich herausgestellt hat – kein „purus homo" und keine „mera creatura" geben, – „quia vitam aeternam dare est opus divinitatis aeternae"[140]. Es ist von daher theologisch stringent, wenn der Logos-Hymnus betont, daß in dem σὰρξ γενόμενος *Gott selbst* in seiner δόξα gegenwärtig ist.

Blicken wir abschließend auf den Gedankengang des Logos-Hymnus zurück, so ist als Ergebnis festzuhalten, daß die Strophen I und II von dem Logos *asarkos* und die Strophen III und IV von dem Logos *ensarkos* reden. Dieser Befund bestätigt die an der formalen Struktur gewonnene Erkenntnis, daß der Hymnus als ein Diptychon komponiert worden ist, dessen beide Teile je zwei parallel gestaltete Strophen umfassen. Es ist nicht zuletzt die hier greifbare Übereinstimmung zwischen Form und Inhalt, Gestalt und Gehalt, die den Logos-Hymnus als ein Kunstwerk von hohem Rang ausweist.

---

wären also zu übersetzen: „... eine Herrlichkeit, die er besitzt als der eingeborene Sohn des Vaters, – er, der erfüllt ist von Gnade und Wahrheit."

[138] Zu χάρις καὶ ἀλήθεια als „Wiedergabe des alttestamentlichen Begriffs für das volle göttliche Heil" s. H. Gese, a.a.O. (Anm. 4) 186ff. Beachtung verdient vor allem Ps 85,10f.

[139] 3,15f.36; 5,26; 6,33.35.48; 10,10.28; 17,2 u.a.

[140] Luthers Werke in Auswahl VII: Predigten, hg. v. E. Hirsch, Berlin ³1962, 216,9ff.; 217,19ff. (die Zitate: 216,10; 217,28; 216,25f.).

„Der in des Vaters Schoß ist" Joh 1,18

von

OTFRIED HOFIUS

I

Im Prolog des Johannesevangeliums Joh 1,1–18 lassen sich literarkritisch zwei Elemente nach Form und Inhalt voneinander abheben: der Logos-Hymnus, der die Verse 1,1–5.9–12c.14.16 umfaßt, und die den Hymnus kommentierenden Zusätze des Evangelisten, die in den Versen 1,6–8.12d + 13.15.17 + 18 vorliegen[1]. Die beiden Sätze 1,17 + 18 stellen dabei eine Anmerkung dar, die die Aussagen der vierten Hymnus-Strophe (V. 14 + 16) aufnimmt und sie – in kritischer Auseinandersetzung mit dem Heilsverständnis des zeitgenössischen Judentums[2] – noch einmal nachdrücklich zur Sprache bringt. Im Anschluß an das in V. 16 Gesagte betont V. 17, daß das Heil Gottes (ἡ χάρις καὶ ἡ ἀλήθεια) einzig und allein in dem menschgewordenen Logos, d.h. in Jesus Christus beschlossen liegt[3]. Die Begründung dafür gibt der auf V. 14 rückbezogene V. 18[4]: Ausschließlich Jesus Christus in seiner Person und in seinem Werk ist die rettende Offenbarung Gottes, – während Gott abgesehen von Jesus Christus grundsätzlich verborgen ist und bleibt. Die damit behauptete Exklusivität und Absolutheit der in Jesus Christus gegebenen Offenbarung hat ihren Grund in dem göttlichen Wesen und Sein des Offenbarers selbst, das V. 18b mit den Worten beschreibt: μονογενὴς θεὸς ὁ ὢν εἰς τὸν κόλπον τοῦ πατρός[5].

---

[1] S. dazu: O. HOFIUS, Struktur und Gedankengang des Logos-Hymnus in Joh 1,1–18, ZNW 78, 1987, 1–25: 2ff. [in dem vorliegenden Band: 1–23: 2ff.].

[2] S. dazu u. unter III.

[3] Die Wendung ἡ χάρις καὶ ἡ ἀλήθεια ist Ausdruck für das von Gott bereitete und gewährte *Heil* (vgl. Ps 85,10f.). Sie nimmt den Ausdruck χάρις ἀντὶ χάριτος aus dem Hymnus (V. 16) auf und entspricht sachlich dem, was im Johannesevangelium sonst ζωή bzw. ζωὴ αἰώνιος heißt (3,15f.36; 5,24.26; 6,33.35.48; 10,10.28; 17,2 u.ö.). Die Worte ἡ χάρις καὶ ἡ ἀλήθεια ... ἐγένετο haben deshalb ihre Parallele in der Aussage ἡ ζωὴ ἐφανερώθη 1Joh 1,2.

[4] Der begründende Charakter des V. 18 wird durch den asyndetischen Anschluß an V. 17 signalisiert.

[5] Die Worte εἰς τὸν κόλπον stehen für ἐν τῷ κόλπῳ; s. Bl-Debr-R § 205 mit Anm. 4.

Daß hier mit den besten Zeugen μονογενὴς θεός zu lesen ist, | sollte nicht be-
stritten werden[6]. Fragen kann man nur, ob das Wort μονογενής Adjektiv ist und
also attributiv zu θεός gehört[7] (= „der einziggeborene Gott") oder ob es wie in
V. 14 substantivisch gebraucht ist, so daß θεός als Apposition zu μονογενής
begriffen sein will[8] (= „der Einziggeborene, Gott", d.h.: „der Einziggeborene,
der [selbst] Gott ist"[9]). Ich halte das letztere für das wahrscheinlichere; eine
eindeutige Entscheidung läßt sich jedoch nicht treffen.

Zu der Kennzeichnung Jesu Christi als des „einziggeborenen Gottes" bzw.
des „Einziggeborenen, der [selbst] Gott ist" tritt nun das Attribut ὁ ὢν εἰς τὸν
κόλπον τοῦ πατρός hinzu. Es wird in den Kommentaren zumeist mit den
Worten „der an der Brust des Vaters ruht" wiedergegeben[10] und dementsprechend als ein Ausdruck engster personaler Gemeinschaft verstanden[11]. Diese
Deutung ist sprachlich durchaus möglich; denn κόλπος hat – wie das hebräi-
sche Äquivalent חֵיק – die Bedeutung „Busen"/„Brust", und die Wendung „am
Busen jemandes sein" (o.ä.) dient zur | Bezeichnung inniger menschlicher Ge-
meinschaft und Verbundenheit[12]. Im Blick auf Joh 1,18 erhebt sich jedoch die

---

[6] Vgl. die begründeten Überlegungen bei Tʜ. Zᴀʜɴ, Das Evangelium des Johannes,
KNT 4, [5.6]1921 (= Wuppertal 1983), 96.714ff.; W. Bᴀᴜᴇʀ, Das Johannesevangelium, HNT 6,
[3]1933, 29f.; J. Sᴄʜɴᴇɪᴅᴇʀ, Das Evangelium nach Johannes, ThHK Sonderbd., [2]1978, 63f.;
K. Bᴀʀᴛʜ, Erklärung des Johannes-Evangeliums (Kapitel 1–8), Zürich 1976, 161.

[7] So Zᴀʜɴ, Johannes, 96; Sᴄʜɴᴇɪᴅᴇʀ, Johannes, 51. – In diesem Fall wird der artikellose Ausdruck μονογενὴς θεός durch das mit Artikel angeschlossene und einem Relativsatz
gleichwertige Partizip (ὁ ὢν) *determiniert*. Es ist also nicht mit Zᴀʜɴ, Johannes, 96, zu
übersetzen: „einer, der einziggeborener Gott ist". Vgl. zum grammatischen Befund: Bl-
Debr-R § 270,2 (mit Anm. 3); § 412,3 (mit Anm. 7). Neutestamentliches Vergleichsmaterial:
Lk 7,32; 23,49; Act 7,35; 10,41; Röm 1,18; 2;9.14; 1Kor 2,7; 1Petr 1,7 u.a.

[8] So Bᴀᴜᴇʀ, Johannes (s. Anm. 6) 28; Bᴀʀᴛʜ, Johannes (s. Anm. 6) 13.161. – In diesem
Fall gilt für das artikellose μονογενής das in Anm. 7 zur Determination Gesagte entsprechend. Es ist also nicht mit Bᴀᴜᴇʀ, Johannes, 28, zu übersetzen: „ein Einzigerzeugter,
Gott von Art" (so auch ᴅᴇʀs., Wörterbuch zum Neuen Testament, Berlin [5]1958, 1043 s.v.
μονογενής).

[9] Zur relativen Apposition, die für einen Relativsatz steht, vgl. H. Mᴇɴɢᴇ, Repetitorium
der griechischen Syntax, Wolfenbüttel [9]1961 = Darmstadt 1978, 108 (§ 28).

[10] So wörtlich z.B.: Bᴀᴜᴇʀ, Johannes (s. Anm. 6) 28 (ebenso ᴅᴇʀs., Wörterbuch, 874 s.v.
κόλπος 1); A. Wɪᴋᴇɴʜᴀᴜsᴇʀ, Das Evangelium nach Johannes, RNT 4, [3]1961, 38; R.
Sᴄʜɴᴀᴄᴋᴇɴʙᴜʀɢ, Das Johannesevangelium I, HThK 4/1, 1965, 208 (dagegen 254f.: „der
im Schoße des Vaters ist"); vgl. EWNT 2, 1981, 758. Sachlich ebenso z.B.: F. Bᴜ̈ᴄʜsᴇʟ, Das
Evangelium nach Johannes, NTD 4, [4]1946, 29; A. Sᴄʜʟᴀᴛᴛᴇʀ, Der Evangelist Johannes,
Stuttgart [3]1960, 35; H. Sᴛʀᴀᴛʜᴍᴀɴɴ, Das Evangelium nach Johannes, NTD 4, [10]1963, 27;
Bᴀʀᴛʜ, Johannes (s. Anm. 6) 13; Sᴄʜɴᴇɪᴅᴇʀ, Johannes (s. Anm. 6) 51; E. Hᴀᴇɴᴄʜᴇɴ, Das
Johannesevangelium, Tübingen 1980, 112.

[11] Vgl. R. Bᴜʟᴛᴍᴀɴɴ, Das Evangelium des Johannes, KEK 2, [14]1956, 56 Anm. 2; C.K.
Bᴀʀʀᴇᴛᴛ, The Gospel according to St John, London [2]1978, 170 („most intimate commu-
nion").

[12] Beispiele: Gen 16,5; Dtn 13,7; 28,54.56; Sir 9,1; Joh 13,23.25; 21,20; 2Klem 4,5;
Plutarch, Cato minor 33,7; Rabbinisches bei A. Sᴄʜʟᴀᴛᴛᴇʀ, Die Sprache und Heimat des
vierten Evangelisten, BFChTh 6/4, 1902, 24 (= in: K.H. Rᴇɴɢsᴛᴏʀꜰ [Hg.], Johannes und
sein Evangelium, WdF 82, 1973, 45); ᴅᴇʀs., Johannes (s. Anm. 10) 35.

Frage, ob das sprachlich mögliche Verständnis auch als das sachlich geforderte angesehen werden kann. Diese Frage ist m.E. aufgrund traditionsgeschichtlicher Überlegungen zu verneinen. H. Gese hat in seinem wichtigen Aufsatz zum Johannesprolog erklärt: Das Attribut ὁ ὢν εἰς τὸν κόλπον τοῦ πατρός „enthält nicht ... das Bild des am Busen liegenden Freundes ..., sondern das des im Schoße ruhenden, mit den Armen gehaltenen Kindes, wie es sich aus dem hier expressis verbis genannten Vater-Sohn-Verhältnis ohne weiteres ergibt und auch ... traditionsgeschichtlich aus dem Alten Testament hergeleitet werden kann"[13]. Den traditionsgeschichtlichen Hintergrund erblickt H. Gese[14] in der Selbstaussage der präexistenten „Weisheit", wie wir sie in Prov 8,30 lesen:

> „Als er (Gott) festsetzte die Grundlagen der Erde,
> da war ich bei ihm auf dem Schoß,
> ich war seine Wonne täglich,
> vor ihm spielend die ganze Zeit."[15]

Von diesem Text her ergibt sich dann für Joh 1,18 die folgende Interpretation: „Allein der transzendente Logos, der, wie wir aus Spr 8,30 lernten, vor aller Zeit wie ein Kind auf dem Schoß des Vaters thronte, der Sohn, konnte – eben durch seine Menschwerdung – die Offenbarung in uneingeschränkter, absoluter Weise vollziehen."[16] Das Attribut ὁ ὢν εἰς τὸν κόλπον τοῦ πατρός gibt H. Gese dementsprechend mit den Worten „der im Schoß des Vaters (Seiende)" wieder[17]. Diese Übersetzung ist | ebenfalls sprachlich unanfechtbar; denn κόλπος hat – wiederum wie das hebräische חֵיק – *auch* die Bedeutung „Schoß"[18], und die Formulierung „im Schoße jemandes sein" (o.ä.) wird etwa vom Liegen bzw. Sitzen des Kindes auf dem Schoß der Mutter[19], der Amme[20]

---

[13] H. GESE, Der Johannesprolog, in: DERS., Zur biblischen Theologie. Alttestamentliche Vorträge, BEvTh 78, 1977 (2. Aufl. Tübingen 1983), 152–201: 169.

[14] S. a.a.O., 189.

[15] Übersetzung von GESE, Zur biblischen Theologie, 72. Zur Begründung der Übersetzung des schwierigen אָמוֹן bemerkt GESE (a.a.O., 177): „Vorzuziehen ist ... die Deutung als passives Partizipium von 'mn, das ,auf dem Schoß, in den Armen halten' ... bedeutet ..., nur sollte man 'amûn nicht gleich als ,Hätschelkind' wiedergeben. Der Text bedeutet vielmehr: ,ich war bei ihm auf dem Schoß (gehalten)'."

[16] A.a.O., 189.

[17] A.a.O., 158. Vgl. dazu die Übersetzung der Luther-Bibel und der Zürcher Bibel, aber auch z.B. ZAHN, Johannes (s. Anm. 6) 96 („der in des Vaters Schoß ist"). Auch S. SCHULZ, Das Evangelium nach Johannes, NTD 4, [12]1972, 13 übersetzt: „der im Schoß des Vaters ist"; seine Interpretation lautet jedoch (a.a.O., 34): „der eingeborene Sohn ..., der an der Brust des Vaters ruht, also die innigste Gemeinschaft mit ihm pflegt".

[18] Vgl. R. MEYER, ThWNT 3, 1938 = 1957, 824–826. – In EWNT 2, 1981, 758, wird der klare lexikalische Tatbestand in höchst problematischer Weise verwischt.

[19] 1Kön (3Reg) 3,20; 17,19.

[20] Num 11,12; Ruth 4,16.

oder des Vaters und Großvaters[21] gebraucht. Die von H. Gese gewählte Übersetzung ist zugleich aber auch die sachlich geforderte, weil das ihr zugrunde
liegende traditionsgeschichtliche Urteil als zutreffend bezeichnet werden muß.
Die Richtigkeit dieses Urteils bestätigt nämlich ein rabbinischer Text, der
m.W. bisher nicht zur Interpretation von Joh 1,18 herangezogen worden ist und
auf den deshalb im folgenden aufmerksam gemacht werden soll.

II

Dem Tannaiten R. Eli'ezer b. R. Jose Ha-g^elili[22] (um 150 n. Chr.) wird in
AbhothRN (Rez. A) 31 der folgende Ausspruch zugeschrieben:

> „Neunhundertvierundsiebzig Generationen vor der Erschaffung der Welt[23] war die
> Tora [bereits] niedergeschrieben, und sie ruhte im Schoße des Heiligen – gepriesen
> sei er! – und sang das Loblied zusammen mit den Dienstengeln, – wie es heißt (Prov
> 8,30): ,Ich war bei ihm als אמון (d.h. als ein auf dem Schoß gehaltenes Kind[24]), und
> ich war seine Wonne Tag für Tag, vor ihm spielend allezeit' ..."

Dieser Text gehört zu jenen rabbinischen Zeugnissen, die die Tora mit der gött-
lichen „Weisheit" identifizieren[25] und ihr von daher eine reale (d.h. | nicht bloß
ideale) Präexistenz zuschreiben[26]. Zwei Aussagen werden in dem zitierten
Ausspruch über die präexistente Tora gemacht: 1. sie „ruhte (oder: lag) im
Schoße Gottes" (היתה ... מונחת בחיקו של הקב״ה); 2. sie „sang" zusammen
mit den Dienstengeln das tägliche Gotteslob der himmlischen Liturgie[27]. Beide
Aussagen werden exegetisch mit Prov 8,30 begründet. Die erste Aussage ist

---

[21] 2Sam (2Reg) 12,3; bJebh 77a („Rehabeam saß auf dem Schoße Davids" היה ... יושב
בחיקו של דוד); übertragen: Lk 16,22f. – Die zitierte Stelle bJebh 77a ist die einzige, die
BILLERBECK (II, 363) zu Joh 1,18b anführt.
[22] Über ihn s. W. BACHER, Die Agada der Tannaiten II: Von Akiba's Tod bis zum Abschluß der Mischna, Straßburg 1890 = Berlin 1966, 292ff.
[23] Der Ausdruck קודם שנברא העולם entspricht der Wendung πρὸ καταβολῆς κόσμου
Joh 17,24; Eph 1,4; 1Petr 1,20; vgl. O. HOFIUS, EWNT 2, 1981, 630f. – Die Zahl der „974
Generationen vor der Weltschöpfung" ist aus Ps 105,8 gewonnen. Der Psalmvers wird so
gedeutet, daß Gott *vor* der Weltschöpfung den Beschluß gefaßt hat, nach einer Zeit von 1000
Menschen-Generationen den – dann geschaffenen – Menschen die Tora zu geben. Da Mose
in der 26. Generation *nach* der Weltschöpfung lebte, ergibt sich, daß Gott seinen Plan 974
Generationen *vor* derselben gefaßt hat. Vgl. das Material bei BILLERBECK II, 354f.
[24] Die Begründung für diese Übersetzung wird sogleich gegeben werden.
[25] Zu dieser Identifizierung s. Sir 24,23; Bar 4,1 sowie das rabbinische Material bei
BILLERBECK I, 213; II, 353ff.
[26] Zur Präexistenz der Tora s. BILLERBECK II, 353ff.; III, 256f.; IV/1, 435ff.
[27] Bei dem „Loblied" (vgl. AbhothRN [Rez. A] 12) dürfte an das Sanctus von Jes 6,3 und
das Benedictus von Ez 3,12 („Gepriesen sei die Herrlichkeit Jahwes von ihrem Orte her")
gedacht sein. Vgl. die Texte über den Lobgesang der Engel bei K. E. GRÖZINGER, Musik und
Gesang in der Theologie der frühen jüdischen Literatur, TSAJ 3, 1982, 13f.58.79f.89ff.286f.
302f.319ff.

eine Interpretation der Worte „ich war bei ihm als אמון", die zweite Aussage
beruht auf dem Satz „ich war seine Wonne Tag für Tag, vor ihm spielend allezeit". Was nun die erste Aussage anlangt, so setzt die für sie gegebene
exegetische Begründung ohne Zweifel exakt jenes Verständnis der entsprechenden Worte von Prov 8,30 (אֶהְיֶה אֶצְלוֹ אָמוֹן) voraus, wie es von H. Gese[28]
vertreten wird: „ich war bei ihm als ein auf dem Schoß gehaltenes Kind"[29]. Das
ist deshalb besonders bemerkenswert, weil die Rabbinen das schwierige und
bis heute in der Auslegung lebhaft umstrittene Wort אמון überwiegend als
„Werkmeister"[30] (= אוּמָן) – und seltener als „Erzieher"[31] (= אוֹמֵן) – deuten. In
GenR 1,1 zu 1,1 werden in einem Ausspruch des R. Hoschaʿja I (Pal. um 225)
darüber hinaus noch drei weitere Interpretationsmöglichkeiten vorgetragen[32].
Die in AbhothRN (Rez. A) 31 zu verzeichnende Deutung erscheint hier jedoch
interessanterweise *nicht*; sie hat, soweit ich sehe, in der rabbinischen Literatur
überhaupt keine Parallele. Dagegen entsprechen ihr in der Sache die Übersetzungen bei Aquila (τιθηνουμένη) sowie bei Symmachus und Theodotion
(ἐστηριγμένη)[33]. Wir haben es also in dem aus AbhothRN (Rez. A) zitierten
Text mit einer relativ alten und im späte- | ren Rabbinat offensichtlich in Ver-
gessenheit geratenen Auslegungstradition von Prov 8,30 zu tun. Aufgrund dieser Auslegungstradition findet R. Eliʿezer in Prov 8,30 die mit der „Weisheit"
identische Tora als *Kind* Gottes beschrieben[34], und er bringt eben dieses
Kindesverhältnis der Tora zu Gott dann mit seinen eigenen Worten so zum
Ausdruck, daß er sagt: „sie ruht im Schoße Gottes"[35].
Der Vergleich mit dem rabbinischen Text erlaubt uns für Joh 1,18b ein zu-
versichtliches Urteil: Die Worte ὁ ὢν εἰς τὸν κόλπον τοῦ πατρός sind zu übersetzen: „*der in des Vaters Schoß ist*", und sie kennzeichnen den μονογενὴς

---

[28] S.o. Anm. 15.
[29] Vgl. die Übersetzung von J. GOLDIN, in: The Fathers according to Rabbi Nathan, YJS 10, ²1956, 126f.: „I was by Him, as a nursling"; ebenso E. CASHDAN, in: The Minor Tractates of the Talmud I, London ²1971, 149.
[30] TanchGen, *br'šjt* § 1; TanchB Gen, *br'šjt* § 5; GenR 1,1 zu 1,1; Seder ElijjR 31 (ed. M. FRIEDMANN, 160). Dieses Verständnis dürfte auch an den folgenden Stellen vorausgesetzt sein: TanchGen, *wjšb* § 4; GenR 8,2 zu 1,26; LevR 19,1 zu 15,25; HhldR 5 § 7 zu V. 11; MidrPs 90 § 12 zu V. 3f.; MidrSam 5 § 2. – Zur Deutung von אמון Prov 8,30 als „Werkmei- ster" s. bereits LXX und Peschitta z. St. sowie Weish 7,21; 8,6; 14,2.
[31] GenR 1,1 zu 1,1; ExR 30,6 zu 22,1. Diese Deutung stützt sich auf Num 11,12.
[32] Eine weitere Deutung findet sich im Alphabet-Midrasch des R. Aqiba (Rez. A), wo אמון als Gottes אמונה („Treue") verstanden wird (WERTHEIMER, Batei Midrashot II, 346); vgl. TargProv 8,30.
[33] Zum Sinn dieser Übersetzungen s. O. PLÖGER, Sprüche Salomos (Proverbia), BK.AT 17, 1984, 94.
[34] Zu dieser Vorstellung vgl. die – allerdings nirgends mit Prov 8,30 begründete – rabbi- nische Anschauung von der Tora als der „Tochter" Gottes: BILLERBECK II, 355f. Zur σοφία als „Tochter" Gottes s. z.B. Philo, Fug 50ff.
[35] Vgl. MidrPs 90 § 12 zu V. 3f.: Die präexistente Tora „ruhte auf dem Knie Gottes" (מונחת על ברכו של הקב״ה). Ein Hinweis auf Prov 8,30 erscheint hier *nicht*.

θεός bzw. den μονογενής als den – präexistenten – *„Sohn"* des Vaters. Die Prädizierung Jesu Christi als des „Sohnes" Gottes liegt also nicht schon in dem Wort μονογενής, sie erfolgt vielmehr erst durch das Attribut ὁ ὢν εἰς τὸν κόλπον τοῦ πατρός. Das heißt: Das Attribut entspricht sachlich dem Substantiv ὁ υἱός in der Wendung ὁ υἱὸς ὁ μονογενής Joh 3,16 (vgl. V. 18); 1Joh 4,9[36]. Suchen wir den *Sinn* des gesamten Ausdrucks μονογενὴς θεὸς ὁ ὢν εἰς τὸν κόλπον τοῦ πατρός zu bestimmen, so ist zu sagen: Wenn μονογενής adjektivisches Attribut zu θεός ist, dann hat der Partizipialsatz explizierenden Charakter: „der einziggeborene Gott, der der ewige Sohn des Vaters ist"; faßt man μονογενής dagegen als Substantiv und θεός als Apposition auf, so hat der Partizipialsatz die Funktion eines kausalen Relativsatzes: „der Einziggeborene, der [selbst] Gott ist, weil er der ewige Sohn des Vaters ist". In beiden Fällen findet das oft als schwierig empfundene Partizip ὤν, das zu mancherlei Kontroversen und Spekulationen Anlaß gegeben hat[37], eine sehr einfache Erklärung: Es ist nichts anderes als ein „atemporal present of ,characterization (generality)'"[38]. Die Aussage des V. 18b läßt sich somit folgendermaßen wiedergeben: Weil Jesus Christus „der im Schoß des Vaters Seiende", d.h. der einzigartige und ewige „Sohn" des Vaters *ist*[39], deshalb hat er – und er allein – als der Menschgewordene „die Offenbarung gebracht"[40]. |

III

Der vierte Evangelist hat – wie wir sahen – mit den Worten ὁ ὢν εἰς τὸν κόλπον τοῦ πατρός Joh 1,18b genau das von *Jesus Christus* ausgesagt, was nach dem aus AbhothRN (Rez. A) 31 mitgeteilten Text von der präexistenten *Tora* gilt. Daß dem Evangelisten dabei nicht bloß Prov 8,30, sondern gerade auch das in AbhothRN bezeugte Tora-Verständnis vor Augen stand, kann keinem Zweifel unterliegen. Dieser Tatbestand ergibt sich vielmehr zwingend aus

---

[36] Diese Beobachtung bestätigt noch einmal, daß die Lesart μονογενὴς θεός in Joh 1,18b ursprünglich ist. Die Worte ὁ μονογενὴς υἱὸς ὁ ὢν εἰς τὸν κόλπον τοῦ πατρός enthalten eine Tautologie!

[37] Zu nennen ist z.B. der unsachgemäße, weil mit unangemessenen Alternativen operierende Streit, ob von dem präexistenten, dem auf Erden weilenden oder dem erhöhten Christus die Rede sei.

[38] M. ZERWICK, Biblical Greek. Illustrated by Examples, SPIB 114, 1963 = 1983, 129 (§ 372).

[39] Falsch erklärt z.B. J. A. BENGEL, Gnomon Novi Testamenti, Tübingen ³1773, z. St.: ὁ ὤν = *„qui erat"*.

[40] So ist das absolute ἐξηγήσατο zu verstehen. Vgl. GESE, Johannesprolog (s. Anm. 13) 169: ἐξηγεῖσθαι ist hier „Begriff der Offenbarung"; und „das Fehlen irgendeiner Näherbestimmung, eines Objektes ist durchaus passend, weil so die Absolutheit des Geschehens zum Ausdruck kommt: ,jener offenbarte'".

den V. 17 + 18 insgesamt, die ja zunächst recht unvermittelt mit einer Bemerkung über das „Gesetz" vom Sinai einsetzen[41]:

> „Die Tora ist durch Mose gegeben worden;
> die Gnade und Wahrheit ist in Jesus Christus auf den Plan getreten[42].
> Kein Mensch hat Gott je gesehen[43];
> der Einziggeborene, der [selbst] Gott ist, der in des Vaters Schoß ist,
> *der* hat die Offenbarung gebracht."

Diese Sätze tragen deutlich einen polemischen Akzent[44]. In ihnen spiegelt sich bereits die scharfe Auseinandersetzung mit dem zeitgenössischen Judentum wider, wie sie dann vor allem in den Kapiteln 5–12 des Johannesevangeliums zum Ausdruck kommt. Gleich V. 17 formuliert eine „radikale Antithese"[45], die jede Heilsrelevanz des Mose und der durch | Mose gegebenen Tora bestreitet. Daß ἐδόθη V. 17a *Passivum divinum* ist[46], muß deshalb keineswegs in Abrede gestellt werden. Die Kontroverse betrifft nämlich nicht die Frage nach dem Urheber der Tora, sondern es geht um die Frage nach ihrer Funktion. Diese besteht aber für den vierten Evangelisten – nicht anders als für Paulus![47] – ausschließlich darin, den Menschen objektiv als Sünder zu entlarven und ihn unter Gottes Gericht zu stellen[48]. Daß die durch Mose gegebene Tora *Heils*ordnung sei, die zum Leben zu führen vermöchte und aus der man das ewige Leben

---

[41] Das Wort νόμος bezeichnet in Joh 1,17; 7,19.23.49.51; 8,17; 18,31; 19,7 im strengen Sinn die Tora vom Sinai. In 10,34; 12,34; 15,25 meint es dagegen die Heilige Schrift (d.h. das Alte Testament) als ganze und in 1,45 den Pentateuch. Zu diesen unterschiedlichen Bedeutungsmöglichkeiten von νόμος (תורה) vgl. O. Hofius, Das Gesetz des Mose und das Gesetz Christi, ZThK 80, 1983, 262–286: 278 Anm. 56, 279 Anm. 58.

[42] Während in der Wendung διὰ Μωϋσέως V. 17a die Präposition den Mittler bezeichnet (vgl. Gal 3,19), liegt dieser instrumentale Sinn in der Wendung διὰ Ἰησοῦ Χριστοῦ *nicht* vor; denn Jesus Christus ist für den vierten Evangelisten nicht der Mittler des Heils, sondern er ist *selbst* das Heil Gottes *in Person*. Das zweimalige διά in V. 17 ist also rhetorisch, d.h. es liegt inkonziner Präpositionsgebrauch vor.

[43] Zu οὐδείς in der Bedeutung „kein Mensch" vgl. Joh 3,2.13.32; 6,44.65; 9,4; 14,6 u.ö. Zur Aussage des V. 18a s. Ex 33,20; Sir 43,31; Joh 6,46; 1Tim 1,17; 1Joh 4,12; vgl. auch Joh 5,37b.

[44] Die V. 17 und 18 enthalten jeweils einen *antithetischen* Parallelismus membrorum; dabei besteht eine Korrespondenz zwischen V. 17a und V. 18a einerseits und V. 17b und V. 18b andererseits.

[45] So richtig Schneider, Johannes (s. Anm. 6) 63; E. Grässer, Die antijüdische Polemik im Johannesevangelium, in: ders., Der Alte Bund im Neuen. Exegetische Studien zur Israelfrage im Neuen Testament, WUNT 35, 1985, 135–153: 139ff. – Anders interpretieren z.B. J. Jeremias, ThWNT 4, 1942, 877,9ff.; Schnackenburg, Johannes (s. Anm. 10) 252f.; Gese, Johannesprolog (s. Anm. 13) 168f.188ff.

[46] Das betont Jeremias, ThWNT 4, 877,12f.

[47] Vgl. dazu meinen o. Anm. 41 genannten Aufsatz.

[48] Vgl. Joh 7,19 und Joh 5,45. Mit gutem Grund bemerkt deshalb Bengel, Gnomon (s. Anm. 39) zu ὁ νόμος 1,17a: *„iram parans"*.

gewinnen könnte[49], – *das* wird dagegen aufs entschiedenste negiert[50]. Gottes Heil ist – wie V. 17b mit Nachdruck betont – ausschließlich in Jesus Christus, dem menschgewordenen Logos, zu finden. Die Inkarnation des Logos markiert deshalb für den vierten Evangelisten eine fundamentale Wende, von der in der Tat mit J.A. Bengel gesagt werden kann: *„Antea mundus nec scierat nec habuerat gratiam."*[51] In V. 18 wird diese Aussage noch in unerhörter Weise verschärft: Außerhalb der in Jesus Christus vollzogenen Offenbarung gibt es nicht nur kein Wissen von „Gnade", sondern überhaupt kein Wissen über Gott selbst; denn hier gilt in strenger Ausschließlichkeit: „Kein Mensch hat Gott je gesehen" (V. 18a). Dieser Satz könnte direkt gegen die aus Num 12,8 gewonnene Ansicht gerichtet sein, daß *Mose* die „Gestalt"[52] bzw. die „Herrlichkeit"[53] Gottes gesehen habe[54]. Eine Gotteserkenntnis an Jesus Christus vorbei ist | für den vierten Evangelisten jedenfalls undenkbar. Es ist bezeichnend genug, daß nach Joh 12,41 der Prophet Jesaja bei seiner Berufungsvision nicht Jahwe selbst (so Jes 6,1.5) bzw. die „Herrlichkeit" Jahwes (so der Targum z. St.) gesehen hat, sondern die δόξα des präexistenten Christus.

In der antithetischen Aussage des V. 17 liegt nun aber nicht nur die Verneinung jeder Heilsrelevanz der Tora, sondern zugleich auch die entschiedene Bestreitung ihrer Präexistenz. Ist die Tora „durch Mose gegeben worden", so impliziert das für den vierten Evangelisten, daß sie *nicht* bereits „vor der Erschaffung der Welt" niedergeschrieben war und bei Gott existierte. Von daher wird dann auch deutlich, daß der Evangelist mit V. 18b ganz bewußt jenem Tora-Verständnis widerspricht, wie es in AbhothRN (Rez. A) 31 zum Ausdruck

---

[49] So die Überzeugung des antiken Judentums, dem die Tora – wie P. BILLERBECK (III, 129) zutreffend formuliert – „die Quelle allen Heils und Lebens" ist. Vgl. das reiche Material a.a.O., 129ff.237.277f.498; s. ferner z.B. auch TargPsJon Dtn 30,19f.

[50] Vgl. in Joh 5,45 die kritische Bemerkung über das „Hoffen auf Mose", – eine Wendung, die „das Zutrauen zur Tora als Heilsordnung umschreibt" (G. KLEIN, TRE 13, 1984, 72).

[51] BENGEL, Gnomon (s. Anm. 39) zu V. 17b. Bengel trifft mit dieser Formulierung präzise die Überzeugung des vierten Evangelisten. Vgl. dazu Joh 6,26–51 (V. 32f.49f.!) und 9,24–34 (V. 32f.!), wo jede Heilsverwirklichung in der Zeit *ante Christum natum* radikal bestritten wird. Aussagen wie 1,45; 5,46; 8,56; 12,38–41 widersprechen dem nicht. Sie sind vielmehr mit der Aussage von 5,39f. zusammenzusehen, daß *nicht* in den „Schriften" das ewige Leben zu finden ist, sondern einzig und allein in dem, den die „Schriften" bezeugen und zu dem sie hinführen wollen.

[52] S. dazu TanchGen, *br'šjt* § 1; TanchB Ex, *šmwt* § 16; Pesiq 26,9; bBer 7a; vgl. TargN Num 12,8.

[53] S. dazu Num 12,8 LXX; Sir 45,3; vgl. TargOnq Num 12,8 („das Abbild der Herrlichkeit").

[54] Daß es sich in Num 12,8 *nicht* um das Schauen der Schekhina bzw. Gottes selbst handelt, betont unter Berufung auf Ex 33,20.23 der Midrasch SifreNum § 103 zu 12,8; vgl. dazu auch TargPsJon Num 12,8. Interessant ist auch die Uminterpretation, die Gen 32,31b („ich habe Gott von Angesicht zu Angesicht gesehen") in den Targumen erfahren hat. Daß auch der vierte Evangelist die Worte Jakobs hätte uminterpretieren müssen (etwa im Sinne von Joh 12,41), liegt auf der Hand.

kommt: *Nicht* von dem νόμος, sondern *einzig und allein* von dem Logos Jesus Christus gilt, daß er „in des Vaters Schoß ist" und eben deshalb – als der „einziggeborene Sohn" – das Wesen des Vaters zu erschließen vermag[55].

---

[55] Eine über die beiden Gleichungen „Weisheit = Tora" und „Weisheit = Logos" vermittelte Identifizierung von Tora und Logos ist für das Johannesevangelium selbstverständlich auszuschließen. Andernfalls wäre etwa eine so distanzierte Rede von „eurer Tora", wie sie in Joh 8,17 vorliegt, nicht denkbar.

Das Wunder der Wiedergeburt

Jesu Gespräch mit Nikodemus Joh 3,1–21

von

OTFRIED HOFIUS

Ernst Käsemann zum 90. Geburtstag

Das Gespräch Jesu mit Nikodemus Joh 3,1–21 gehört nicht nur zu den theologisch besonders gewichtigen, sondern zugleich auch zu den exegetisch recht umstrittenen Abschnitten des Johannesevangeliums[1]. Eine ganze Fülle johanneischer Probleme tritt dem Exegeten im Spiegel dieses Textes vor Augen[2], und dementsprechend werden zu seiner Erschließung vielfältige – und zwar vor allem literarkritische, traditionsgeschichtliche, redaktionsgeschichtliche oder religionsgeschichtliche – Zugänge gesucht. Sowenig das Recht solcher Fragestellungen zu bestreiten ist, sosehr ist doch immer wieder der Versuch geboten, einen anspruchsvollen Text des vierten Evangeliums aus sich selbst heraus zu interpretieren. Die folgenden Erwägungen gelten deshalb ausschließlich dem Erzählzusammenhang, wie er jetzt in Joh 3,1–21 vorliegt. Sie begreifen Jesu Gespräch mit Nikodemus als ein in sich konsistentes und in seiner Argumentationsstruktur kohärentes Ganzes, und sie suchen dieses Ganze anhand einer vor allem auch auf die *theologischen* Aussagen achtenden Exegese in den Blick zu fassen[3].

---

[1] Einen Einblick in die überaus kontroverse Auslegungssituation vermittelt etwa die Diskussion der Sekundärliteratur bei A. STIMPFLE, Blinde sehen. Die Eschatologie im traditionsgeschichtlichen Prozeß des Johannesevangeliums (BZNW 57), Berlin – New York 1990, 36–63.

[2] S. dazu R. BERGMEIER, Gottesherrschaft, Taufe und Geist. Zur Tauftradition in Joh 3, ZNW 86 (1995) 53–73: 53–59.

[3] Joh 3,1–21 ist – selbst wenn die Gestalt des Nikodemus in der Tradition vorgegeben sein sollte – eine von einem *theologischen* Aussagewillen bestimmte Komposition des vierten Evangelisten. Die Frage, ob die Erzählung einen geschichtlichen Anhaltspunkt in einem tatsächlich erfolgten Gespräch des irdischen Jesus hat und welche Züge dann „historisch" sein mögen, ist für die Interpretation des Textes in jeder Hinsicht unerheblich.

I

Für das angemessene Verständnis des Nikodemus-Gesprächs ist zunächst die Frage nach der *Perikopenabgrenzung* von Bedeutung. Nach meinem Urteil bilden die Verse Joh 3,1–21 eine zusammengehörige Einheit[4], die formal als eine Begegnung zwischen Jesus und Nikodemus gestaltet und in der Sache dem Thema der „Wiedergeburt" gewidmet ist. Diese Abgrenzung impliziert . die Ablehnung zweier anderslautender Thesen. Zum einen wird mit ihr bestritten, daß 3,1ff. unmittelbar an 2,23–25 anschließe und Nikodemus demnach als einer der „vielen" gezeichnet werde, die nur scheinbar an Jesus „glauben"[5]. Daß eine gewisse Verbindung zu 2,23–25 besteht, soll damit keineswegs geleugnet werden; diese liegt jedoch darin, daß mit der Einführung der Gestalt des Nikodemus gegenüber den πολλοί von 2,23 gerade eine Steigerung beabsichtigt ist: Nicht nur die „vielen" Juden, deren Scheinglauben Jesus von Anfang an durchschaut, sind Repräsentanten der vor Gott verlorenen Menschenwelt, sondern ebenso auch der ernsthaft fragende Einzelne, der mit ganzem Einsatz seiner Person nach einem Gott wohlgefälligen Leben strebt (ἐκ τῶν Φαρισαίων V. 1), zur geistigen und geistlichen Führungsschicht seines Volkes gehört (ἄρχων τῶν Ἰουδαίων V. 1) und als ein Theologe von Rang anerkannt und angesehen ist (ὁ διδάσκαλος τοῦ Ἰσραήλ V. 10). – Zum andern ist mit unserer Perikopenabgrenzung die These abgewiesen, daß bereits V. 12 (εἰ τὰ ἐπίγεια εἶπον ὑμῖν καὶ οὐ πιστεύετε, πῶς ἐὰν εἴπω ὑμῖν τὰ ἐπουράνια

---

[4] So z.B. auch A. SCHLATTER, Der Evangelist Johannes. Wie er spricht, denkt und glaubt, Stuttgart 1930 = ³1960, 83ff.; R.E. BROWN, The Gospel according to John (I–XII) (AncB 29), Garden City, N.Y. ²1986, 128ff.; TH. SÖDING, Wiedergeburt aus Wasser und Geist. Anmerkungen zur Symbolsprache des Johannesevangeliums am Beispiel des Nikodemusgesprächs (Joh 3,1–21), in: K. KERTELGE (Hg.), Metaphorik und Mythos im Neuen Testament (QD 126), Freiburg – Basel – Wien 1990, 168–219: 197. R. BULTMANN, Das Evangelium des Johannes (KEK 2), Göttingen ¹⁴1956, 92ff. faßt 3,1–21 ebenfalls als Einheit, sieht diese aber ursprünglich mit 3,31–36 als dem Abschluß der in V. 11 beginnenden Rede Jesu verbunden.

[5] So z.B. J. CALVIN, In Novum Testamentum Commentarii II: Evangelium Joannis, Braunschweig 1892, 78: „Nunc in persona Nicodemi spectandum nobis evangelista proponit, quam fluxa et caduca fuerit eorum fides, qui miraculis commoti Christo repente nomen dederant." Die Zusammengehörigkeit von 3,1ff. mit 2,23–25 vertreten z.B. auch: K. BARTH, Erklärung des Johannes-Evangeliums (Kapitel 1–8). Vorlesung Münster Wintersemester 1925/1926, wiederholt in Bonn, Sommersemester 1933 (hg. v. W. FÜRST), Zürich 1976, 208ff.; U. SCHNELLE, Antidoketische Christologie im Johannesevangelium. Eine Untersuchung zur Stellung des vierten Evangeliums in der johanneischen Schule (FRLANT 144), Göttingen 1987, 200; STIMPFLE, Blinde sehen (s. Anm. 1) 40f.; J. BECKER, Das Evangelium nach Johannes. Kapitel 1–10 (ÖTK 4/1), Gütersloh bzw. Würzburg ³1991, 155; BERGMEIER, Gottesherrschaft, Taufe und Geist (s. Anm. 2) 63f.; SÖDING, Wiedergeburt aus Wasser und Geist (s. Anm. 4) 195 (*trotz* der von ihm vertretenen Perikopenabgrenzung 3,1–21). – Daß Nikodemus Repräsentant der in 2,23ff. erwähnten πολλοί sei, wird zu Recht bestritten von BULTMANN, Das Evangelium des Johannes (s. Anm. 4) 93f.; H. STRATHMANN, Das Evangelium nach Johannes (NTD 4), Göttingen ¹⁰1963, 64f.; R. SCHNACKENBURG, Das Johannesevangelium I: Einleitung und Kommentar zu Kap. 1–4 (HThK IV 1), Freiburg – Basel – Wien 1965 (⁷1992), 379.

πιστεύσετε;) den Abschluß des Gesprächs mit Nikodemus bilde und somit „ähnlich wie in 5,47" am Ende der Unterredung „eine offenbleibende Frage Jesu" stehe[6]. Gegen diese These spricht schon, daß V. 13 mit dem Wort ὁ οὐρανός sprachlich wie sachlich ganz unmittelbar an V. 12 (τὰ ἐπουράνια) anknüpft. Das führt zu der wichtigen und in der Einzelexegese noch näher darzulegenden Beobachtung, daß die in V. 12 erwähnten ἐπουράνια überhaupt erst in 3,13ff. zur Sprache kommen, während zuvor im Rahmen von 3,1–11 lediglich von den ἐπίγεια die Rede gewesen ist. Der Satz V. 12 ist somit keineswegs mit 5,47 vergleichbar, werden dort doch zwei Größen – die Schriften des Mose einerseits und die Worte Jesu andererseits – genannt, von denen Jesus bereits in dem vorangehenden Satz V. 46 ausdrücklich gesprochen hat. Entscheidend ist schließlich der Tatbestand, daß ohne die Verse 13ff. die zweimal von Nikodemus gestellte Frage nach der *Möglichkeit* einer Neugeburt – trotz des Hinweises auf das Wirken des πνεῦμα V. 5b–8 – ohne die letztlich entscheidende und auch jenen Hinweis tragende Antwort bliebe. Denn diese Antwort ist die *christologische*!

Was die *Struktur* und den *Aufbau* des Abschnitts 3,1–21 anlangt, so lassen sich eindeutige Gliederungselemente wahrnehmen. Sie sind in jenen Wendungen gegeben, mit denen jeweils die Worte der beiden Gesprächspartner eingeführt werden. Bei Nikodemus finden sich die Wendungen: Νικόδημος … εἶπεν αὐτῷ V. 1.2a, λέγει πρὸς αὐτὸν [ὁ] Νικόδημος V. 4a und ἀπεκρίθη Νικόδημος καὶ εἶπεν αὐτῷ V. 9a; die Worte Jesu werden eingeleitet: ἀπεκρίθη Ἰησοῦς καὶ εἶπεν αὐτῷ V. 3a, ἀπεκρίθη Ἰησοῦς V. 5a und ἀπεκρίθη Ἰησοῦς καὶ εἶπεν αὐτῷ V. 10a. Daß die Worte Jesu jedesmal ausdrücklich als eine *Antwort* gekennzeichnet sind, verdient Beachtung. Sie bilden dieser Kennzeichnung zufolge jeweils mit dem, was Nikodemus zuvor gesagt hat, einen zusammengehörenden Gesprächsschritt. Somit ergibt sich für die Perikope 3,1–21 eine Gliederung in die drei Gesprächsschritte 3,1–3 (A), 3,4–8 (B) und 3,9–21 (C). Jeder dieser Schritte wird durch ein Wort des Nikodemus eröffnet (V. 1+2; V. 4; V. 9) und durch die Antwort Jesu abgeschlossen (V. 3; V. 5–8; V. 10–21).

II

Wenden wir uns nunmehr der Einzelexegese zu, so ist zunächst die *Exposition* in den Blick zu fassen, die der Evangelist in den ersten Gesprächsschritt integriert hat. Sie besteht aus der knappen Charakterisierung des Gesprächs-

---

[6] So SCHNACKENBURG, ebd. 375; vgl. auch 393. Die These Schnackenburgs ist mit dem literarkritischen Urteil verbunden, daß die Verse 3,31–36 dem Abschnitt 3,13–21 voranzustellen sind und daß die „kerygmatische Rede" 3,31–36.13–21 ein in sich geschlossenes Ganzes bildet, in dem das johanneische Kerygma zur Sprache kommt (s. im einzelnen ebd. 374ff.393f.).

partners Jesu (V. 1) und der Erwähnung seines Kommens „bei Nacht" (V. 2a): „Es war aber ein Mann[7], [einer] aus dem Kreis der Pharisäer, Nikodemus mit Namen, ein Mitglied des Hohen Rates der Juden; der kam zu ihm bei Nacht und sagte zu ihm: …" (῏Ην δὲ ἄνθρωπος ἐκ τῶν Φαρισαίων, Νικόδημος ὄνομα αὐτῷ, ἄρχων τῶν Ἰουδαίων· οὗτος ἦλθεν πρὸς αὐτὸν νυκτὸς καὶ εἶπεν αὐτῷ· …).

Nikodemus, der im Evangelium noch zweimal begegnet (7,50–52; 19,39), wird eingeführt als ein Pharisäer[8] und als ein Mitglied des Synedriums[9]. In V. 10b wird er zusätzlich als ein Schriftgelehrter bezeichnet, und zwar, wie die determinierte Formulierung ὁ διδάσκαλος τοῦ Ἰσραήλ zum Ausdruck bringt, als ein in seinem Volk besonders angesehener theologischer Lehrer[10]. Die Angabe, daß Nikodemus „bei Nacht" zu Jesus[11] kommt, ist dem Evangelisten offenbar wichtig; denn er wiederholt sie in 19,39 noch einmal. Unter den verschiedenen Deutungen hat der Hinweis auf die Furcht vor den Juden[12] den geringsten Anhalt am Text selbst; denn hier handelt es sich um eine sachlich unbegründete Eintragung aus 19,38. Auch eine symbolische Deutung (Nikodemus kommt „aus der Finsternis zum Licht, das Jesus ist [vgl. 3,21]"[13]; oder: Nikodemus ist noch in der „Nacht", d.h. noch der Finsternis verhaftet [vgl. 3,19][14]) wird durch den Text kaum nahegelegt. Diskutabel, aber doch auch nicht als zwingend zu erweisen sind zwei andere Deutungen: Nikodemus kommt bei Nacht, weil er – entsprechend der Vorliebe der Rabbinen für nächtliches Studium und nächtliche Diskussionen[15] – die Ruhe und Gesammeltheit

---

[7] Das Wort ἄνθρωπος hat in 3,1 die Bedeutung „Mann" (wie in 1,6; 4,29.50; 5,5.9.12.15; 9,1.11.16.24.30), nicht dagegen „Mensch". Es ist deshalb unbegründet, wenn einige der in Anm. 5 genannten Autoren für die These, daß Nikodemus als einer der πολλοί von 2,23ff. dargestellt werden solle, das Argument eines Stichwortanschlusses ἄνθρωπος (2,25; 3,1) anführen. Ebensowenig spricht für diese These das δέ V. 1 (vgl. dazu 11,1) oder das αὐτόν V. 2a (s. dazu u. Anm. 11).

[8] Der präpositionale Ausdruck ἐκ τῶν Φαρισαίων gehört attributiv zu ἄνθρωπος, ist also nicht mit ἦν zu verbinden; so richtig BULTMANN, Das Evangelium des Johannes (s. Anm. 4) 94 Anm. 2.

[9] Das Wort ἄρχων „Ratsherr" bezeichnet wie in 7,26.48; 12,42 und bei Lukas (Lk 23,13.35; 24,20; Apg 3,17; 4,5.8 u.ö.) das Mitglied des Synedriums.

[10] S.u. bei Anm. 93.

[11] Statt des zu erwartenden Namens Ἰησοῦς steht in V. 2a lediglich das Pronomen (πρὸς αὐτόν); vgl. ähnlich die Erzählungsanfänge 9,1f. und 11,1–3.

[12] So z.B. W. BAUER, Das Johannesevangelium (HNT 6), Tübingen ³1933, 50; F. BÜCHSEL, Das Evangelium nach Johannes (NTD 4), Göttingen ⁴1946, 51; A. WIKENHAUSER, Das Evangelium nach Johannes (RNT 4), Regensburg ³1961, 85; STRATHMANN, Das Evangelium nach Johannes (s. Anm. 5) 66.

[13] So von SCHNACKENBURG, Das Johannesevangelium I (s. Anm. 5) 380 als möglich erwogen; vgl. ähnlich BROWN, The Gospel according to John (s. Anm. 4) 130; J. GNILKA, Johannesevangelium (NEB.NT 4), Würzburg ²1985, 26f.; C.K. BARRETT, Das Evangelium nach Johannes (KEK Sonderband), Göttingen 1990, 226.

[14] Vgl. G.R. BEASLEY-MURRAY, John (WBC 36), Waco, Tex. 1987, 47; auch K. BARTH, Erklärung des Johannes-Evangeliums (s. Anm. 5) 212.

[15] Vgl. dazu BILLERBECK II 419f.

eines nächtlichen Gespräches sucht[16] oder weil er „im geheimen Gespräch Enthüllung über die Geheimnisse der Königsherrschaft Gottes (vgl. 3,3) erbittet"[17]. Eine eindeutige Entscheidung ist m.E. nicht möglich. Auf jeden Fall wird man jedoch sagen dürfen, daß Nikodemus das Gespräch zwischen „Lehrer" und „Lehrer" sucht. Denn das ergibt sich aus den ersten Worten, die er an Jesus richtet (V. 2b.c).

A. Der erste Gesprächsschritt (3,1–3)

1. Nikodemus' Frage (3,2b.c)

Der Dialog wird eröffnet durch die Worte des Nikodemus V. 2b.c: „Rabbi, wir wissen, daß du als Lehrer von Gott gekommen bist; denn niemand kann solche Zeichen tun, wie du sie tust, wenn nicht Gott mit ihm ist[18]" (ῥαββί, οἴδαμεν ὅτι ἀπὸ θεοῦ ἐλήλυθας διδάσκαλος· οὐδεὶς γὰρ δύναται ταῦτα τὰ σημεῖα ποιεῖν ἃ σὺ ποιεῖς, ἐὰν μὴ ᾖ ὁ θεὸς μετ' αὐτοῦ). Die Anrede ῥαββί hat hier titularen Klang: Nikodemus, der Theologe, kommt zu einem μὴ μεμαθηκώς (7,15b) und bekundet ihm hohen Respekt, indem er von Lehrer zu Lehrer mit ihm sprechen möchte. Der Plural οἴδαμεν könnte an sich durchaus für ein „ich" stehen[19]; das „ihr" in V. 7b und in V. 11f. spricht aber dafür, daß ein echtes pluralisches „wir" vorliegt. Nikodemus soll offensichtlich diejenigen repräsentieren, die Jesus hohe *menschliche* Prädikate zuzubilligen bereit sind[20]. In dem Urteil ἀπὸ θεοῦ ἐλήλυθας διδάσκαλος dürften zwei Aussagen enthalten sein: Nikodemus hält Jesus für einen mit besonderer Vollmacht ausgestatteten *Lehrer* (διδάσκαλος), und er vermutet zugleich, daß er sogar ein *Prophet* sein könnte (ἀπὸ θεοῦ ἐλήλυθας)[21]. Zur Begründung verweist er auf

---

[16] In diesem Sinne als möglich erwogen von J. SCHNEIDER, Das Evangelium nach Johannes (ThHK Sonderband), Berlin ²1978, 90f.

[17] J. JEREMIAS, Die Abendmahlsworte Jesu, Göttingen ⁴1967, 123 im Anschluß an K. BORNHÄUSER, Das Johannesevangelium, eine Missionsschrift für Israel (BFChTh II 15), Gütersloh 1928, 26, dem auch SCHLATTER, Der Evangelist Johannes (s. Anm. 4) 85 folgt. In diesem Sinne deutet offensichtlich auch bereits J.A. BENGEL, Gnomon Novi Testamenti. Secundum editionem tertiam (1773) denuo recusus, Berlin 1860, 208f.: „De coelestibus volebat audire et de sublimibus."

[18] Zur Konstruktion οὐδείς ... ἐὰν μή („wenn nicht", „ohne daß") ... vgl. 6,44.

[19] Man muß dazu nicht erst mit A. SCHLATTER, Die Sprache und Heimat des vierten Evangelisten (BFChTh VI 4), Gütersloh 1902, 39f. das galiläisch-aramäische Sprachidiom bzw. den Sprachgebrauch der Rabbinen bemühen!

[20] Dagegen repräsentiert Nikodemus weder die Pharisäer oder die ἄρχοντες oder beide noch auch die πολλοί von 2,23f.; gegen BARRETT, Das Evangelium nach Johannes (s. Anm. 13) 226.

[21] Richtig Johannes Chrysostomus, Commentarius in Joannem, Homilia XXIV (XXIII) 2 z.St.: ἔτι ἀνθρωπίνην ἔχει περὶ αὐτοῦ διάνοιαν, καὶ ὡς περὶ προφήτου διαλέγεται (PG 59 [1862] 144); Theophylakt, Commentarius in Joannem z.St.: ὁρᾷς, ὅτι ὡς ἀνθρώπῳ προφήτῃ, καὶ παρὰ τοῦ Θεοῦ ἀγαπωμένῳ, πρόσεισι τῷ Ἰησοῦ (PG 123 [1883] 1201 D);

die unerhörten „Zeichen", die Jesus tut und die sich nur so erklären lassen, daß Gott „mit ihm" ist und durch ihn wirkt[22]. Es sind hohe Prädikate, die Nikodemus Jesus zuerkennt, ja, er „greift nach der höchsten Möglichkeit, der prophetischen"[23]. Gleichwohl verfehlt er damit sein Gegenüber völlig. Die Aussage ἀπὸ θεοῦ ἐλήλυθας ist nicht nur unzureichend, sondern sie ist gänzlich falsch; die Wahrheit würde und müßte nämlich lauten: ἀπὸ θεοῦ ἐξελήλυθας (s. 13,3; 16,30) bzw. ἐκ / παρὰ τοῦ θεοῦ ἐξελήλυθας (s. 8,42; 16,27f.; 17,8)[24]. Ebenso trifft das Urteil, daß Gott „mit" Jesus sei, in dem von Nikodemus gemeinten Sinn durchaus nicht zu[25]; hier gilt vielmehr, was die Immanenz- und Einheitsaussagen Jesu[26] zum Ausdruck bringen: die in der Wesenseinheit gründende vollkommene Handlungseinheit zwischen dem Vater und dem Sohn. Wie an den vergleichbaren anderen Stellen des Evangeliums[27], so ist auch bei Nikodemus die Vermutung, daß Jesus ein Prophet sei, das irrige Urteil dessen, dem das Persongeheimnis des Sohnes Gottes verschlossen ist. Die Problematik dieses Urteils liegt dabei darin, daß Jesus „nach der *Analogie* einer schon bekannten Erscheinung verstanden"[28] und so in den Rahmen des Menschenmöglichen eingeordnet wird[29]. Mehr als das Menschenmögliche vermag Nikodemus nicht zu denken: weder im Blick auf Jesus selbst noch auch – wie sogleich deutlich werden wird – im Blick auf die Frage nach des Menschen Heil.

Damit aber stehen wir bei dem Phänomen, um das es dem Evangelisten in der Darstellung von 3,1–21 betont geht und das dieser Darstellung ihre tiefe innere Spannung verleiht. Weil Nikodemus sein Gegenüber gänzlich verfehlt, deshalb vermag er durchweg nicht zu verstehen, was Jesus in seinen Antworten sagt. Sehr schön formuliert R. Bultmann: „Der Dialog kann nicht so verlaufen, wie der διδάσκαλος erwartet hat und erwarten könnte, wenn er einem

---

Johannes Zigabenus, Expositio in Joannem z.St.: προφήτην αὐτὸν ᾤετο (PG 129 [1898] 1160 C). Vgl. auch CALVIN, Evangelium Joannis (s. Anm. 5) 80: „Nicodemus ... verum Dei prophetam ex miraculis Christum agnoscit." – Der Ausdruck ἀπὸ θεοῦ ἔρχεσθαι entspricht in der Sache dem von Johannes dem Täufer ausgesagten ἀπεσταλμένος παρὰ θεοῦ („von Gott [als Prophet] gesandt") 1,6.

[22] Vgl. dazu Apg 2,22; 10.38. – Die Worte ἐὰν μὴ ᾖ ὁ θεὸς μετ᾽ αὐτοῦ nehmen eine alttestamentliche Wendung auf, die im Blick auf Mose (Ex 3,12; Jos 1,5), Josua (Dtn 31,23; Jos 1,5) und Jeremia (Jer 1,8.19) begegnet. Vgl. ferner etwa Gen 26,24; 28,15; 31,3.

[23] So H.- J. IWAND, Mt 16,13–20, in: DERS., Predigt-Meditationen, Göttingen 1963, 561–572: 566 zu dem in Mt 16,14 angeführten Urteil der „Menschen".

[24] Auf den fundamentalen Unterschied, der im Johannesevangelium zwischen den Wendungen ἀπὸ θεοῦ ἔρχεσθαι und ἀπὸ θεοῦ ἐξέρχεσθαι besteht, bin ich durch ein Gespräch mit meinem Freund Gert Jeremias aufmerksam geworden.

[25] Ganz anders – nämlich im Sinne von 10,30 – ist das ὁ πατὴρ μετ᾽ ἐμοῦ ἐστιν im Munde *Jesu selbst* gemeint: 16,32; vgl. 8,16.29.

[26] 10,30.38; 14,10f.20; 17,11.21ff.; vgl. auch 1,18; 12,45; 14,9.

[27] 4,19; 6,14; 7,40; 9,17.

[28] IWAND, Mt 16,13–20 (s. Anm. 23) 566; s. den ganzen, theologisch höchst beachtenswerten Zusammenhang der Darlegungen ebd. 565–567.

[29] Das haben bereits Johannes Chrysostomus und – ihm folgend – Theophylakt zutreffend gesehen; s. die Zitate o. Anm. 21.

διδάσκαλος gegenüberstünde. Er mag ihn, den durch die Wunder beglaubigten, als einen ihm selbst überlegenen Lehrer ansehen, zu dem er, der Φαρισαῖος, der ἄρχων und διδάσκαλος als Fragender kommt, – der Offenbarer aber ist nicht quantitativ, sondern qualitativ vom menschlichen Lehrer unterschieden, und die Kriterien, die dieser zur Verfügung hat, reichen nicht aus, um jenen zu verstehen."[30] Daß Nikodemus und Jesus auf ganz verschiedenen Ebenen reden, wird sprachlich dadurch angezeigt, daß Jesus in allen drei Gesprächsschritten seine Aussagen mit dem emphatischen ἀμὴν ἀμὴν λέγω σοι eröffnet (V. 3b; V. 5b; V. 11a[31]). Mit dieser Wendung, die im Johannesevangelium insgesamt 25 mal begegnet[32], wird jeweils markiert, daß es Worte *göttlicher* Vollmacht und Autorität sind, die Jesus spricht, – Worte, die nur *der* überhaupt verstehen kann, dem Gott selbst das Verständnis für sie öffnet.

Ehe wir uns der ersten Aussage Jesu zuwenden können, sind die Worte, die Nikodemus an Jesus gerichtet hat, noch genauer zu bedenken. Diese Worte enthalten ja, wie wir gesehen haben, lediglich eine Anrede (ῥαββί) und eine Feststellung (οἴδαμεν κτλ.), so daß die Weise, in der Jesus auf sie reagiert, auf den ersten Blick als befremdlich erscheinen muß[33]. Nimmt man jedoch ernst, daß V. 3b – nicht anders als V. 5b–8 und V. 10b–21 – eine *Antwort* Jesu auf das von Nikodemus Gesagte ist, so darf gefolgert werden, daß der Ratsherr nicht bloß mit einer Feststellung, sondern mit einer bestimmten *Frage* zu Jesus kommt. Diese Frage kann unschwer aus der Antwort Jesu V. 3b erschlossen werden: Nikodemus „kommt mit der *einen* Frage, die das Judentum, dessen ,Lehrer' er ist, an Jesus zu richten hat und an ihn richten soll; er kommt mit der Frage nach dem *Heil*"[34]. Die Teilhabe am eschatologischen Heil ist ja gemeint, wenn in Jesu Antwort vom ἰδεῖν τὴν βασιλείαν τοῦ θεοῦ die Rede ist[35].

---

[30] BULTMANN, Das Evangelium des Johannes (s. Anm. 4) 95.

[31] Mit V. 11 beginnt die *Aussage* Jesu. Es geht die Frage V. 10b voraus, die selbstverständlich nicht ebenfalls unter das ἀμὴν ἀμὴν λέγω σοι gerückt werden konnte.

[32] 1,51; 3,3.5.11; 5,19.24.25; 6,26.32.47.53; 8,34.51.58; 10,1.7; 12,24; 13,16.20.21.38; 14,12; 16,20.23; 21,18.

[33] Nach der Auffassung mancher Ausleger will der Evangelist damit ausdrücklich deutlich machen, daß *Jesus* und nicht Nikodemus das Thema des Gesprächs bestimmt; s. etwa WIKENHAUSER, Das Evangelium nach Johannes (s. Anm. 12) 86; SÖDING, Wiedergeburt aus Wasser und Geist (s. Anm. 4) 198; auch STRATHMANN, Das Evangelium nach Johannes (s. Anm. 5) 67. – Anders, nämlich im Sinne einer gewissen Parallelität zu 1,47ff., deutet TH. BEZA, Testamentum Novum, Genf ⁴1588, I 344, der zu ἀπεκρίθη V. 3a anmerkt: „Atqui nondum quicquam ab eo quaesierat Nicodemus. Christus ergo non ex eius verbis, sed ut Deus quid ab eo quaerere constituisset cognovit, et illius sermonem antevertit."

[34] BULTMANN, Das Evangelium des Johannes (s. Anm. 4) 94; vgl. WIKENHAUSER, Das Evangelium nach Johannes (s. Anm. 12) 86; SCHNACKENBURG, Das Johannesevangelium I (s. Anm. 5) 378.380. Auch nach STRATHMANN, Das Evangelium nach Johannes (s. Anm. 5) 65ff. hat das Gespräch „den wahren Heilsweg zum Gegenstand" (65), doch sieht er das nicht dadurch veranlaßt, daß Nikodemus selbst mit der Frage nach dem Heil zu Jesus gekommen wäre (66).

[35] Der im Johannesevangelium nur in 3,3b und 3,5b erscheinende Begriff ἡ βασιλεία τοῦ θεοῦ ist im Sinne des Evangelisten sachlich gleichbedeutend mit dem für seine Soteriologie

Sprachlich-rhetorisch kann man in den Worten des Nikodemus V. 2b.c die elliptische Figur des Anantapodoton erblicken. Das heißt: Die mitgeteilten Worte bilden lediglich die Protasis dessen, was der Ratsherr sagen will; die Apodosis ist zu ergänzen: „Therefore am I come to thee, that thou mayest teach me the way of salvation."[36] Daß Nikodemus diese Frage im Sinne von Mk 10,17b als seine *persönliche* Frage stellt, muß dabei nicht notwendig angenommen werden. Er kann sie durchaus als eine grundsätzliche *theologische* Frage stellen – eben als eine der Erörterung würdige Frage im theologischen Gespräch zwischen „Lehrer" und „Lehrer".

In diesem Zusammenhang ist schließlich noch eine weitere Überlegung wichtig: Kommt Nikodemus als ein Pharisäer und als ein dem Synedrium angehörender angesehener „Lehrer in Israel" mit der Frage nach dem Heil zu Jesus, so stellt er diese Frage selbstverständlich im Horizont der *Tora*, d.h. des νόμος, der „durch Mose gegebenen worden ist" (1,17a)[37]. Mit der Tora aber ist der *Mensch* mit *seinen* Möglichkeiten im Blick – so, wie dies in der Frage des reichen Jünglings Mk 10,17b zum Ausdruck kommt: „Was muß ich *tun*, damit ich das ewige Leben erbe?" (τί ποιήσω ἵνα ζωὴν αἰώνιον κληρονομήσω;) Daß mit Nikodemus ein Gesprächspartner Jesu auftritt, der Lehrer und Anwalt des durch Mose gegebenen νόμος ist (vgl. 7,50f.), will jedenfalls für das Verständnis unseres Textes sehr wohl bedacht sein.

2. Jesu Antwort (3,3b)

Auf die Frage nach dem Heil antwortet Jesus mit den Worten (V. 3b): „Amen, Amen, ich sage dir: Wenn einer nicht von neuem geboren wird, kann er das Reich Gottes nicht sehen" (ἀμὴν ἀμὴν λέγω σοι, ἐὰν μή τις γεννηθῇ ἄνωθεν, οὐ δύναται ἰδεῖν τὴν βασιλείαν τοῦ θεοῦ). Für diese Worte ist bezeichnend, daß Jesus nicht auf das *Tun*, sondern auf das *Sein* des Menschen abhebt: Die *conditio sine qua non* für die Teilhabe am eschatologischen Heil ist das γεννηθῆναι ἄνωθεν. Der hier und dann noch einmal in V. 7b begegnende Ausdruck γεννηθῆναι ἄνωθεν kann sprachlich ein Doppeltes bedeuten: a) „von oben her gezeugt werden", b) „von neuem geboren werden". Das Verbum γεννάω / γεννάομαι wird nämlich sowohl von der Zeugung wie von der Ge-

---

charakteristischen Terminus ζωὴ αἰώνιος 3,15f. und also Ausdruck für das eschatologische Heil. Das Verbum ἰδεῖν hat hier die Bedeutung „erfahren" im Sinne von „Anteil bekommen", „teilhaben"; vgl. 3,36 (die ζωή „sehen") sowie Lk 2,26; Apg 2,27 (= Ps 15,10 LXX).

[36] E.W. BULLINGER, Figures of Speech Used in the Bible, London 1898 = Grand Rapids, Mich. 1968 (⁹1982), 54. Ein Anantapodoton nimmt auch bereits BENGEL, Gnomon (s. Anm. 17) 208 an: „Antecedens ponitur a Nicodemo. consequens: ideo tecum volui conferre" (zu Bengels inhaltlicher Bestimmung des consequens s.o. Anm. 17). – Zur Figur des Anantapodoton vgl. H. LAUSBERG, Handbuch der literarischen Rhetorik, München ²1973, I 459.

[37] Daß die Frage nach dem Gesetz durchaus mit im Blick ist, hat S. SCHULZ, Das Evangelium nach Johannes (NTD 4), Göttingen ¹²⁽¹⁾1972, 57 richtig gesehen.

burt gebraucht[38], und ἄνωθεν heißt zum einen „von oben her"[39], zum andern aber auch „von neuem", „wiederum", „noch einmal"[40]. Bereits in der Alten Kirche werden beide Deutungen vertreten[41]. Dabei ist besonders interessant, daß nicht nur die Vulgata (*denuo*), die Peschitta (*mn drš*)[42] und die koptischen Übersetzungen (*nkesop*) die Wendung γεννηθῆναι ἄνωθεν als „*von neuem geboren werden*" aufgefaßt haben, sondern daß sich dieses Verständnis auch bei dem ältesten Zeugen findet, der das Wort Jesu Joh 3,3b anführt. Der Märtyrer Justin nimmt in Apol I 61,4f. auf Joh 3,3f. Bezug, wenn er schreibt[43]: ⁴Καὶ γὰρ ὁ Χριστὸς εἶπεν· Ἂν μὴ ἀναγεννηθῆτε, οὐ μὴ εἰσέλθητε εἰς τὴν βασιλείαν τῶν οὐρανῶν. ⁵ὅτι δὲ καὶ ἀδύνατον εἰς τὰς μήτρας τῶν τεκουσῶν τοὺς ἅπαξ γεννωμένους ἐμβῆναι, φανερὸν πᾶσίν ἐστι. Justin hat also die Wendung γεννηθῆναι ἄνωθεν Joh 3,3b.7b als ἀναγεννηθῆναι („*von neuem geboren werden*") verstanden[44].

Kontrovers ist die Interpretation des ἄνωθεν Joh 3,3b.7b bis heute geblieben. Neben den Deutungen „von neuem"[45] und „von oben her"[46] findet sich

---

[38] Bauer, Wörterbuch⁵ 307ff. s.v. 1 („zeugen") bzw. 2 („gebären"); Bauer/Aland, Wörterbuch⁶ 310ff. s.v. 1 bzw. 2.

[39] Bauer, Wörterbuch⁵ 152f. s.v. 1; Bauer/Aland, Wörterbuch⁶ 153 s.v. 1.

[40] Bauer, Wörterbuch⁵ 153 s.v. 3; Bauer/Aland, Wörterbuch⁶ 153 s.v. 3. Von den bei Bauer bzw. Bauer/Aland genannten Belegen sind zutreffend: Sap 19,6; Gal 4,9; Josephus, Antiquitates I 263; Martyrium Polycarpi 1,1; Acta Pauli (ed. C. Schmidt / W. Schubart) 7,39; Artemidor, Onirocriticon 1,13; IG VII 2712,59; BGU 595,6. Zu streichen sind dagegen Platon, Epistola II (310 e) und Epiktet II 17,27, wo jeweils die Bedeutung „von Anfang an" vorliegt (wie Lk 1,3). Die angeführten Belege, zu denen noch SIG 1104,11; P.Oxy. 745,4 und Sokrates bei Stobaeus, Anthologium IV 56,39 (ed. C. Wachsmuth / O. Hense V 1133,13ff.) hinzugefügt werden können, beweisen zur Genüge, daß K. Berger / C. Colpe, Religionsgeschichtliches Textbuch zum Neuen Testament (NTD Textreihe 1), Göttingen 1987, 153 zur Begründung der Übersetzung von ἄνωθεν Joh 3,3 mit „von oben her" zu Unrecht anmerken: „wie es auch der bis dahin belegte griechische Sprachgebrauch allein zuläßt".

[41] S. dazu Bauer, Das Johannesevangelium (s. Anm. 12) 51; Schnackenburg, Das Johannesevangelium I (s. Anm. 5) 381.

[42] Wie Gal 4,9 und im Unterschied zu *mn l'l* Joh 3,31; 19,11.23. Falsch ist es, wenn F. Büchsel, Art. ἄνωθεν, ThWNT I (1957 = 1933) 378,26 mit dem Hinweis auf syrᶜ, syrᵖᵃˡ und syrᵖ behauptet, daß die syrischen Übersetzungen überwiegend die Deutung „von oben her" verträten. In Wahrheit trifft das nur für syrᵖᵃˡ zu.

[43] Vgl. M. Hengel, Die johanneische Frage. Ein Lösungsversuch (WUNT 67), Tübingen 1993, 64; Bergmeier, Gottesherrschaft, Taufe und Geist (s. Anm. 2) 66. Daß in Apol I 61,4 eine direkte Bezugnahme auf Joh 3,3ff. vorliegt, wird von J. Jeremias, Die Kindertaufe in den ersten vier Jahrhunderten, Göttingen 1958, 65 zu Unrecht bestritten.

[44] Zu ἀναγεννᾶν / ἀναγεννᾶσθαι s. auch 1Petr 1,3 bzw. 1,23.

[45] Dezidiert für diese Deutung plädiert Bultmann, Das Evangelium des Johannes (s. Anm. 4) 95 Anm. 2: ἄνωθεν „kann … 3,3.7 nur ,von neuem' bedeuten". Den Grund erblickt Bultmann in der Antwort des Nikodemus V. 4, zu der er bemerkt: „Das Mißverständnis erkennt die Bedeutung der Wörter richtig, wähnt aber, daß sie sich in der Bezeichnung irdischer Sachverhalte erschöpfe." – Die Bedeutung „von neuem" vertreten u.a. auch: Beza, Testamentum Novum (s. Anm. 33) I 344; Th. Zahn, Das Evangelium des Johannes (KNT 4), Leipzig ⁵·⁶1921 = Wuppertal 1983, 186f.; Wikenhauser, Das Evangelium nach Johannes (s. Anm. 12) 86; Strathmann, Das Evangelium nach Johannes (s. Anm. 5) 67; Schulz,

dabei auch die These, daß das Adverb absichtlich *doppelsinnig* gebraucht sei und besagen solle: „von oben her gezeugt und so wiederum geboren werden"[47]. Nach meinem Urteil ist der Deutung „*von neuem* geboren werden" der Vorzug zu geben. Für sie spricht zunächst schon eine überlieferungsgeschichtliche Erwägung: Der vierte Evangelist hat – wie der bei ihm nur hier erscheinende Ausdruck ἡ βασιλεία τοῦ θεοῦ zeigt – in 3,3b bzw. 3,5b ein Jesus-Logion verarbeitet, dessen ursprüngliche Fassung gelautet haben dürfte: „Amen, ich sage euch: Wenn ihr nicht wieder wie Kinder werdet, werdet ihr nicht in die Königsherrschaft Gottes gelangen."[48] In 3,3b haben wir eine in der Formulierung hellenistisch geprägte Variante dieses Wortes vor uns, wobei an die Stelle der die Erneuerung bezeichnenden Wendung „wieder wie Kinder werden" nunmehr der Ausdruck „von neuem geboren werden" getreten ist[49]. Zu der überlieferungsgeschichtlichen Erwägung kommt hinzu, daß die Gründe, die für die Deutung des ἄνωθεν als „von oben her" angeführt werden, keineswegs zwingend sind. Wenn das Adverb in 3,31; 19,11.23 die Bedeutung „von oben her" hat, so ist das durchaus kein hinreichender Grund für die These, daß diese Bedeutung auch in 3,3b.5b vorliegen müsse[50]. Ebensowenig ist notwendig das

---

Das Evangelium nach Johannes (s. Anm. 37) 54f.; G. BARTH, Die Taufe in frühchristlicher Zeit (BThSt 4), Neukirchen-Vluyn 1981, 108.

[46] Dezidiert für diese Deutung votiert SCHNACKENBURG, Das Johannesevangelium I (s. Anm. 5) 381: „Nach der sonstigen Verwendung von ἄνωθεν bei Joh (3,31; 19,11.23) und seiner Lehre von der ‚Zeugung aus *Gott*' (1,13; 1Joh 2,29; 3,9; 4,7; 5,1) ist die Übersetzung ‚von oben her' allein gerechtfertigt. Vor allem dürfte das ἄνωθεν von 3,31 jenes von 3,3 aufnehmen ... und den Gedanken eines Geschehens, das aus dem himmlischen Bereich, aus den dem Menschen unverfügbaren Kräften Gottes erfolgt, sichern." – Für die Deutung als „von oben her" entscheiden sich ferner etwa: BÜCHSEL, Das Evangelium nach Johannes (s. Anm. 12) 51; DERS., ἄνωθεν (s. Anm. 42) 378,9ff.; H. LEROY, Rätsel und Mißverständnis. Ein Beitrag zur Formgeschichte des Johannesevangeliums (BBB 30), Bonn 1968, 124ff.; J. BEUTLER, Art. ἄνωθεν, EWNT I (1980) 269f.: 270; E. HAENCHEN, Das Johannesevangelium. Ein Kommentar (hg. v. U. BUSSE), Tübingen 1980, 217; BROWN, The Gospel according to John (s. Anm. 4) 130 („Jesus' primary meaning"); SÖDING, Wiedergeburt aus Wasser und Geist (s. Anm. 4) 199.207ff.; R. PESCH, „Ihr müßt von oben geboren werden". Eine Auslegung von Jo 3,1–12, BiLe 7 (1966) 208–219: 208 u.ö.; J. BLANK, Krisis. Untersuchungen zur johanneischen Christologie und Eschatologie, Freiburg 1964, 57f.; F. PORSCH, Pneuma und Wort. Ein exegetischer Beitrag zur Pneumatologie des Johannesevangeliums (FTS 16), Frankfurt 1974, 96f.; BECKER, Das Evangelium nach Johannes (s. Anm. 5) 159f.

[47] So z.B. BAUER, Wörterbuch[5] 153 s.v. 3; BAUER/ALAND, Wörterbuch[6] 153 s.v. 3; ebenso: O. CULLMANN, Der johanneische Gebrauch doppeldeutiger Ausdrücke als Schlüssel zum Verständnis des vierten Evangeliums, in: DERS., Vorträge und Aufsätze. 1925–1962, Tübingen bzw. Zürich 1966, 176–186: 180f.; SCHNEIDER, Das Evangelium nach Johannes (s. Anm. 16) 92; BARRETT, Das Evangelium nach Johannes (s. Anm. 13) 227; SCHNELLE, Antidoketische Christologie im Johannesevangelium (s. Anm. 5) 201.

[48] S. im einzelnen JEREMIAS, Die Kindertaufe in den ersten vier Jahrhunderten (s. Anm. 43) 63ff.; DERS., Neutestamentliche Theologie I: Die Verkündigung Jesu, Gütersloh [4]1988, 153f.; vgl. auch BERGMEIER, Gottesherrschaft, Taufe und Geist (s. Anm. 2) 65f.

[49] Vgl. JEREMIAS, Die Kindertaufe in den ersten vier Jahrhunderten (s. Anm. 43) 64.

[50] Daß das ἄνωθεν von 3,31 jenes von 3,3b.5b wieder aufnehme, wie SCHNACKENBURG meint (s.o. Anm. 46), leuchtet nicht ein. Denn in dem Ausdruck ὁ ἄνωθεν ἐρχόμενος 3,31a

Urteil gefordert, daß die Wendungen γεννηθῆναι ἄνωθεν 3,3b.5b und ἐκ θεοῦ γεννηθῆναι 1,13 (vgl. 1Joh 2,29; 3,9; 4,7; 5,1.4.18) Synonyme seien und also ἄνωθεν wie in 19,11 die Bedeutung „von Gott" haben müsse; denn nichts spricht gegen die Annahme, daß die Wendung ἐκ θεοῦ γεννηθῆναι – und entsprechend dann auch der Ausdruck γεννηθῆναι ἐκ τοῦ πνεύματος 3,5b.6b.8b – des näheren *erklärt* und *beschreibt*, wie sich das „von neuem geboren werden" vollzieht und allein vollziehen kann. Sind mithin die für die Deutung „von oben her gezeugt werden" vorgebrachten Argumente keineswegs zwingend, so spricht *gegen* diese Deutung die Antwort des Nikodemus V. 4b, weil sie gerade voraussetzt, daß Jesus von einem *Neu*-Werden des Menschen gesprochen hat[51]. Andernfalls muß die Antwort des Nikodemus notwendig als üble Polemik oder als ein überaus törichtes Mißverständnis interpretiert werden – beides keine sonderlich überzeugenden Lösungen![52] Entscheidend aber ist – über die genannten Argumente hinaus – der folgende Tatbestand: Das ganze weitere Gespräch gewinnt erst sein besonderes Profil, wenn Jesus in V. 3b die Heilsteilhabe unter die Bedingung stellt, daß der Mensch völlig *neu* werden muß, und wenn dieses Postulat einer gänzlich *neuen* Existenz in diesem Satz *nicht* schon ausdrücklich mit dem Gedanken verbunden ist, daß solche Existenz „von oben her", d.h. von Gott selbst geschenkt wird. *Kein* Mensch kann so, wie er ist, die βασιλεία Gottes „sehen", sondern er muß ein *neuer* Mensch werden, wenn er des eschatologischen Heils teilhaftig werden soll, – *das* und *nur* das ist es, was Jesus in V. 3b erklärt[53].

---

ist ἄνωθεν *reines Orts*-Adverb, wie die Aufnahme durch ὁ ἐκ τοῦ οὐρανοῦ ἐρχόμενος 3,31c beweist. – *Kein* überzeugendes Argument für die Übersetzung „von oben her" ist es auch, wenn SCHNELLE, Antidoketische Christologie im Johannesevangelium (s. Anm. 5) 201 erklärt: „Insbesondere der christologische Bezug von ἄνωθεν in Joh 3,31 und 8,23 (Christus spricht: ἐγὼ ἐκ τῶν ἄνω εἰμί) fordert diese Interpretation, denn Christus und die Seinen sind ihrem Ursprungsort nach wesensverwandt." Der vierte Evangelist ist kein Gnostiker!

[51] So BEZA, Testamentum Novum (s. Anm. 33) I 344: „Responsum Nicodemi arguit, Christum unam esse vocabulo quo nihil aliud quam iteratio significatur." Ebenso z.B. auch G. BARTH, Die Taufe in frühchristlicher Zeit (s. Anm. 45) 108 Anm. 247: „Daß ἄνωθεν hier nicht ‚von oben' ..., sondern ‚von neuem' ... bedeutet, ergibt sich eindeutig aus der Frage des Nikodemus in 3,4."

[52] S. dazu unten die Auslegung zu V. 4b.

[53] Nur anhangsweise sei noch eine sprachlich wie sachlich inakzeptable Deutung des V. 3b angesprochen: Wie z.B. schon G. RICHTER, Zum sogenannten Taufetext Joh 3,5, in: DERS., Studien zum Johannesevangelium (BU 13), Regensburg 1977, 327–345: bes. 327, so plädiert zuletzt STIMPFLE, Blinde sehen (s. Anm. 1) 48ff. nicht nur für die Wiedergabe von ἄνωθεν mit „von oben", sondern auch für die *perfektische* Übersetzung der Worte ἐὰν μή τις γεννηθῇ ἄνωθεν: „wenn einer nicht von oben geboren *ist*" (vgl. auch 42 mit Anm. 147). Der Ausdruck γεννηθῆναι ἄνωθεν wird dann nicht auf ein Geschehen gedeutet, das sich während der irdisch-geschichtlichen Existenz des Menschen vollzieht; er soll vielmehr eine der Lebensgeschichte *voraus*liegende, von Gott gesetzte *ontologische* Qualität der zum Heil Prädestinierten beschreiben: ihr Von-oben-Sein, das „die notwendige Voraussetzung ist für die Möglichkeit heilsamer Erkenntnisfähigkeit und für die Realisierung rettenden Erkennens" (STIMPFLE, ebd. 50). Daß diese Deutung weitreichende Konsequenzen für die Ausle-

B. Der zweite Gesprächsschritt (3,4–8)

1. Nikodemus' Frage (3,4b)

Die Aussage Jesu, daß eine Neugeburt die *conditio sine qua non* für die Teilhabe am eschatologischen Heil sei, veranlaßt Nikodemus zu der Doppelfrage V. 4b: „Wie kann ein Mensch [noch einmal] geboren werden, wenn er ein Greis ist? Kann er etwa ein zweites Mal in den Schoß seiner Mutter eingehen und [noch einmal] geboren werden?" (πῶς δύναται ἄνθρωπος γεννηθῆναι γέρων ὤν; μὴ δύναται εἰς τὴν κοιλίαν τῆς μητρὸς αὐτοῦ δεύτερον εἰσελθεῖν καὶ γεννηθῆναι;) Diese Worte sind schwerlich als eine echte Frage gemeint, mit der Nikodemus von Jesus weiteren Aufschluß über das „Wie" der Neugeburt verlangt bzw. eine genauere Belehrung über ihre Möglichkeit erwartet; sie haben vielmehr in der Sache den Charakter einer Feststellung, einer *kategorischen* Erklärung[54]. Wie aber ist diese des näheren zu interpretieren?

Die Doppelfrage V. 4b wird in der Exegese häufig den sog. „Mißverständnissen" zugerechnet, die im vierten Evangelium als literarische Form begegnen[55]. Dieser Sicht zufolge entnimmt Nikodemus dem Wort Jesu V. 3b die For-

---

gung von Joh 3,1–21 und insbesondere auch für die Verhältnisbestimmung der Ausdrücke γεννηθῆναι ἄνωθεν V. 3b, γεννηθῆναι ἐξ ὕδατος καὶ πνεύματος V. 5b und γεννηθῆναι ἐκ τοῦ πνεύματος V. 6b.8b hat, liegt auf der Hand und kann bei Stimpfle im einzelnen nachgelesen werden. Die skizzierte Deutung steht jedoch schon *sprachlich* auf keinem sehr tragfähigen Fundament. Faßt man nämlich die johanneischen Stellen in den Blick, an denen eine durch ἐὰν μή eingeleitete Protasis mit einer Apodosis verbunden ist, die ein Nicht-Vermögen (οὐ δύναται o.ä.) zum Ausdruck bringt, so ergibt sich das folgende Bild: a) Dem jeweiligen Aspekt entsprechend steht ἐὰν μή in 3,5b und 6,44 – wie in 3,3b – mit Konj. Aor., in 5,19 und 15,4 (vgl. auch 3,2) mit Konj. Präs.; in allen diesen Fällen ist die Deutung im Sinne eines Perfekts ausgeschlossen. b) An den beiden Stellen, an denen die Protasis perfektisch gemeint ist, erscheint nach ἐὰν μή der Konj. *Perf.*: ἐὰν μὴ ᾖ δεδομένον αὐτῷ, 3,27; 6,65. Hätte der Evangelist in 3,3b tatsächlich aussagen wollen, was Richter und Stimpfle dort ausgesagt finden, so wäre seinem Sprachgebrauch entsprechend als präzise bzw. unmißverständliche Formulierung zu erwarten: ἐὰν μὴ ᾖ γεγεννημένος ἄνωθεν. Zu dem sprachlichen Argument kommt das *sachliche* hinzu, daß der vierte Evangelist das „Von-oben-Stammen" ausschließlich von Christus, dem Sohn Gottes, nicht aber von den Glaubenden aussagt. S. dazu den überzeugenden Nachweis bei R. Bergmeier, Glaube als Gabe nach Johannes. Religions- und theologiegeschichtliche Studien zum prädestinatianischen Dualismus im vierten Evangelium (BWANT 112), Stuttgart – Berlin – Köln – Mainz 1980, 213–236 mit 247–273; vgl. ferner K. Wengst, Bedrängte Gemeinde und verherrlichter Christus. Ein Versuch über das Johannesevangelium (KT 114), München ³1992, 237 Anm. 156.

[54] Die Frage des Initianden in Corpus Hermeticum XIII 1f., auf die z.B. Bultmann, Das Evangelium des Johannes (s. Anm. 4) 96f. Anm. 1 und Barrett, Das Evangelium nach Johannes (s. Anm. 13) 229 hinweisen, kann deshalb nur sehr entfernt als eine Parallele angesehen werden.

[55] Zu den johanneischen „Mißverständnissen" s. H. Leroy, Rätsel und Mißverständnis (s. Anm. 46); Ders., Das johanneische Mißverständnis als literarische Form, BiLe 9 (1968) 196–207; D. A. Carson, Understanding Misunderstandings in the Fourth Gospel, TynB 33 (1982) 59–91; J. Beutler, Literarische Gattungen im Johannesevangelium. Ein For-

derung, daß der Mensch, um des Heils teilhaftig zu werden, eine Wiederholung seiner *physischen* Geburt erfahren müsse. Insbesondere drei Spielarten solcher Deutung sind hier zu nennen: 1. Exegeten, die in V. 3b mit dem Ausdruck γεννηθῆναι ἄνωθεν streng die Zeugung „von oben her" bezeichnet sehen, lassen Nikodemus das Wort ἄνωθεν in der Bedeutung „von neuem" fassen und dementsprechend Jesus dahin mißverstehen, „daß der Mensch den Vorgang seiner Geburt von neuem erfahren muß"[56]. 2. Exegeten, die für γεννηθῆναι ἄνωθεν eine bewußte Doppeldeutigkeit des Ausdrucks annehmen, interpretieren die Frage von V. 4b dahingehend, daß Nikodemus nur die *eine* Seite des von Jesus Gesagten wahrnimmt und deshalb seine Worte so versteht, als gehe es um eine „zweite leibliche Geburt"[57]. 3. Exegeten schließlich, die γεννηθῆναι ἄνωθεν dezidiert als Terminus für die „Neugeburt" beurteilen, wollen die Pointe darin erkennen, daß Jesus von einem geistlichen Vorgang redet, Nikodemus dies jedoch in dem Sinne mißversteht, als spreche er von dem „irdisch-natürlichen Geborenwerden"[58]. Die beiden erstgenannten Deutungen stehen und fallen selbstverständlich mit der jeweils vorausgesetzten Interpretation des Wortes Jesu V. 3b. Nun hat bereits R. Bultmann zutreffend bemerkt: „Die Zweideutigkeit johanneischer Begriffe und Aussagen, die zu Mißverständnissen führen, liegt nicht darin, daß eine Vokabel zwei Wortbedeutungen hat, sodaß das Mißverständnis eine falsche Bedeutung ergriffe; sondern darin, daß es Begriffe und Aussagen gibt, die in einem vorläufigen Sinne auf irdische Sachverhalte, in ihrem eigentlichen Sinne aber auf göttliche Sachverhalte gehen. Das Mißverständnis erkennt die Bedeutung der Wörter richtig, wähnt aber, daß sie sich in der Bezeichnung irdischer Sachverhalte erschöpfe."[59] Das in den beiden erstgenannten Deutungen für Joh 3,3f. postulierte „Mißverständnis" ließe sich den sonstigen für das Johannesevangelium typi-

---

schungsbericht 1919–1980, ANRW II 25/3, 1985, 2506–2568: 2555f.; BECKER, Das Evangelium nach Johannes (s. Anm. 5) 161ff.

[56] So HAENCHEN, Das Johannesevangelium (s. Anm. 46) 217; in der Sache ebenso die meisten der o. Anm. 46 genannten Autoren. *Anders* allerdings BÜCHSEL, Das Evangelium nach Johannes (s. Anm. 12) 51f.: „Die Worte des Nikodemus sind nicht ein Mißverständnis, das Jesus mehr oder weniger hervorgerufen hat, sondern Polemik, die durch Heranziehung einer Parallele, bei der sich die Unmöglichkeit von selbst beweist, die Unmöglichkeit des von Jesus Geforderten darzutun sucht."

[57] So SCHNEIDER, Das Evangelium nach Johannes (s. Anm. 16) 94 bzw. 92; in der Sache ebenso BARRETT, Das Evangelium nach Johannes (s. Anm. 13) 229. Vgl. auch SCHNELLE, Antidoketische Christologie im Johannesevangelium (s. Anm. 5) 202: In V. 3b geht es um „eine völlige Neuschöpfung als ausschließliche Gottestat"; Nikodemus aber versteht so, als habe Jesus „mit γεννηθῆναι ἄνωθεν die physische Wiedergeburt eines alten Menschen gemeint".

[58] So STRATHMANN, Das Evangelium nach Johannes (s. Anm. 5) 67; in der Sache ebenso z.B. WIKENHAUSER, Das Evangelium nach Johannes (s. Anm. 12) 86; SCHULZ, Das Evangelium nach Johannes (s. Anm. 37) 55.

[59] BULTMANN, Das Evangelium des Johannes (s. Anm. 4) 95 Anm. 2.

schen „Mißverständnissen"[60] demzufolge *nicht* an die Seite stellen – ein Tatbestand, der die Problematik der vorausgesetzten Interpretation des V. 3b noch einmal deutlich ins Licht rückt! Abzuweisen ist aber auch die dritte der genannten Deutungen, wonach Nikodemus die Worte, die das Neuwerden der Existenz meinen, dahingehend mißversteht, als fordere Jesus die Wiederholung des irdisch-biologischen Vorgangs der *leiblichen* Geburt. Daß der Evangelist dem Pharisäer, Synedristen und Schriftgelehrten Nikodemus ein derart „grobes Mißverständnis"[61] zuschreiben sollte, ist gänzlich unglaubhaft[62]. Er würde ihn ja damit zum vollendeten Toren stempeln[63] und als eine letztlich komische Figur der Lächerlichkeit preisgeben, – und dem Gespräch wäre nicht nur sein tiefer Ernst, sondern auch jede theologische Seriosität genommen[64].

Das Nikodemus-Gespräch will aber sehr wohl als ein von letztem Ernst getragenes theologisches Gespräch verstanden sein[65]. Entsprechend ist die Doppelfrage des Nikodemus als ein durchaus ernsthafter Gesprächsbeitrag zu hören, der – eine negative Feststellung implizierend – nach dem fragt, was dem *Menschen* überhaupt „möglich" ist, und eben damit auf die unüberschreitbaren Grenzen des Menschenmöglichen verweist[66]. Nikodemus hat auf der Wortebene nur zu gut verstanden, daß Jesus die Teilhabe am eschatologischen Heil ausschließlich *dem* Menschen zuspricht, dessen Existenz völlig neu geworden ist (ἐὰν μή …, οὐ δύναται …), – daß also der Mensch, der Gottes Heil erlangen will, ein anderer, ein neuer Mensch werden und einen gänzlich neuen Anfang seines Lebens finden muß. *Dazu* erklärt der Ratsherr, daß Jesus etwas fordert,

---

[60] Als solche haben m.E. zu gelten: 2,19–21; 4,10–15; 4,31–34; 6,51f.; 7,33–36; 8,21f.; 8,51–53; 11,11f. Unsicher bin ich im Blick auf 8,31–33; *nicht* zu den „Mißverständnissen" gehören außer 3,3f. z.B. auch die Stellen 6,41f. und 8,56–58.

[61] So WIKENHAUSER, Das Evangelium nach Johannes (s. Anm. 12) 87.

[62] BULTMANN, Das Evangelium des Johannes (s. Anm. 4) 95ff. mit 95 Anm. 2 unterstellt, wie ausdrücklich betont sei, ein solches Mißverständnis *nicht*. Er interpretiert das „Mißverständnis" des Nikodemus vielmehr *theologisch*: Es soll „in grotesker Form zeigen, daß es sich bei der Wiedergeburt schlechterdings nicht um einen innerweltlichen, von Menschen zu bewerkstelligenden Vorgang handelt" (ebd. 96f.).

[63] HAENCHEN, Das Johannesevangelium (s. Anm. 46) 217 bezeichnet denn auch die Antwort des Nikodemus als „töricht und grotesk".

[64] Abzuweisen ist auch die etwa bei B. WEISS, Die vier Evangelien (Das Neue Testament I), Leipzig ²1905, 471f. bzw. 473 zu findende Charakterisierung der Worte V. 4b als „ironisch" und „höhnisch" und ebenso die o. Anm. 56 zitierte Deutung BÜCHSELs, der in ihnen „Polemik" erkennen will.

[65] Daß Nikodemus in Joh 3,1ff. keineswegs als der törichte bzw. im vordergründigen Sinn unverständige Mensch geschildert ist, als den ihn nicht wenige Ausleger beschrieben finden, hat ZAHN, Das Evangelium des Johannes (s. Anm. 45) 188ff.195ff. durchaus richtig gesehen – *trotz* aller Problematik seiner Auslegung im einzelnen, die ihren Grund nicht zuletzt in der historisierenden Betrachtung des Textes hat.

[66] BAUER, Das Johannesevangelium (s. Anm. 12) 53 macht zu Recht auf mandäische Texte aufmerksam, in denen „etwas unmöglich Erscheinendes durch die Frage abgelehnt" wird: „Gibt es ein Kind, das den Leib seiner Mutter verlassen und das man dann wieder in seine Mutter hineingebracht hätte?" (Johannesbuch 126 [S. 122 LIDZBARSKI]); vgl. auch GinzaR V 3 (S. 188 LIDZBARSKI); GinzaL I 1 (S. 428 LIDZBARSKI).

was die Möglichkeit des Menschen – eines *jeden* Menschen! – unendlich übersteigt (πῶς δύναται ...; μὴ δύναται ...;)[67]. Denn niemand kommt von sich selbst los; niemand kann seine bisherige Lebensgeschichte ungeschehen machen, niemand von vorne anfangen. Auf diesen Tatbestand soll gerade auch die Rede von dem γέρων hinweisen, zu der F. Büchsel zutreffend bemerkt: „Daß Nikodemus hier den Greis als Beispiel benutzt, beweist nicht, daß er selbst ein Greis ist. Der Greis ist nur das handgreiflichste Beispiel für die Unmöglichkeit einer Wiederholung der Geburt."[68] Was Nikodemus sagen will, ist somit evident: Sowenig ein Mensch seine Geburt wiederholen kann, sowenig kann er ein neues Wesen und eine neue Existenz erlangen. Damit aber hat Nikodemus implizit den entscheidenden Einwand vorgebracht: Ist dem Menschen eine Neugeburt schlechterdings unmöglich, wie kann eine solche dann als *conditio sine qua non* der Heilsteilhabe sinnvoll gefordert, wie ihre Notwendigkeit mit Grund behauptet werden? Gälte tatsächlich die von Jesus für die Heilsteilhabe formulierte Prämisse, so bliebe als Konsequenz doch nur jene Feststellung, wie sie in der Frage von Mk 10,26b (καὶ τίς δύναται σωθῆναι;) zum Ausdruck kommt: „Dann kann *niemand* selig werden!" Daß das ἐὰν μή ..., οὐ δύναται von V. 3b auf ein grundsätzliches ἀδύνατον hinausläuft, – *das* ist es, was Nikodemus mit seiner Doppelfrage nachdrücklich zur Sprache bringt. Er tut dies aber, wie keinen Augenblick vergessen werden darf, als ein Pharisäer und als ein Lehrer Israels. Von daher gewinnen seine Worte erst ihr besonderes Profil. Der Lehrer Israels muß, was die Frage nach dem Heil anlangt, selbstverständlich ein prinzipielles ἀδύνατον entschieden bestreiten. Er setzt ja im Gegenteil voraus, daß Gott dem geschichtlich vorfindlichen und also dem „alten" Menschen die Möglichkeit der Heilsteilhabe eröffnet hat und daß diese Heilseröffnung in der Tora vom Sinai gegeben ist. Die Frage nach den Bedingungen der Heilsteilhabe muß deshalb für den Lehrer und Anwalt der Tora auf jeden Fall im Horizont der Tora und damit im Rahmen dessen beantwortet werden, was dem *vorfindlichen* Menschen möglich ist und dementsprechend auch von ihm gefordert werden darf. *Anders* als so könnte Nikodemus überhaupt nur urteilen, wenn ihm bereits jene fundamentale Erkenntnis geschenkt wäre, die der Evangelist im Prolog seines Evangeliums ausgesprochen hat: daß die durch Mose gegebene Tora dem Menschen grundsätzlich kein Heil vermitteln kann und soll, weil Gottes Heil ausschließlich in Jesus Christus beschlossen liegt (1,17f.). Zu *dieser* Erkenntnis aber vermag *außerhalb* des Glaubens an Jesus Christus *niemand* zu gelangen, gerade auch der Lehrer Israels nicht.

---

[67] Das πῶς δύναται ...; erscheint dann erneut in V. 9b. Die Tiefe der Fragen des Nikodemus ist noch nicht erreicht, wenn BULTMANN, Das Evangelium des Johannes (s. Anm. 4) 96f. Anm. 1 in dem fragenden πῶς den Hinweis auf die „Absurdität" der Aussage Jesu erkennen will; denn in dem πῶς δύναται ...; artikuliert sich, wie zu BULTMANN, ebd. 102 Anm. 2 angemerkt sei, mehr als bloß eine Frage des „gesunden Menschenverstandes".

[68] BÜCHSEL, Das Evangelium nach Johannes (s. Anm. 12) 52.

Die Doppelfrage des Nikodemus ist, wie wir jetzt sagen können, im Duktus der Erzählung eine nur zu begründete Feststellung, keineswegs aber ein Ausdruck unbegreiflicher und deshalb tadelnswerter Torheit. Unbegreiflich und zu tadeln wären seine Worte ja nur dann, wenn er die Rede Jesu von der „Neugeburt" *eigentlich* sogleich in ihrem wahren Sinn hätte verstehen können und müssen – als die Aussage, daß der Mensch um seines Heiles willen notwendig der Neugeburt bedarf *und* daß allein Gott selbst ihm diese Neugeburt zu schenken vermag und schenkt. Aber eben *das* ist *nicht* die Meinung des vierten Evangelisten, daß ein Mensch von sich aus die Notwendigkeit und die Möglichkeit der Neugeburt zu begreifen vermöchte. Im Gegenteil: Darin gerade zeigt sich die abgrundtiefe Verlorenheit des Menschen, daß er beides *nicht* begreifen kann. Insofern sind die Fragen des Nikodemus ein Zeichen seiner Verlorenheit. Sie dokumentieren nicht ein auf der sprachlichen Ebene anzusetzendes Mißverständnis der *Worte* Jesu, sondern ein totales Unverständnis in der *Sache* – ein Unverständnis, das seinen tiefsten und letzten Grund darin hat, daß Nikodemus von sich aus nicht versteht und verstehen kann, wer *der* ist, der mit ihm redet[69].

2. Jesu Antwort (3,5b–8)

Die Antwort Jesu V. 5b–8 besteht aus vier asyndetisch aneinandergefügten Sätzen. Wenn dabei der Hinweis auf die Notwendigkeit der Neugeburt noch zweimal – nämlich in V. 5b und in V. 7b – ausdrücklich wiederholt wird, so korrespondiert das dem zweifachen „Unmöglich" in der Doppelfrage des Nikodemus V. 4b. Was den Inhalt der Verse 5b–8 insgesamt anlangt, so ist zu sagen, daß Nikodemus Recht bekommt und zugleich Unrecht: Kein Mensch kann „von neuem geboren" und also in seinem Sein neu werden – das *gilt* in der Tat vom Menschen und seinen Möglichkeiten her; es gilt aber *nicht* von Gott und Gottes Möglichkeiten her. In V. 4b hat Nikodemus im Sinne von Mk 10,26b gefragt: „Wer kann dann selig werden?" Nunmehr vernimmt er in den Versen 5b–8 eine Antwort, die sachlich dem entspricht, was Jesus in Mk 10,27b den Jüngern sagt: παρὰ ἀνθρώποις ἀδύνατον, ἀλλ' οὐ παρὰ θεῷ· πάντα γὰρ δυνατὰ παρὰ τῷ θεῷ.

Der die Antwort Jesu eröffnende V. 5b wiederholt mit dem Hinweis auf die Notwendigkeit der Neugeburt die Aussage von V. 3b, verweist aber zugleich auch auf das πνεῦμα als die Kraft Gottes, die diese Neugeburt zu wirken vermag: „Amen, Amen, ich sage dir: Wenn einer nicht aus Wasser und Geist geboren wird, kann er nicht in das Reich Gottes eingehen" (ἀμὴν ἀμὴν λέγω σοι, ἐὰν μή τις γεννηθῇ ἐξ ὕδατος καὶ πνεύματος, οὐ δύναται εἰσελθεῖν εἰς τὴν

---

[69] Daß Nikodemus das Persongeheimnis Jesu erschlossen werden muß, das er mit den Worten von V. 2b.c fundamental verfehlt hat, das wird im dritten Gesprächsschritt (V. 9–21) besonders zum Ausdruck kommen.

βασιλείαν τοῦ θεοῦ). An die Stelle des Ausdrucks ἰδεῖν τὴν βασιλείαν τοῦ θεοῦ V. 3b tritt hier die aus den Synoptikern (Mk 9,47; 10,15.23ff. u.a.) bekannte Wendung εἰσελθεῖν εἰς τὴν βασιλείαν τοῦ θεοῦ. Gemeint ist wiederum die Teilhabe am eschatologischen Heil. Die Worte γεννηθῆναι ἐξ ὕδατος καὶ πνεύματος erläutern jetzt das γεννηθῆναι ἄνωθεν von V. 3b, indem sie – mit dem Hinweis auf *Gott* als den Urheber – das *„Wie"* der Neugeburt zur Sprache bringen[70]. Für die Worte ἐξ ὕδατος καὶ πνεύματος sind zwei Deutungen möglich und dementsprechend zu erwägen: Die eine Deutung beurteilt die Wendung „Wasser und Geist" als ein Hendiadyoin und interpretiert somit den Begriff „Wasser" als ein Bildwort für den Geist selbst[71]; die andere Deutung erblickt in der Erwähnung des „Wassers" einen Hinweis auf die Taufe, die dem Wirken des Geistes zugeordnet ist[72]. Für die erstgenannte Deutung sprechen einige gewichtige Argumente: a) In den Versen 6 und 8, die der Explikation des V. 5b dienen, ist ausschließlich vom πνεῦμα die Rede. b) Der Begriff „Wasser" begegnet in Joh 7,37–39 als Bildwort für den Geist Gottes, und ähnlich ist ὕδωρ in 19,34 Symbol des Geistes, der die glaubende Wahrnehmung des Gekreuzigten wirkt (19,37)[73]. c) In Jes 44,3 und in Ez 36,25–27 erscheinen das Bildwort „Wasser" (ὕδωρ bzw. ὕδωρ καθαρόν) und der die Sache bezeichnende Ausdruck „mein Geist" (τὸ πνεῦμά μου) nebeneinander[74]. d) Ist ὕδωρ bloßes Bildwort für den Geist und wird die Neugeburt mit ihm ausdrücklich als Werk des reinigenden und neuschaffenden Gottesgeistes beschrieben, so ergibt

---

[70] Die Ursprünglichkeit der Worte ὕδατος καί wird von manchen Auslegern entschieden bezweifelt; s. dazu BULTMANN, Das Evangelium des Johannes (s. Anm. 4) 98 Anm. 2 (mit dem Hinweis auf ältere Autoren). Einen hinreichenden Grund dafür, sie als sekundär zu beurteilen, gibt es jedoch nicht. Vgl. dazu SCHNELLE, Antidoketische Christologie im Johannesevangelium (s. Anm. 5) 203f.

[71] So z.B. CALVIN, Evangelium Joannis (s. Anm. 5) 84f.; BULLINGER, Figures of Speech (s. Anm. 36) 664. – Letztlich unergiebig sind in dieser Sache die ausführlichen Darlegungen bei H. ODEBERG, The Fourth Gospel, Uppsala 1929 = Amsterdam 1968, 48ff., der ὕδωρ auf die Vorstellung vom himmlischen Wasser als dem Samen göttlicher Zeugung zurückführt und von daher die Wendung ἐξ ὕδατος καὶ πνεύματος im Sinne eines ἐκ σπέρματος πνευματικοῦ interpretiert.

[72] So die meisten Exegeten; s. z.B. SCHNACKENBURG, Das Johannesevangelium I (s. Anm. 5) 383; G. BARTH, Die Taufe in frühchristlicher Zeit (s. Anm. 45) 70.108; SCHNELLE, Antidoketische Christologie im Johannesevangelium (s. Anm. 5) 196ff., bes. 203ff.

[73] In 19,34 bezeichnet αἷμα das sühnende Blut Jesu (vgl. 6,53ff.; 1Joh 1,7), ὕδωρ den lebendigmachenden Geist (vgl. 7,37–39). Mit beiden Begriffen bringt der Evangelist die Heilswirkung des Kreuzestodes Jesu zum Ausdruck: In ihm *gründen* die von Sünde befreiende *Sühne* und die aus dem Tod ins Leben versetzende *Neugeburt* durch den Geist. Auf αἷμα ist V. 36 mit dem Schriftzitat Ex 12,46 bezogen, auf ὕδωρ V. 37 mit dem Schriftzitat Sach 12,10. Das erste Zitat besagt: Der Gekreuzigte ist das sündlose Passalamm, dessen Blut Sühne schafft (vgl. 1,29); das zweite Zitat fügt hinzu: Die glaubende Wahrnehmung des Gekreuzigten ist die Folge der in seinem Tod gründenden Geistausgießung. Zu der in V. 37 vorliegenden Deutung des Sacharja-Zitates s. H.-CHR. KAMMLER, Jesus Christus und der Geistparaklet. Eine Studie zur johanneischen Verhältnisbestimmung von Pneumatologie und Christologie, in dem vorliegenden Band 87–190: 154 Anm. 292.

[74] Zum *Vergleich* des Geistes Gottes mit Wasser s. Jes 4,4; 32,15 sowie 1QS 4,20f.

sich eine auffallende Nähe zu der Heilsverheißung von Ez 36,25–27: „Ich sprenge reines *Wasser* über euch, so daß ihr rein werdet. Von all euren Unreinheiten … mache ich euch rein. Und ich gebe euch ein neues Herz und einen neuen Geist in euer Inneres … Ja, *meinen Geist* gebe ich in euer Inneres …" Legen die aufgeführten Gesichtspunkte die erstgenannte Deutung nahe, so kann doch auch die Deutung von ὕδωρ Joh 3,5b auf die Taufe erwogen werden. Für sie sprechen die Bezeichnung der Taufe als λουτρὸν παλιγγενεσίας καὶ ἀνακαινώσεως πνεύματος ἁγίου in Tit 3,5 sowie die Darlegungen bei Justin, Apologie I 61,1ff.; 66,1. Sollte in V. 5b an die Taufe gedacht sein, so wird man πνεῦμα auf die Wirkursache und ὕδωρ auf die Instrumentalursache der Neugeburt zu beziehen haben. Wie immer man jedoch die Worte ἐξ ὕδατος καὶ πνεύματος interpretieren mag, – der Sinn des Satzes V. 5b insgesamt kann nicht zweifelhaft sein: Gegenüber der Feststellung des Nikodemus (V. 4b), daß eine Neugeburt dem Menschen schlechterdings *unmöglich* sei, wiederholt Jesus die Aussage, daß die Neugeburt als die Bedingung für die Heilsteilhabe schlechterdings *notwendig* ist. Zugleich aber macht er deutlich, daß die Neugeburt keineswegs ein Werk ist, das der Mensch selbst zu vollbringen hat und das deshalb als seine Leistung von ihm selbst gefordert wäre. „Von neuem geboren werden" heißt vielmehr: „aus Wasser und Geist geboren werden". Die Neugeburt als das dem Menschen schlechterdings Notwendige wie schlechterdings Unmögliche kann also nur aus Gottes Möglichkeit als die durch seinen Geist gewirkte Gabe empfangen werden. Das wird in den folgenden Versen weiter expliziert.

V. 6 unterstreicht die beiden Aspekte „dem Menschen unmöglich" und „für den Menschen notwendig" durch einen antithetischen Parallelismus membrorum, der aufs schärfste die Ausweglosigkeit der menschlichen Situation zum Ausdruck bringt:

> „Was aus dem Fleisch geboren ist, ist Fleisch;
> und was aus dem Geist geboren ist, ist Geist."

> τὸ γεγεννημένον ἐκ τῆς σαρκὸς σάρξ ἐστιν,
> καὶ τὸ γεγεννημένον ἐκ τοῦ πνεύματος πνεῦμά ἐστιν.

Sprachlich ist zu diesen Worten zu bedenken, daß das Neutrum τὸ γεγεννημένον für das Maskulinum ὁ γεγεννημένος steht, das dann in V. 8b auch expressis verbis erscheint[75]. Die Figur der Heterosis (des Genus) ist hier gewählt, weil dem Satz der Charakter einer ganz grundsätzlichen Regel eignet[76]. Mit den beiden Begriffen σάρξ und πνεῦμα werden zwei Seinsbereiche bzw.

---

[75] Vgl. entsprechend πᾶν τὸ γεγεννημένον ἐκ τοῦ θεοῦ 1Joh 5,4 mit πᾶς ὁ γεγεννημένος ἐκ τοῦ θεοῦ 1Joh 3,9; 5,18.
[76] Vgl. ZAHN, Das Evangelium des Johannes (s. Anm. 45) 191; BAUER, Das Johannesevangelium (s. Anm. 12) 54; BULTMANN, Das Evangelium des Johannes (s. Anm. 4) 100 Anm. 3.

zwei Seinsweisen angesprochen[77]: der irdisch-menschliche Seinsbereich als der Bereich einer dem Tod verfallenen heillosen Existenz auf der einen und der himmlisch-göttliche Seinsbereich als der Bereich heilvollen, weil ewigen Lebens auf der anderen Seite. Hinter V. 6 selbst steht der johanneische Grundsatz, daß der *Ursprung* über das *Wesen* des Menschen entscheidet[78]. Von daher wird die scharfe Antithese sichtbar, die in diesem Vers zur Sprache kommt. V. 6a betont zunächst: Der in der Menschheitsgeschichte stehende irdisch-vorfindliche Mensch ist seinsmäßig σάρξ und nichts anderes als σάρξ. Dementsprechend ist auch alles, was dieser Mensch vermag, hervorbringt und leistet, von diesem σάρξ-Sein gezeichnet. Σάρξ ist also auch Nikodemus mitsamt seinen edelsten, frömmsten und gelehrtesten Hervorbringungen, und nichts von alledem bringt ihn der βασιλεία τοῦ θεοῦ, d.h. dem Heil bzw. dem ewigen Leben, auch nur einen einzigen Schritt näher. V. 6b fügt hinzu: Soll dieser Mensch, der seinem Ursprung und Wesen nach σάρξ ist, des Heils teilhaftig werden, so bedarf er eines *neuen* Ursprungs und eines *neuen* Wesens. Beides aber vermag er selbst sich nicht zu geben, sondern hier ist er gänzlich auf Gott und seinen Geist angewiesen. Nur wer „aus dem Geist geboren ist", ist „Geist" – d.h. ein seinem Ursprung und Wesen nach neuer Mensch, der sich der neuschaffenden Kraft des Geistes Gottes verdankt[79]. Die Antithese von V. 6 stellt so heraus, daß es zwischen „Fleisch" und „Geist" keine Brücke gibt und mithin keinen Übergang aus der Welt, in der Nikodemus lebt, wirkt, denkt und argumentiert, in die Welt Gottes, aus der Jesus kommt und in die er gehört[80]. Das ἀδύνατον, das Nikodemus mit der Doppelfrage V. 4b zum Ausdruck gebracht hat, wird demzufolge durch Jesu Wort noch unendlich verschärft und zugespitzt: Selbst wenn das Unmögliche möglich wäre, daß ein Mensch in den Leib seiner Mutter zurückkehren und ein zweites Mal geboren werden könnte, d.h. selbst wenn einer seine Lebensgeschichte noch einmal von vorne beginnen dürfte, – er bliebe doch „Fleisch" und mithin der *alte* Mensch, der er schon immer war. Nützt die Chance eines Neuanfangs unter den alten Bedingungen der σάρξ dem Menschen nichts, so zeigt sich darin die im Blick auf den Menschen zu konstatierende totale Unmöglichkeit einer neuen Existenz, – eben damit aber zugleich auch die unbedingte Notwendigkeit einer völligen, die alten Bedingungen der σάρξ aufhebenden und überwindenden Neugeburt. Diese

---

[77] Vgl. Bultmann, ebd. 100; Schnackenburg, Das Johannesevangelium I (s. Anm. 5) 385.

[78] Vgl. 3,31; 8,23.44.47; 15,19a; 17,14.16; 18,37.

[79] In V. 6b liegt, wie Bullinger, Figures of Speech (s. Anm. 36) 541 richtig bemerkt, im Gebrauch des Wortes πνεῦμα eine Antanaklasis (Wiederholung desselben Wortes, aber mit unterschiedlicher Bedeutung) vor: Bezeichnet es in ἐκ τοῦ πνεύματος den Geist Gottes, so steht es in πνεῦμά ἐστιν metonymisch für die Wirkung des Geistes bzw. für das vom Geist Gewirkte.

[80] Vgl. H.-J. Iwand, Joh. 3,1–15, in: Ders., Predigt-Meditationen (s. Anm. 23) 222–229: 223f.

Notwendigkeit wird denn auch sogleich in V. 7 – als Schlußfolgerung aus V. 6
– noch einmal und nun also insgesamt zum drittenmal eingeschärft.

V. 7 schlägt den Bogen zu V. 3b zurück: „Du darfst dich durchaus nicht wundern[81], daß ich dir gesagt habe: Ihr müßt von neuem geboren werden" (μὴ
θαυμάσῃς ὅτι εἶπόν σοι· δεῖ ὑμᾶς γεννηθῆναι ἄνωθεν). Das δεῖ entspricht
dem ἐὰν μή …, οὐ δύναται … der Verse 3b und 5b. Das Pronomen ὑμᾶς bezieht sich zunächst auf Nikodemus und auf alle, die wie er mit dem Werturteil
οἴδαμεν κτλ. V. 2b.c ihre Wertschätzung Jesu bekunden. Im Grunde aber ist es
ganz umfassend gemeint: „ihr", die ihr Menschen und also σάρξ seid[82].

V. 8 nimmt den in V. 5b und V. 6b ausgesprochenen Gedanken der Geburt ἐκ
τοῦ πνεύματος auf und entfaltet ihn in einem Vergleich, der mit der doppelten
Bedeutung des Wortes πνεῦμα (1. „Wind"; 2. „Geist") operiert: „Der Wind
weht, wo er will, und du hörst sein Sausen wohl, weißt aber nicht, woher er
kommt und wohin er geht. Ebenso steht es mit einem jeden, der aus dem Geist
geboren ist" (τὸ πνεῦμα ὅπου θέλει πνεῖ καὶ τὴν φωνὴν αὐτοῦ ἀκούεις, ἀλλ'
οὐκ οἶδας πόθεν ἔρχεται καὶ ποῦ ὑπάγει· οὕτως ἐστὶν πᾶς ὁ γεγεννημένος
ἐκ τοῦ πνεύματος). In der durch οὕτως eingeleiteten Anwendung des Vergleichs haben wir eine Metonymie zu erkennen, die anstelle der Ursache die
Wirkung benennt. Gemeint ist: „so geht es, wenn einer aus dem Geist geboren
wird", „so verhält es sich mit der Geburt aus dem Geist". Das Tertium
comparationis des Vergleichs kann schön durch Qoh 11,5 illustriert werden:
„Gleichwie du nicht weißt, welchen Weg der Wind nimmt …, so weißt du auch
das Tun Gottes nicht, der alles wirkt." Die Unfaßbarkeit und Unverfügbarkeit
des Windes dient zum Vergleich für die Unfaßbarkeit und Unverfügbarkeit des
πνεῦμα, des schöpferischen Gottesgeistes, durch den Gott die Neugeburt
wirkt. Die Aussage des V. 8 ist somit eine doppelte: Die Neugeburt, die dem
Menschen einen neuen Ursprung schenkt, ist reines Wunder des Wirkens Gottes; darin liegt die *Unfaßbarkeit* des Geschehens. Und sie ist freies Geschenk
Gottes und mithin auf der Seite des Menschen reines Widerfahrnis; das ist die
Unverfügbarkeit des Geschehens[83].

---

[81] Vgl. BDR § 337,3 mit Anm. 3.

[82] Vgl. D. A. CARSON, The Gospel according to John, Leicester bzw. Grand Rapids,
Mich. 1991, 197: „The plural ‚you' sets Jesus over against not just Nicodemus, but the entire
human race."

[83] Thomas von Aquin, Catena aurea in quatuor Evangelia z.St. (= Nova Editio Taurinen-
sis Vol. II: Expositio in Lucam et Ioannem, Turin – Rom 1953, 370a) zitiert dazu den schö-
nen Satz des Beda Venerabilis: „Spiritus … sanctus est qui ubi vult spirat, quia ipse in pote-
state habet cujus cor gratia suae visitationis illustret."

C. Der dritte Gesprächsschritt (3,9–21)

1. Nikodemus' Frage (3,9b)

Angesichts der Aussagen Jesu von V. 5b–8 vermag Nikodemus nur erneut nach der Möglichkeit der Neugeburt zu fragen (V. 9b): „Wie kann dieses geschehen?" (πῶς δύναται ταῦτα γενέσθαι;) Das rechte Verständnis dieser Frage ist für die Interpretation der ganzen Nikodemus-Perikope von grundlegender Bedeutung. Zunächst wird man feststellen müssen: Das Pronomen ταῦτα bezieht sich präzise auf das γεννηθῆναι ἄνωθεν (V. 3b.7b) als das γεννηθῆναι ἐκ τοῦ πνεύματος (V. 5b.6b.8b). Nikodemus fragt also: Wie kann die Neugeburt als Werk des Gottesgeistes geschehen? Der Sinn dieser Frage wird m.E. völlig verfehlt, wenn man Nikodemus hier als den Rationalisten und Skeptiker[84] oder als den ungläubigen Grübler[85] gezeichnet sieht. Sucht man die Frage *theologisch* zu begreifen, so erweist sie sich als „nur zu sachgemäß"[86]. Denn: „Nur der Akt des Glaubens könnte an die Stelle des Wie? das Daß! setzen."[87] Das heißt: Nikodemus müßte bereits ein γεγεννημένος ἐκ τοῦ πνεύματος und also ein γεγεννημένος ἄνωθεν *sein*, um die Frage „Wie kann dieses geschehen?" *nicht* zu stellen. Nikodemus *stellt* jedoch eben diese Frage, weil er *nicht* „von neuem geboren" *ist*, – genauso, wie nach 18,37f. Pilatus die Frage „Was ist Wahrheit?" stellt (V. 38a), weil er *nicht* – im Sinne des zuvor von Jesus Gesagten (V. 37b.c.) – „aus der Wahrheit" *ist*. Weder die *Notwendigkeit* der Neugeburt noch auch ihre von Gott her gegebene *Möglichkeit* sind außerhalb des Widerfahrnisses der Neugeburt selbst einsehbar und verstehbar[88]. Hier „einsehen", „verstehen", „wissen" – das hieße nämlich: *glauben*, und zwar an *den* glauben, in dessen Person und Werk die Möglichkeit der Neugeburt beschlossen liegt.

---

[84] In diesem Sinne formuliert z.B. – zunächst – BULTMANN, Das Evangelium des Johannes (s. Anm. 4) 102 Anm. 2: „Das πῶς dieser Frage ist typisch für den Standpunkt des ‚gesunden Menschenverstandes', der nur die rational beherrschbare Wirklichkeit kennt und der, sofern er eine göttliche Wirklichkeit zu kennen meint, auch sie dem rationalen Maßstäben unterwirft." Bultmann kommt dann jedoch zu einer viel tieferen – theologischen – Interpretation (s.u. Anm. 97), zu der sich die zitierten Worte nur schwer fügen!

[85] So z.B. SCHNACKENBURG, Das Johannesevangelium I (s. Anm. 5) 387f. Schnackenburg bemerkt zunächst zu V. 8: „In dem Hinweis auf das Geheimnisvolle des Geschehens liegt eine Mahnung an Nikodemus, nicht weiter nachzugrübeln, sondern zu glauben" (387). Sodann heißt es zu V. 9: „Nikodemus aber grübelt dennoch weiter und fragt gerade nach dem *Wie* bzw. nach der *Möglichkeit* … des wunderbaren Geschehens. Er sieht nicht, daß er damit an der Weisheit und Macht Gottes zweifelt und Jesu Worte ungläubig aufnimmt, sich in seiner unverständigen Haltung (V. 4) versteifend" (388).

[86] K. BARTH, Erklärung des Johannes-Evangeliums (s. Anm. 5) 215; ebenso auch BULTMANN, Das Evangelium des Johannes (s. Anm. 4) 102 Anm. 2.

[87] K. BARTH, ebd.

[88] Es entspricht deshalb *nicht* der Theologie des vierten Evangeliums, wenn BULTMANN, Das Evangelium des Johannes (s. Anm. 4) 106f. erklärt: „Wer die *Notwendigkeit* der Wiedergeburt nicht einsieht, der versteht auch nicht, daß sie durch Jesus *möglich* geworden ist."

Ist die erneute Frage nach der Möglichkeit der Neugeburt schon von der
Gestalt des Nikodemus her durchaus begründet, so gilt das ebenso hinsichtlich
der theologischen Aussageintention der Perikope als ganzer. Wenn *auch* im
Anschluß an die Darlegungen von V. 5b–8 die Frage nach dem „Wie" der Neugeburt laut wird, so wird damit signalisiert, daß der Hinweis auf das Wirken
des πνεῦμα zwar eine notwendige, keineswegs aber bereits die hinreichende
Antwort darstellt. Hier muß vielmehr von dem die Rede sein, was Jesus in seiner dritten und letzten Erwiderung darlegen wird.

2. Jesu Antwort (3,10b–21)

Die Antwort Jesu auf die Nikodemus-Frage von V. 9b umfaßt die relativ
umfangreichen Ausführungen der Verse 10b–21. Keineswegs zufällig redet
jetzt *Jesus allein*. Denn wie sollte Nikodemus – der Mensch, dessen Möglichkeit weder die Neugeburt selbst noch auch nur das Verstehen ihrer Notwendigkeit und ihrer Möglichkeit ist – nach seinem zweimaligen πῶς δύναται;
(V. 4b; V. 9b) in der hier zur Erörterung stehenden Sache noch einmal das Wort
bekommen können?! Inhaltlich legen die Verse 10b–21 zum einen dar, inwiefern Nikodemus in der Tat nur so fragen kann, wie er in V. 9b gefragt hat
(V. 10b–12), und sie zeigen zum andern auf, daß Jesus selbst in seiner Person
und in seinem Werk die Antwort auf diese Frage ist[89] und daß sich deshalb im
Glauben an Jesus das Wunder der Neugeburt ereignet (V. 13–21). Mit dieser
Untergliederung des Abschnitts 3,10b–21 wird – etwa gegen die Textdarbietung bei Nestle/Aland[26.27] – die Zäsur nicht zwischen V. 13 und V. 14, sondern zwischen V. 12 und V. 13 angenommen[90]. Dafür sprechen die folgenden
Beobachtungen: 1. Die Frage Jesu πῶς ... πιστεύσετε; V. 12 setzt einen kräfti-
gen Gegenakzent zu der Frage des Nikodemus πῶς δύναται ταῦτα γενέσθαι;
V. 9b, wodurch die Verse 10b–12 als eine zusammengehörige Einheit gekennzeichnet werden. 2. Der kunstvoll gestaltete Abschnitt V. 13–17 weist eine
chiastische Struktur auf[91]: Die Verse 13 und 17 sprechen von der Inkarnation
Jesu, die Verse 14f. und 16 von seinem Kreuzestod. 3. Die Verse 13ff. reden
von Jesus in der 3. Person, während er zuvor von sich selbst in der 1. Person
gesprochen hat („wir" V. 11; „ich" V. 12). 4. Mit V. 13 setzt, wie sogleich zu
zeigen sein wird, inhaltlich ein neues Thema ein: die Erörterung der in V. 12b
erwähnten ἐπουράνια, d.h. der christologischen Sachverhalte der Inkarnation

---

[89] Vgl. dazu G. EICHHOLZ, Johannes 3,1–15, in: DERS. (Hg.), Herr, tue meine Lippen auf
I: Die altkirchlichen Evangelien, Wuppertal-Barmen ⁶1962, 194–203: 200ff.; IWAND, Joh.
3,1–15 (s. Anm. 80) 226ff.

[90] So z.B. auch K. BARTH, Erklärung des Johannes-Evangeliums (s. Anm. 5) 217;
BECKER, Das Evangelium nach Johannes (s. Anm. 5) 165f. Anders etwa H. KOHLER, Kreuz
und Menschwerdung im Johannesevangelium. Ein exegetisch-hermeneutischer Versuch zur
johanneischen Kreuzestheologie (AThANT 72), Zürich 1987, 248ff.

[91] S. dazu des näheren u. z.St.

und des Kreuzestodes Jesu sowie des auf den Inkarnierten und Gekreuzigten bezogenen Glaubens[92].

a) V. 10b–12

Der erste Teil der Antwort Jesu (V. 10b–12), der noch einmal nachdrücklich das menschliche „Unmöglich" im Blick auf die Neugeburt herausstellt, beginnt mit einer Gegenfrage (V. 10b): „Du bist der Lehrer Israels und verstehst das nicht?" (σὺ εἶ ὁ διδάσκαλος τοῦ Ἰσραὴλ καὶ ταῦτα οὐ γινώσκεις;) Der Artikel vor διδάσκαλος hat rhetorische Funktion: Durch ihn wird Nikodemus als der „bekannte" bzw. als der „angesehene und anerkannte" Lehrer Israels charakterisiert[93]. Die darin liegende Auszeichnung wird durch das Wort Ἰσραὴλ noch kräftig unterstrichen[94]. Nikodemus steht folglich für die positivsten, höchsten und edelsten Möglichkeiten, die im Bereich der σάρξ denkbar sind. Die Frage ταῦτα οὐ γινώσκεις; – du verstehst nicht, wie die Neugeburt als Geburt aus dem Geist möglich ist? – ist keineswegs ein Vorwurf oder Tadel, der besagen soll: Nikodemus, der angesehene Lehrer Israels, müßte doch eigentlich aus der Heiligen Schrift Israels wissen, was Jesus mit dem γεννηθῆναι ἐκ τοῦ πνεύματος meint und daß solches Wirken des Heiligen Geistes für die Endzeit verheißen ist und also in der Endzeit möglich sein wird[95]. Selbstverständlich kann man hier auf einen Text wie Ez 36,25–27 hinweisen oder auch an Ps 51(50),12f. erinnern. Daß Nikodemus jedoch diese Texte nicht nur *kennen*, sondern sie auch in ihrem eigentlichen und wahren Sinn *verstehen* könnte und müßte, das ist ganz gewiß nicht die Auffassung des vierten Evangelisten[96]. Die Schrift Israels zeugt – wie der Evangelist betont – von Jesus; aber das nimmt nur der wahr, der bereits an Jesus glaubt, sind ihm

---

[92] *Gegen* eine Zäsur zwischen V. 12 und V. 13 spricht *nicht* das am Anfang des V. 13 erscheinende καί. Es ist entweder ein explikatives καί („nämlich"), oder es steht „in lockerer Verknüpfung zu Neuem überleitend"; vgl. zu diesen Bedeutungsmöglichkeiten BAUER/ALAND, Wörterbuch[6] 797 s.v. I.3 bzw. I.5.

[93] Vgl. BAUER, Das Johannesevangelium (s. Anm. 12) 55; auch SCHLATTER, Der Evangelist Johannes (s. Anm. 4) 91.

[94] Es begegnet im Johannesevangelium nur viermal (1,31.49; 3,10; 12,13) und ist wie Ἰσραηλίτης 1,47 – im Unterschied zu Ἰουδαῖος / Ἰουδαῖοι – ein *positiv* gefaßter Begriff.

[95] In diesem Sinne deuten z.B. BÜCHSEL, Das Evangelium nach Johannes (s. Anm. 12) 52f.; STRATHMANN, Das Evangelium nach Johannes (s. Anm. 5) 69; SCHNACKENBURG, Das Johannesevangelium I (s. Anm. 5) 388; SCHNEIDER, Das Evangelium nach Johannes (s. Anm. 16) 94f.; BROWN, The Gospel according to John (s. Anm. 4) 131.140f.

[96] Sowenig es im Blick auf das Unverständnis des Nikodemus angebracht ist, an bestimmte alttestamentliche Texte zu erinnern, sowenig ist auch der Hinweis sinnvoll, daß sich in der Literatur des antiken Judentums Belege für den Gedanken einer Erneuerung oder Neuschöpfung des Menschen (durch den Geist Gottes) finden. Daß es Zeugnisse wie die bei SCHNACKENBURG, Das Johannesevangelium I (s. Anm. 5) 383f. angeführten oder Texte wie JosAs 8,9; 15,5 gibt, ist ein religionsgeschichtlicher (oder auch traditionsgeschichtlicher) Tatbestand; daß dem noch nicht wiedergeborenen Menschen sogar der Gedanke der Neugeburt verschlossen bleibt, ist hingegen ein *theologisches* Urteil!

doch allererst in diesem Glauben die Augen für das Zeugnis der Schrift geöffnet worden (5,39f.). So verheißt die Schrift auch das Wunder der durch den Geist Gottes gewirkten Neugeburt; doch das vermag überhaupt nur der zu verstehen, der „aus dem Geist geboren" ist. Zudem ist in der Schrift zwar das „Daß" der Neugeburt aus dem Geist, nicht aber das „Wie" ihrer Verwirklichung angekündigt. Die Frage von V. 10b besagt somit nicht im Sinne eines Vorwurfs, daß Nikodemus eigentlich verstehen *müßte*, was Jesus in V. 5b–8 gesagt hat; sondern sie soll im Sinne einer Feststellung zum Ausdruck bringen, daß selbst Nikodemus – eben weil er „Fleisch" ist – das Geheimnis und Wunder der Neugeburt nicht verstehen *kann*[97]. Er müßte Christus begreifen, um hier zu begreifen; er müßte an ihn glauben, um hier zu wissen. Die Frage zielt damit zugleich weit über Nikodemus hinaus. An ihm, dem Pharisäer und Ratsherrn, dem Kenner der Schrift und ausgezeichneten Lehrer Israels soll deutlich werden, daß auch Israel in seiner höchsten menschlichen wie religiösen Möglichkeit das rettende Wirken Gottes „aus eigener Vernunft und Kraft" nicht zu verstehen vermag[98].

An die Gegenfrage V. 10b schließt sich – durch ἀμὴν ἀμὴν λέγω σοι eingeleitet[99] – eine Feststellung an (V. 11): „Was wir wissen, das reden wir, und was wir gesehen haben, das bezeugen wir; und doch nehmt ihr unser Zeugnis nicht an" (ὃ οἴδαμεν λαλοῦμεν καὶ ὃ ἑωράκαμεν μαρτυροῦμεν, καὶ τὴν μαρτυρίαν ἡμῶν οὐ λαμβάνετε). Auffallend ist hier zunächst das – auch in V. 12 begegnende – „ihr", das die Anrede des Nikodemus in der 2. Person Singular ablöst. Daß Nikodemus damit im Grunde aus dem Blick verschwunden bzw. das Gespräch mit ihm beendet sei[100], wird man nicht behaupten dürfen. Denn das „ihr" erscheint keineswegs gänzlich unvermittelt, sind wir ihm doch bereits in V. 7b begegnet (δεῖ ὑμᾶς [!] γεννηθῆναι ἄνωθεν), und in V. 2b findet sich im Munde des Nikodemus das dem „ihr" entsprechende pluralische „wir" (οἴδαμεν). Vor allem aber will theologisch bedacht sein: Das „ihr" macht gerade deutlich, daß *auch* Nikodemus, der „Lehrer Israels", nirgends anders zu stehen kommt als da, wo eben *alle* Menschen stehen[101]. Auch er ist einer von de-

---

[97] Vgl. BULTMANN, Das Evangelium des Johannes (s. Anm. 4) 102f.: „Jesu Antwort will nicht etwa sagen, daß der Schriftgelehrte von sich aus eigentlich die Antwort müßte geben können, sodaß man nach Schriftstellen suchen müßte, die nach der Meinung des Ev[an]g[e]listen die Lehre von der Wiedergeburt schon enthalten. Vielmehr macht Jesu Antwort deutlich, daß das Lehrertum Israels keine Antwort geben *kann*. Es versagt notwendig vor der entscheidenden Frage." Diese Deutung, der sich SCHULZ, Das Evangelium nach Johannes (s. Anm. 37) 57 anschließt, wird auch von WIKENHAUSER, Das Evangelium nach Johannes (s. Anm. 12) 88 erwogen.

[98] Vgl. HAENCHEN, Das Johannesevangelium (s. Anm. 46) 220.

[99] Die Wendung ist zugleich das Vorzeichen für den gesamten Zusammenhang V. 11–21.

[100] So z.B. SCHULZ, Das Evangelium nach Johannes (s. Anm. 37) 57. Vgl. BARRETT, Das Evangelium nach Johannes (s. Anm. 13) 224: „Im Verlauf des Gesprächs ist er (sc. Nikodemus) schnell vergessen."

[101] So richtig IWAND, Joh. 3,1–15 (s. Anm. 80) 226.

nen, die von sich aus „verloren" sind und nur „verloren gehen" können (V. 16). Einer Erklärung bedarf außer dem „ihr" auch das auffallende „wir" Jesu. Es schließt nicht etwa die Jünger Jesu[102] oder gar die christliche Gemeinde insgesamt[103] mit ein, und es redet jetzt auch keineswegs der „Chor der apostolischen Zeugen"[104] oder die Gemeinde in ihrem Gegenüber zur Synagoge[105], sondern es liegt hier – wie in 9,4 – die Figur der Heterosis (Plural für Singular) vor[106]. Daß einzig und allein Jesus selbst gemeint ist, ergibt sich zwingend aus 3,32: ὃ ἑώρακεν καὶ ἤκουσεν τοῦτο μαρτυρεῖ, καὶ τὴν μαρτυρίαν αὐτοῦ οὐδεὶς λαμβάνει. Der Plural οἴδαμεν in V. 11a könnte durch das οἴδαμεν von V. 2b veranlaßt und diesem ganz bewußt entgegengesetzt sein[107]: Menschliches „Wissen", wie es sich in V. 2b.c artikuliert, kann gewiß zu hohen Urteilen über Jesus kommen; sein Persongeheimnis erreicht es jedoch *nicht*. Nur Jesus selbst vermag sein Persongeheimnis zu erschließen, ist doch sein „Wort" (λαλεῖν) und „Zeugnis" (μαρτυρεῖν) die authentische Selbstoffenbarung dessen, der aus der Welt Gottes kommt und der ewige Sohn des Vaters ist. In seinem Selbstzeugnis und nur in ihm wird die rettende Wahrheit Gottes laut[108]. Der durch das καί adversativum[109] („und doch") eingeleitete Satz V. 11b (τὴν μαρτυρίαν ἡμῶν οὐ λαμβάνετε) bringt dann die „große, unbegreifliche Dissonanz" zur Sprache: Daß Jesus vom Vater gekommen ist und in seinem Selbstzeugnis die rettende Kunde von Gottes Heil bringt, ist für Nikodemus und alle Menschen („ihr"!) *keine sie ergreifende und bewegende Wirklichkeit*"[110]; der Mensch verschließt sich im Gegenteil der in Jesus ergehenden Offenbarung[111]. Angesichts der Selbstoffenbarung Jesu Christi enthüllt sich damit der Unglau-

---

[102] So SCHNACKENBURG, Das Johannesevangelium I (s. Anm. 5) 389f.

[103] So z.B. SCHULZ, Das Evangelium nach Johannes (s. Anm. 37) 58.

[104] STRATHMANN, Das Evangelium nach Johannes (s. Anm. 5) 69; ebenso WIKENHAUSER, Das Evangelium nach Johannes (s. Anm. 12) 88.

[105] So z.B. BAUER, Das Johannesevangelium (s. Anm. 12) 55; SCHNEIDER, Das Evangelium nach Johannes (s. Anm. 16) 96; BARRETT, Das Evangelium nach Johannes (s. Anm. 13) 232 (vgl. 224); HAENCHEN, Das Johannesevangelium (s. Anm. 46) 220 (mit der erstaunlichen Auskunft, Jesus erscheine „als Sprecher all derer, die [wie er selbst] ‚von oben erzeugt' sind").

[106] So richtig BULLINGER, Figures of Speech (s. Anm. 36) 525.

[107] Vgl. CARSON, The Gospel according to John (s. Anm. 82) 198f., der aber zu Unrecht annimmt, „that Jesus is sardonically aping the plural that Nicodemus affected when he first approached Jesus (V. 2)".

[108] Vgl. 8,26.28.38.40.45f.; auch 7,16; 12,49; 14,24; 17,8.

[109] Vgl. 1,10c.11b; 3,19.32; 5,43; 7,28.30; 8,20; 9,30; 10,25. S. auch BDR § 442,1b; BAUER/ALAND, Wörterbuch⁶ 797 s.v. καί I.2.g.

[110] IWAND, Joh. 3,1–15 (s. Anm. 80) 227.

[111] BULTMANN, Das Evangelium des Johannes (s. Anm. 4) 103 bemerkt zu V. 11ff. sehr zu Recht: „Jesus redet nicht mehr nur zu den durch Nik[odemus] repräsentierten Juden, sondern zum κόσμος (V. 16f.19)." Dazu ebd. Anm. 4: „Das οὐδείς V. 13.32 heißt nicht ‚kein Jude', sondern ‚kein Mensch', das πᾶς V. 15 nicht ‚jeder Jude', sondern ‚jeder Mensch'; vgl. V. 19 οἱ ἄνθρωποι."

be als des Menschen „maxima culpa", und so stehen alle Menschen „erst recht
und in aller Verblendung als die Blinden, Tauben und Verlorenen" da[112].

Die Aussage von 11b (τὴν μαρτυρίαν ἡμῶν οὐ λαμβάνετε) wird in V. 12 in
Gestalt einer rhetorischen Frage entfaltet: „Wenn ich von den irdischen Dingen
zu euch geredet habe und ihr nicht glaubt, – wie werdet ihr da glauben, wenn ich
von den himmlischen Dingen zu euch rede?" (εἰ τὰ ἐπίγεια εἶπον ὑμῖν καὶ οὐ
πιστεύετε, πῶς ἐὰν εἴπω ὑμῖν τὰ ἐπουράνια πιστεύσετε;) Die genaue Wahrnehmung der sprachlichen Form dieses Satzes ist für seine Interpretation höchst
wichtig: V. 12a (εἰ m. Ind.) ist ein Realis, V. 12b (ἐάν m. Konj.) ein Eventualis.
Der Realis V. 12a *besagt*, daß Jesus über die ἐπίγεια bereits gesprochen hat;
und der – von einem Irrealis sehr wohl zu unterscheidende! – Eventualis V. 12b
impliziert *nicht*, daß Jesus über die ἐπουράνια überhaupt nicht reden wolle und
werde[113]. Die in der Exegese lebhaft umstrittene Frage, was unter den ἐπίγεια
bzw. den ἐπουράνια zu verstehen sei[114], läßt sich von daher textimmanent am
einfachsten so erklären, daß sich der Begriff τὰ ἐπίγεια auf das bezieht, was
Jesus zuvor in V. 3b und V. 5b–8 gesagt hat, und der Begriff τὰ ἐπουράνια auf
das, was er sogleich in V. 13ff. sagen wird[115]. Für das sachlich-inhaltliche Verständnis der Gegenüberstellung τὰ ἐπίγεια/τὰ ἐπουράνια ist dementsprechend nicht der traditionsgeschichtliche Hintergrund[116] ausschlaggebend, sondern der im Evangelium selbst gegebene unmittelbare Textzusammenhang wie
auch die Beachtung der Aussage von 3,31[117]. Von daher ist zu urteilen: Unter
den ἐπίγεια sind jene Dinge zu verstehen, die im Blick auf den *Menschen* als
den ὢν ἐκ τῆς γῆς (3,31b) zu sagen sind: daß, wer σάρξ ist, die Grenze der
σάρξ nicht zu überschreiten vermag (V. 6a) und es deshalb für ihn, so wie er
ist, keinen Weg „in den Himmel" gibt (V. 13a); daß er folglich, wenn er überhaupt des Heils teilhaftig werden will, von neuem geboren werden muß
(V. 3b.5b.7b). Und unter den ἐπουράνια sind jene Dinge zu verstehen, die im
Blick auf *Christus* als den ἐκ τοῦ οὐρανοῦ ἐρχόμενος (3,31c) zu sagen sind:
daß er „aus dem Himmel herabgekommen" und in die Welt gesandt worden ist
(V. 13.17) und daß er durch seine „Erhöhung" an das Kreuz den Verlorenen das
ewige Leben erworben hat (V. 14–16). Oder anders formuliert: Die ἐπίγεια

---

[112] IWAND, Joh. 3,1–15 (s. Anm. 80) 227 mit Anm. 1.

[113] Das betont sehr zu Recht BULTMANN, Das Evangelium des Johannes (s. Anm. 4) 107
Anm. 1.

[114] Eine Auflistung oder Diskussion der unterschiedlichen Deutungsvorschläge ist hier
weder möglich noch sinnvoll.

[115] Vgl. BULTMANN, Das Evangelium des Johannes (s. Anm. 4) 105ff.; EICHHOLZ, Johannes 3,1–15 (s. Anm. 89) 201; IWAND, Joh. 3,1–15 (s. Anm. 80) 228.

[116] Zu diesem s. etwa: BILLERBECK II 424f.; BAUER, Das Johannesevangelium (s.
Anm. 12) 55; BULTMANN, Das Evangelium des Johannes (s. Anm. 4) 105 Anm. 1;
SCHNACKENBURG, Das Johannesevangelium I (s. Anm. 5) 391f.; BERGMEIER, Gottes-
herrschaft, Taufe und Geist (s. Anm. 2) 70f.

[117] Wie 3,11 in 3,32 seine Parallele hat, so besteht auch eine innere Beziehung zwischen
3,12 und 3,31.

meinen die Heillosigkeit des der *irdischen* Sphäre verhafteten Menschen, die ἐπουράνια das Heilsgeschehen der Inkarnation und des Kreuzestodes dessen, der seinem Ursprung und Wesen nach der *himmlischen* Sphäre zugehört. Sind die ἐπίγεια und die ἐπουράνια in diesem Sinne zu bestimmen, so kann von daher das Aussageziel des V. 12 nicht zweifelhaft sein. Der Satz formuliert einen Schluß *a minore ad maius*: Wer die ἐπίγεια nicht glaubt, der glaubt erst recht nicht die ἐπουράνια. Dieser Schluß aber impliziert selbstverständlich durchaus nicht den Gedanken, daß erst derjenige, der die ἐπίγεια einsieht, auch die ἐπουράνια wahrzunehmen vermag; sondern er impliziert im Gegenteil die Aussage, daß einer die ἐπουράνια glauben muß, um auch die ἐπίγεια glauben zu können. Das heißt: Wie das Wunder der Neugeburt *begründet* ist in dem das Heil des Menschen schaffenden Christusgeschehen, so ist der Glaube an die Notwendigkeit und Möglichkeit der Neugeburt *einbeschlossen* in den das Heil ergreifenden Christusglauben.

b) V. 13–21

Die Verse 13–21 haben, wie wir sahen, die ἐπουράνια zum Thema. Sie beschreiben zunächst in V. 13–17 die Inkarnation Jesu und seine Erhöhung an das Kreuz als den Grund der Neugeburt und bringen damit – neben dem in V. 5b–8 erwähnten *pneumatologischen* Aspekt – den *christologischen* Aspekt ihrer Verwirklichung zur Sprache[118]. Zugleich wird schon in diesem Abschnitt dargelegt, was dann in V. 18–21 weitergeführt werden wird: daß sich die Wiedergeburt darin ereignet, daß ein Mensch zum Glauben an Jesus Christus kommt.

(1) Das sachliche Gewicht des in den Versen *13–17* Gesagten spiegelt sich in der kunstvollen formalen Gestaltung. In je zwei Sätzen ist von der Inkarnation und von dem Kreuzestod die Rede, wobei diese Sätze in chiastischer Abfolge dargeboten werden (Inkarnation: V. 13 und V. 17; Kreuzestod: V. 14f. und V. 16). Das erste Satzpaar (V. 13 und V. 14f.) hat den *Menschensohn* und seinen Weg zum Thema, das zweite Satzpaar (V. 16 und V. 17) *Gott* und sein Handeln in seinem Sohn. Die beiden Innenglieder des Chiasmus (V. 14f. und V. 16) weisen jeweils einen weithin parallel gestalteten Finalsatz auf, der die gewichtigen Stichworte πιστεύειν und ἔχειν ζωὴν αἰώνιον enthält (V. 15 bzw. V. 16b). Die Inkarnationsaussage von V. 13 ist mit einem Satz verbunden, der

---

[118] BULTMANN, Das Evangelium des Johannes (s. Anm. 4) 109f. bemerkt: „Das Ereignis, kraft dessen die Wiedergeburt zur Möglichkeit – und für den Glauben zur Wirklichkeit – wird, ist das in der Sendung des Offenbarers sich vollziehende Heilsgeschehen." Höchst problematisch ist hier die Unterscheidung von „Möglichkeit" und „Wirklichkeit", die auf der These beruht, daß der Glaube die durch das Christusgeschehen eröffnete und ermöglichte Entscheidung des *Menschen* sei (vgl. u. bei Anm. 210). Diese These wird dem Glaubensverständnis des vierten Evangeliums jedoch nicht gerecht, das den Glauben streng und ausschließlich als Werk und Gabe Gottes begreift. Korrekt wäre zu formulieren: Das Ereignis, kraft dessen die Wiedergeburt in Gestalt des Zum-Glauben-Kommens Wirklichkeit wird, ist das in der Inkarnation und im Kreuzestod Jesu Christi sich vollziehende Heilsgeschehen.

sachlich die Verlorenheit aller Menschen zum Ausdruck bringt (οὐδεὶς ἀναβέβηκεν εἰς τὸν οὐρανόν); dem korrespondiert in der Inkarnationsaussage von V. 17 ein Satz, der die Rettung der verlorenen Menschenwelt als das Ziel der Sendung Jesu bezeichnet (ἵνα σωθῇ ὁ κόσμος δι' αὐτοῦ). Es ergibt sich also das folgende Bild:

13 Der *Menschensohn* ist aus dem Himmel herabgekommen
    – οὐδεὶς ἀναβέβηκεν εἰς τὸν οὐρανόν.

14f. Der *Menschensohn* muß an das Kreuz erhöht werden
      ἵνα πᾶς ὁ πιστεύων
      ἐν αὐτῷ ἔχῃ ζωὴν αἰώνιον.

16   *Gott* hat seinen Sohn in den Tod dahingegeben
     ἵνα πᾶς ὁ πιστεύων εἰς αὐτὸν
     μὴ ἀπόληται ἀλλ' ἔχῃ ζωὴν αἰώνιον.

17   *Gott* hat seinen Sohn in die Welt gesandt
     – ἵνα σωθῇ ὁ κόσμος δι' αὐτοῦ.

Der den Abschnitt V. 13–17 eröffnende V. 13 will nicht – wie gerne gedeutet wird – darlegen, weshalb Jesus überhaupt Kunde über die ἐπουράνια zu bringen vermag[119]; vielmehr ist hier bereits von dem die Rede, was zu den ἐπουράνια gehört: „Niemand ist je in den Himmel hinaufgestiegen, sondern nur[120] der, der aus dem Himmel herabgekommen ist: der Menschensohn" (καὶ οὐδεὶς ἀναβέβηκεν εἰς τὸν οὐρανὸν εἰ μὴ ὁ ἐκ τοῦ οὐρανοῦ καταβάς, ὁ υἱὸς τοῦ ἀνθρώπου[121]). Die Worte οὐδεὶς ἀναβέβηκεν εἰς τὸν οὐρανόν erklären kategorisch, daß es für den Menschen – eben weil er σάρξ ist (V. 6a) – *keinen* Zugang zu Gott und zur Welt Gottes gibt[122]. Den Zugang zu Gott hat nur der

---

[119] Dagegen mit überzeugenden Argumenten: BULTMANN, Das Evangelium des Johannes (s. Anm. 4) 107f.

[120] Die Wendung οὐδείς ... εἰ μή ... kann nicht nur heißen: „niemand ..., außer ...", sondern auch (semitisierend): „niemand ..., sondern nur ..." (Schulbeispiele: Lk 4,25f.27). Diese letztere Bedeutung liegt auch an unserer Stelle sowie in 6,46; 17,12 vor.

[121] Die von nicht wenigen Zeugen hinter ὁ υἱὸς τοῦ ἀνθρώπου gebotenen Worte ὁ ὢν ἐν τῷ οὐρανῷ sind als eine sekundäre Glosse zu beurteilen; s. dazu BULTMANN, Das Evangelium des Johannes (s. Anm. 4) 108f. Anm. 4; CARSON, The Gospel according to John (s. Anm. 82) 203. Die Glosse könnte als parallele Aussage zu ὁ ὢν εἰς τὸν κόλπον τοῦ πατρός 1,18 geschaffen worden sein. – Die Ursprünglichkeit der Worte vertreten etwa BAUER, Das Johannesevangelium (s. Anm. 12) 56; BARRETT, Das Evangelium nach Johannes (s. Anm. 13) 234. Unentschieden bleiben z.B. SCHNACKENBURG, Das Johannesevangelium I (s. Anm. 5) 406f.; BROWN, The Gospel according to John (s. Anm. 4) 133; BEASLEY-MURRAY, John (s. Anm. 14) 45.

[122] Οὐδείς meint – wie in 1,18; 3,2.32; 6,44.65; 9,4; 14,6; 16,22 – „kein Mensch"; das Perfekt ἀναβέβηκεν erklärt sich von daher, daß eine allgemeingültige Feststellung getroffen wird (vgl. ἑώρακεν 1,18; ἀνθέστηκεν Röm 9,19). Zum Gedanken, daß Gott für den Menschen unerreichbar ist, vgl. die Frage von Prov 30,4: τίς ἀνέβη εἰς τὸν οὐρανὸν καὶ κατέβη; s. auch Dtn 30,12; Bar 3,29; 4Esr 4,8.

Eine und Einzige, der seinen Ursprung bei Gott hat und von Gott her „aus dem Himmel herabgekommen" ist[123]. Die Aussage von V. 13 insgesamt bildet eine Parallele zu 1,18 (θεὸν οὐδεὶς ἑώρακεν πώποτε· μονογενὴς θεὸς ὁ ὢν εἰς τὸν κόλπον τοῦ πατρὸς ἐκεῖνος ἐξηγήσατο[124]), und sie impliziert wie jener Vers eine *soteriologische* Aussage, die Augustinus treffend zum Ausdruck bringt: „Ipse descendit propter nos, nos ascendamus propter ipsum … Si ergo nemo, nisi ille, descendit et adscendit, quae spes est ceteris? Ea spes est ceteris, quia ille propterea descendit ut in illo et cum illo unus essent, qui per illum adscensuri essent."[125] Augustinus hat richtig gesehen, daß der Akzent auf der Heilsbedeutung jenes Geschehens liegt, das mit den Worten ὁ ἐκ τοῦ οὐρανοῦ καταβάς angesprochen ist: der Inkarnation des Menschensohnes[126].

Der Inkarnation stellt V. 14f. den Kreuzestod an die Seite: „Und wie Mose die Schlange in der Wüste erhöht hat, so muß der Menschensohn erhöht werden, damit jeder, der glaubt, in ihm ewiges Leben habe" ([14]καὶ καθὼς Μωϋσῆς ὕψωσεν τὸν ὄφιν ἐν τῇ ἐρήμῳ, οὕτως ὑψωθῆναι δεῖ τὸν υἱὸν τοῦ ἀνθρώπου, [15]ἵνα πᾶς ὁ πιστεύων ἐν αὐτῷ ἔχῃ ζωὴν αἰώνιον). Der typologische Vergleich nimmt Bezug auf die alttestamentliche Erzählung von der ehernen Schlange Num 21,4–9[127], wobei der Vergleichspunkt ausschließlich die von Gott selbst angeordnete und mithin *notwendige* „Erhöhung" ist[128], die zur Rettung derer

---

[123] Zu καταβαίνειν als Terminus technicus für die Inkarnation s. außer unsrer Stelle: 6,33.38.41f.50f.58 (vgl. Eph 4,9f.). – Das in V. 13b vorausgesetzte ἀναβαίνειν des Menschensohnes meint die Rückkehr zum Vater; s. 6,62; 20,17 (vgl. Eph 4,8ff. sowie Apg 2,33ff.).

[124] Zu diesem Satz s. O. HOFIUS, „Der in des Vaters Schoß ist" Joh 1,18, ZNW 80 (1989) 163–171 (in dem vorliegenden Band: 24–32). Zu übersetzen ist: „Kein Mensch hat Gott je gesehen; der Eine und Einzige, der [selbst] Gott ist, der in des Vaters Schoß ist, *der* hat die Offenbarung gebracht." Da V. 18 das in 1,1f. sowie in 1,14+16 Gesagte aufnimmt, ergibt sich für das absolute ἐξηγήσατο ein präziser Sinn: Indem der menschgewordene Sohn sich selbst offenbart, offenbart er den Vater (vgl. 12,45; 14,9). Das heißt: Die Selbstoffenbarung Jesu Christi ist *als solche* die einzige den Menschen gegebene Gottesoffenbarung.

[125] Augustinus, In Iohannis Evangelium tractatus XII 8f. (auf diese Worte weist IWAND, Joh. 3,1–15 [s. Anm. 80] 228 Anm. 2 hin). Vgl. auch die sehr schöne Auslegung M. LUTHERS in der Predigt am Trinitatisfeste (1526): WA XX 413–432: 429,13ff. (Wiedergabe in heutigem Deutsch: D. Martin Luthers Evangelien-Auslegung [hg. v. E. MÜLHAUPT] IV: Das Johannes-Evangelium mit Ausnahme der Passionstexte [bearb. v. E. ELLWEIN], Göttingen ²1961, 142f.).

[126] Daß „Menschensohn" im vierten Evangelium ein Titel ist, der die einzigartige *Hoheit* Jesu bezeichnet, muß hier nicht im einzelnen dargelegt und begründet werden. Es genügt der Hinweis auf 1,51 und 5,27.

[127] Zur Rezeption der Erzählung im antiken Judentum s. J. FREY, „Wie Mose die Schlange in der Wüste erhöht hat …" Zur frühjüdischen Deutung der ‚ehernen Schlange' und ihrer christologischen Rezeption in Johannes 3,14f., in: M. HENGEL / H. LÖHR, Schriftauslegung im antiken Judentum und im Urchristentum (WUNT 73), Tübingen 1994, 153–205: 159ff.; zum frühen Christentum: Barn 12,5–7; Justin, Apol I 60,2–4; Dial 91,4; 94,1–3; 112,1–3.

[128] Der Begriff der „Erhöhung" selbst findet sich in Num 21,4–9 *nicht*! Zu den mancherlei Versuchen, seine Verwendung in Joh 3,14f. zu erklären, s. FREY, a.a.O. 185ff.

geschieht, die um ihrer Sünde willen rechtens dem Tod verfallen sind[129]. Schon von daher ist deutlich, daß mit dem Verbum ὑψωθῆναι an unserer Stelle dezidiert die „Erhöhung" Jesu an das Kreuz, d.h. sein Kreuzestod gemeint ist. Das wird durch eine weitere Beobachtung nachdrücklich bestätigt: Der Satz ὑψωθῆναι δεῖ τὸν υἱὸν τοῦ ἀνθρώπου, der noch einmal in 12,34 erscheint (δεῖ ὑψωθῆναι τὸν υἱὸν τοῦ ἀνθρώπου), entspricht – wie insbesondere das δεῖ zeigt – der Erwähnung des Getötetwerdens in der Leidens- und Auferstehungsankündigung Mk 8,31 (δεῖ τὸν υἱὸν τοῦ ἀνθρώπου … ἀποκτανθῆναι)[130]. Das in Joh 3,14; 12,32.34 von Jesus ausgesagte ὑψωθῆναι und die aktivische Formulierung in 8,28 (ὅταν ὑψώσητε τὸν υἱὸν τοῦ ἀνθρώπου) beziehen sich dementsprechend ausschließlich auf die *Kreuzigung* Jesu[131] und nicht etwa zugleich auch auf seine Auferstehung und seine Rückkehr zum Vater[132]. Wird die Kreuzigung Jesu im Johannesevangelium als „Erhöhung" bezeichnet, so ist damit erst recht nicht gemeint, daß Kreuzestod, Auferstehung und Rückkehr zum Vater zusammenfallen und letztlich identisch sind[133]. Eine derartige Inter-

---

[129] Wie etwa SCHNACKENBURG, Das Johannesevangelium I (s. Anm. 5) 408 und SCHNELLE, Antidoketische Christologie im Johannesevangelium (s. Anm. 5) 208 Anm. 91 zu Recht betonen, sind weitergehende Ausdeutungen des typologischen Vergleichs verfehlt. Die Parallelität zwischen den Wendungen πᾶς ὁ δεδηγμένος ἰδὼν αὐτὸν ζήσεται Num 21,8 und ἵνα πᾶς ὁ πιστεύων ἐν αὐτῷ ἔχῃ ζωὴν αἰώνιον Joh 3,15 erlaubt z.b. nicht, den „Glauben" als Auf-Jesus-Schauen zu bestimmen und dies etwa mit dem „Schauen auf den Durchbohrten" Joh 19,37 in Verbindung zu bringen. Unzulässig ist erst recht die von GNILKA, Johannesevangelium (s. Anm. 13) 29 gebotene Interpretation: Der Vergleich verdeutlicht, „daß der Mensch als Verlorener und vom Gift des Todes Befallener das Geschenk des Lebens von Christus angeboten erhält". – Im übrigen sind die fundamentalen Unterschiede zwischen dem alttestamentlichen „Vorbild" und der Aussage des Johannesevangeliums nicht zu übersehen: Die eherne Schlange war, wie in Sap 16,6f. zutreffend gesagt wird, lediglich σύμβολον σωτηρίας (V. 6), brachte aber nicht selbst die Rettung (V. 7): „Denn wer sich [zu diesem σύμβολον] hinwandte, wurde nicht durch das gerettet, was er anschaute, sondern durch dich, den Retter aller" (ὁ γὰρ ἐπιστραφεὶς οὐ διὰ τὸ θεωρούμενον ἐσῴζετο, ἀλλὰ διὰ σὲ τὸν πάντων σωτῆρα). Der an das Kreuz erhöhte Menschensohn dagegen ist *selbst* die σωτηρία Gottes *in Person*.

[130] Das δεῖ der synoptischen Leidens- und Auferstehungsankündigung Mk 8,31 parr ist im Johannesevangelium auf *zwei* Sätze aufgeteilt worden: δεῖ ὑψωθῆναι τὸν υἱὸν τοῦ ἀνθρώπου 12,34 bzw. 3,14; δεῖ αὐτὸν ἐκ νεκρῶν ἀναστῆναι 20,9.

[131] S. dazu besonders auch 12,32f. und 18,31f. In 12,33 wird die Rede vom ὑψωθῆναι Jesu V. 32 ausdrücklich mit den Worten erläutert: τοῦτο δὲ ἔλεγεν σημαίνων ποίῳ θανάτῳ ἤμελλεν ἀποθνήσκειν. In 18,31f. wird dargetan, daß Jesus in Erfüllung seiner Ankündigung von 3,14 bzw. 12,32 (δεῖ ὑψωθῆναι) gekreuzigt und *nicht* dem νόμος der Juden entsprechend gesteinigt worden ist.

[132] Das Verbum ὑψωθῆναι ist im vierten Evangelium *nicht* ein Synonym zu dem Ausdruck δοξασθῆναι, der in 7,39; 12,16.23; 13,31(f.) in der Tat den Tod Jesu, seine Auferstehung und seine Rückkehr zum Vater umfaßt. Falls der Evangelist in seinen Aussagen über das ὑψωθῆναι und das δοξασθῆναι Jesu den Worten Jes 52,13 LXX ([ὁ παῖς μου] ὑψωθήσεται καὶ δοξασθήσεται σφόδρα) verpflichtet ist, so hat er ὑψωθήσεται auf den Tod, δοξασθήσεται hingegen auf den Tod *und* die Auferstehung des Gottesknechts bezogen.

[133] Gegen BAUER, Das Johannesevangelium (s. Anm. 12) 56 (der Kreuzestod ist für Johannes „der Aufstieg Jesu zur Höhe"); BULTMANN, Das Evangelium des Johannes (s.

pretation wird schon dadurch ausgeschlossen, daß sich zwischen dem Bericht über Jesu Sterben (19,28–30) und dem Bericht von den Erscheinungen des Auferstandenen (20,1–29) die ausführliche Erzählung von der Grablegung Jesu (19,38–42) findet und daß in 20,11–18 ausdrücklich zwischen der Auferstehung Jesu und seiner Rückkehr zum Vater unterschieden wird[134]. *Theologisch* bringt die Bezeichnung der Kreuzigung als „Erhöhung" die *Heilsbedeutung* des Todes Jesu zum Ausdruck: daß eben dieser Tod – als ein Geschehen heiligender Sühne – die rettende Machttat des Gekreuzigten ist, die den dem Tod verfallenen sündigen Menschen seiner Verlorenheit entreißt und ihm das ewige Leben eröffnet[135]. *In* der „Stunde" seines Sterbens nimmt das „Lamm Gottes" die Sünde der Welt hinweg (1,29; vgl. 19,34.36), verbindet der in den Tod Dahingegebene die von Gott Getrennten mit sich selbst und eben darin mit dem Vater (12,24.32; 17,19), erschließt der „gute Hirte" durch die Hingabe seines eigenen Lebens den Seinen das „Leben in Fülle" (10,10f.14f.). Von daher will auch das δεῖ verstanden sein. Der Menschensohn „muß" nicht *um seiner selbst willen* „erhöht" werden, nämlich: um zum Vater zurückkehren zu können, sondern – wie der Evangelist sogleich in den Versen 15–17 sagen wird – *um der Verlorenen willen*, damit es für sie Rettung gibt. Das δεῖ, dem so das *„pro nobis"* korrespondiert, stellt ganz betont heraus, daß Jesu Kreuzestod keineswegs ein zufälliges, sondern ein von Gott her notwendiges Ereignis ist[136]. Um diesen soteriologischen

Anm. 4) 110 Anm. 2 („die Rückkehr des Offenbarers aus der Welt in die himmlische Heimat" und „zugleich die Erhöhung ans Kreuz"); SCHULZ, Das Evangelium nach Johannes (s. Anm. 37) 57 (Jesu „Erhöhung ans Kreuz" ist „zugleich seine Erhöhung in die himmlische Herrlichkeit"); u.a.

[134] Der *Auferstandene* sagt zu Maria Magdalena: μή μου ἅπτου, οὔπω γὰρ ἀναβέβηκα πρὸς τὸν πατέρα (20,17a). Der Imp. *Präs.* μή μου ἅπτου bedeutet: „Halte mich nicht länger fest!", und der γάρ-Satz impliziert die Aussage: „Ich muß jetzt zum Vater aufsteigen."

[135] Dagegen ist mir zweifelhaft, ob der Evangelist mit der Bezeichnung des Kreuzestodes Jesu als „Erhöhung" betont eine kreuzestheologische Interpretation der traditionellen urchristlichen Erhöhungsvorstellung bieten will und sich damit etwa gegen eine Sicht wendet, die das Kreuz lediglich als Durchgangsstufe auf dem Weg zur Erhöhung begreift. Allerdings: Auch wenn man die johanneische Rede vom ὑψωθῆναι Jesu *nicht* in diesem Sinn versteht, ist der Behauptung bei BECKER, Das Evangelium nach Johannes (s. Anm. 5) 171, daß der Tod Jesu für den Evangelisten „Durchgangsstadium und als solcher Teilaspekt der Erhöhung" sei, ganz entschieden zu widersprechen. Der Auferstandene trägt bleibend die Wundmale seines Kreuzestodes (20,20.27)! Damit ist schlechterdings ausgeschlossen, daß der Kreuzestod nur eine Durchgangsstufe zu der „Erhöhung" (hier im Sinne von Phil 2,9 bzw. Apg 2,33; 5,31 verstanden) ist. – Zur Kreuzestheologie des Johannesevangeliums s. besonders: WENGST, Bedrängte Gemeinde und verherrlichter Christus (s. Anm. 53) 199ff.; KOHLER, Kreuz und Menschwerdung im Johannesevangelium (s. Anm. 90) 157ff.; SCHNELLE, Antidoketische Christologie im Johannesevangelium (s. Anm. 5) 189ff.228ff.256; P. BÜHLER, Ist Johannes ein Kreuzestheologe? Exegetisch-systematische Bemerkungen zu einer noch offenen Debatte, in: M. ROSE (Hg.), Johannes-Studien. Interdisziplinäre Zugänge zum Johannes-Evangelium. FS Jean Zumstein (Université de Neuchâtel. Publications de la Faculté de Théologie VI), Zürich 1991, 191–207.

[136] Zum Sinn des δεῖ vgl. die wichtigen Erwägungen bei IWAND, Predigt-Meditationen (s. Anm. 23) 70 (zu Lk 24,7) bzw. 207f. (zu Lk 18,31ff.).

Aspekt geht es in dem Finalsatz V. 15: „Durch ihn", den an das Kreuz Erhöhten, *gewinnt* und „in ihm", d.h. in der bleibenden Gemeinschaft mit ihm[137], *hat* der Glaubende das „ewige Leben"[138]. Das im Johannesevangelium relativ häufige absolute πιστεύειν meint den auf *Christus*, den *Gekreuzigten*, bezogenen Glauben[139], also das πιστεύειν εἰς αὐτόν V. 16. Der für das Johannesevangelium charakteristische Begriff der ζωὴ αἰώνιος, der hier zum erstenmal erscheint[140], entspricht in der Sache dem, was in V. 3b und V. 5b βασιλεία τοῦ θεοῦ genannt war. Er ist der Inbegriff für das eschatologische Heil Gottes und bezeichnet als solcher das wahre, unvergängliche Leben, das in der Gemeinschaft mit dem lebendigen Gott besteht und das der Glaubende als eine *präsentische* Heilsgabe bereits hier und jetzt „hat".

Der ebenfalls vom Kreuzestod Jesu handelnde V. 16 kennzeichnet das δεῖ von V. 14 als das δεῖ der *Liebe* Gottes, die den verlorenen gottlosen κόσμος nicht preisgibt: „So nämlich hat Gott der Welt seine Liebe erwiesen, daß er den einen und einzigen Sohn[141] [in den Tod] dahingab, damit jeder, der an ihn glaubt, nicht verlorengehe, sondern ewiges Leben habe" (οὕτως γὰρ ἠγάπησεν ὁ θεὸς τὸν κόσμον, ὥστε τὸν υἱὸν τὸν μονογενῆ ἔδωκεν, ἵνα πᾶς ὁ πιστεύων εἰς αὐτὸν μὴ ἀπόληται ἀλλ᾽ ἔχῃ ζωὴν αἰώνιον). Mit κόσμος ist hier – wie schon in 1,29 – die *gottlose*, in Sünden verlorene „Menschenwelt" gemeint, und der Aorist ἠγάπησεν „beschreibt das einmalige Ereignis des Liebeserweises"[142], in dem sich Gott dieser Welt in der Dahingabe seine Sohnes rettend zugewendet hat. Das den Satz einleitende Adverb οὕτως heißt an unserer Stelle nicht „so sehr" (als solle die Größe und Intensität der Liebe Gottes herausgestellt werden), sondern, wie die Aufnahme durch ὥστε m. Ind. zeigt, einfach „so", „in der Weise", „dergestalt"[143]. Daß Gott den Sohn „dahingab", ist der

---

[137] Zum Gedanken der Christusgemeinschaft vgl. 6,56; 14,20; 15,4–7; 17,21–23; sowie 1Joh 2,24; 3,6.24; 4,13.

[138] Die Lesart ἐν αὐτῷ ist die ursprüngliche, die Varianten – insbesondere εἰς αὐτόν – sind sekundäre Erleichterungen bzw. Angleichung an V. 16. Da πιστεύειν im Johannesevangelium immer mit εἰς konstruiert wird, ist ἐν αὐτῷ mit ἔχῃ ζωὴν αἰώνιον zu verbinden. Zu ἔχειν ἐν αὐτῷ vgl. 16,33; auch 20,31.

[139] Richtig W. Thüsing, Die Erhöhung und Verherrlichung Jesu im Johannesevangelium (NTA XXI 1/2), Münster ³1979, 7: „Im Sinne von Jo 3,15 richtet der Glaube sich nicht auf die Person Jesu im allgemeinen, sondern auf ihn als den Gekreuzigten."

[140] Ferner: 3,16.36; 4,14.36; 5,24.39; 6,27.40.47.54.68; 10,28; 12,25.50; 17,2f. S. daneben in gleichem Sinn das einfache ζωή: 5,24.40; 6,33.35.48.51.53.63; 8,12; 10,10; 11,25; 14,6; 20,31.

[141] Das Attribut ὁ μονογενής kennzeichnet Jesus als den Sohn schlechthin, d.h. als den einen und einzigen Sohn, der von Ewigkeit her „bei Gott" (1,1f.) und seinem Ursprung und Wesen nach selbst Gott ist (1,1.18).

[142] Bultmann, Das Evangelium des Johannes (s. Anm. 4) 110 Anm. 5, der die Aussage von V. 16 allerdings zu Unrecht *auch*, ja *primär* auf die *Sendung* des Sohnes in die Welt deutet.

[143] Zu Recht betont von K. Barth, Erklärung des Johannes-Evangeliums (s. Anm. 5) 219f.

Erweis seiner Liebe[144]. Das Wort ἔδωκεν bezieht sich streng und ausschließlich auf den *Kreuzestod* Jesu[145], nicht dagegen lediglich auf die Inkarnation bzw. die Sendung Jesu in die Welt[146] und auch nicht sowohl auf die Inkarnation wie auf den Kreuzestod[147]. Für die Deutung auf den Kreuzestod spricht schon der Umstand, daß V. 14f. und V. 16 parallel strukturiert sind. Des weiteren ist zu bedenken, daß der vierte Evangelist für die Sendung Jesu die Verben ἀποστέλλειν[148] und πέμπειν[149] gebraucht. Schließlich zeigt ein Vergleich von Gal 1,4 (τοῦ δόντος ἑαυτόν) mit Gal 2,20 (τοῦ παραδόντος ἑαυτόν) zur Genüge, daß διδόναι für παραδιδόναι stehen kann, so daß wir in den Worten ὁ θεὸς ... τὸν υἱὸν τὸν μονογενῆ ἔδωκεν mit gutem Grund eine genaue Parallele zu der Dahingabe-Aussage von Röm 8,32 ([ὁ θεὸς] παρέδωκεν αὐτόν [sc. τὸν ἴδιον υἱόν]) erkennen dürfen. Der Bestimmung ὑπὲρ ἡμῶν πάντων in Röm 8,32 entspricht dann der ἵνα-Satz Joh 3,16b, der die Aussage von V. 15 im wesentlichen wiederholt. Das mit dem Begriff ἀπόλλυσθαι bezeichnete Verlorengehen bzw. Verlorensein, von dem der ἵνα-Satz spricht, ist schon jetzt – und schon immer! – die *Wirklichkeit* des gottlosen κόσμος. Rettung (σῴζεσθαι

---

[144] Vgl. als Sachparallele Röm 5,8. Nach 1Joh 4,9f. umfaßt der Erweis der Liebe Gottes beides: die Sendung Jesu in die Welt und seinen Kreuzestod.

[145] Dezidiert auf die σταύρωσις deuten ἔδωκεν schon Johannes Chrysostomus, Commentarius in Joannem, Homilia XXVII (XXVI) 2 z.St. (PG 59 [1862] 159) sowie Johannes Zigabenus, Expositio in Joannem z.St. (PG 129 [1898] 1172 A); letzterer paraphrasiert: ἐξέδωκεν ὑπὲρ τῶν ἀνθρώπων εἰς θάνατον. S. ferner WEISS, Die vier Evangelien (s. Anm. 64) 474; K. BARTH, Erklärung des Johannes-Evangeliums (s. Anm. 5) 220f.

[146] So z.B. BAUER, Das Johannesevangelium (s. Anm. 12) 57 mit der völlig unhaltbaren Behauptung, daß der Tod Jesu im Johannesevangelium „eigentlich keine besondere Bedeutung für das Heilswerk besitzt, sondern nur den Kehrpunkt darstellt, an dem der auf die Erde Entsandte wieder zum Himmel zurückkehrt".

[147] So z.B. HAENCHEN, Das Johannesevangelium (s. Anm. 46) 224; BROWN, The Gospel according to John (s. Anm. 4) 134; BEASLEY-MURRAY, John (s. Anm. 14) 51; CARSON, The Gospel according to John (s. Anm. 82) 206. *Primär* auf die Sendung bzw. die Inkarnation deuten: BULTMANN, Das Evangelium des Johannes (s. Anm. 4) 110 Anm. 5; W. KRAMER, Christos Kyrios Gottessohn. Untersuchungen zu Gebrauch und Bedeutung der christologischen Bezeichnungen bei Paulus und den Gemeinden (AThANT 44), Zürich – Stuttgart 1963, 112ff.; BLANK, Krisis (s. Anm. 46) 86f.; SCHNACKENBURG, Das Johannesevangelium I (s. Anm. 5) 424; W. POPKES, Christus traditus. Eine Untersuchung zum Begriff der Dahingabe im Neuen Testament (AThANT 49), Zürich – Stuttgart 1967, 211ff.; KOHLER, Kreuz und Menschwerdung im Johannesevangelium (s. Anm. 90) 255ff.; BECKER, Das Evangelium nach Johannes (s. Anm. 5) 172; GNILKA, Johannesevangelium (s. Anm. 13) 29; – *primär* auf den Kreuzestod: SCHULZ, Das Evangelium nach Johannes (s. Anm. 37) 60; SCHNEIDER, Das Evangelium nach Johannes (s. Anm. 16) 99; THÜSING, Die Erhöhung und Verherrlichung Jesu im Johannesevangelium (s. Anm. 139) 9f. – WENGST, Bedrängte Gemeinde und verherrlichter Christus (s. Anm. 53) 235 Anm. 153 hält für „wahrscheinlich, daß bei ἔδωκεν in V. 16 der Weg des Sohnes in der Niedrigkeit im Blick ist"; s. die ganze Argumentation ebd. 230ff.

[148] 3,17.34; 5,36.38; 6,29.57; 7,29; 8,42; 10,36; 11,42; 17,3.8.18.21.23.25; 20,21; vgl. 1Joh 4,9f.14.

[149] 4,34; 5,23f.30.37; 6,38f.44; 7,16.18.28.33; 8,16.18.26.29; 9,4; 12,44f.49; 13,20; 14,24; 15,21; 16,5.

V. 17) ist deshalb stets Rettung *aus* bestehender totaler Verlorenheit. Diese in Christi Kreuzestod beschlossene Rettung wird nach V. 16b denen zuteil, die an Jesus Christus „glauben". Die Worte πᾶς ὁ πιστεύων εἰς αὐτόν haben dabei keineswegs den Sinn, eine vom Menschen zu erfüllende Bedingung namhaft zu machen. Mit ihnen wird vielmehr – dem prädestinatianischen Denken des vierten Evangelisten entsprechend[150] – näher bestimmt, was präzise unter dem von Gott geliebten κόσμος zu verstehen ist: Es ist nicht die gesamte Menschheit in ihrer numerischen Totalität, sondern es sind jene, die der Vater dem Sohn „aus der Welt gegeben hat" (17,6; vgl. 15,19)[151]. Daß ein universalistisch klingender Begriff tatsächlich prädestinatianisch verstanden ist, zeigt sich im Johannesevangelium öfter: In 5,25 meint das scheinbar umfassende οἱ νεκροί nur die zum Leben prädestinierten Glaubenden; in 6,45 wird das πάντες von Jes 54,13 expressis verbis prädestinatianisch interpretiert; in 11,51f. bezieht sich die Angabe ὑπὲρ τοῦ ἔθνους lediglich auf die zum Heil erwählten Juden, nicht aber auf alle Glieder des jüdischen Volkes insgesamt; und in 12,32 sind unter den πάντες, die der Gekreuzigte zu sich ziehen wird, ausschließlich die Glaubenden zu verstehen. Spricht der Evangelist von dem κόσμος, so ist das nicht eine quantitative (= alle Menschen im numerischen Sinn), sondern eine qualitative Bestimmung (= die gottfeindliche, der Sünde und dem Tod verfallene Menschheit); und macht er eine *positive* Aussage über den κόσμος[152], so sind die Erwählten gemeint, die in sich selbst nicht weniger gottlos und verloren sind als die Nicht-Erwählten. Das heißt: Der vierte Evangelist redet in diesen Fällen synekdochisch – nämlich im Sinne einer „Totum pro parte"-Metonymie – von der „Welt". Obwohl die Formulierung von Joh 3,16 ohne Frage universalistisch klingt, ist die Aussage gleichwohl *keine* universalistische (Gott hat *alle* ohne Ausnahme geliebt), sondern eine solche, die auf die Qualität der Erlösten abhebt: Es sind *Gottlose* und *Feinde Gottes*, für die Gott im Erweis seiner Liebe den Sohn dahingab, um sie aus dem Tod zum ewigen

---

[150] Den Begriff der „Prädestination" verwende ich in dem von C. H. RATSCHOW, RGG³ V (1961) 479–481: 479 definierten Sinn: „Unter P. wird die über den Menschen und seine Heilsteilhabe oder Heilsverschlossenheit gefallene Gottesentscheidung verstanden, angesichts derer der Mensch nicht in der Lage ist, sich durch freie Willensentscheidung um sein Heil zu bemühen. Es ist über ihn im Verhältnis zum Ausgang seines religiösen Weges vorentschieden."

[151] Richtig bemerkt BAUER, Das Johannesevangelium (s. Anm. 12) 57: „Jedenfalls besteht für ihn (sc. den vierten Evangelisten) der von Gott geliebte Kosmos nur in den Gläubigen." Auch E. KÄSEMANN, Jesu letzter Wille nach Johannes 17, Tübingen ⁴1980, 124ff. stellt mit Recht heraus, daß die scheinbar universalistischen Aussagen des Evangeliums in Wirklichkeit im Sinne des scharfen johanneischen Dualismus prädestinatianisch gemeint sind. S. ferner HAENCHEN, Das Johannesevangelium (s. Anm. 46) 225 zu V. 16: „In eigentümlicher Weise sind hier die allumfassende Liebe Gottes zu der Menschenwelt und die nur die Glaubenden rettende Sendung Jesu verbunden. In Wirklichkeit denkt der Evangelist ... dualistisch und prädestinatianisch."

[152] 1,29; 3,16f.; 4,42; 6,33.51c; 8,12; 9,5; 12,47; 17,21.23.

Leben zu führen[153]. Im Glauben an Jesus und in der Gemeinschaft mit ihm (ἐν αὐτῷ V. 15) *haben* sie das ewige Leben.

V. 16 hat – in der Formulierung universalistisch, tatsächlich aber mit dem Blick auf die von Gott zum Heil Prädestinierten – von der Rettung des κόσμος durch den Kreuzestod Jesu gesprochen. Daß dieser Tod der Sinn und das Ziel der Sendung Jesu in die Welt ist, besagt V. 17, der als Sendungsaussage[154] der Inkarnationsaussage von V. 13 (ὁ ἐκ τοῦ οὐρανοῦ καταβάς) entspricht: „Denn Gott hat den Sohn nicht dazu in die Welt gesandt, daß er die Welt richte, sondern daß die Welt durch ihn gerettet werde" (οὐ γὰρ ἀπέστειλεν ὁ θεὸς τὸν υἱὸν εἰς τὸν κόσμον ἵνα κρίνῃ τὸν κόσμον, ἀλλ᾽ ἵνα σωθῇ ὁ κόσμος δι᾽ αὐτοῦ). Das Wort κόσμος ist in diesem Satz äquivok verwendet: Beim ersten Vorkommen meint es die „Welt" insgesamt, beim zweiten und dritten Vorkommen dagegen die „Menschenwelt" im Sinne von V. 16[155]. Sinn und Ziel der Sendung Jesu und also seiner Inkarnation ist die Rettung der „Welt" – will sagen: die Rettung von Menschen, die von sich her und in sich selbst ausweglos verloren sind[156]. Es ist, wie der Evangelist nachdrücklich betont, der *einzige* Sinn und das *ausschließliche* Ziel[157]. Sinn und Ziel ist mithin nicht *auch* das κρίνειν, d.h. der Vollzug des Verdammungs- und Todesgerichts[158]. Da aber das rettende Handeln Gottes *prädestinatianisch* gedacht ist, ist die notwendig mitgesetzte *Folge* die, daß im Unglauben Jesus gegenüber das Verfallensein an das Verdammungs- und Todesgericht definitiv ans Licht tritt. Von diesem doppel-

---

[153] Die scheinbar heilsuniversalistischen Aussagen wie 1,29; 3,16f.; 4,42; 6,33.51c; 12,47 (ebenso 1Joh 2,2; 4,14) haben – paulinisch gesprochen – die Funktion, im Sinne von Röm 5,6ff. das in der ungeschuldeten Liebe Gottes begründete Wunder der *iustificatio impiorum* zur Sprache zu bringen.

[154] Vgl. zur Sendungsformel Röm 8,3f.; Gal 4,4f.; 1Joh 4,9.10.14 und s. zur traditions- und religionsgeschichtlichen Beurteilung E. Schweizer, Zum religionsgeschichtlichen Hintergrund der „Sendungsformel" Gal 4,4f., Röm 8,3f., Joh 3,16f., 1Joh 4,9, in: Ders., Beiträge zur Theologie des Neuen Testaments. Neutestamentliche Aufsätze (1955–1970), Zürich 1970, 83–95; Schnelle, Antidoketische Christologie im Johannesevangelium (s. Anm. 5) 209f.

[155] Vgl. 1,10, wo κόσμος zunächst zweimal die „Welt" als ganze, dann aber in engerem Sinn die „Menschenwelt" bezeichnet.

[156] Vgl. dazu 5,34; 10,9; 12,47; ferner die Rede von der σωτηρία in 4,22 sowie insbesondere die Bezeichnung Jesu als ὁ σωτὴρ τοῦ κόσμου in 4,42.

[157] Trefflich dazu K. Barth, Erklärung des Johannes-Evangeliums (s. Anm. 5) 222.

[158] Die Begriffe κρίνειν (3,17f.; 5,22.30; 8,15f.; 12,47f.; 16,11) und κρίσις (3,19; 5,22.24.27.29f.; 8,16; 12,31; 16,8.11) bezeichnen im Johannesevangelium – anders als in der apokalyptischen und auch vom ältesten Christentum übernommenen Tradition – *nicht* das Gericht mit der Möglichkeit eines doppelten Ausgangs, sondern ausschließlich im *negativen* Sinn den Vollzug des Verdammungs- und Todesgerichtes. Das zeigt sich sprachlich an der Antithese von κρίνεσθαι bzw. σῴζεσθαι und ζωὴ αἰώνιος. Synonym zu ἡ κρίσις ist entsprechend ἡ ὀργὴ τοῦ θεοῦ 3,36. Mit dem Gesagten hängt zusammen, was für die angemessene Interpretation der einschlägigen Texte des vierten Evangeliums unbedingt beachtet sein will: Rettung (σῴζεσθαι) und Gericht (κρίνεσθαι) sind keineswegs *einmalig-punktuelle* Ereignisse, sondern – wie das ewige Leben und der ewige Tod, ja, in der Sache mit diesen Größen identisch – *permanent-seinsbestimmende* Phänomene.

ten Aspekt der Sendung Jesu – von ihrem allein heilvollen Sinn und Ziel einerseits und ihrer unausweichlichen unheilvollen Folge andererseits – ist in den Versen 18–21 die Rede, mit denen die Nikodemus-Perikope abgeschlossen wird. (2) Die Verse *18–21* haben nur scheinbar keinen Bezug zur Frage des Nikodemus bzw. zum Thema der Neugeburt überhaupt. In Wahrheit wird nämlich noch einmal scharf herausgestellt, was bereits die Verse 1–17 dargelegt haben: zum einen, daß *vom Menschen her* prinzipiell keine andere Möglichkeit gegeben ist als die der Zugehörigkeit zur σάρξ, und das heißt: zu der dem Verdammungs- und Todesgericht verfallenen *massa perditionis*; und zum andern, daß Rettung einzig und allein *von Gott her* gegeben ist: als das Wunder der den *Prädestinierten* im Glauben widerfahrenden Neugeburt. Der Abschnitt V. 18–21 weist dabei eine wohldurchdachte Argumentationsstruktur auf: Am Anfang (V. 18) und am Ende (V. 20+21) erscheint ein Doppelsatz im antithetischen Parallelismus membrorum[159]. Zwischen den jeweiligen Teilsätzen besteht insofern ein chiastisches Verhältnis, als die positive Aussage V. 18a derjenigen von V. 21, die negative Aussage V. 18b derjenigen von V. 20 korrespondiert. Die beiden Parallelismen rahmen den V. 19, der die negativen Aussagen V. 18b und V. 20 expliziert, wobei der Begriff κρίσις die Worte ἤδη κέκριται von V. 18b aufnimmt und die Rede von den πονηρὰ ἔργα den Ausdruck φαῦλα πράσσειν von V. 20 vorbereitet. Es liegt also die folgende Struktur vor:

18a   ὁ πιστεύων εἰς αὐτὸν οὐ κρίνεται·

18b   ὁ δὲ μὴ πιστεύων *ἤδη κέκριται*,
      ὅτι μὴ πεπίστευκεν εἰς τὸ ὄνομα τοῦ μονογενοῦς υἱοῦ τοῦ θεοῦ.

19   αὕτη δέ ἐστιν *ἡ κρίσις*
      ὅτι τὸ φῶς ἐλήλυθεν εἰς τὸν κόσμον
      καὶ ἠγάπησαν οἱ ἄνθρωποι μᾶλλον τὸ σκότος ἢ τὸ φῶς·
      ἦν γὰρ αὐτῶν *πονηρὰ τὰ ἔργα*.

20   πᾶς γὰρ ὁ *φαῦλα πράσσων* μισεῖ τὸ φῶς καὶ οὐκ ἔρχεται πρὸς τὸ φῶς,
      ἵνα μὴ ἐλεγχθῇ τὰ ἔργα αὐτοῦ·

21   ὁ δὲ ποιῶν τὴν ἀλήθειαν ἔρχεται πρὸς τὸ φῶς,
      ἵνα φανερωθῇ αὐτοῦ τὰ ἔργα ὅτι ἐν θεῷ ἐστιν εἰργασμένα.

Schon die Strukturanalyse läßt erkennen, was die Einzelexegese bestätigen wird: daß zwischen πιστεύειν V. 18a und ποιεῖν τὴν ἀλήθειαν V. 21 einerseits und μὴ πιστεύειν V. 18b und φαῦλα πράσσειν V. 20 andererseits ein sachlicher Zusammenhang besteht.

V. 18, der in 3,36 eine gewichtige Parallele hat, lautet: „Wer an ihn (sc. den Sohn Gottes) glaubt, wird nicht gerichtet; wer aber nicht glaubt, ist schon ge-

---

[159] Zu der in V. 18 und V. 20f. vorliegenden antithetischen Struktur vgl. 4,13b.14; 6,53b.54; 7,18; 10,1f.; 12,25.

richtet, weil er an den Namen des einen und einzigen Sohnes Gottes nicht geglaubt hat." Die positive Aussage V. 18a besagt: Der an den Sohn Gottes Glaubende ist dem Verdammungs- und Todesgericht, unter dem er von sich selbst her durchaus steht, prinzipiell entzogen, weil er im Glauben dem angehört, der nicht zum Richten, sondern ausschließlich zum Retten gekommen ist. Der Glaubende hat definitiv den Schritt aus dem Tod in das Leben vollzogen (5,24); er „hat" schon hier und schon jetzt die ζωὴ αἰώνιος (3,36a). Die negative Aussage V. 18b fügt hinzu: Der *nicht* an Jesus Glaubende *ist* schon gerichtet, weil er als der Nicht-Glaubende außerhalb der Gemeinschaft mit Jesus steht und eben damit außerhalb des Ortes, von dem allein gilt, daß er dem Gericht gänzlich entzogen sei. Er bleibt im Unglauben unter der ὀργὴ τοῦ θεοῦ (3,36b), – definitiv dem Verdammungs- und Todesgericht preisgegeben, unter dem er immer schon steht.

Der exegetisch sehr umstrittene V. 19, dessen unterschiedliche Deutungen jetzt nicht diskutiert werden können und sollen, wehrt ein Mißverständnis ab, zu dem die antithetische Formulierung von V. 18 bei vordergründiger Betrachtung Anlaß geben könnte. Es ist das Mißverständnis, als gebe es in der Begegnung mit dem von Gott in die Welt gesandten Sohn vom *Menschen* und von *seinen* Möglichkeiten her von Anfang an zwei Gruppen: die Glaubenden und die Nicht-Glaubenden. In Abwehr eines solchen Fehlschlusses wiederholt der Vers, was bereits im Rahmen des Prologs gesagt worden ist (1,10f.) und was in 3,32 noch einmal kräftig unterstrichen werden wird: Vom κόσμος, d.h. vom Menschen und seinen Möglichkeiten her kann nur das in V. 18b Gesagte gelten, – gibt es einzig die Realität des Gerichtet-Seins: „Das aber ist das Gericht: Das Licht ist in die Welt gekommen, doch die Menschen liebten die Finsternis und nicht das Licht[160]; denn ihre Werke waren böse." Die Übersetzung sucht wiederzugeben, daß die Worte αὕτη δέ ἐστιν ἡ κρίσις sich auf ἠγάπησαν οἱ ἄνθρωποι μᾶλλον τὸ σκότος ἢ τὸ φῶς – und nicht etwa auf τὸ φῶς ἐλήλυθεν εἰς τὸν κόσμον – beziehen[161]. V. 19 besagt demnach keineswegs, daß das „Kommen" des Sohnes Gottes[162] in die Welt selbst die κρίσις ist – nämlich „das

---

[160] Die Worte μᾶλλον ... ἤ ... sind hier nicht im Sinne eines relativen „mehr ... als ..." gemeint, sondern sie bringen wie in 12,43 (μᾶλλον ἤπερ) einen scharfen Gegensatz zum Ausdruck. Für 12,43 beweist das der Vergleich mit 5,44, für unsere Stelle der Vergleich mit 7,7 (der κόσμος „haßt" Jesus). Zum sprachlichen Phänomen s. J. JEREMIAS, Unbekannte Jesusworte (BFChTh XLV 2), Gütersloh (2)1951, 74f. sowie das ebd. 74 Anm. 1 und 75 Anm. 1 mitgeteilte Belegmaterial; BDR § 246,2a; BAUER/ALAND Wörterbuch[6] 993 s.v. μᾶλλον 3.c.

[161] Das καί vor ἠγάπησαν ist wie in V. 11 ein καί adversativum („und doch"); s.o. Anm. 109. Syntaktisch haben wir grammatische Parataxe bei logischer Hypotaxe vor uns: „Obwohl das Licht in die Welt gekommen ist, liebten die Menschen die Finsternis und nicht das Licht." Vgl. analog 5,43a; 7,28b; 9,30b; 10,25a.

[162] Zur Kennzeichnung des menschgewordenen Sohnes Gottes als τὸ φῶς vgl. 8,12; 9,5; 12,35f.46. Der mit der Inkarnation „in die Welt gekommene" Gottessohn ist auch nach der Rückkehr zum Vater in der Welt gegenwärtig: im Wort der Christusverkündigung.

Gericht als die große Scheidung"[163]. Nicht von einer Scheidung ist die Rede, so daß der Ausdruck οἱ ἄνθρωποι sich nur auf bestimmte Menschen bezöge[164]. Der Ausdruck οἱ ἄνθρωποι meint vielmehr alle Menschen ohne Ausnahme, die ganze gottlose und gottfeindliche Menschenwelt[165]. Wie schon die Sätze 1,10c und 1,11b[166], so spricht also auch V. 19 von dem, was für *alle* Menschen ohne Ausnahme gilt: *Alle* hassen das „Licht"; *alle* stehen deshalb unter der κρίσις, sind dem Verdammungs- und Todesgericht und damit dem Tod selbst schon preisgegeben. Die Frage, *warum* die Menschen das „Licht" abweisen, beantwortet der γάρ-Satz V. 19b: ἦν γὰρ αὐτῶν πονηρὰ τὰ ἔργα. Dieser Satz, der in 7,7 seine Parallele hat, kann kaum schlimmer mißverstanden werden, als wenn man in ihm eine „moralische Erklärung des Unglaubens" ausgesagt findet[167]. Zu seinem rechten Verständnis ist die Erkenntnis wichtig, daß der Ausdruck τὰ ἔργα das ganze Tun des Menschen und nicht bloß die einzelnen Taten bezeichnet[168] und daß die Kennzeichnung dieses Tuns als „böse" dem entspricht, was in 8,34 ποιεῖν τὴν ἁμαρτίαν heißt. Das „Tun" der Sünde aber ist nicht bloß ein Akzidentielles, das zu dem – von der Sünde selbst unberührten – Sein des Menschen hinzutritt und also prinzipiell von seinem Sein getrennt werden kann. Hier gilt vielmehr: πᾶς ὁ ποιῶν τὴν ἁμαρτίαν δοῦλός ἐστιν τῆς

---

[163] So zu Unrecht BULTMANN, Das Evangelium des Johannes (s. Anm. 4) 113; vgl. SCHULZ, Das Evangelium nach Johannes (s. Anm. 37) 62: „Die Menschwerdung, das Erscheinen des präexistenten Lichtes in der Welt, ist das Weltgericht." – Die in der Exegese des Johannesevangeliums beliebte These, daß für den Evangelisten das Gericht in der „Scheidung" besteht, die Christus unter den Menschen herbeiführt, hat nach meiner Überzeugung *kein* Fundament in den Gerichtsaussagen des Evangeliums selbst; denn die κρίσις betrifft *nur* die vom Heil Ausgeschlossenen (5,24.29; 12,31; 16,8.11), meint also dezidiert das Verdammungs- und Todesgericht. Zu der abzulehnenden These s. etwa BAUER, Das Johannesevangelium (s. Anm. 12) 59 (zu 3,18); BULTMANN, a.a.O. 113.193.330f. u.ö.; WIKENHAUSER, Das Evangelium nach Johannes (s. Anm. 12) 90f.; SCHULZ, a.a.O. 61f.; GNILKA, Johannesevangelium (s. Anm. 13) 29. – In 9,39, wo in der Tat im Blick auf die Sendung Jesu von einer „Scheidung" gesprochen sein könnte, erscheint bezeichnenderweise nicht das Wort κρίσις, sondern κρίμα. M. ZERWICK, Analysis philologica Novi Testamenti Graeci (SPIB 107), Rom ⁴1984, 230 z.St. möchte hier allerdings für κρίμα eher die Bedeutung „dispositio divina exsequenda" annehmen.
[164] So z.B. BULTMANN, Das Evangelium des Johannes (s. Anm. 4) 113: es „wird im Blick auf die Menschen, wie sie durchschnittlich sind, gesprochen" (vgl. 114); ebenso falsch SCHNACKENBURG, Das Johannesevangelium I (s. Anm. 5) 428: „V. 19 handelt nur von den Menschen, die sich dem Licht verschlossen haben" – im Unterschied zu solchen, „die sich vom allgemeinen Verhalten der Menschen gegenüber dem Licht ausnahmen." S. ferner etwa ZAHN, Das Evangelium des Johannes (s. Anm. 45) 210; BÜCHSEL, Das Evangelium nach Johannes (s. Anm. 12) 55; STRATHMANN, Das Evangelium nach Johannes (s. Anm. 5) 73.
[165] Vgl. dazu 7,7, wo vom κόσμος die Rede ist.
[166] S. dazu O. HOFIUS, Struktur und Gedankengang des Logos-Hymnus in Joh 1,1–18, ZNW 78 (1987) 1–25: 21f. (in dem vorliegenden Band: 1–23: 20f.).
[167] So SCHNACKENBURG, Das Johannesevangelium I (s. Anm. 5) 429.
[168] So richtig H. MENGE, Das Neue Testament, Stuttgart ¹¹1949, 145 (3,19) und 153 (7,7): „ihr ganzes Tun". Vgl. zum Begriff auch Kol 1,21.

ἁμαρτίας (8,34)[169]. Ist von den πονηρὰ ἔργα die Rede, so geht es also um ein im *Sein* gründendes und dem Sein entsprechendes Tun, und das ist etwas kategorial anderes als „moralische Verderbtheit"[170]. Damit hängt dann das Weitere zusammen, daß das „Tun" der Sünde ein vom Menschen her schlechterdings unaufhebbares Phänomen ist. Die πονηρὰ ἔργα sind ein Gefängnis, in dem der Mensch „rettungslos eingeschlossen" ist[171]. „Dieses Gefängnis müßte aufgehoben, diese Knechtschaft müßte gebrochen werden", wenn der Mensch „frei" sein sollte „zum Tun des Willens Gottes"[172] und mithin frei dazu, das „Licht" zu lieben und an das „Licht" zu glauben. Das Verstricktsein in die Sünde nimmt dem Menschen unwiderruflich die Freiheit der Zuwendung zu Gott[173]; eben deshalb lassen die „bösen Werke" nicht zu, daß „die Menschen" sich dem in die Welt gekommenen „Licht" öffnen und es lieben. Indem V. 19 *das* in aller Strenge sagt, macht er deutlich, daß das in V. 18 erwähnte „Gerichtet-Sein" grundsätzlich der Ort eines *jeden* Menschen ist und daß das „Kommen" des „Lichtes" in die Welt überhaupt erst an den Tag bringt, wie es um den Menschen steht und wie verloren er ist. Im Unglauben als dem Nein zu Jesus, dem „Licht", zeigt sich in letztgültiger Klarheit die Seinsverfallenheit an die Sünde; hier tritt endgültig zutage, daß der Mensch der Finsternis verhaftet und deshalb immer schon von der Wirklichkeit des Gerichtes betroffen ist[174].

Das in V. 19 Gesagte wird durch den antithetisch strukturierten Doppelspruch V. 20+21 weitergeführt, expliziert und vertieft: „Jeder nämlich, der Böses tut, haßt das Licht und kommt nicht zum Licht, damit seine Werke nicht ans Licht gebracht werden; wer aber die Wahrheit tut[175], der kommt zum Licht, damit seine Werke offenbar werden – nämlich[176]: daß sie in Gott getan sind."

---

[169] Sehr tief dazu H.-J. IWAND, Jo 8,30–36, in: DERS., Predigt-Meditationen (s. Anm. 23) 576–584: 583: „Der Mensch glaubt, frei zu sein, auch wenn er Sünde tut. Er weiß nichts und will nichts wissen von einem verknechteten Willen. Darum erkennt er sich nicht in seiner Tat! Jesus aber richtet den Menschen an seiner Tat! Jesu Wort sagt: Das bist du! Wo immer wir Jesus begegnen, bekommt unser böses Tun ein letztgültiges, ein uns bis dahin unbekanntes, ein in unserem Sein treffendes Gewicht. Wo wir Jesus und seinem Wort begegnen, setzt er uns in ein unentrinnbares Verhältnis zu unserem Tun. ‚Das bist du!'"

[170] Von ihr redet SCHNACKENBURG, Das Johannesevangelium I (s. Anm. 5) 430.

[171] IWAND, a.a.O. (s. Anm. 169).

[172] Ebd.

[173] Das ist eine Erkenntnis, die bereits im *Alten Testament* ausgesprochen wird; s. nur Jer 13,23; Hos 5,4.

[174] Richtig bemerkt SCHULZ, Das Evangelium nach Johannes (s. Anm. 37) 62 zu V. 19ff.: „Weil die Finsternis von Grund auf den Menschen bestimmt, sind seine Werke auch böse. Nicht weil der Mensch böse Werke tut, ist er böse, sondern weil er von Grund auf böse ist, und das heißt, in der Finsternis ist, tut er finstere Werke, vollzieht er die Entscheidung des Unglaubens."

[175] Zu ποιεῖν τὴν ἀλήθειαν = „tun, was (vor Gott) recht ist" vgl. 1Joh 1,6 sowie in LXX: Jes 26,10; Tob 4,6; 13,6.

[176] Die Konjunktion ὅτι hat hier nicht kausalen, sondern explikativen Sinn. Die Worte αὐτοῦ τὰ ἔργα, die eigentlich das Subjekt des ὅτι-Satzes bilden, sind durch Prolepse in den

Der Evangelist nimmt hier einen geprägten Zusammenhang auf, der ursprünglich ein allgemein gültiger Erfahrungssatz ist[177]: Der Übeltäter scheut das
Licht, weil er nicht möchte, daß seine Übeltaten offenbar werden; wer hingegen das Rechte tut, der braucht das Licht nicht zu scheuen, weil jeder seine
Taten sehen und feststellen kann, daß sie mit dem Willen und Gebot Gottes
übereinstimmen[178]. Indem der Evangelist diesen Zusammenhang zur Erläuterung von V. 19 verwendet, verändert sich der Sinn in fundamentaler Weise:
Jetzt spricht V. 20 von dem, was für den der Sünde verfallenen Menschen und
also für *jeden* Menschen gilt: Der φαῦλα πράσσων ist der, der „Sünde tut" (ὁ
ποιῶν τὴν ἁμαρτίαν), *weil* er δοῦλος τῆς ἁμαρτίας ist (8,34); und diese seine
Sündenverfallenheit, aufgrund derer er nur Böses tut und zu tun vermag, erweist sich darin, daß er Jesus, das wahre „Licht", haßt und sich weigert, zu ihm
zu kommen[179]. Daß eben damit aber seine Verfallenheit an die Finsternis als
eine definitive erwiesen wird, ist der jetzt vorliegende Sinn der Worte ἵνα μὴ
ἐλεγχθῇ τὰ ἔργα αὐτοῦ, die also im Unterschied zu dem ursprünglichen Sinn
nicht mehr moralisch verstanden sind. Würden die ἔργα – d.h. das ganze Tun
des Menschen – „ans Licht gebracht", so hieße das ja: Es käme mit der Hinwendung zu Jesus als dem „Licht" zur Erkenntnis der Sünde und Verlorenheit[180] und also auch zur Erkenntnis der Wahrheit von 3,6a (τὸ γεγεννημένον
ἐκ τῆς σαρκὸς σάρξ ἐστιν) und des δεῖ von V. 7, d.h. der Notwendigkeit der
Neugeburt.

Als Aufnahme und Weiterführung von V. 19 hat V. 20 eine Aussage gemacht, die – auf den Menschen und seine Möglichkeiten gesehen – *alle* Menschen ohne Ausnahme betrifft. Angesichts dessen bringt der antithetisch zu
V. 20 formulierte V. 21 eine Aussage, die in ihrem Verhältnis zu V. 20 ebenso
unerhört ist, wie 1,12 im Verhältnis zu 1,11 und 3,33 im Verhältnis zu 3,32: Es
gibt, was es vom *Menschen* her nicht gibt und gar nicht geben kann: den, der
„die Wahrheit tut". Wie die zwischen V. 18a.b und V. 20+21 bestehende Korrespondenz zeigt, ist das der Glaubende, von dem V. 18a gesagt hat: ὁ πιστεύων
εἰς αὐτὸν οὐ κρίνεται. Dessen Existenz aber ist reines Wunder göttlichen Wirkens[181]. Ein ποιῶν τὴν ἀλήθειαν ist er als der, der „aus der Wahrheit" ist (ὁ ὢν

übergeordneten ἵνα-Satz einbezogen worden; vgl. zu solcher Konstruktion BDR § 476; auch
BAUER/ALAND, Wörterbuch⁶ 1192 s.v. ὅτι 1.b.ζ.

[177] BAUER, Das Johannesevangelium (s. Anm. 12) 61.

[178] Dies ist der Sinn der Worte (αὐτοῦ τὰ ἔργα) ἐν θεῷ ἐστιν εἰργασμένα im Kontext des
ursprünglichen Erfahrungssatzes.

[179] Der Evangelist versteht die Wendung „zum Licht kommen" im Sinne des bei ihm
mehrfach begegnenden Ausdrucks „zu Jesus kommen" (5,40; 6,35.37.44f.65; 7,37).

[180] Vgl. dazu 8,12 mitsamt dem Kontext 8,12–59; 12,46 mitsamt dem Kontext 12,44–50.

[181] Es widerspricht der Theologie des vierten Evangelisten radikal, wenn SCHNACKEN-
BURG, Das Johannesevangelium I (s. Anm. 5) 430f. den V. 21 dahingehend deutet, daß es
Menschen gebe, die aufgrund ihres „sittlich guten, gottgemäßen Handelns" eine „bessere
Glaubensdisposition" haben: „Wer sich in dieser Weise an Gott hält und seinen Willen zu

ἐκ τῆς ἀληθείας 18,37); als solcher hört er Jesu Stimme (18,37) bzw. kommt er zu Jesus, dem „Licht", und glaubt er an ihn – ἵνα φανερωθῇ αὐτοῦ τὰ ἔργα ὅτι ἐν θεῷ ἐστιν εἰργασμένα. Die Aussage dieses Finalsatzes ist jetzt im Kontext der johanneischen Argumentation diese: Wer tut, was Gott will, indem er an Jesus glaubt (6,29!), der tut etwas, das überhaupt nur „in Gott" getan werden kann – von einem, der „aus dem Geist geboren" und also „von neuem geboren" ist. Darin, daß er an das „Licht" glaubt, wird sichtbar, daß er in seinem *Sein* und von daher auch in seinem *Tun* einen neuen Ursprung hat: „in Gott". Die Wendung ἐν θεῷ besagt also: Alles Tun des Glaubenden ist durch die Gemeinschaft mit Gott konstituiert, weil diese eine neue Gründung des *Seins* bedeutet. Man wird dazu die Worte ἐν αὐτῷ von V. 15 und von daher dann auch christologisch-soteriologische Aussagen wie 6,56; 14,20 und 15,4ff. vergleichen dürfen, weil für den vierten Evangelisten *Christus*gemeinschaft als solche *Gottes*gemeinschaft ist. Wenn es also *trotz* der universalen Sünden- und Gerichtsverfallenheit Menschen gibt, die das „Licht" lieben und an das „Licht" glauben, so gerade nicht deshalb, weil sie die löbliche Ausnahme von der betrüblichen Regel bilden, sondern einzig und allein deshalb, weil ihnen das Wunder der Neugeburt widerfahren ist[182]. Daß *auch* die Glaubenden von sich her zu der verlorenen Menschheit gehören, das ergibt sich zur Genüge aus 5,24 und 3,36: Der Glaubende ist „aus dem Tod ins Leben hinübergegangen" (5,24); folglich war auch er zuvor im Tode. „Über" dem Nicht-Glaubenden „*bleibt* das Zorngericht Gottes" (3,36); also stand auch der Glaubende zuvor unter diesem Gericht.

Die Verse 20+21 formulieren, wie wir jetzt zusammenfassend sagen können, eine strenge Antithese: Der gottlose, der Sünde verfallene Mensch weist – aufgrund seiner Seinsverfassung und somit von seinen Möglichkeiten her – das in die Welt gekommene „Licht" ab; er verschließt sich Jesus, dem Sohn Gottes, und dokumentiert durch eben diesen Unglauben, daß er in seinem Sein böse ist. Doch es gibt das Wunder der Neugeburt: das Wunder, daß ein Mensch – aus der Macht und Kraft Gottes heraus – zu Jesus, dem „Licht", kommt, weil und indem sich bei ihm das eine und einzige „Werk" findet, das Gott nicht nur fordert, sondern auch selber wirkt und das deshalb „in Gott getan" ist: der Glaube[183]. Die in 3,20+21 formulierte Antithese stellt somit eine Sachparallele zu der antithetischen Aussage von 8,34b.36 dar: πᾶς ὁ ποιῶν τὴν ἁμαρτίαν δοῦλός ἐστιν τῆς ἁμαρτίας ... ἐὰν οὖν ὁ υἱὸς ὑμᾶς ἐλευθερώσῃ, ὄντως ἐλεύθεροι ἔσεσθε.

---

erfüllen trachtet ..., hat die Disposition, um auch das Wort des Gottgesandten ... zu hören und anzunehmen."

[182] Vgl. K. BARTH, Erklärung des Johannes-Evangeliums (s. Anm. 5) 84ff. (zu 1,12f.) und besonders 232f. (zu 3,33).

[183] Vgl. dazu die wichtigen Aussagen des Evangeliums in 6,28f. und 7,17! Zu τὸ θέλημα αὐτοῦ ποιεῖν 7,17 sagt Augustinus, In Iohannis Evangelium tractatus XXIX 6 treffend: „hoc est credere". – Daß das „zum Licht kommen" im Sinne des „zu Jesus kommen" ausschließlich Werk und Gabe Gottes ist, wird in 6,44 und 6,65 deutlich genug ausgesprochen.

III

Nachdem die Einzelexegese den Gedankengang von Joh 3,1–21 Schritt für
Schritt nachgezeichnet hat, sollen nunmehr drei für die Kohärenz dieses Text-
zusammenhangs wesentliche Züge noch einmal besonders hervorgehoben
werden:

1. Zunächst ist auf das Verbum δύνασθαι hinzuweisen. Es erscheint zum
einen in den apodiktisch formulierten Bedingungssätzen, mit denen Jesus
die *Notwendigkeit* der Neugeburt herausstellt (V. 3b.5b: ἐὰν μή ..., οὐ δύναται ...); und es begegnet zum andern in jenen Antworten des Nikodemus, die
zwar als Fragen formuliert sind, in der Sache aber kategorisch die *Unmöglichkeit* einer Neugeburt behaupten (V. 4bα.9b: πῶς δύναται ...; V. 4bβ: μὴ δύναται ...;). Wenn der Evangelist hier wie dort das Wort δύνασθαι verwendet, so
wird dadurch die zwischen den beiden Feststellungen bestehende Korrelation
auch sprachlich zum Ausdruck gebracht. Was damit theologisch ausgesagt sein
soll, liegt auf der Hand: *Kann* einerseits niemand ohne Neugeburt des Heiles
Gottes teilhaftig werden und *kann* andererseits niemand aufgrund seiner Seinsverfassung ein neuer Mensch werden, dann ist definitiv entschieden, daß es
vom Menschen und seinen Möglichkeiten her schlechterdings keinen Weg
zum eschatologischen Heil gibt und geben kann[184].

2. Zweimal begegnet in dem Nikodemus-Gespräch das Wort δεῖ, und zwar
jeweils in einer ganz zentralen Aussage: δεῖ ὑμᾶς γεννηθῆναι ἄνωθεν V. 7b;
ὑψωθῆναι δεῖ τὸν υἱὸν τοῦ ἀνθρώπου V. 14b. Da diese Doppelung des δεῖ
kein Zufall sein dürfte, wird man folgern können: Der Notwendigkeit der Neugeburt entspricht die Notwendigkeit des Kreuzestodes Jesu. Das heißt: Weil
der Mensch, wenn er überhaupt das eschatologische Heil empfangen soll,
„neugeboren" werden *muß*, eben deshalb *muß* der Menschensohn an das Kreuz
„erhöht" werden[185]. Als *notwendig* bezeichnet ist damit aber das Christusgeschehen insgesamt, von dem in V. 13–17 unter den Aspekten der Inkarnation
(Herabkunft vom Himmel bzw. Sendung in die Welt) und des Kreuzestodes
(Dahingabe in den Tod bzw. Erhöhung an das Kreuz) die Rede ist. Diese christologischen Aussagen treten den pneumatologischen Aussagen von V. 5b–8
nicht nur ergänzend an die Seite, sondern sie nennen die *grundlegende Voraussetzung* dafür, daß Gottes Geist neuschaffend und Neugeburt wirkend in der
Welt auf dem Plan ist[186].

---

[184] Zur theologisch gefüllten Verwendung des Verbums δύνασθαι vgl. 6,44.65; 8,43;
12,39; 14,17; ferner auch 5,44; 7,34.36; 8,21f.
[185] Vgl. IWAND, Joh. 3,1–15 (s. Anm. 80) 229: „„Wie kann die Wiedergeburt geschehen'
fragte Nikodemus – ‚des Menschen Sohn muß erhöht werden', antwortet unser Evangelium."
[186] S. dazu u. Teil IV dieses Aufsatzes unter 4.

3. Zwischen den Aussagen von V. 3b und V. 5b einerseits und denjenigen der Verse 15, 16 und 18 andererseits ist hinsichtlich des Zusammenhangs von Voraussetzung und Folge eine auffallende Parallelität zu verzeichnen:

V. 3b:	γεννηθῆναι ἄνωθεν	→ ἰδεῖν τὴν βασιλείαν τοῦ θεοῦ
V. 5b:	γεννηθῆναι ἐξ ὕδατος καὶ πνεύματος	→ εἰσελθεῖν εἰς τὴν βασιλείαν τοῦ θεοῦ
V. 15:	πιστεύειν	→ ἔχειν ζωὴν αἰώνιον
V. 16:	πιστεύειν εἰς αὐτόν	→ μὴ ἀπόλλυσθαι ἔχειν ζωὴν αἰώνιον
V. 18:	πιστεύειν εἰς αὐτόν	→ μὴ κρίνεσθαι (= σῴζεσθαι[187])

In der Parallelität der Zusammenhänge spiegelt sich wider, was wir bereits in der Einzelexegese feststellen konnten: Die Neugeburt ist nichts anderes als das *Zum-Glauben-Kommen*. Diesen Sachverhalt hat schon M. Luther zutreffend erkannt. Er führt als „Exempel" der neuen Geburt den Abraham von Gen 22 an, der im Vertrauen auf die totenerweckende Macht Gottes seinen Sohn Isaak zu opfern bereit war, und er bemerkt dazu: „Seht, da kriecht Abraham aus seiner alten Haut und tritt in Gott, glaubt ihm und wird ein anderer Mensch."[188] Auch J. A. Bengel deutet unter Hinweis auf V. 15f. das γεννηθῆναι ἄνωθεν V. 3b auf den Glauben an Jesus Christus, wozu er zugleich sehr schön an 1Joh 5,1 erinnert: πᾶς ὁ πιστεύων ὅτι Ἰησοῦς ἐστιν ὁ χριστός, ἐκ τοῦ θεοῦ γεγέννηται[189]. Der vierte Evangelist spricht also nicht von einer besonderen Wiedergeburts-*Erfahrung*, sondern von dem Wunder des Zum-Glauben-Kommens und Glaubens[190]. Der an Christus glaubende Mensch *ist* der „neue", der „von neuem geborene" Mensch. Genau im gleichen Sinne erklärt Paulus (2Kor 5,17): „Ist jemand in Christus, so ist er ein neues Geschöpf (καινὴ κτίσις); das Alte ist vergangen, siehe: Neues ist geworden!"

Wie die drei soeben dargelegten Beobachtungen erkennen lassen, ist das *durchgehende* Thema des Abschnitts Joh 3,1–21 die *Neugeburt* – und zwar zum einen ihre *Notwendigkeit* (V. 3b.5b.7), zum andern ihre vom Menschen

---

[187] Das ergibt sich aus V. 17.

[188] M. LUTHER, Sermon am Tag der heiligen Dreifaltigkeit (1523), WA XII 585–591: 590,13ff.; ich zitiere nach der Fassung in modernem Deutsch: Evangelien-Auslegung IV [s. Anm. 125] 127. S. auch die Predigt am Trinitatisfeste (1524), WA XV 567–570: 570,24f.: „Cum ergo credat homo suam (i.e. Christi) mortem abstulisse peccatum, fit novus homo" (Evangelien-Auslegung IV 133: „Wenn also ein Mensch glaubt, daß Christi Tod seine Sünde hinweggenommen hat, dann wird er ein neuer Mensch"). – Zu Luthers Interpretation vgl. IWAND, Joh. 3,1–15 (s. Anm. 80) 225 Anm. 1.

[189] BENGEL, Gnomon (s. Anm. 17) 209 zu V. 3.

[190] Vgl. PESCH, „Ihr müßt von oben geboren werden" (s. Anm. 46) 215: „Die Geburt von oben ist Geburt zum Glauben wie Geburt des Glaubens."

her gegebene prinzipielle *Unmöglichkeit* (V. 4b.9b bzw. V. 6.10b–12) und zum
dritten ihre durch Gott selbst gesetzte wunderbare *Wirklichkeit* (V. 8.13–21)[191].
Wenn dabei ausschließlich im Munde Jesu von der *Notwendigkeit* der Neugeburt und von ihrer göttlichen *Verwirklichung* die Rede ist, so entspricht das
dem Tatbestand, daß der Mensch außerhalb des Glaubens an Jesus Christus um
beides nicht wissen kann und beides nicht zu verstehen vermag. Die vom Menschen her gegebene *Unmöglichkeit* der Neugeburt kommt dagegen sowohl im
Munde des Nikodemus (V. 4b.9b) wie auch im Munde Jesu (V. 6.10b–12) zur
Sprache, dies allerdings mit einem höchst gewichtigen Unterschied: Während
die Unmöglichkeit der Neugeburt von Nikodemus lediglich als ein in der Be-
grenztheit und Unwiederholbarkeit des menschlichen Lebens begründetes
Faktum konstatiert wird, handelt es sich im Wort Jesu um die Enthüllung der
absoluten Verlorenheit, die alle Menschen ohne Ausnahme in ihrer Existenz
vor Gott und so in ihrem Sein zeichnet.

IV

Über die in Teil III notierten Beobachtungen hinaus seien abschließend einige weitere Ergebnisse formuliert, die im Rückblick auf die Einzelexegese des
Nikodemus-Gesprächs festzuhalten sind.

1. Alle Deutungen, die Nikodemus als einen unverständigen Rationalisten
und Skeptiker gezeichnet oder als einen törichten Grübler beschrieben sehen
und damit voraussetzen, daß er im Grunde auch anders reagieren *könnte*, als er
tatsächlich reagiert, verfehlen von vornherein die Aussageintention des Evangelisten. Denn in der Person des Nikodemus soll dem Leser vor Augen gestellt
werden, daß gerade auch der durch höchste Qualitäten ausgezeichnete Mensch
vor Gott verloren und deshalb der Neugeburt bedürftig ist. Das hat insbesondere M. Luther in seinen Predigten über die Nikodemus-Perikope eindrücklich
herausgestellt. In einer Predigt zum Trinitatisfest 1523 betont er zunächst, daß
Nikodemus „unter den Besten ein Ausbund war, ein Fürst der Pharisäer, welche die Besten unter dem Volk waren", ein „frommer, herziger Mann"[192]; und
er bemerkt sodann, daß sich an Nikodemus zeigt, was gerade auch für die Besten gilt: „daß sie, wenn sie zum Höchsten kommen, ganz blind und tot sind,
wie heilig, wie klug, gut und gewaltig sie (auch) angesehen werden"[193]. Luther
fährt fort: „Darum hat Gott uns hier ein Exempel gegeben, daß wir sehen, daß
das Allerbeste der Natur nichts ist: wo sie am schönsten, hellsten und lichtesten
ist, ist sie blind, um von denen zu schweigen, die voll von Neid und Haß stek-

---

[191] Vgl. SCHNELLE, Antidoketische Christologie im Johannesevangelium (s. Anm. 5) 213.
[192] Sermon am Tag der heiligen Dreifaltigkeit (s. Anm. 188) 588,15ff. bzw. 32; zitiert
nach Evangelien-Auslegung IV (s. Anm. 125) 125.
[193] Ebd. 588,17f.; zitiert nach Evangelien-Auslegung a.a.O.

ken. Darum hat er hier mit Exempel, Wort und Werken bewiesen, daß die Vernunft nichts ist als blind und tot vor Gott. Darum kann sie sich auch nicht nach göttlichen Dingen sehnen und darnach begehren."[194] Diesen Zitaten sei an die Seite gestellt, was Luther in einer Predigt des Jahres 1524 über Nikodemus sagt: „Er wußte wahrlich viel über Gott. So ist dieser Mann ein Abbild aller, die weise und gelehrt sind, (begabt) mit der höchsten Vernunft, und die doch nicht verstehen, was Christus sagt."[195] In den Sätzen Luthers ist trefflich erfaßt, was den Lesern des Evangeliums an der Gestalt des Nikodemus aufgezeigt werden soll.

2. Steht Nikodemus für den Menschen in seinen höchsten – und hier gerade auch in seinen höchsten *religiösen* – Möglichkeiten, so wird man gegenüber allen Versuchen skeptisch bleiben, die in Joh 3,1–21 eine Auseinandersetzung des Evangelisten und seiner Gemeinde mit einer bestimmten jüdischen oder (juden-)christlichen Gruppe erkennen wollen. So soll Nikodemus etwa Chiffre für die „Synagoge" insgesamt sein[196] oder „Repräsentant all jener Juden, die an der Schwelle zum christlichen Glauben stehen, ohne sie doch zu überschreiten"[197]; oder er gilt als Exponent der theologischen Position der Semeiaquelle[198] bzw. als Vertreter einer urchristlichen Gemeinschaft, deren Christologie der Evangelist für zutiefst defizitär erachtet und der er dementsprechend den wahrhaft heilsamen Glauben abspricht[199]. Die Aufzählung ließe sich erweitern; doch mehr als unbeweisbare Hypothesen sind solche Erwägungen nicht.

3. Die Neugeburt, ohne die es dem vierten Evangelisten zufolge grundsätzlich keine Teilhabe an Gottes Heil gibt, meint nicht eine Reparatur, Verbesserung oder Erneuerung des Alten. Es geht vielmehr darum, daß der Mensch in seinem *Wesen* neu wird, indem er einen gänzlich neuen *Ursprung* erhält. Damit aber ist, wie J. Calvin mit Recht bemerkt, notwendig impliziert, daß der geschichtlich-vorfindliche Mensch – was sein Gottesverhältnis anlangt – „völlig verderbt" ist[200]. Im Lichte der Rede von der Wiedergeburt wird so die universa-

---

[194] Ebd. 588,25ff.; nach Evangelien-Auslegung a.a.O.

[195] Predigt am Trinitatisfeste (s. Anm. 188), zitiert nach der Übersetzung in Evangelien-Auslegung IV 129. Der Text der Nachschrift – WA XV 567,7ff. – lautet: „Magna fuit noticia de deo in illo. Ita hic vir est figura omnium, qui sapientes et docti sunt mit der höchsten ratio etc. et tamen non intelligunt, quid Christus dicat."

[196] So z.B. BARRETT, Das Evangelium nach Johannes (s. Anm. 13) 224: „Wir werden nicht zu Zuhörern eines Gesprächs zwischen zwei Personen, sondern des Dialogs zwischen Kirche und Synagoge, in welchem (in der Sicht der Christen) diese jene vollendet und erfüllt und infolgedessen ablöst."

[197] So HAENCHEN, Das Johannesevangelium (s. Anm. 46) 219.

[198] So BECKER, Das Evangelium nach Johannes (s. Anm. 5) 155ff.

[199] So STIMPFLE, Blinde sehen (s. Anm. 1) 40f. mit dem Hinweis auf Apg 2,22, wo die von dem Evangelisten abgelehnte Christologie greifbar werde.

[200] CALVIN, Evangelium Joannis (s. Anm. 5) 82 zu V. 3: „Verbo *renascendi* non partis unius correctionem, sed renovationem totius naturae designat. Unde sequitur nihil esse in nobis nisi vitiosum. Nam si in toto et singulis partibus necessaria est reformatio, corruptionem ubique diffusam esse oportet." Vgl. ebd. 85ff. zu V. 6 – mit dem Fazit (87): „Itaque in

le, alle Menschen ohne Ausnahme betreffende Verfallenheit an die Sünde und
an den Tod offenbar[201].

4. Die Frage nach dem „Wie" der Neugeburt findet in Joh 3,1–21 eine *doppelte* Antwort: einerseits durch den Hinweis auf das Wirken des *Geistes Gottes*
(V. 5b–8) und andererseits durch den Hinweis auf das Werk des menschgewordenen und an das Kreuz erhöhten *Sohnes Gottes* (V. 13–17). Dabei bildet
die *christologische* Antwort das Fundament der *pneumatologischen*. Denn der
Geist, der die Neugeburt schafft, ist für den vierten Evangelisten der an Jesus
Christus gebundene und erst von ihm als dem auferstandenen Herrn gespendete Geist. Als der Gekreuzigte und Auferstandene „tauft" Jesus ἐν πνεύματι
ἁγίῳ (1,33) und gibt er den Geist in Fülle (3,34b[202]); seine Worte, die in der
vom Geist getragenen Verkündigung laut werden, sind πνεῦμα καὶ ζωή (6,63)
und als solche ῥήματα ζωῆς αἰωνίου (6,68) – Worte, die ewiges Leben schaffen und schenken. Den unlöslichen Zusammenhang zwischen dem christologischen und dem pneumatologischen Grund der Wiedergeburt hat H. F. Kohlbrügge trefflich zum Ausdruck gebracht, wenn er sagt: „Es versteht sich von
selbst, daß die Wiedergeburt aller Erwählten Statt gefunden hat in dem Tode
und in der Auferstehung Jesu Christi, aber es gibt auch eine Zeit für einen jeden
Einzelnen derselben, in welcher er dieser Wiedergeburt durch Erneuerung des
Geistes theilhaftig wird."[203] Was die Beschreibung des christologischen Grundes anlangt, so darf diese durch den Hinweis von G. Eichholz ergänzt werden,
daß „die alten griechischen Theologen … den Satz gewagt" haben, „unsere
Wiedergeburt sei geschehen in der Geburt Jesu Christi."[204] Da Christus der von
Gott, dem Vater, in die Welt gesandte und in den Tod dahingegebene Sohn ist
(V. 16f.) und das γεννηθῆναι ἐκ τοῦ πνεύματος (V. 5b–8) nichts anderes ist als
das ἐκ θεοῦ γεννηθῆναι (1,13), kann begründet von einer *trinitarischen* Struktur der Perikope Joh 3,1–21 gesprochen werden. Sie beschreibt die Wiedergeburt bzw. den Glauben und somit die schon jetzt gewährte Heilsteilhabe als
„das Werk des Vaters und des Sohnes und des Heiligen Geistes"[205].

---

tota natura nulla rectitudinis gutta superest. Unde constat, secunda genitura nos ad regnum
Dei formandos esse."

[201] Richtig CALVIN, ebd. 82 zu den Worten Jesu V. 3b: „Generalis … est sententia, quae
complectitur totum humanum genus."

[202] Subjekt zu δίδωσιν 3,34b ist der, der auch Subjekt von V. 34a ist: Christus; s. dazu im
einzelnen KAMMLER, Jesus Christus und der Geistparaklet (s. Anm. 73) 170ff. – Zur Spendung des Heiligen Geistes durch den auferstandenen und verherrlichten Herrn s. ferner auch
7,38f.; 15,26; 16,7; 20,22.

[203] H. F. KOHLBRÜGGE, Acht Predigten über Evangelium Johannis Kap. 3. V. 1–21 nebst
einer Schluß-Predigt über Römer 8. V. 32, Wuppertal-Elberfeld ³1936, 13.

[204] EICHHOLZ, Johannes 3,1–15 (s. Anm. 89) 201. Eichholz nennt keine Belege. Zu denken wäre an Texte wie Athanasius, De incarnatione Verbi 14 oder Didymus, De Trinitate I 27.
Vgl. auch Clemens Alexandrinus, Quis dives salvetur 23,2, der Christus zum Menschen sagen
läßt: ἐγώ σε ἀνεγέννησα, κακῶς ὑπὸ κόσμου πρὸς θάνατον γεγεννημένον, ἠλευθέρωσα,
ἰασάμην, ἐλυτρωσάμην· ἐγώ σοι παρέξω ζωὴν ἄπαυστον, αἰώνιον, ὑπερκόσμιον.

[205] EICHHOLZ, ebd. 202.

5. Das soeben Gesagte zeigt: Den neuen Ursprung setzt einzig und allein *Gott*, und zwar durch das Christusgeschehen und das in ihm gründende und unlöslich mit ihm verbundene Wirken des Geistes. Daß hier ausschließlich Gott der Handelnde, der Mensch aber in jeder Hinsicht der Empfangende ist, das kommt gerade im Begriff und Gedanken der *„Neugeburt"* in aller Klarheit zum Ausdruck. So sagt M. Luther mit Grund: „Wenn es wahr ist, daß ich von neuem geboren werden muß, wie Christus sagt, so kann ich nichts dazu tun, sondern muß leiden und stille halten, daß er mich schaffe, der mein Vater und Schöpfer ist … So wie ich mich im Mutterleibe nicht selber gemacht habe, sondern Gott mich geschaffen hat durch die Glieder und Wärme der Mutter, so werden wir in der neuen Geburt nicht durch unsere eigenen Kräfte und Werke, sondern bloß durch Gottes Hände und Geist geschaffen."[206] Das γεννηθῆναι ἄνωθεν ist mithin keineswegs ein Geschehen, das sich aufgrund einer vom Menschen selbst zu treffenden „freien Entscheidung" vollzieht[207]. Wäre in Joh 3,1–21 an eine solche „Entscheidung" des Menschen gedacht[208], so wäre der Begriff der „Wiedergeburt" faktisch zerstört; denn dann müßte letztlich der Mensch *selbst* seine Neugeburt schaffen und *selbst* seinem Leben einen neuen Anfang geben[209]. Schließt schon die Rede von der Wiedergeburt als solche den

---

[206] M. LUTHER, Predigt am Trinitatisfeste (1536), WA XLI 608–612: 610,39ff. bzw. 611,8ff. Ich zitiere wieder nach der Übertragung in: Evangelien-Auslegung IV (s. Anm. 125) 149. Der Text der Nachschrift lautet: „Si verum, quod nascor denuo, ut Christus dicit, so mus ich nicht da zu tun, sed leiden und stille halten, ut me faciat, qui pater et creator meus … Sicut me in ventre matris non feci me, sed deus per membra et werm matris, Sic in nova geburt non per nostras vires, opera, sed blos per dei manus und geist geschepfft." Höchst beachtenswert ist der gesamte Zusammenhang 610,8–611,22. – Ganz im Sinne Luthers äußert sich auch KOHLBRÜGGE, Acht Predigten (s. Anm. 203) 7: „Wenn … der Herr sagt, daß der Mensch von neuem oder von oben herab muß geboren werden, nimmt der Herr die Seligkeit eines Menschen gänzlich aus seinen Händen und legt sie in die Hände Gottes; denn so wenig ein Mensch etwas dazu beigetragen hat, daß er von seiner Mutter geboren ist, eben so wenig wird ein Mensch dazu etwas beitragen können, daß er von oben herab geboren werde."

[207] Daß die Perikope Joh 3,1–21 – wie das gesamte Johannesevangelium – ein klares Zeugnis gegen das „Dogma" vom *liberum arbitrium* des Menschen ist, stellt LUTHER mit Recht heraus; s. dazu etwa: Predigt am Trinitatisfeste (s. Anm. 188) 570,10f.: „Hoc Euangelium damnat liberum arbitrium"; Sermon am Tag der heiligen Dreifaltigkeit (s. Anm. 188) 588,13f.: „Also habt ir klar in disem Ewangelio, was die vernunfft und frey will vermag."

[208] So z.B. GNILKA, Johannesevangelium (s. Anm. 13) 29 zu V. 16–18: „Ziel der Sendung ist die Rettung aller, die sich der einzelne durch Glaube aneignet. Die freie Entscheidung läßt auch den Unglauben zu." S. auch das ebd. 29f. zu V. 19–21 Gesagte. Vgl. auch SCHNACKENBURG, Das Johannesevangelium I (s. Anm. 5) 427, der in der Auslegung des V. 18 von der „Entscheidungsfähigkeit" des Menschen spricht und erklärt: „Am Menschen liegt es, ob und wie lange er sich selbst in der Todes- und Gerichtssphäre aufhält."

[209] Vgl. dazu etwa WIKENHAUSER, Das Evangelium nach Johannes (s. Anm. 12) 91 zu V. 19ff. Dort wird zunächst betont, „daß das Kommen des ‚Lichtes' (d.h. Christi) in die Welt die Menschen vor die Entscheidung stellt und endgültig an den Tag bringt, ob einer in der Finsternis bleiben will oder nicht". Ganz folgerichtig heißt es dann von dem in die Entscheidung gestellten Menschen: „Entscheidet er sich für den Glauben an den Sohn Gottes, so gibt

Gedanken einer „freien Entscheidung" des Menschen aus, so steht ihm nicht weniger der prädestinatianische Dualismus des Johannesevangeliums entgegen. Dieser prädestinatianische Dualismus wird keineswegs angemessen interpretiert, sondern in unzulässiger Weise verharmlost und umgedeutet, wenn man im Sinne einer existentialen Interpretation das γεννηθῆναι ἄνωθεν als den existentiellen Glaubensakt begreift, der durch das Christusgeschehen bzw. durch das Wort des Offenbarers lediglich initiiert und ermöglicht ist[210]. Die solcher Interpretation zugrunde liegende These, daß das vierte Evangelium einen „Entscheidungsdualismus" vertrete[211], steht ohne Frage im Widerspruch zu dem klaren Wortlaut der Texte selbst[212]. Ihr gegenüber ist daran festzuhalten, daß „der Glaube nach dem Evangelisten nicht die freie Entscheidung des Menschen, sondern die Bestätigung der Erwählung in der Annahme des Wortes" ist[213]. Präzise formuliert E. Käsemann: „Zum Glauben kommt es nur in der Kraft und auf die Weise der Totenauferweckung."[214] Von dem Wunder der Wiedergeburt als dem Wunder des Zum-Glauben-Kommens erzählen deshalb die großen Wunderberichte des Evangeliums, und sie machen damit deutlich, was Wiedergeburt in Wahrheit ist: Heilung eines hoffnungslos Gelähmten (5,1ff.), Öffnung der Augen eines Blindgeborenen (9,1ff.) und Auferweckung eines Toten, der schon in Verwesung begriffen ist (11,1ff.).

---

er *(sic!)* seinem Leben einen neuen Anfang, entscheidet er sich dagegen, so bleibt er in der Sünde und in der Finsternis."

[210] So nachdrücklich Bultmann, Das Evangelium des Johannes (s. Anm. 4) 109f.113ff.; vgl. Ders., Theologie des Neuen Testaments, Tübingen ⁴1961, 367ff., bes. 373ff., sowie 427ff. Bultmann hat mit dieser Deutung nicht wenige Nachfolger gefunden; s. etwa H. Conzelmann, Grundriß der Theologie des Neuen Testaments, München 1967, 385f.; Barrett, Das Evangelium nach Johannes (s. Anm. 13) 238. – Dagegen urteilt Bergmeier, Glaube als Gabe nach Johannes (s. Anm. 53) 248 Anm. 219 mit Recht: Bultmann „sieht das prädestinatianische Moment sehr wohl. Aber durch Projektion der theologischen Aussage auf die Sprachebene existentialer Interpretation wird es unsichtbar."

[211] Zum Begriff des „Entscheidungsdualismus" s. Bultmann, Theologie des Neuen Testaments (s. Anm. 210) 373.429.

[212] Sie operiert außerdem mit Alternativen, die den biblischen Prädestinationsgedanken gründlich verzeichnen. Exemplarisch sei dazu der folgende Satz von Schnelle, Antidoketische Christologie im Johannesevangelium (s. Anm. 5) 206 angeführt: „Es gibt keinen naturhaften Zugang des Menschen zum Heil, sondern er muß sich im Glauben für die unverfügbare Heilsgabe Gottes entscheiden." Dazu ist schlicht zu sagen: Die Alternative zu der vom Menschen geforderten Glaubensentscheidung ist durchaus nicht ein „naturhafter" Zugang zum Heil, sondern ein solcher, der sich der göttlichen Macht des Wortes Christi verdankt, das den – zu jeder eigenen Entscheidung gänzlich unfähigen – Toten zum Leben ruft: 5,24–26; 11,43f.

[213] Käsemann, Jesu letzter Wille nach Johannes 17 (s. Anm. 151) 138 Anm. 18ᵈ. Vgl. auch Schulz, Das Evangelium nach Johannes (s. Anm. 37) 56f.: Der vierte Evangelist „kennt genauso wenig wie Paulus oder Luther einen freien Willen", sondern „er betont eine strenge Prädestination, d.h. eine göttliche Vorherbestimmung zum Heil oder Unheil des Menschen".

[214] Käsemann, ebd. 133.

Erwählung und Bewahrung

Zur Auslegung von Joh 6,37[*]

von

Otfried Hofius

I

Die Worte τὸν ἐρχόμενον πρός με οὐ μὴ ἐκβάλω ἔξω Joh 6,37b werden in der Exegese so gut wie einhellig auf die Situation der „Bekehrung" gedeutet. Das heißt: Sie werden so interpretiert, als sei in ihnen von der Hinwendung eines Menschen zu Jesus und von seiner Annahme durch Jesus die Rede. Zwei für diese Sicht charakteristische Äußerungen mögen das beispielhaft zeigen. A. Schlatter bemerkt zu unserer Stelle: „Keinen, der zu ihm kommt, schickt er (Jesus) weg, weil er den Willen des Vaters tut. Das gibt jedem, der zu ihm kommt, die fröhliche Sicherheit und schließt die Furcht aus, ob ihn Jesus auch aufnehme. Er weist kein Geschenk seines Vaters ab, sondern freut sich an jedem, der sich an ihn wendet, als an einer Gabe seines Vaters und erfüllt an ihm dessen Willen."[1] Nach R. Schnackenburg „bekundet" Jesus mit V. 37b | „seinen festen Willen …, jeden zu ihm Kommenden anzunehmen"[2]: Er wird „keinen, der zu der Gemeinschaft der an ihn Glaubenden gehören will, wegtreiben"[3]. Dieser Interpretation entsprechend wäre der Vers Joh 6,37 mit U. Wilckens zu übersetzen: „Alles, was mir der Vater gibt, wird zu mir kommen; und wer zu mir kommt, den werde ich nicht zurückstoßen."

Von dem skizzierten Verständnis des Satzes Joh 6,37b unterscheidet sich in auffallender Weise die Auslegung, die J. A. Bengel in seinem „Gnomon Novi

---

[*] Dieser Aufsatz erschien zuerst in einer privaten maschinenschriftlichen Festschrift, die dem früheren Direktor des Reformierten Predigerseminars Elberfeld, Pastor Ernst Eberhard Wittekindt, zum 65. Geburtstag am 9. 6. 1976 gewidmet war.

[1] A. Schlatter, Das Evangelium nach Johannes (Erläuterungen zum NT 3), Stuttgart 1947, 111.

[2] R. Schnackenburg, Das Johannesevangelium. II. Teil: Kommentar zu Kap. 5–12 (HThK IV 2), Freiburg – Basel – Wien 1971, 72.

[3] Ebd. 73. Ähnlich heißt es ebd. 491, daß „Jesus niemand, den der Vater zu ihm hinführt, ‚hinauswirft', d.h. abweist"; vgl. noch 320: Jesus will „keinen, den ihm der Vater zuführt, fortweisen".

Testamenti" vorgetragen hat. Er schreibt zu den Worten οὐ μὴ ἐκβάλω ἔξω: „Hoc non modo significat receptionem primam, sed *conservationem perpetuam*, per omnes vicissitudines et gradus, usque ad resurrectionem, metam illam, quae omnia citeriora praesupponit … Est Litotes: non ejiciam, sed omni modo tuebor."[4] Nach Bengel geht es also in V. 37b nicht allein um die Annahme durch Jesus, sondern darüber hinaus auch um die ständige Bewahrung durch ihn, nicht bloß um die Heilserlangung in der Stunde der Bekehrung, sondern zugleich um die Beharrung im Heilsstand für alle Zukunft. Was Bengel damit als den zweiten in Joh 6,37b enthaltenen Aspekt herausstellt, das ist m.E. der tatsächliche und ausschließliche Sinn des Satzes. Um es mit einem Grundbegriff reformierter Lehrbildung auszudrücken: Es handelt sich in Joh 6,37b um eine Aussage über die „perseverantia sanctorum"[5].

II

Diese Interpretation läßt sich aus dem Wortlaut des V. 37 selbst im einzelnen begründen. Dazu drei Überlegungen:

1. Die gängige Auslegung des Verses dürfte wesentlich dadurch veranlaßt sein, daß der Ausdruck „zu Jesus *kommen*" bewußt oder unbewußt im Sinne des Urteils von J. Schneider verstanden wird: „Dies Kommen zu Jesus ist gleichbedeutend mit der inneren Bereitschaft, sein Jünger zu werden"[6]. Die hier vorliegende Eingrenzung auf den Akt der Hinwendung zu Jesus muß jedoch als unhaltbar bezeichnet werden, und zwar deshalb, weil der Terminus „zu Jesus kommen"[7] im johanneischen Sprachgebrauch sachlich und inhaltlich mit der Wendung „an Jesus glauben" identisch ist[8]. Das beweist insbesondere der synonyme Parallelismus membrorum in 6,35b: |

„Wer zu mir kommt, wird niemals mehr hungern,
und wer an mich glaubt, wird niemals mehr dürsten."

Ein ähnliches Bild zeigen die beiden Stichoi 7,37b.38a[9]:

„Wenn jemand dürstet, komme er zu mir,
und es trinke, wer an mich glaubt!"

---

[4] J. A. BENGEL, Gnonom Novi Testamenti zu Joh 6,37 (Hervorhebung von mir). Ich zitiere nach dem Abdruck der 3. Auflage von 1773: Berlin 1860, 222.

[5] Zur reformierten Perseveranz-Lehre s. vor allem: K. BARTH, KD II/2, 362ff.; J. MOLTMANN, Prädestination und Perseveranz. Geschichte und Bedeutung der reformierten Lehre „de perseverantia sanctorum" (BGLRK 12), Neukirchen 1961.

[6] J. SCHNEIDER, ThWNT II (1935 = 1957) 669.

[7] Außer Joh 6,37 noch: 5,40; 6,35.44f.65; 7,37.

[8] Vgl. R. BULTMANN, Das Evangelium des Johannes (KEK II), Göttingen [14]1956, 168. 172; SCHNACKENBURG, a.a.O. 58.

[9] Zur Konstruktion s. BULTMANN, a.a.O. 228 Anm. 6.

Ferner: Das Zu-Jesus-Kommen von 6,37 steht in Antithese zu dem Nicht-Glauben von V. 36. Die gleiche Antithetik liegt in 6,64f. vor. Die Worte „ihr wollt nicht zu mir kommen" 5,40 schließlich nehmen wieder auf, was in 5,38 mit der Feststellung „ihr glaubt nicht (an mich)" gesagt war. Ist somit die Synonymität der beiden Wendungen „zu Jesus kommen" und „an Jesus glauben" gesichert, so darf die erstere in ihrer Bedeutung ebensowenig auf den Akt des Zum-Glauben-Kommens eingeengt werden, wie das für die letztere statthaft wäre. Der Ausdruck „zu Jesus kommen" umschließt im Johannesevangelium beides: das Jünger-Werden *und* das Jünger-Sein; er beschreibt nicht nur die Hinwendung zu Jesus, sondern zugleich auch die Zugehörigkeit zu ihm. Daraus folgt aber: Die Verwendung des Ausdrucks in 6,37 nötigt keineswegs dazu, den Satz V. 37b ausschließlich oder doch primär auf die Bekehrungssituation zu beziehen.

2. Direkt gegen eine Deutung auf die Bekehrungssituation spricht das absolut gebrauchte Verbum ἐκβάλλειν ἔξω. Die Ausleger geben es in der Regel mit „abweisen", „wegtreiben", „zurückstoßen" wieder, erblicken in ihm also einen Gegenbegriff zu den Worten „annehmen" und „aufnehmen". Der Satz V. 37b würde demnach besagen, daß keinem Menschen, der zu Jesus kommt, die Zugehörigkeit zu ihm von vornherein verwehrt, die Gemeinschaft mit ihm von Anfang an verweigert wird. Diesem Verständnis steht nun aber entgegen, daß das Verbum ἐκβάλλειν ἔξω sonst nirgends im Johannesevangelium in dem genannten Sinne verwendet wird. Es hat an den übrigen Stellen vielmehr die Bedeutung: jemanden aus einem Bereich bzw. Raum „hinauswerfen", in dem er sich zuvor befunden hat[10]; jemanden aus einer Gemeinschaft „ausstoßen", der er zuvor angehörte[11]. Durch das ἐκβάλλειν ἔξω wird also nicht ein ersehnter Zustand verhindert, sondern ein bereits bestehender Zustand beendet[12]. Dieser Wortsinn ist auch für Joh 6,37b vorauszusetzen, so daß interpretiert werden muß: Jesus wird den, der als sein Jünger zu ihm gehört, nicht aus seiner Gemeinschaft „hinausstoßen".

3. Daß V. 37b auf die Perseveranz der Glaubenden abhebt, beweist schließlich das emphatische οὐ μή. Wie an unserer Stelle, so begegnet es auch sonst im Johannesevangelium als Strukturelement von Verheißungen Jesu, für die die Gliederung „Voraussetzung / Folge" kennzeichnend ist[13]. Die | Partikelverbindung, die jeweils den Folgesatz einleitet, stellt grammatisch „die bestimmteste Form der verneinenden Aussage über Zukünftiges" dar[14]. Dementsprechend handelt es sich in den in Anm. 13 angeführten Stellen ausnahmslos um

---

[10] Joh 9,34f.; 12,31; vgl. bloßes ἐκβάλλειν 2,15 und – mit der Bedeutung „herauslassen" – 10,4.
[11] Diese Bedeutung schwingt in 9,34f. mit; s. W. BAUER, Das Johannesevangelium (HNT 6), Tübingen ³1933, 137; DERS., Wörterbuch zum NT 471; SCHNACKENBURG, a.a.O. 320.
[12] Vgl. noch βάλλειν ἔξω 15,6!
[13] Joh 4,14; 6,35 (2 mal); 8,12; 8,51; 8,52; 11,26; in freierer Gestalt auch: 10,28.
[14] Bl-Debr § 365; ebenso BAUER, Wörterbuch 1023.

Aussagen über die *Zukunft* der Glaubenden. Hinzu kommt, daß die Partikel-
verbindung in allen diesen Fällen eine *definitive* Verneinung zum Ausdruck
bringt: Die an Jesus Christus Glaubenden werden „niemals mehr" hungern und
dürsten (4,14; 6,35), „niemals mehr" in der Finsternis wandeln (8,12), „niemals mehr" sterben (8,51f.; 11,26), „niemals mehr" verlorengehen (10,28)[15].
Da der Satz 6,37b die gleiche Struktur aufweist wie diese Stellen, darf auch in
ihm mit gutem Grund eine definitive Verheißung für die Zukunft derer gefunden werden, die an Jesus Christus glauben. Wir haben demnach zu übersetzen:
„Wer zu mir kommt, den werde ich *niemals mehr* (aus meiner Gemeinschaft)
hinausstoßen."

III

Die im Vorigen gebotene Interpretation des Satzes Joh 6,37b wird durch den
Kontext in zweifacher Weise bestätigt:
1. Der Satz steht im Zusammenhang der Verse 37–40, die eine gedankliche
Einheit bilden:

37 Alles, was mir der Vater gibt, wird zu mir kommen, und wer zu mir kommt, den
    werde ich niemals mehr hinausstoßen.
38 Denn ich bin vom Himmel herabgekommen, nicht um meinen eigenen Willen
    zu tun, sondern den Willen dessen, der mich gesandt hat.
39 Das aber ist der Wille dessen, der mich gesandt hat, daß ich von all dem, was er
    mir gegeben hat, nichts verliere, sondern es auferwecke am Jüngsten Tage.
40 Ja, das ist der Wille meines Vaters, daß jeder, der den Sohn sieht und an ihn
    glaubt, ewiges Leben habe und ich ihn am Jüngsten Tage auferwecke.

Betrachtet man den Duktus des Textes, so wird deutlich, daß die Verse 38–40
die Worte οὐ μὴ ἐκβάλω ἔξω von V. 37b erläutern und begründen[16]. Das bedeutet aber: In V. 37b und V. 39 ist nicht von zwei verschiedenen Sachverhal-
ten die Rede[17], sondern V. 39 wiederholt noch einmal mit anderen Wor- | ten
die Aussage von V. 37b[18]. Nach V. 39 wird Jesus diejenigen, die der Vater ihm
zu eigen gibt, nicht „verlieren", d.h. sie niemals mehr preisgeben und verloren-

---

[15] In 4,14; 8,51.52; 10,28; 11,26 wird die definitive Verneinung noch durch εἰς τὸν
αἰῶνα, in 6,35b durch πώποτε unterstrichen. In 6,35a und 8,12 fehlt ein entsprechender
Zusatz; desgleichen in 6,37. Das Fehlen hat dabei keinerlei sachliche Gründe, ist vielmehr
durch den jeweiligen Satzrhythmus bedingt.
[16] Richtig betont von TH. ZAHN, Das Evangelium des Johannes (KNT 4), Leipzig
3.41912, 338.
[17] So z.B. F. BÜCHSEL, Das Evangelium nach Johannes (NTD 4), Göttingen 41946, 86:
„Jesus darf … Niemanden abweisen (V. 37) noch verloren gehen lassen (V. 39), den ihm der
Vater gegeben hat."
[18] So richtig BULTMANN, a.a.O. 173f.; S. SCHULZ, Das Evangelium nach Johannes (NTD
4), Göttingen 121972, 105.

gehen lassen. Dem entspricht genau die Verheißung von V. 37b, daß er die ihm vom Vater Gegebenen niemals mehr „hinausstoßen", sie also niemals mehr sich selbst und damit dem Verderben überlassen werde.

2. Wie S. Schulz richtig bemerkt[19], bilden die Verse 37–40 im übergreifenden Textzusammenhang einen „Kommentar" zu dem Offenbarungswort V. 35. Bei unserem Verständnis des V. 37b ergibt sich nun, daß dieser Satz dem Zweizeiler V. 35b nicht nur hinsichtlich der Form und Struktur, sondern vor allem auch nach Intention und Aussage voll entspricht. Die Worte:

„Wer zu mir kommt, den werde ich niemals mehr hinausstoßen"

nehmen die Zusage des Offenbarungswortes auf:

„Wer zu mir kommt, wird niemals mehr hungern,
und wer an mich glaubt, wird niemals mehr dürsten."

Das Offenbarungswort verheißt denen, die Jesus Christus angehören, die Heilsgabe des Lebens als ein immerwährendes, unverlierbares Gut. Der „Kommentar" V. 37ff. nennt sogleich in seinem ersten, thetischen Satz das Fundament: die Unzerstörbarkeit der Christusgemeinschaft. So sind beide Texte vom Gedanken der „perseverantia sanctorum" bestimmt.

IV

Eine letzte – bereits von Bengel[20] geäußerte – Erwägung kann das bisher gewonnene Bild abrunden. Interpretiert man den V. 37b in dem dargelegten Sinne, so dürfen wir in dem Wort Joh 6,37 eine genaue Parallele zu dem Ausspruch Joh 10,27–29 erkennen. Eine Gegenüberstellung mag das verdeutlichen:

6,37:	10,27–29:
Alles, was mir der Vater gibt, wird zu mir kommen; und wer zu mir kommt,	Der Vater hat sie mir gegeben; sie hören auf meine Stimme, und ich kenne sie, und sie folgen mir;
den werde ich niemals mehr hinausstoßen.	sie werden in Ewigkeit niemals mehr verlorengehen.

Wie in Joh 10,27–29[21], so geht es auch in Joh 6,37 um die *Erwählung* und | um die *Bewahrung* der Jünger Jesu. In V. 37a wird zunächst gesagt: Die Zugehörigkeit zu Jesus Christus ist ausschließlich[22] Gottes Gabe und Werk; sie beruht

---

[19] A.a.O. 105f.

[20] Gnomon, a.a.O.

[21] S. dazu die unübertroffene Auslegung J. CALVINS: Comm. in Joh. z. St.

[22] Die Worte πᾶν ὅ haben – wie πᾶς ὁ 6,45b – exklusiven Sinn: „*Allein* das, was mir der Vater gibt, wird zu mir kommen."

nicht auf dem Willen und Entschluß des Menschen, sondern sie hat ihren Grund einzig und allein in der freien Gnadenwahl des Vaters[23]. V. 37b fügt sodann hinzu: Das Band der Gemeinschaft Jesu mit den Seinen ist unzerreißbar; denn die Erwählung schließt die ständige Bewahrung ein.

Johannes Calvin rechnet in der Institutio von 1559 nicht nur die beiden Worte Joh 6,39f. und 10,27–29, sondern auch den Vers Joh 6,37 zu den „Verheißungen für die Zukunft", die uns die „Beständigkeit der Erwählung" (electionis firmitudo) und die „Gabe der Beharrung" (donum perseverantiae) bezeugen und verbürgen[24]. Es ist ein exegetisch wohlbegründetes Urteil, das der Genfer Reformator damit gefällt hat.

---

[23] Vgl. 6,39.44f.65; 17,2.6ff. sowie zum prädestinatianischen Denken des Evangelisten überhaupt: 3,1ff.; 8,43–47; 10,3f.26ff.; 12,37–40; 18,37. Es widerspricht der Intention des Evangelisten, wenn BULTMANN, a.a.O. 172 zu 6,44 behauptet, „daß es jedem frei steht, zu den vom Vater Gezogenen zu gehören", oder wenn SCHNACKENBURG, a.a.O. 330f. erklärt: „Der Glaube ist für Joh wirklich eine vom Menschen aufzubringende Haltung, das Grunderfordernis für die Heilserlangung, und es besteht für ihn kein Zweifel daran, daß es für jeden Menschen bei gutem Willen möglich ist, an Jesus zu glauben." Unzutreffend auch SCHULZ, a.a.O. 153: Die johanneische Prädestination „ereignet sich in der eschatologischen Freiheit der Entscheidung des einzelnen angesichts der Verkündigung des Christus". Das Problem ist hier nicht weiter zu erörtern, doch verweise ich auf: R. BERGMEIER, Studien zum religionsgeschichtlichen Ort des prädestinatianischen Dualismus in der johanneischen Theologie, Diss. theol. Heidelberg 1974, I 141ff. [in der oben S. 44 Anm. 53 genannten Publikation: 200ff.].

[24] Institutio III 24,6 (Opera selecta edd. P. BARTH/W. NIESEL, IV 417,24ff.; vgl. 416,39 und 418,3). Im Kommentar zum Johannesevangelium deutet CALVIN V. 37b dagegen auf die Hinwendung zu Christus und die Aufnahme durch ihn, doch klingt der – dann zu V. 39 entfaltete – Perseveranzgedanke leise an.

Jesus Christus und der Geistparaklet

Eine Studie zur johanneischen Verhältnisbestimmung von Pneumatologie und Christologie

von

HANS-CHRISTIAN KAMMLER

Meinen Eltern

Inhalt

Einleitung

Innerhalb der Abschiedsreden des Johannesevangeliums (Joh 14–16)
kommt den fünf Parakletsprüchen (14,16.17; 14,25.26; 15,26.27; 16,7–11;
16,12–15) zweifellos ein besonderes Gewicht zu. Diese Sprüche, deren Interpretation für das Verständnis des gesamten Evangeliums von nicht geringer
Relevanz ist, stellen die Auslegung vor eine Reihe schwieriger und in der Forschung entsprechend kontrovers diskutierter Probleme. Zu ihnen gehört insbesondere die – in der vorliegenden Studie zu erörternde – Frage, wie in den
Parakletsprüchen das theologische Verhältnis zwischen dem Geistparakleten
und Jesus Christus genau definiert ist. Liegen Sinn und Ziel der Sendung des
Parakleten darin, über die Erkenntnis von Person und Werk des irdischen Jesus
*hinaus*zuführen, oder soll der Geist allererst in das glaubende Verstehen des
göttlichen Persongeheimnisses Jesu und der Heilsbedeutung seines Kreuzestodes *hinein*führen? Hat die nachösterliche Verherrlichung des erhöhten Christus durch den Parakleten die *Emanzipation* vom gekreuzigten Christus zur
Folge, oder dient sie umgekehrt einer *Konzentration* auf den Christus cruci-
fixus? Unterstützt das den Parakletsprüchen entnehmbare Relationsgefüge von
Pneumatologie und Christologie mithin die These, das vierte Evangelium sei
als das urchristliche Zeugnis einer *theologia gloriae* zu werten[1], oder untermauert es eher die Gegenthese, das Evangelium vertrete – wenn auch in ganz
eigenständiger und eigenwilliger Weise – ebenso wie Paulus (und Markus)
eine *theologia crucis*[2]? Hat sich die johanneische Pneumatologie gegenüber
der Christologie des Johannesevangeliums theologisch *verselbständigt*, oder
ist hier die Pneumatologie gerade durch eine *christologische Rückbindung und
Konzentration* gekennzeichnet? Mit diesen wenigen Fragen ist das im folgenden zu erörternde Problem scharf markiert. Es dürfte offenkundig sein, daß
ihre Beantwortung nicht nur von exegetischer Relevanz, sondern zugleich
auch von einigem systematisch-theologischen bzw. dogmatischen Gewicht ist.

   Damit der skizzierte komplexe Problemzusammenhang in methodisch kon-
trollierter und theologisch reflektierter Weise erörtert werden kann, ist zunächst eine detaillierte Auslegung der fünf Parakletsprüche erforderlich (I).
Daran wird sich ein knapper und auf das Wesentliche konzentrierter Vergleich
zwischen der Verhältnisbestimmung von Pneumatologie und Christologie, wie
sie die Parakletsprüche darbieten, und dem christologisch-pneumatologischen

---

[1] Dezidiert als Zeugnis einer *theologia gloriae*, die es von der paulinischen Kreuzestheologie her zu kritisieren gelte, verstehen das Johannesevangelium u.a. KÄSEMANN, Jesu
letzter Wille 111. 114. 159f.; MÜLLER, Die Bedeutung des Kreuzestodes Jesu 69; SCHULZ,
Johannes 236–238; BECKER, Johannes II 468–474.
[2] Als Zeugnis einer *theologia crucis* begreifen das vierte Evangelium u.a. BORNKAMM,
Zur Interpretation des Johannes-Evangeliums 113f.; SCHNELLE, Antidoketische Christologie 189–192. 228–230. 256; KOHLER, Kreuz und Menschwerdung; BÜHLER, Ist Johannes ein
Kreuzestheologe?, 191–207, bes. 199. 205. 207; WENGST, Bedrängte Gemeinde 199–219.

Relationsgefüge der übrigen Geistaussagen des vierten Evangeliums anschließen (II.1). Da zwei christologisch gewichtige Texte – nämlich 1,32–34 und 3,34b – zu dieser Relationsbestimmung im Widerspruch zu stehen scheinen, ist es um der präzisen Klärung willen notwendig, diese beiden Texte danach gesondert in den Blick zu nehmen (II.2./II.3). Den Schluß der Studie wird eine Zusammenfassung der wichtigsten Ergebnisse bilden[3].

I. Die fünf Parakletsprüche

1. Der erste Parakletspruch Joh 14,16.17

a) Kontextanalyse

Für ein angemessenes Verständnis des ersten Parakletspruches 14,16.17 ist die Erkenntnis wesentlich, daß er auf das engste in seinen unmittelbaren Kontext (14,15–24) eingebunden ist. Innerhalb der Verse 15–24 sind nämlich zahlreiche interne Verweisungsbezüge wahrnehmbar, die diesen Passus als eine in sich geschlossene Einheit kennzeichnen, die sich näherhin in die Unterabschnitte V. 15–17, V. 18–21 und V. 22–24 untergliedern läßt[4]. So hat die Aussage von V. 15 ihre Entsprechungen in V. 21a und in V. 23b[5]. Dabei nimmt V. 21a den in V. 15 formulierten Gedanken in chiastischer Umkehrung wieder auf. V. 15 und V. 21 bilden auf diese Weise ebenso eine Inklusion, wie dies aufgrund der Parallelität der Abfolge von Protasis und Apodosis für V. 15 und V. 23b (vgl. auch V. 24a) der Fall ist. Ferner korrespondiert V. 21 formal und inhaltlich V. 23[6], ja, V. 22–24 ist insgesamt Wiederaufnahme und Entfaltung

---

[3] Bis heute ist die Frage nach dem religions- bzw. traditionsgeschichtlichen Hintergrund der Parakletvorstellung des vierten Evangeliums in der Forschung lebhaft umstritten. Vertreten werden u.a. die folgenden Herleitungen: aus der Idee *gnostischer Helfergestalten* (so BULTMANN, Johannes 437–440), aus *jüdischen Fürsprechervorstellungen* (so MOWINCKEL, Die Vorstellungen des Spätjudentums vom heiligen Geist 97–130; BEHM, Art. παράκλητος 807–810; BETZ, Paraklet), aus einer *alttestamentlich-frühjüdischen eschatologischen Vorläufer-Vollender-Vorstellung* (so BORNKAMM, Paraklet 68–89) bzw. speziell aus der *Menschensohn-Tradition* (so BORNKAMM, Paraklet 81–85; SCHULZ, Untersuchungen 153–157). M.E. hat das Urteil am meisten für sich, daß die Parakletvorstellung *aus dem theologischen Gesamtzusammenhang des Johannesevangeliums selbst* verstanden werden muß (so PORSCH, Pneuma und Wort 318–324 im Anschluß an BROWN, Paraclete 126). Die Frage nach dem religions- bzw. traditionsgeschichtlichen Hintergrund der Parakletvorstellung kann in der vorliegenden Untersuchung aber vernachlässigt werden, weil ihre Beantwortung für die Erörterung unseres Themas schwerlich von Belang ist.

[4] Vgl. BROWN, John II 644f.; PORSCH, Pneuma und Wort 242 mit Anm. 125.

[5] Die Ausdrücke τὰς ἐντολὰς τὰς ἐμάς (V. 15b) / τὰς ἐντολάς μου (V. 21a) sind syntaktisch parallel zu τὸν λόγον μου (V. 23b [vgl. τοὺς λόγους μου V. 24a]).

[6] Es entsprechen sich: 1. ὁ ἔχων τὰς ἐντολάς μου καὶ τηρῶν αὐτάς (V. 21aα) und τὸν λόγον μου τηρήσει (V. 23bβ), 2. ἐκεῖνός ἐστιν ὁ ἀγαπῶν με· ὁ δὲ ἀγαπῶν με (V. 21aβ.ba) und ἐάν τις ἀγαπᾷ με (V. 23ba), 3. ἀγαπηθήσεται ὑπὸ τοῦ πατρός μου (V. 21bβ) und καὶ ὁ πατήρ μου ἀγαπήσει αὐτόν (V. 23ca), schließlich 4. κἀγὼ ἀγαπήσω αὐτὸν καὶ ἐμφανίσω

von V. 19–21. Sodann hat die pneumatologische Aussage von V. 17 ihre Parallele in der christologischen Feststellung von V. 19: Was in V. 17 im Blick auf den verheißenen Parakleten gesagt wird, formuliert V. 19 im Blick auf Jesus Christus[7]. Schließlich korrespondiert die Aussage von V. 17a derjenigen der Verse 19a und 22 inhaltlich. Denn die in V. 17a behauptete Verschlossenheit des Kosmos gegenüber dem Geistparakleten wird von V. 19a und 22 her als Verschlossenheit gegenüber Jesus Christus qualifiziert, der ausschließlich zu den Seinen, nicht aber zum κόσμος kommt.

Aus der aufgewiesenen Einheit von V. 15–24 folgt in formaler Hinsicht, daß der erste Parakletspruch literarkritisch keineswegs als eine spätere Einfügung betrachtet werden darf[8]. Zudem ergibt sich aus ihr eine gewichtige inhaltliche Konsequenz: Weil die Verse 18–24 in ihrer äußeren Gestalt sehr eng mit V. 15–17 verbunden sind, ist in Hinsicht auf ihren sachlichen Gehalt zu folgern, daß sie *insgesamt* eine *Explikation des ersten Parakletspruches* (V. 16.17) darstellen[9]. Sie thematisieren demzufolge nicht in erster Linie das *österliche* Kommen des Auferstandenen zu dem einmaligen und einzigartigen Kreis seiner Zeugen, von dem in 20,19–29 eigens die Rede sein wird[10]; sie sprechen vielmehr – wie der erste Parakletspruch selbst – vornehmlich von der *nachösterlichen* Gegenwart Christi bei seiner Gemeinde *als seiner Präsenz im Parakleten*, die sich überall dort ereignet, wo auf das Christuszeugnis der einzigartigen Osterzeugen hin geglaubt und bekannt wird, ὅτι Ἰησοῦς ἐστιν ὁ χριστὸς ὁ υἱὸς τοῦ θεοῦ (20,31; vgl. 11,27)[11]. „Such parallelism is John's way of telling the

---

αὐτῷ ἐμαυτόν (V. 21c) und καὶ πρὸς αὐτὸν ἐλευσόμεθα καὶ μονὴν παρ' αὐτῷ ποιησόμεθα (V. 23cβ).

[7] Es korrespondieren einander die Aussagen: τὸ πνεῦμα τῆς ἀληθείας, ὃ ὁ κόσμος οὐ δύναται λαβεῖν, ὅτι οὐ θεωρεῖ αὐτὸ οὐδὲ γινώσκει (V. 17a) und ἔτι μικρὸν καὶ ὁ κόσμος με οὐκέτι θεωρεῖ (V. 19a), ferner die Wendungen: ὑμεῖς γινώσκετε αὐτό (V. 17bα) und ὑμεῖς δὲ θεωρεῖτέ με (V. 19bα), und schließlich die beiden kausalen ὅτι-Sätze: ὅτι παρ' ὑμῖν μένει καὶ ἐν ὑμῖν ἔσται (V. 17bβ) und ὅτι ἐγὼ ζῶ καὶ ὑμεῖς ζήσετε (V. 19bβ).

[8] Gegen WINDISCH, Parakletsprüche 110–137; SCHULZ, Untersuchungen 143–145; DERS., Johannes 188. 190.

[9] Vgl. STRATHMANN, Johannes 211: „V. 18–20 ist eine Sachparallele, eine Variante zu V. 15–17"; „der Sache nach sind sie (sc. die Verse 21–24) eine Variante zu V. 18–20".

[10] Gegen DIETZFELBINGER, Osterglaube 51–79, der seine Auslegung unter die bezeichnende Überschrift stellt: „Die österliche Zusage von 14,18–24" (51); s. besonders ebd. 52. 54. 58–60. 64. 68–70. – Ferner gegen SCHLATTER, Johannes 300; STRATHMANN, Johannes 210f.; GNILKA, Johannes 115; BEASLEY-MURRAY, John 258f. 260; SCHNEIDER, Johannes 262; BARRETT, Johannes 453; CARSON, John 501f.; SCHNACKENBURG, Johannes III 89ff.

[11] Ebenso urteilen HEITMÜLLER, Johannes 151f.; SCHICK, Johannes 133; WIKENHAUSER, Johannes 272f.; SCHLIER, Zum Begriff des Geistes 267f.; MUSSNER, Sehweise 29f. 33; RICCA, Eschatologie 158 mit Anm. 349; BROWN, Paraclete 128; DERS., John II 644ff.; THÜSING, Erhöhung und Verherrlichung 150; HAENCHEN, Johannes 477. 478; THEOBALD, Gott, Logos, Pneuma 76 Anm. 136. – ZAHN, Johannes 568ff. bezieht 14,18–24 dagegen ohne hinreichenden Grund auf die *endzeitliche Parusie Christi*. Ebenso wie Zahn urteilt SCHNELLE, Abschiedsreden 68f. im Blick auf 14,18–21, während er 14,22–24 als Zeugnis präsentischer Eschatologie deutet. Auch STÄHLIN, Eschatologie 236f. 239. 243 sieht in 14,18–24 den Gedanken der Parusie Christi zumindest *mit* impliziert.

reader that the presence of Jesus after his return to the Father is accomplished in and through the Paraclete. Not two presences but the same presence is involved."[12] Das primäre Thema der Verse 18–24 ist also *die Spiritualpräsenz Christi* bzw. *seine Realpräsenz im Geist*.

Diese These, die für das Gesamtverständnis der Verse 18–24 von hoher Bedeutung ist, läßt sich durch die folgenden Beobachtungen argumentativ absichern: 1. Die generalisierenden, in der dritten Person stehenden konditionalen Formulierungen – ὁ ἔχων τὰς ἐντολάς μου καὶ τηρῶν αὐτάς (V. 21aα), ὁ δὲ ἀγαπῶν με (V. 21bα), ἐάν τις ἀγαπᾷ με (V. 23bα) und ὁ μὴ ἀγαπῶν με (V. 24aα) – sind in ihrem Gültigkeitsanspruch nicht sinnvoll allein auf die μαθηταί des irdischen Jesus beziehbar; sie benennen vielmehr das, was für *jeden* Christen gilt bzw. – so V. 24a – für ihn schlechterdings ausgeschlossen ist. – 2. Die Aussage von V. 18 hat ihre Parallelen in V. 23 einerseits und in V. 2.3 andrerseits. Die beiden zuletzt genannten Texte rekurrieren aber schwerlich primär auf das österliche Kommen des Auferstandenen zu dem numerisch begrenzten Kreis seiner Jünger. Ihre metaphorische Sprache läßt sich viel ungezwungener verstehen, wenn auch hier vornehmlich auf das nachösterliche Kommen des Geistparakleten und damit auf die Gegenwart des erhöhten Christus *im Geist* verwiesen wird[13]. – 3. Die Parallelformulierungen ὑμεῖς γινώσκετε αὐτό (V. 17bα), ὑμεῖς δὲ θεωρεῖτέ με (V. 19bα) und ἐν ἐκείνῃ τῇ ἡμέρᾳ γνώσεσθε ὑμεῖς ὅτι ἐγὼ ἐν τῷ πατρί μου καὶ ὑμεῖς ἐν ἐμοὶ κἀγὼ ἐν ὑμῖν (V. 20) zeigen an, daß die beiden Verben θεωρεῖν und γινώσκειν einander sachlich aufs engste entsprechen. Folglich spricht V. 19 nicht von einer leibhaftigen Begegnung mit dem Auferstandenen, sondern von einer im *Glauben* sich vollziehenden Wahrnehmung Christi, die durch seine Selbsterschließung im Parakleten hervorgerufen wird. – 4. Wie in dem Abschnitt 14,15–24 auf den ersten Parakletspruch 14,16.17 unmittelbar in 14,18ff. die Verheißung folgt, daß Jesus kommen und von den Seinen gesehen und erkannt werden wird, so schließt sich auch an die letzten beiden Parakletsprüche (16,7–11; 16,12–15) scheinbar gänzlich unvermittelt die Ansage an, daß Jesus wieder von den Jüngern gesehen (16,16.17.19) und dann endgültig von ihnen erkannt werden wird (16,23ff.). Weil es aber, wie noch gezeigt werden wird[14], in 16,16–26 um die *pneumatische* Präsenz Christi geht, liefert die erwähnte Entsprechung ein gewichtiges Argument dafür, daß auch in 14,18–24 der Akzent auf dieser Präsenz liegt. – 5. Diesem Urteil steht auch der Vers 14,22 keinesfalls entgegen. Denn die Frage des Judas (κύριε, [καὶ] τί γέγονεν ὅτι ἡμῖν μέλλεις ἐμφανίζειν σεαυτὸν καὶ οὐχὶ τῷ κόσμῳ;) fügt sich glatt in den Dualismus von Gemeinde

---

[12] BROWN, John II 645.

[13] Daß sich die Verse 14,2.3 nicht auf die Parusie Christi beziehen, sondern wie 14,23 sein Kommen im Parakleten im Blick haben, wird u. S. 103ff. noch im einzelnen aufgezeigt werden.

[14] S.u. S. 138f.; vgl. auch 149f.

und Welt ein, der erstmals in V. 17 angesprochen wird und der dann in der zweiten Abschiedsrede thematisch ist. Die Frage hat demnach keineswegs den historisch einmaligen Tatbestand im Blick, daß sich der Auferstandene an Ostern nur einem Teil seiner irdischen Wegbegleiter, nicht hingegen seinen Feinden geoffenbart hat[15]; sie reflektiert vielmehr die für *jede* theologische Erkenntnislehre grundsätzlich geltende Einsicht, daß die Erkenntnis des Persongeheimnisses Jesu nicht von einem neutralen Standpunkt jenseits der Christus-Relation her gewonnen werden kann, sondern sich ausschließlich im Glauben ereignet, den der Paraklet selbst wirkt und gewährt[16]. – 6. Auch der in V. 21cβ und V. 22b begegnende Ausdruck ἐμφανίζειν ἑαυτόν τινι[17] liefert keineswegs ein Argument *gegen* die These, daß die Verse 18–24 die nachösterliche Präsenz Christi im Geistparakleten verheißen, nicht aber primär oder gar ausschließlich auf die einmaligen und einzigartigen österlichen Selbsterschließungen des Auferstandenen vor seinen Jüngern hinweisen wollen. Denn diese Wendung heißt *nicht*: „jemandem erscheinen", „sich jemandem zeigen". Sie ist somit *kein* Synonym zu dem Ausdruck ἐμφανὴς γίνεσθαί τινι, der in Apg 10,40 die einmaligen Ostererscheinungen Jesu vor seinen auserwählten Zeugen bezeichnet. Die erwähnte Bedeutung kann vielmehr ausschließlich das Passiv ἐμφανίζεσθαί τινι haben[18], während ἐμφανίζειν ἑαυτόν τινι mit „sich jemandem erklären", „sich jemandem kundgeben", „sich jemandem offenbaren" wiederzugeben ist[19]. Deshalb liegt in V. 21f. *keine österliche Terminologie* vor[20]. Es geht folglich auch hier um die Selbsterschließung des erhöhten Christus *im Werk des Parakleten*. Daß diese Interpretation von V. 21f. richtig ist, ergibt sich auch aus V. 23cβ. Denn dort wird die Aussage καὶ ἐμφανίσω αὐτῷ ἐμαυτόν (V. 21cβ) durch die Worte καὶ πρὸς αὐτὸν ἐλευσόμεθα καὶ μονὴν παρ᾽ αὐτῷ ποιησόμεθα aufgenommen und zugleich dahingehend interpretiert und entfaltet, daß sich im ἐμφανίζειν ἑαυτόν des Sohnes das nachösterliche Kommen des Sohnes *und des Vaters* ereignet. Damit ist deutlich, daß es auch in V. 21f. nicht exklusiv um das österliche In-Erscheinung-Treten des Auferstandenen gehen kann. In der Ankunft des Geistparakleten (V. 16f.) ereignet sich

---

[15] So aber SCHNACKENBURG, Johannes III 92; GNILKA, Johannes 115f.

[16] Vgl. PORSCH, Johannes 156.

[17] W. BAUER, Griechisch-deutsches Wörterbuch zu den Schriften des Neuen Testaments und der übrigen urchristlichen Literatur, Berlin/New York [5]1971 (= BAUER, WbNT), Sp. 510 s.v. ἐμφανίζω 1.a schreibt fälschlich ἑ. σεαυτόν τινι (beibehalten in: W. BAUER, Griechisch-deutsches Wörterbuch zu den Schriften des Neuen Testaments und der frühchristlichen Literatur [hrsg. v. K. u. B. ALAND], Berlin/New York [6]1988 [= BAUER/ALAND, WbNT], Sp. 519).

[18] S. etwa Mt 27,53; Sap 17,4; Josephus, Bell. VI 47; Ant. I 223; Herm 9,2; 18,2; Diog. Laert. I 7.

[19] S. dazu Ex 33,13LXX; 33,18LXX[B]; Euripides, Fragm. 797; Philochorus bei Athenaeus, Deipnos. II 6 (37e); Polybius XXX 19,2.

[20] Gegen WILCKENS, Der Paraklet und die Kirche 195 Anm. 21; DIETZFELBINGER, Osterglaube 58f. 68. Richtig dagegen SCHNACKENBURG, Johannes III 91.

also das Kommen des *erhöhten Christus* (V. 18–21), ja, das Kommen von *Vater und Sohn* (V. 22–24). Durch die Gabe des Geistes wird mithin die heilvolle κοινωνία ... μετὰ τοῦ πατρὸς καὶ μετὰ τοῦ υἱοῦ αὐτοῦ Ἰησοῦ Χριστοῦ selbst Wirklichkeit (1Joh 1,3)[21].

Blicken wir auf die sechs vorgetragenen Argumente zurück, so darf die These, daß es in 14,18–24 in erster und entscheidender Hinsicht um die *pneumatische* Präsenz Christi geht, als wohlbegründet gelten. Weil diese Verse insgesamt Entfaltung und Erläuterung des ersten Parakletspruches sind, werden sie im folgenden in die Betrachtung dieses Spruches mit einbezogen. Ebenso will aber auch der zum ersten Parakletspruch hinführende Satz 14,15 mit bedacht sein, dem wir uns nunmehr zunächst zuwenden.

b) Die Hinführung Joh 14,15

Die Exegese von V. 15 entscheidet sich zum einen an der Interpretation des Verbums ἀγαπᾶν und zum andern an dem Verständnis des Ausdrucks αἱ ἐντολαὶ αἱ ἐμαί. In V. 15a ist – wie in 8,42; 14,21.23.24.28; 16,27 (vgl. 21,15.16) – von der Liebe des Menschen zu Jesus Christus die Rede[22]. Was damit inhaltlich gemeint ist, ergibt sich aus 16,27b (ὑμεῖς ἐμὲ πεφιλήκατε καὶ πεπιστεύκατε ὅτι ἐγὼ παρὰ [τοῦ] θεοῦ ἐξῆλθον). Denn durch die Nebeneinanderstellung der Perfekta πεφιλήκατε und πεπιστεύκατε zeigt Johannes an, daß er den *Glauben* an Jesus Christus als den vom Vater in die Welt gesandten Gottessohn als die definitive Gestalt der Liebe zu ihm begreift[23]. Vergleicht man diesen Gedanken, der für die johanneische Theologie von höchstem Gewicht ist, mit der im Alten Testament bezeugten Forderung Jahwes, daß sich die Liebe des Menschen ungeteilt auf ihn allein zu richten habe[24], so wird deutlich, daß der vierte Evangelist der Auffassung ist, die Jahwe gebührende Liebe realisiere sich im Glauben an Jesus Christus. Der *Christusglaube* ist also für Johannes in exklusiver Weise selbst *die Erfüllung des ersten Gebotes*. Dieses Urteil wird durch 12,44.45; 14,1b; 17,3 bestätigt. Denn diesen Texten zufolge hat sich der Akt des πιστεύειν in gleicher Weise und in unlöslicher Verbundenheit auf Gott wie auf Jesus Christus zu beziehen, so daß der Glaube, der Jesus

---

[21] M.E. ist der Verfasser des ersten Johannesbriefes zwar mit dem des Johannesevangeliums nicht identisch, wohl aber von diesem in seiner Theologie nicht wesentlich unterschieden. Deshalb macht es Sinn, wenn ich im Verlaufe meiner Untersuchung immer wieder Stellen aus dem ersten Johannesbrief vergleichend heranziehe.

[22] Die Verben ἀγαπᾶν und φιλεῖν werden im Johannesevangelium synonym gebraucht. Das beweist ein Vergleich von 11,3.36 mit 11,5, von 13,23; 19,26 (21,7.20) mit 20,2 und von 17,23 mit 16,27 (vgl. auch 21,15–17).

[23] Ganz entsprechend werden in 6,69 (vgl. auch 1Joh 4,16) die Verben πιστεύειν und γινώσκειν durch die Konjunktion καί verbunden. Darin tritt hervor, daß sie einander semantisch aufs engste korrespondieren.

[24] Vgl. nur das Schemaᶜ Dtn 6,4b.5LXX: ἄκουε, Ισραηλ· κύριος ὁ θεὸς ἡμῶν κύριος εἷς ἐστιν· καὶ ἀγαπήσεις κύριον τὸν θεόν σου ἐξ ὅλης τῆς καρδίας σου καὶ ἐξ ὅλης τῆς ψυχῆς σου καὶ ἐξ ὅλης τῆς δυνάμεώς σου.

als den von Gott in die Welt gesandten Sohn Gottes erkennt und bekennt, selbst die Verwirklichung des Glaubens an Gott den Vater ist. Der Glaube an Jesus Christus und *nur er* ist also – und zwar *als solcher* – Glaube an Gott den Vater. Dem entspricht der auffällige Tatbestand, daß es im vierten Evangelium nirgendwo expressis verbis heißt, daß sich die Liebe des Menschen auf den Vater Jesu Christi zu richten habe[25]. Auch darin spiegelt sich die johanneische These wider, daß die Liebe des Menschen zu Gott ausschließlich im Glauben an den Sohn Wirklichkeit ist: Alle, die den Sohn ehren, ehren *eben damit* und *nur damit* den Vater (5,23).

Die soeben beschriebene christologische Neuinterpretation des (im Alten Testament bezeugten und für dessen Rede von Gott fundamentalen) ersten Gebotes läßt sich vom Evangelisten nur deshalb konsistent vertreten, weil er sie mit zwei anderen Thesen sachlich unauflöslich verknüpft hat, die für seine Theologie ebenso essentiell sind: zum einen mit seinem *offenbarungstheologischen* Basissatz, daß Jesus Christus der alleinige Offenbarer Gottes ist[26], und zum andern mit seiner *christologischen* Fundamentalaussage, derzufolge der Offenbarer Gottes, Jesus Christus, der mit dem Vater wesenseine μονογενὴς υἱός ist (3,16.18; 1Joh 4,9[27]), der als solcher selbst wesen- und ursprunghaft auf die Seite Gottes gehört[28] und der deshalb θεός (1,1; 20,28) bzw. μονογενὴς θεός (1,18), ja: ὁ ἀληθινὸς θεός (1Joh 5,20) genannt zu werden verdient[29]. Das aber heißt: Nur deshalb, weil der Offenbarer Gottes selbst in Person zugleich *der offenbare Gott* ist, kann, darf und soll sich die aus-

---

[25] Aus 14,21.23; 16,27 und 17,23 ergibt sich der analoge Sachverhalt, daß sich auch die Liebe des *Vaters* nie unmittelbar, sondern immer streng *über den Sohn vermittelt* und also *soteriologisch fundiert* auf die Glaubenden bezieht.

[26] S. dazu 1,18; 3,11.32; 6,46; 8,38.40; 15,15; ferner 1Joh 4,12a.

[27] Vgl. ferner Joh 1,14 (... δόξαν ὡς μονογενοῦς παρὰ πατρός).

[28] Daß die Hoheitstitel ὁ υἱὸς τοῦ θεοῦ (1,34.49; 5,25; 10,36; 11,4.27; 19,7; 20,31) bzw. ὁ υἱός (3,17.35.36; 5,19–23.26; 6,40; 8,36; 14,13; 17,1) die *Wesensgleichheit* zwischen Gott und Jesus Christus voraussetzen, betonen mit vollem Recht BOUSSET, Kyrios Christos („Es kann gar kein Zweifel daran sein, daß dieser Titel hier eine aller etwaigen jüdischen Messianologie fremde, metaphysische Bedeutung hat. Christus ist der überweltliche Gottessohn" [156]; „so rücken für ihn [sc. für den vierten Evangelisten] die Begriffe Gottessohnschaft und Gottheit auf das engste zusammen" [158]); SEVENSTER, Art. Christologie 1756 (der „Sohn Gottes"-Titel „schließt nicht nur Gehorsam gegen den Vater und Einheit im Offenbarungshandeln ein, sondern auch eine Wesenseinheit mit dem Vater"); WIKENHAUSER, Johannes 206 („Indem Jesus sich als Gottessohn bezeichnet, erhebt er den Anspruch, die gleiche Wesenheit wie Gott zu besitzen"); SCHNACKENBURG, Christologie des Neuen Testaments („Für Johannes ist Jesus als ... der Sohn Gottes niemand anders als der wesensgleiche Sohn Gottes des Vaters, und die absolute Redeweise von ‚dem Sohn' erklärt sich eben aus seiner Relation zum Vater. Hier finden wir das Herzstück der joh. Christologie; in dieser Selbstprädikation des joh. Jesus ... spricht sich ... das tiefste Wesen und Geheimnis Christi aus" [341]; „das Verhältnis des in die Welt gesandten Sohnes zu seinem Vater ist also ein so nah-persönliches, so engverbundenes, daß sich die Aussagen der späteren trinitarischen Theologie über die gleiche Wesenheit des Sohnes mit dem Vater aufdrängen" [343]).

[29] Treffend bemerkt KÄSEMANN, Jesu letzter Wille 105: „Das christologische Selbstzeugnis des 4. Evangeliums ist durchaus dogmatisch formuliert und gemeint. Das Zeugnis

schließlich Gott gebührende Liebe des Menschen, deren Gestalt der Glaube ist, auf Jesu Person richten. Andernfalls fiele die johanneische Neubestimmung des ersten Gebotes notwendig unter das Verdikt, Blasphemie zu sein[30]. Denn dann wäre der für die alttestamentliche Rede von Gott konstitutive, ja: gewissermaßen *axiomatische* Grundsatz Jes 42,8LXX (ἐγὼ κύριος ὁ θεός, τοῦτό μού ἐστιν τὸ ὄνομα· τὴν δόξαν μου ἑτέρῳ οὐ δώσω) aufgehoben, der den wesenhaften Unterschied von Gott und Welt, Schöpfer und Geschöpf voraussetzt und zugleich einschärft[31].

Jetzt ist nach dem genauen semantischen Gehalt des Ausdrucks αἱ ἐντολαὶ αἱ ἐμαί in V. 15b zu fragen. Sind mit ihm die *ethischen* Weisungen Jesu gemeint, deren Inbegriff das Gebot der Bruderliebe (13,34.35; 15,12) ist[32]? Besagt V. 15 also, daß sich die Liebe des Menschen zu Jesus, in der Verwirklichung der wechselseitigen Bruderliebe bzw. „im ethischen, seinem Willen entsprechenden Handeln"[33] zu bewahrheiten habe? Gegen diese Deutung sprechen ganz entschieden die Parallelformulierungen zu V. 15 und V. 21a in V. 23b sowie in dem dazu antithetischen Satz V. 24a. Hier werden die Begriffe αἱ ἐντολαὶ αἱ ἐμαί (V. 15b) bzw. αἱ ἐντολαί μου (V. 21a) durch die Terme ὁ λόγος μου (V. 23b) bzw. οἱ λόγοι μου (V. 24a) wieder aufgenommen und interpretiert. Der Begriff ὁ λόγος bezeichnet aber im Johannesevangelium in christologischen Zusammenhängen durchgängig die Selbstverkündigung Jesu, in welcher sich die Offenbarung Gottes vollzieht[34]. Er hat den gleichen – nämlich dezidiert *dogmatischen* – Sinn, wie er im vierten Evangelium auch dem Syn-

---

von der Herrlichkeit Jesu, seiner Einheit mit dem Vater, kurz seiner *Gottheit*, ist wirklich der Inhalt der johanneischen Botschaft" (Hervorhebung von mir).

[30] Der im Johannesevangelium gegen Jesus lautwerdende Blasphemievorwurf (5,18; 8,53; 10,33.36; 19,7) wird deshalb von ihm gerade durch die Herausstellung seiner *wesenhaften* Einheit mit Gott zurückgewiesen (5,19–30; 8,58; 10,28–30.34–38).

[31] Vgl. die analoge Argumentation zu Phil 2,6–11 bei HOFIUS, Christushymnus 115f.

[32] So verstehen den Begriff u.a. ZAHN, Johannes 563 mit Anm. 27; SCHLATTER, Johannes 296f.; BAUER, Johannes 182; STRATHMANN, Johannes 209; BLANK, Johannes II 105f.; HAENCHEN, Johannes 476; SCHNEIDER, Johannes 261; BARRETT, Johannes 450f.; BECKER, Johannes II 555. Diese Interpretation führt manchen Ausleger zu weitreichenden *sachkritischen* Urteilen. So vernimmt BAUER, Johannes 182 „in der wiederholten Forderung, die Gebote Christi zu halten (21.23.24; 15,10.12; vgl. 13,34) ... die Gesetzlichkeit der werdenden katholischen Kirche mit ihrer Auffassung des Christentums als eines καινὸς νόμος τοῦ κυρίου ἡμῶν Ἰησοῦ Χριστοῦ (Barn. 2,6)", und BECKER, Johannes II 555 will die Verse Joh 14,14f. aus diesem Grunde auf *literarkritischem* Wege der von ihm postulierten kirchlichen Redaktion zuweisen, die hier „– wie so oft – ein christologisches Grundanliegen des Textes paränetisch und gemeindeorientiert ergänzt" habe. – *Ethischen* Sinn hat der Begriff ἡ ἐντολή bzw. αἱ ἐντολαί zweifellos in 13,34; 15,12, ferner fast durchgängig im ersten und zweiten Johannesbrief (1Joh 2,3.4.7.8; 3,22; 4,21; 5,2.3; 2Joh 4.5.6). Anders ist der Term in 1Joh 3,23.24 gemeint: Hier bezieht er sich nämlich in gleicher Weise auf die *Glaubensforderung* wie auf das *Liebesgebot*; er hat also zugleich *dogmatischen* und *ethischen* Sinn und unterstreicht auf diese Weise die unauflösliche Einheit von *Orthodoxie* und *Orthopraxie*, die ein wichtiges Thema des ersten Johannesbriefes ist.

[33] SCHNEIDER, Johannes 261.

[34] S. 5,24; 8,31.37.43.51.52; 12,48; 15,3.20; im Blick auf *Gottes* Wort: 8,55; 17,6.14.17.

onym τὰ ῥήματα in christologischem Kontext zukommt[35]. Daraus ist zu
schließen, daß das Nomen αἱ ἐντολαί auch in V. 15 und V. 21 – und ebenso in
der Sachparallele 15,10 – auf die Verkündigung Jesu verweist, deren vornehm-
ster Inhalt er selbst in seiner Person und in seinem Werk ist. Das Nomen hat
hier folglich streng und ausschließlich *dogmatische* Bedeutung[36].

Haben wir den semantischen Gehalt von ἀγαπᾶν und αἱ ἐντολαὶ αἱ ἐμαί angemessen bestimmt, so läßt sich die Gesamtaussage von V. 15 folgendermaßen
paraphrasieren: „Wenn ihr an mich glaubt, werdet ihr (euch an) mein Wort, in
dem ich mich als den Offenbarer Gottes zu erkennen gegeben habe, halten."
Das Bleiben bei dem Worte Jesu bzw. das Bewahren seines Wortes ist also die
Weise, in der sich die Liebe zu Jesus – d.h. der Glaube an ihn – manifestiert.
Entspricht diese Interpretation der Aussageintention des Verses, dann hat er seine engsten innerjohanneischen Sachparallelen in 8,31 (ἐὰν ὑμεῖς μείνητε ἐν τῷ
λόγῳ τῷ ἐμῷ, ἀληθῶς μαθηταί μού ἐστε) und in 8,51 (ἀμὴν ἀμὴν λέγω ὑμῖν,
ἐάν τις τὸν ἐμὸν λόγον τηρήσῃ, θάνατον οὐ μὴ θεωρήσῃ εἰς τὸν αἰῶνα)[37].

Am Ende der Auslegung von V. 15 bleibt zu betonen, daß die Protasis des
Konditionalsatzes (V. 15a) keineswegs eine vom Menschen zu erfüllende Bedingung formuliert[38]. Zwar kann Johannes den Glauben an Jesus Christus als
das von Gott geforderte Werk bezeichnen (6,29)[39]; er schärft aber zugleich un-
aufhörlich ein, daß sein Vollzug streng und ausschließlich im *erwählenden*
Handeln Jesu Christi[40] bzw. in dem seines himmlischen Vaters[41] gründet. Der

---

[35] S. 3,34; 5,47; 6,63.68; 8,20.47; 12,47.48; 14,10; 15,7; 17,8.

[36] Ebenso urteilen BULTMANN, Johannes 474f.; SCHULZ, Johannes 187; BEASLEY-
MURRAY, John 256; SCHNACKENBURG, Johannes III 84; DIETZFELBINGER, Osterglaube 57.
Die Verwendung *ethischer* Terminologie zur Bezeichnung *dogmatischer* Sachverhalte be-
gegnet im Johannesevangelium öfter, nämlich in 3,19–21.36b; 5,28.29; 15,8.16.

[37] Anzumerken ist: Während im Deuteronomium dem Gehorsam gegenüber der *Tora* die
alleinige soteriologische Relevanz beigemessen wird (vgl. vor allem Dtn 11,26–28; 27,26;
28; 29,9ff.; 30,1ff.15ff.; ferner 4,40; 5,29; 6,2.17–19; 7,9ff.; 8,1.2; 11,8ff.; 12,28; 17,19.20),
hat für den vierten Evangelisten ausschließlich das Halten und Bewahren des Wortes *Jesu*
(8,51.52; 12,47; vgl. 14,15.21.23.24; 15,10.20) bzw. des mit ihm identischen Wortes *Gottes
des Vaters* (17,6) heilsentscheidende Bedeutung. Der Tora vom Sinai spricht er dagegen in
1,17 jegliche soteriologische Qualität ab.

[38] Gegen BULTMANN, Johannes 475; SCHNACKENBURG, Johannes III 84.

[39] Der Genitiv τοῦ θεοῦ in der Wendung τὸ ἔργον τοῦ θεοῦ ist nicht als *Genitivus
auctoris* (= „das von Gott gewirkte Werk") aufzufassen (gegen BERTRAM, Art. ἔργον κτλ.
639,42–48; BULTMANN, Johannes 164; GRUNDMANN, Verständnis und Bewegung des Glaubens 133. 141; IBUKI, Viele glaubten an ihn 163. 164; WEDER, Menschwerdung Gottes 337.
343; ferner gegen RIEDL, Heilswerk 337–340, der *primär* diesen Sinn annimmt). Vielmehr
ist die Wendung – ganz analog zu dem unmittelbar vorher erscheinenden Ausdruck τὰ ἔργα
τοῦ θεοῦ in 6,28 – mit „das von Gott *geforderte* Werk" wiederzugeben (mit STRATHMANN,
Johannes 119f.; WIKENHAUSER, Johannes 125; BERGMEIER, Glaube als Werk?, 257–259;
SCHNACKENBURG, Johannes II 52; SCHULZ, Johannes 104).

[40] S. 6,70; 13,18; 15,16.19; ferner 1,12.

[41] S. 6,37.39.44.65; 10,29; 17,2.6.9; 18,9. Daß der vierte Evangelist vom Vater wie vom
Sohn prädestinierendes Handeln aussagt, hat seinen theologisch-christologischen Grund in
der Wesens- und Handlungseinheit, die zwischen den beiden göttlichen Personen besteht.

Sinn des Konditionalgefüges von V. 15 liegt dementsprechend einzig darin, einen theologischen Sachzusammenhang zur Sprache zu bringen: Dort, wo die Liebe zu Jesus (= der Glaube) Wirklichkeit ist, ereignet sich notwendigerweise zugleich auch das Halten seiner Gebote (= das Bewahren seines Wortes, in dem Jesus sich selbst erschließt)[42].

c) Der Gedankengang von Joh 14,16.17

In *V. 16* ist erstmals im Johannesevangelium von der Gabe und Sendung des Geistparakleten die Rede. Das Futur ἐρωτήσω setzt dabei einen Gedanken voraus, der für die johanneische Pneumatologie insgesamt konstitutiv ist – nämlich den, daß Jesus seinen Vater erst *nach* seiner sich am Kreuz und in seiner Auferstehung ereignenden Erhöhung und Verherrlichung um die Sendung des παράκλητος bitten wird. Der Gang Jesu ans Kreuz und die Vollendung seiner Verherrlichung durch seine Auferstehung und seinen Aufstieg zu Gott[43] sind ja selbst *die Bedingung und der Ermöglichungsgrund* für die nach-österliche Sendung des Geistparakleten – nicht nur „im zeitlichen", sondern „auch im sachlichen Sinne (als der ontologisch-sachliche, prinzipielle Grund)"[44]. Dementsprechend verweisen in den Parakletsprüchen die im Futur stehenden Verben durchgängig auf die Zeit nach der Verherrlichung Jesu.

Das Subjekt der Sendung des Geistes ist im ersten wie im zweiten Paraklet-spruch (14,26) *Gott der Vater*[45]; nach dem dritten und vierten Parakletspruch (15,26; 16,7) sendet ihn dagegen *der erhöhte Christus* selbst[46]. Aus dieser Differenzierung darf nun aber keineswegs der Schluß gezogen werden, daß zwischen den Parakletsprüchen der ersten Abschiedsrede und denen der zweiten Abschiedsrede ein tiefgreifender inhaltlicher Gegensatz oder doch zumindest eine gewisse sachliche Spannung bestehe, die als Indiz dafür zu werten sei, daß die Parakletsprüche der ersten Abschiedsrede und die der zweiten Abschieds-rede verschiedenen literarischen Schichten des Johannesevangeliums angehö-ren[47]. Vielmehr fügt sich diese Differenzierung aufs beste in den Gesamtrah-men der johanneischen Bestimmung der Vater-Sohn-Relation ein. Wenn nämlich zwischen dem Vater und dem Sohn eine vollkommene Einheit – so-wohl im Blick auf ihr *Handeln* wie im Blick auf ihr *Sein und Wesen* – besteht, dann ist es theologisch nur konsequent, wenn vom Vater wie vom Sohn in glei-cher Weise die Sendung des göttlichen Geistes ausgesagt wird[48]. Die wesen-

---

[42] Deshalb hat das Futur τηρήσετε in V. 15b *logischen* Sinn.

[43] Vgl. die Rede vom ἀναβαίνειν Jesu in 20,17; ferner in 3,13; 6,62.

[44] BLANK, Krisis 328. Vgl. dazu vor allem 7,39; 20,22.

[45] Ebenso in den pneumatologischen Aussagen 1Joh 3,24; 4,13.

[46] Ebenso in 1Joh 2,20.27. S. dazu u. Anm. 116.

[47] Gegen BECKER, Abschiedsreden 240; DERS., Johannes II 555; MÜLLER, Parakletenvor-stellung 66; THEOBALD, Gott, Logos, Pneuma 73f.

[48] Ebenso urteilt WILCKENS, Der Paraklet und die Kirche 189: „Im 1. Johannesbrief wie im Johannesevangelium werden Gott und der erhöhte Christus so wesenhaft zusammen-

hafte Einheit und Gemeinschaft von Vater und Sohn bringt Johannes darum im
letzten seiner Parakletsprüche abschließend ausdrücklich zur Sprache, indem
er Jesus sagen läßt: πάντα ὅσα ἔχει ὁ πατὴρ ἐμά ἐστιν (16,15; vgl. 17,10).

Dem Ausdruck ἄλλος παράκλητος[49] ist der für die theologische Verhältnisbestimmung von Pneumatologie und Christologie nicht unwesentliche Sachverhalt zu entnehmen, daß der vierte Evangelist bereits den irdischen Jesus als
παράκλητος und damit als schutzgewährenden Beistand und Helfer seiner
Jünger gegenüber der Welt begreift[50]. Johannes weist zudem durch das Pro-
nominaladjektiv ἄλλος auf die sachliche Kontinuität hin, die zwischen dem
Wirken des irdischen Jesus und dem des Geistparakleten besteht. Sie liegt dem
ersten Parakletspruch zufolge darin, daß auf das zeitlich begrenzte – Schutz
und Beistand gewährende – μεθ' ὑμῶν εἶναι des irdischen Jesus (vgl. 13,33;
14,9; 16,4b; 17,12)[51] das fortwährende μεθ' ὑμῶν εἶναι des im Geistparakleten
selbst gegenwärtigen erhöhten und verherrlichten Christus folgen wird. Die
Temporalbestimmung εἰς τὸν αἰῶνα bringt dabei das qualitative Mehr, das
zwischen der leibhaftigen Gegenwart des irdischen Jesus und der pneumatischen Präsenz des erhöhten Christus besteht, zur Sprache. Sie hat an dieser
Stelle – wie in 8,35; 12,34 und 13,8 – nicht etwa die Bedeutung „in alle Ewigkeit"[52], sondern (alttestamentlicher Redeweise entsprechend) den Sinn „für
alle Zeit"[53]. Denn streng und ausschließlich für die Zeit, in der der Christusglaube der Gemeinde aufgrund ihres In-der-Welt-Seins immer noch und immer
wieder angefochten ist, und also für „die Zeit der Kirche"[54] gilt, daß die Beziehung der Gemeinde zu Jesus Christus *durch den Geistparakleten vermittelt* ist.

---

gesehen, daß der Geist ebenso als vom Vater wie als vom Sohn gesandt zu denken ist"; s.
auch SCHNEIDER, Johannes 273: „Daß die Sendung des Geistes bald auf Gott, bald auf Christus zurückgeführt wird, erklärt sich aus der Wesenseinheit, die zwischen beiden besteht". –
Zu dem im Johannesevangelium durchgängig bezeugten Gedanken der *Wesens- und Offen-
barungseinheit* von Vater und Sohn s. vor allem 10,30.38; 14,10.11.20; 17,11.21.22.23; ferner 3,35; 5,20; 13,3.

[49] In der Wendung ἄλλον παράκλητον δώσει ὑμῖν darf das Wort παράκλητον keineswegs prädikativ verstanden und die ganze Wendung deshalb nicht mit „er wird euch einen
anderen *als* Parakleten geben" wiedergegeben werden (so mit Recht BEHM, Art. παράκλητος
799 Anm. 1 und SCHNACKENBURG, Johannes III 84).

[50] Das substantivierte Verbaladjektiv παράκλητος ist im Kontext der Parakletsprüche –
dem lateinischen Äquivalent *advocatus* entsprechend – mit „Beistand" bzw. „Helfer" wiederzugeben. Denn diese Übersetzung entspricht am besten der Funktion, die der
παράκλητος für die johanneische Gemeinde in ihrer Situation des Bedrängtseins durch den
κόσμος hat. Die Bedeutung „Fürsprecher" vor Gott (so in 1Joh 2,1 im Blick auf den *erhöhten* Christus) macht im Johannesevangelium dagegen wenig Sinn. Philologisch unhaltbar ist
die auf bestimmte Bedeutungen des Verbums παρακαλεῖν zurückgehende Wiedergabe mit
„Tröster" bzw. „Ermahner".

[51] Zum *Sprachlichen* vgl. 8,29; 16,32: εἶναι μετά τινος = „jemanden nicht allein lassen";
zum *Inhaltlichen* s. vor allem 17,12.

[52] So in 4,14; 6,51.58; 8,51f.; 10,28; 11,26.

[53] Ebenso urteilt PORSCH, Pneuma und Wort 245 mit Anm. 141.

[54] BECKER, Johannes II 556.

In dieser Zeit vollzieht sich das „Sehen" der δόξα Christi allein *im Glauben* (20,29b) und *im Wort seiner Zeugen* (17,20b)[55], das selbst in der Kraft des richtenden und neumachenden Geistes ergeht (20,22f.). An die Stelle der pneumatologisch vermittelten Erkenntnis der Herrlichkeit Jesu wird aber – dieser Gedanke läßt sich *direkt* allerdings nur dem ersten Johannesbrief entnehmen (1Joh 3,2) – im Eschaton die *unmittelbare und unverhüllte* Wahrnehmung der göttlichen Doxa Christi treten[56].

Weil V. 16 die Präsenz des Geistes im Blick auf die nachösterliche Gemeinde insgesamt reflektiert, sind die angeredeten ὑμεῖς keineswegs einfach mit dem numerisch begrenzten Kreis der Jünger des irdischen Jesus gleichzusetzen. Vielmehr bezieht sich das Personalpronomen ὑμεῖς hier ganz umfassend auf *alle* Christen *aller* Zeiten[57]. *Ihnen* gilt die Zusage der Sendung des Parakleten. Ganz entsprechend gilt der erste Parakletspruch mit seinen spezifischen Verheißungen – ebenso wie alle anderen Parakletsprüche – auch nicht primär den einmaligen und einzigartigen Osterzeugen und *erst durch sie vermittelt* allen Christen[58], sondern *von vornherein* jedem, der aufgrund des johanneischen Christuszeugnisses an Jesus als „den Christus, den Sohn Gottes" glaubt (20,31). Darin entsprechen die Parakletsprüche dem textpragmatischen und ekklesiologischen Sinn der Abschiedsreden, die ja ebenfalls in der literarischen Gestalt von fiktiven Reden Jesu an den vorösterlichen Jüngerkreis die *nachösterliche* Situation der johanneischen Gemeinde bedenken[59].

Der bereits in der Verheißung des μεθ' ὑμῶν εἶναι des Geistparakleten anklingende Gedanke, daß es zwischen der Gegenwart des irdischen Jesus und der nachösterlichen Präsenz des ἄλλος παράκλητος eine sachliche Kontinuität gibt, wird in *V. 17* durch die beiden Wendungen παρ' ὑμῖν μένειν und ἐν ὑμῖν εἶναι weitergeführt und vertieft. Denn auch mit ihnen beschreibt Johannes, inwiefern die nachösterliche Gegenwart des im Geistparakleten anwesenden Jesus Christus die vorösterliche Christusgemeinschaft der Jünger, die durch das παρ' ὑμῖν μένειν des irdischen Jesus charakterisiert ist (V. 25), fortsetzt und zugleich qualitativ überbietet. Im Unterschied zu den Formulierungen μεθ'

---

[55] Vgl. 1,14; 17,24 (zu 17,24 s. Anm. 78); s. ferner 14,19; 16,16.17.19. In 20,18.20.25.29a und 1Joh 1,1–3 ist dagegen davon die Rede, daß der einmalige und einzigartige Kreis der Osterzeugen den Auferstandenen *leibhaftig* wahrnimmt.

[56] *Anders* urteilt SCHULZ, Johannes 187: „Dieser Paraklet wird ‚für immer' bei ihnen sein, also auch dann noch, wenn sie nach 14,2f. und 17,22f. mit allen zu erlösenden Söhnen im Himmel eschatologisch vereinigt und vollendet sind."

[57] Vgl. SCHICK, Johannes 132; SCHULZ, Johannes 187. Die Beobachtung, daß der Plural ὑμεῖς *pluralis ecclesiasticus* und nicht *pluralis apostolicus* ist, gilt m.E. für *alle* Parakletsprüche – also auch für 15,27, worauf noch eigens einzugehen sein wird.

[58] Gegen MUSSNER, Parakletsprüche 155f. mit Anm. 30.

[59] Zur Funktion der Abschiedsreden vgl. MÜLLER, Parakletenvorstellung 42 Anm. 39; ONUKI, Gemeinde und Welt 163–166; SCHNELLE, Abschiedsreden 78; DIETZFELBINGER, Osterglaube 47.

ὑμῶν εἶναι (V. 16) bzw. παρ' ὑμῖν μένειν[60] (V. 17), die beide auf die bleibende
Gegenwart und den Beistand des Geistes bei den Glaubenden abheben, stellt
das ἐν ὑμῖν εἶναι die innige und heilvolle Gemeinschaft heraus, die zwischen
dem verherrlichten Christus und den Seinen nachösterlich in Gestalt der
gnadenhaften Gegenwart des Geistes besteht; von ihr sprechen 6,56; 15,4.5;
17,23.26 in eindeutig *christologischem* Sinn[61].

Der Ausdruck ἄλλος παράκλητος erfährt durch die Apposition τὸ πνεῦμα
τῆς ἀληθείας eine inhaltliche Präzisierung[62]. Der Genitiv τῆς ἀληθείας ist
grammatisch als *Genitivus qualitatis* zu bestimmen, und aus der streng christologischen Füllung des johanneischen Wahrheitsbegriffs ist sachlich zu folgern,
daß Johannes den Geist deshalb mit diesem Prädikat näher beschreibt, weil
dessen vornehmste Aufgabe darin liegt, den zu erschließen, der selbst die
Wahrheit in Person ist: *Jesus Christus* (14,6[63]). In diesem Sinne führt der Geist
ja nach 16,13a ἐν τῇ ἀληθείᾳ πάσῃ, d.h. in die volle und unüberbietbare Erschließung von Person und Werk Jesu Christi hinein.

In dem anschließenden Relativsatz ὃ ὁ κόσμος οὐ δύναται λαβεῖν bezeichnet ὁ κόσμος die in ihrem Sein und Wesen der Macht der Sünde unterworfene
(8,34) und damit dem Tod als der definitiven Trennung von Gott verfallene
Menschenwelt (8,21.24). Als ihre Repräsentanten fungieren im Johannesevangelium die nicht an Jesus Christus glaubenden Juden (= οἱ Ἰουδαῖοι)[64]. Zum
κόσμος gehören aber *qua Person* gerade auch die Jünger Jesu, die ihm ausschließlich *aufgrund göttlicher Erwählung* entnommen sind. Die Wendung οὐ
δύναται λαβεῖν hat absoluten, keine Einschränkung duldenden und keine Ausnahme zulassenden Sinn; sie darf folglich keineswegs relativiert und abge-
schwächt werden[65]. Mit ihr wird zum Ausdruck gebracht, daß der Kosmos für

---

[60] Aus dem Präsens μένει in 14,17 darf keineswegs geschlossen werden, daß den Jüngern
der Geist schon vor der Verherrlichung Jesu zuteil geworden sei. Dem steht schon die grundsätzlich gemeinte pneumatologische Aussage von 7,39 entgegen (gegen PORSCH, Pneuma
und Wort 246f.).

[61] Sachlich gleichbedeutend reden 1Joh 2,27 vom μένειν des χρῖσμα und 1Joh 3,9 vom
μένειν des σπέρμα Gottes in den Glaubenden. In 1Joh 2,27 bezeichnet τὸ χρῖσμα den „Geist
in seiner belehrenden Funktion" (WENGST, Johannesbrief 110; vgl. KLAUCK, Johannesbrief
157); in 1Joh 3,9 meint σπέρμα αὐτοῦ ebenfalls den Geist Gottes (s. WENGST, Johannesbrief 140; KLAUCK, Johannesbrief 194).

[62] Die Wendung τὸ πνεῦμα τῆς ἀληθείας findet sich auch in 15,26; 16,7; ferner in 1Joh
4,6 (hier begegnet das Oppositum τὸ πνεῦμα τῆς πλάνης; dieser Dualismus hat *sprachlich-
formale* Parallelen in TestJud 20,2–5; 1QS 3,18–21; 4,21f.); s. ferner 1Joh 5,6. Zu vergleichen ist schließlich das in 4,23 und 4,24 begegnende Hendiadyoin ἐν πνεύματι καὶ ἀληθείᾳ.

[63] Vgl. ferner 8,32 mit 8,36; s. außerdem 18,37; 1,14.17.

[64] S. dazu die beiden wichtigen Aufsätze von GRÄSSER, Die antijüdische Polemik 135–
153, bes. 145. 150f.; DERS., Die Juden als Teufelssöhne 154–167, bes. 165f.

[65] Gegen PORSCH, Pneuma und Wort 247. 252: „Auch die Welt hatte ... die Möglichkeit,
ihn (sc. den Geistparakleten) zu sehen und zu erkennen" (247); ferner gegen WIKENHAUSER,
Johannes 269; BLANK, Johannes II 109.

den Geistparakleten schlechterdings „kein Organ" hat[66]. Zwischen ihm und der Sphäre des Göttlichen gibt es keinen – wie auch immer gearteten – anthropologischen Anknüpfungspunkt, sondern nur die schärfste Diastase. Deshalb spricht der Evangelist nicht nur von der absoluten Unkenntnis des Kosmos im Blick auf den *Geist*, sondern ebenso von seiner absoluten Verschlossenheit gegenüber Gott dem *Vater* (8,19.27.42.55; 17,25) wie auch gegenüber Jesus Christus, dem inkarnierten *Sohn* (1,10.11; 8,19.42.43; 10,6). Weil die Menschenwelt von der Sphäre Gottes unendlich geschieden ist, ist der Mensch im Blick auf seine Heilsteilhabe radikal unfrei und ausschließlich auf die göttliche Erwählung angewiesen. Diese hamartiologischen und anthropologischen Grundaussagen des vierten Evangeliums sind ihrerseits eine notwendige Konsequenz aus der johanneischen Christologie und Soteriologie. Denn die Erkenntnis des gekreuzigten Christus, der sein göttliches Leben am Kreuz ὑπὲρ τῆς τοῦ κόσμου ζωῆς (6,51) dahingegeben hat[67], führt unweigerlich zu der Einsicht in die abgrundtiefe Verlorenheit des Menschen vor Gott, die *vom κόσμος her* unaufhebbar und allein *von Gott her* überwindbar ist.

Die vorgetragene Interpretation, die das οὐ δύναται λαβεῖν als eine *absolute* Feststellung begreift, wird durch ähnliche johanneische Aussagen, in denen das Verb δύνασθαι negiert wird, bestätigt. In 3,3.5 (ἐὰν μή τις γεννηθῇ ἄνωθεν, οὐ δύναται ἰδεῖν τὴν βασιλείαν τοῦ θεοῦ bzw. ἐὰν μή τις γεννηθῇ ἐξ ὕδατος καὶ πνεύματος, οὐ δύναται εἰσελθεῖν εἰς τὴν βασιλείαν τοῦ θεοῦ) bezieht sich das οὐ δύναται auf die *unbedingte* soteriologische Notwendigkeit der von Gott geforderten und allein von ihm realisierbaren eschatologischen Neugeburt des Menschen. Die Wendung οὐδεὶς δύναται betont in 6,44.65 (οὐδεὶς δύναται ἐλθεῖν πρός με ἐὰν μὴ ὁ πατὴρ ὁ πέμψας με ἑλκύσῃ αὐτόν bzw. οὐδεὶς δύναται ἐλθεῖν πρός με ἐὰν μὴ ᾖ δεδομένον αὐτῷ ἐκ τοῦ πατρός), daß es für den Menschen *prinzipiell* unmöglich ist, aufgrund eines selbstgewählten Entschlusses an Jesus Christus zu glauben. In 8,43 (διὰ τί τὴν λαλιὰν τὴν ἐμὴν οὐ γινώσκετε; ὅτι οὐ δύνασθε ἀκούειν τὸν λόγον τὸν ἐμόν) und 12,39 (διὰ τοῦτο οὐκ ἠδύναντο πιστεύειν, ὅτι πάλιν εἶπεν Ἡσαΐας· τετύφλωκεν κτλ. [Jes 6,10]) bringen die Wendungen οὐ δύνασθε bzw. οὐκ ἠδύναντο den für die Prädestinationslehre des vierten Evangeliums ebenfalls gewichtigen Gedanken zur Sprache, daß den Ἰουδαῖοι die Selbstoffenbarung Gottes in Jesus Christus aufgrund einer von Gott selbst gewirkten Verstockung *definitiv* verschlossen ist (8,43–47; 12,37–40). In 16,12 (ἔτι πολλὰ ἔχω ὑμῖν λέγειν, ἀλλ᾽ οὐ δύνασθε βαστάζειν ἄρτι) schließlich hat die Formulierung οὐ δύνασθε den Sinn, das *absolute* Unverständnis der Jünger gegenüber der

---

[66] STRATHMANN, Johannes 210; SCHNEIDER, Johannes 262; SCHNACKENBURG, Johannes III 85.
[67] S. dazu 10,11.15.17; 15,13; 17,19; ferner 1Joh 3,16.

Selbstoffenbarung Jesu zum Ausdruck zu bringen: Sie stehen genauso unverständig vor seinem Weg an das Kreuz wie der Kosmos[68].

Die in V. 17 angesprochene, soteriologisch schlechterdings entscheidende Differenz zwischen den Jüngern und dem Kosmos gründet in der Erwählung der Jünger zur ewigen Heilsteilhabe und in der darin mitgesetzten Selbsterschließung Christi im Geistparakleten[69]. Der kausale ὅτι-Satz V. 17bß, mit welchem der erste Parakletspruch schließt, stellt diesen für die gesamte johanneische Soteriologie konstitutiven Gedanken eigens heraus. Denn er betont, daß die Erkenntnis des Geistparakleten bei den Jüngern – und das heißt: bei den Erwählten – gerade dadurch gewirkt wird, daß der Geist selbst bleibend und heilschaffend bei ihnen gegenwärtig ist. Die Erkenntnis des Geistparakleten ist folglich kein Akt, den die Jünger *selbstmächtig* ins Werk zu setzen haben und der als solcher die *conditio sine qua non* für den Empfang des Geistes darstellt, sondern sie ist *die Gabe, die der Geistparaklet selbst schenkt*[70]. Die Erkenntnis des Parakleten und damit der Glaube an Jesus Christus, der als solcher selbst die eschatologische Neugeburt ist, sind also streng und ausschließlich *Werk des Heiligen Geistes* und damit *Werk Gottes* – und folglich in gar keiner Weise ein Werk des (frommen) Menschen (vgl. 3,3.5.8).

d) Die Explikation Joh 14,18–24

Der erste Parakletspruch wird in den Versen 18–24 näher expliziert und interpretiert. Sie führen insofern über dessen eher allgemein gehaltene Erwähnung der schützenden und helfenden Gegenwart des Geistes in der Gemeinde hinaus, als in ihnen – so wie in den anderen Parakletsprüchen – von einer *spezifischen Tätigkeit* des Geistparakleten gesprochen wird[71].

Die Ansage von *V. 18b*: ἔρχομαι πρὸς ὑμᾶς findet sich in Joh 14 wörtlich auch in V. 28 und ähnlich in den Versen 3 und 23. Sie hebt durchgängig auf das nachösterliche Kommen Christi im Parakleten und nur implizit auf die einzigartigen Selbsterweise des Auferstandenen vor seinen Jüngern an Ostern ab. Dagegen ist von der endzeitlichen Parusie Jesu Christi an keiner der genannten Stellen die Rede. Für V. 18b (und die Parallelaussage V. 28) ist ein solcher Sinn bereits durch V. 18a ausgeschlossen[72]. Denn der Sinn dieser Verheißung liegt ja

---

[68] Vgl. exemplarisch 14,5 mit 7,35f.; 8,21f. Zu 16,12 s.u. S. 137.

[69] Gegen WIKENHAUSER, Johannes 269: „Die Jünger öffnen sich dem Wirken des Geistes." Richtig dagegen STRATHMANN, Johannes 210: „Warum hat die Welt ihn nicht empfangen? Dazwischen steht das Mysterium der Gnade, die sie (sc. die Jünger) aus der Welt heraus erwählt hat (15,19)."

[70] Gegen PORSCH, Pneuma und Wort 250: „Beide (sc. der Geist und der Vater) konnten in Jesus geschaut werden, – jedoch nur von jenen, die bereit waren sich auf ihn einzulassen, die ihren Blick aufmerksam auf ihn richteten, um in sein Geheimnis eingeführt zu werden."

[71] Da die Verse 21 und 22–24 bereits oben bedacht worden sind, lege ich jetzt nur noch die Verse 18–20 aus.

[72] Gegen ZAHN, Johannes 568f.; STÄHLIN, Eschatologie 236f.; SCHNELLE, Abschiedsreden 68f.

darin, daß Jesus seinen Jüngern zusagt, daß sie in der Weltzeit *keinen Augenblick* von ihm als Waisen zurückgelassen werden, sondern *allezeit* seiner Gegenwart gewiß sein dürfen, die im παρ᾽ ὑμῖν μένειν und ἐν ὑμῖν εἶναι des
Geistparakleten (V. 17b) Wirklichkeit sein wird. Bezöge sich V. 18 dagegen auf
die Parusie Christi, dann wären die Glaubenden sehr wohl bis zu seiner endzeitlichen Wiederkunft allein und also von ihm als Waisen zurückgelassen.
Aber auch in V. 3 ist – anders als etwa in 1Thess 4,16.17 – nicht von Jesu Wiederkunft am Ende der Geschichte die Rede, bei welcher er die Seinen endgültig
zu sich nehmen wird. Zwar bedient sich Johannes in 14,2.3 traditioneller apokalyptischer Sprachformen und Vorstellungsinhalte, so daß man zunächst in
der Tat vermuten könnte, hier werde davon gesprochen, daß Jesus in das himmlische Vaterhaus geht, um den Seinen dort die himmlischen Wohnungen zu
bereiten (V. 2.3a), und daß er dann bei seiner Parusie wiederkommen wird, um
die Glaubenden endgültig zu sich zu nehmen (V. 3b)[73]. Aber die Verse 14,2.3
sind so nicht gemeint; vielmehr interpretiert Johannes hier die traditionellen
zukunftseschatologischen Vorstellungen und Sprachmuster *von seiner präsentischen Eschatologie her* radikal um.

Das ist kurz zu begründen: 1. Die Wendung παραλήμψομαι ὑμᾶς πρὸς
ἐμαυτόν 14,3 hat eine fast wörtliche Entsprechung in der Aussage πάντας
ἑλκύσω πρὸς ἐμαυτόν 12,32b. In 12,32 ist ganz unzweideutig davon die Rede,
daß der ans *Kreuz* erhöhte Jesus Christus alle, die von Gott zur Heilsteilhabe
erwählt sind[74], zu sich ziehen wird, um ihnen so das in seinem Kreuzestod beschlossene Heil zu erschließen. Aus der formalen Analogie zwischen 12,32
und 14,3 ist sachlich zweierlei im Blick auf das Verständnis von 14,2.3 zu folgern. Zum einen: Die in V. 2b und in V. 3a begegnende Wendung ἑτοιμάζειν
τόπον ὑμῖν artikuliert den Gedanken, daß Jesus Christus ans *Kreuz* geht, um
den Prädestinierten das Heil und damit die heilvolle Gemeinschaft mit Gott zu

---

[73] So deuten 14,2.3 u.a. ZAHN, Johannes 555; SCHLATTER, Johannes 292. 293; STRATH-
MANN, Johannes 206; BERNARD, John II 535; RICCA, Eschatologie 150. 161f.; BECKER, Abschiedsreden 222; DERS., Auferstehung der Toten 118–120; DERS., Johannes II 549–551;
MORRIS, John 640; BEUTLER, Habt keine Angst 39–41; SCHNEIDER, Johannes 258; CARSON,
John 488f. – Einige andere Deutungsvorschläge seien nur knapp referiert: a) BROWN, John II
620. 626 meint, der Bezug auf die Parusie Jesu sei der *ursprüngliche* Sinn von 14,2.3, der
möglicherweise später auf die individuelle Todesstunde umgedeutet wurde. b) SCHICK, Johannes 129 bezieht 14,2.3 sowohl auf die Parusie wie auf die *individuelle Todesstunde*. c)
Nach BULTMANN, Johannes 465; WIKENHAUSER, Johannes 264; BLANK, Johannes II 76;
PORSCH, Johannes 151 hat der Evangelist ausschließlich die Todesstunde vor Augen. d) Be-
wußten Doppelsinn – einerseits Verweis auf *Ostern* und auf das Kommen des *Parakleten*,
andrerseits Verweis auf die *Parusie* – nimmt GUNDRY, Father's House 68–72, bes. 72 an;
ähnlich urteilt BARRETT, Johannes 447.
[74] Dieser prädestinatianische Sinn von πάντες ergibt sich zwingend aus der Sachparallele 6,44, wo vom „Ziehen" Gottes des Vaters die Rede ist, das in der vorgängigen Erwählung gründet. Daß in 12,32 vom Ziehen *Jesu*, in 6,44 dagegen vom Ziehen *des Vaters* die
Rede ist, weist wiederum auf die Einheit von Vater und Sohn hin.

erwerben[75]. Die Ausdrücke ἡ οἰκία τοῦ πατρός μου und μοναὶ πολλαί meinen also *metaphorisch* die Gottesgemeinschaft, die der Gekreuzigte den Seinen erworben hat und die im Glauben *hic et nunc* Wirklichkeit ist[76]. Zum andern: Die Aussage πάλιν ἔρχομαι καὶ παραλήμψομαι ὑμᾶς πρὸς ἐμαυτόν bringt zur Sprache, daß der erhöhte Jesus Christus *im Geistparakleten* wieder zu den Seinen kommen wird, um ihnen *dadurch* Gemeinschaft mit sich selbst zu eröffnen, daß er ihnen das in seinem Kreuzestod für sie vollbrachte Heil *zueignet*. – 2. Der Finalsatz V. 3c: ἵνα ὅπου εἰμὶ ἐγὼ καὶ ὑμεῖς ἦτε spricht nicht etwa von der postmortalen Existenz der Christen bei ihrem Herrn, sondern – ebenso wie die beiden Sachparallelen 12,26[77] und 17,24[78] – von der *bereits jetzt* im

---

[75] Die Wendung ἑτοιμάζειν τόπον ὑμῖν entspricht sachlich dem τετέλεσται 19,30.

[76] Die Wendung ἡ οἰκία τοῦ πατρός μου meint in 14,2 folglich nicht den Himmel im apokalyptischen Sinn, und μοναὶ πολλαί bezeichnet dort auch nicht wie in apokalyptischen Texten (z.B. in äthHen 39,4f.; 41,2; vgl. 14,15–23; 71,5–10; slavHen 61) die himmlischen Wohnungen.

[77] Für das Verständnis von *12,26* ist zunächst die Beobachtung wesentlich, daß die Worte ἐὰν ἐμοί τις διακονῇ, ἐμοὶ ἀκολουθείτω V. 26aα durch die Protasis ἐάν τις ἐμοὶ διακονῇ V. 26bα wieder aufgenommen werden. Denn daraus ist zu schließen, daß die beiden Teilsätze καὶ ὅπου εἰμὶ ἐγὼ ἐκεῖ καὶ ὁ διάκονος ὁ ἐμὸς ἔσται V. 26aβ und τιμήσει αὐτὸν ὁ πατήρ V. 26bβ einander sachlich entsprechen. Weil zwischen der Protasis und den indikativischen Hauptsätzen ein theologisch notwendiger Folgezusammenhang besteht, haben die Futura in beiden Fällen nicht zeitlichen, sondern *logischen* Sinn. Die beiden Aussagen καὶ ὅπου εἰμὶ ἐγὼ ἐκεῖ καὶ ὁ διάκονος ὁ ἐμὸς ἔσται und τιμήσει αὐτὸν ὁ πατήρ bezeichnen mithin die Heilsteilhabe, die mit dem Akt des διακονεῖν bzw. ἀκολουθεῖν *bereits gegenwärtig* Wirklichkeit ist und *über den Tod hinaus* Bestand hat. Darin korrespondieren sie sachlich den οὐ μή-Aussagen – „die bestimmteste Form der verneinenden Aussage über Zukünftiges" (F. BLASS / A. DEBRUNNER / F. REHKOPF, Grammatik des neutestamentlichen Griechisch, Göttingen ¹⁶1984 [= BDR] § 365) – in den beiden Nachfolge-Worten 8,12 (ὁ ἀκολουθῶν ἐμοὶ οὐ μὴ περιπατήσῃ ἐν τῇ σκοτίᾳ, ἀλλ᾽ ἕξει τὸ φῶς τῆς ζωῆς) und 8,51 (ἀμὴν ἀμὴν λέγω ὑμῖν, ἐάν τις τὸν ἐμὸν λόγον τηρήσῃ, θάνατον οὐ μὴ θεωρήσῃ εἰς τὸν αἰῶνα). Deshalb können die Worte τιμήσει αὐτὸν ὁ πατήρ mit den folgenden, inhaltlich übereinstimmenden soteriologischen Formulierungen umschrieben werden: Gott ehrt die Glaubenden, indem der Sohn (12,32) und der Vater (6,44) die Prädestinierten zu sich ziehen und ihnen so das Heil, das im Kreuzestod Jesu Christi für sie beschlossen liegt, durch das Geschenk des Glaubens zueignen; das τιμᾶν durch den Vater vollzieht sich dadurch, daß der Sohn die Seinen zu sich nimmt und sie damit in die Sphäre des Heils versetzt (14,3); es wird darin Wirklichkeit, daß der Vater und der Sohn im Parakleten zu den Glaubenden kommen und ihnen so die Heilsgemeinschaft eröffnen (14,23); es realisiert sich, indem der Vater den Glaubenden die volle und unüberbietbare Erkenntnis des Persongeheimnisses Jesu schenkt (17,24). Die Wendung ὅπου εἰμὶ ἐγὼ ἐκεῖ καὶ ὁ διάκονος ὁ ἐμὸς ἔσται bezeichnet also – dem Kontext 12,23–25.27–32 entsprechend – die heilvolle Gottesgemeinschaft, die durch den Kreuzestod Jesu erwirkt worden ist und die dem einzelnen bereits in der *Gegenwart* zugeeignet wird.

[78] Auch in *17,24* bezieht sich die Wendung ἵνα ὅπου εἰμὶ ἐγὼ κἀκεῖνοι ὦσιν μετ᾽ ἐμοῦ, ἵνα θεωρῶσιν τὴν δόξαν τὴν ἐμήν κτλ. m.E. nicht auf die *zukünftige himmlische* Christusgemeinschaft, sondern auf die bereits *auf Erden* in vollkommener Weise verwirklichte *gegenwärtige* Gemeinschaft mit Jesus im Glauben. Für diese Interpretation spricht nämlich, daß in 1,14; 2,11 gesagt ist, daß die Jünger *bereits jetzt* im Glauben die göttliche δόξα Jesu wahrnehmen. Sie erkennen damit sein Persongeheimnis in *unüberbietbarer* Weise; denn wo Jesus als Sohn Gottes (1,34.49; 11,27; 20,31), als Menschensohn (9,35), ja als „mein Herr und mein Gott" (20,28) bekannt und geglaubt wird, da ereignet sich nichts Geringeres als

Glauben anhebenden und *über den Tod hinausreichenden* Christusgemeinschaft. – 3. Die Sachparallele 14,23, in der Johannes sich wiederum einer traditionellen, auch in apokalyptischen Texten begegnenden Vorstellung futuri-
scher Eschatologie bedient, um *präsentisch-eschatologische* Sachverhalte zur
Sprache zu bringen[79], interpretiert die Verse 14,2.3[80] – und zwar dahingehend,
daß nun ausdrücklich gesagt wird, daß die durch das Kreuzesgeschehen geschaffene Christus- und Gottesgemeinschaft die durch den *Parakleten* er-
schlossene Gemeinschaft mit dem Vater und dem Sohn ist. Was in V. 23 als
Bewegung *von oben nach unten*, vom Himmel zur Erde beschrieben wird: die
sich im Kommen des Geistparakleten zu den Glaubenden ereignende Selbsterschließung von Vater und Sohn, durch die jenen das im Kreuzestod Jesu beschlossene Heil zugeeignet wird, – genau das ist zuvor in V. 3b als Bewegung
von unten nach oben, von der Erde zum Himmel geschildert worden.

Aufgrund der dargelegten Erwägungen können die Sätze 14,2.3 nicht sinnvoll auf die endzeitliche Wiederkunft Jesu bezogen werden[81]. Vielmehr beschreibt Johannes hier mittels apokalyptischer Sprache metaphorisch den in
sich differenzierten theologischen Zusammenhang, der zwischen der *einmali-*

---

das θεωρεῖν τὴν δόξαν τὴν ἐμήν, ἥν δέδωκάς μοι ... πρὸ καταβολῆς κόσμου (17,24; vgl.
17,5); da erfüllt sich die in 14,19; 16,16.17.19 verheißene Begegnung mit dem verherrlichten Gekreuzigten (vgl. 20,20b). Die δόξα des *inkarnierten* Christus ist ja qualitativ und sub-
stantiell keine andere als die des *präexistenten* und des zu Gott *erhöhten* Gottessohnes. Ferner ist zu bedenken, daß die im Glauben realisierte Erkenntnis des Persongeheimnisses Jesu
qualitativ ebensowenig überbietbar ist, wie die durch die Wahrnehmung Jesu im Glauben
gegenwärtig eröffnete χαρά. Von dieser „Freude" heißt es deshalb in 17,13: ἵνα ἔχωσιν τὴν
χαρὰν τὴν ἐμὴν πεπληρωμένην ἐν ἑαυτοῖς. Schließlich gilt es, den Sachverhalt zu beachten, daß in Joh 17 durch nichts angezeigt ist, daß die Wendung ἵνα ὅπου εἰμὶ ἐγὼ κἀκεῖνοι
ὦσιν μετ' ἐμοῦ in der Sache qualitativ über die im unmittelbaren Kontext stehenden *christo-
logisch-ekklesiologischen Immanenz- und Einheitsformeln* von 17,11.21–23.26 hinausführen soll; sie entspricht vielmehr diesen Bestimmungen sachlich vollkommen. Die Aussage
ἵνα θεωρῶσιν τὴν δόξαν τὴν ἐμήν, ἥν δέδωκάς μοι ... πρὸ καταβολῆς κόσμου ist folglich
inhaltlich parallel zu den im gleichen Kapitel stehenden Formulierungen: ἵνα γινώσκωσιν
σὲ τὸν μόνον ἀληθινὸν θεὸν καὶ ὃν ἀπέστειλας Ἰησοῦν Χριστόν (V. 3), νῦν ἔγνωκαν ὅτι
πάντα ὅσα δέδωκάς μοι παρὰ σοῦ εἰσιν (V. 7), καὶ ἔγνωσαν ἀληθῶς ὅτι παρὰ σοῦ
ἐξῆλθον, καὶ ἐπίστευσαν ὅτι σύ με ἀπέστειλας (V. 8b) und καὶ οὗτοι ἔγνωσαν ὅτι σύ με
ἀπέστειλας (V. 25b). Das bedeutet aber, daß 17,24 *nicht* auf einer Linie liegt mit dem unzweideutig *futurisch*-eschatologisch gemeinten Satz 1Joh 3,2 (ἀγαπητοί, νῦν τέκνα θεοῦ
ἐσμεν, καὶ οὔπω ἐφανερώθη τί ἐσόμεθα. οἴδαμεν ὅτι ἐὰν φανερωθῇ, ὅμοιοι αὐτῷ
ἐσόμεθα, ὅτι ὀψόμεθα αὐτὸν καθώς ἐστιν). Dieser Satz reflektiert nämlich im Unterschied
zu Joh 17,24 *die qualitative Differenz*, die zwischen der Christusgemeinschaft der Glaubenden vor und nach der Parusie Jesu gegeben ist.

[79] HAUCK, Art. μονή 584,15–18 bemerkt zu 14,23 treffend: „Das Wohnen Gottes bei sei-
nem Volk, im AT kultisch ausgesagt (Ex 25,8; 29,45; Lv 26,11), von der Verheißung für die
Endzeit erwartet (Ez 37,26f.; Sach 2,14; Apk 21,3.22f.), ist hier in vergeistigter Weise in die
Gegenwart der Gemeinde hereingenommen."

[80] Nur an diesen beiden Stellen begegnet bezeichnenderweise das Nomen ἡ μονή im
Neuen Testament.

[81] Der traditionelle urchristliche Parusiegedanke findet sich nach meinem Dafürhalten
im vierten Evangelium an keiner Stelle.

gen und *ein für allemal* geschehenen Heilstat des Gekreuzigten (V. 2.3a) und der sich *je und je* ereignenden Erschließung des Heils durch den erhöhten und im Parakleten zu seiner Gemeinde kommenden Jesus Christus besteht (V. 3b)[82]. In *V. 19a* verweist die Temporalbestimmung ἔτι μικρόν (= ἔτι μικρὸν χρόνον) ebenso wie μικρόν in 16,16b.17b.19b präzise auf den Zeitraum, der bis zum Wiederkommen des erhöhten Christus im Parakleten vergehen wird[83]. In den einander parallelen Formulierungen ὑμεῖς γινώσκετε αὐτό (V. 17bα), ὑμεῖς δὲ θεωρεῖτέ με (V. 19bα) und ἐν ἐκείνῃ τῇ ἡμέρᾳ[84] γνώσεσθε ὑμεῖς ὅτι ἐγὼ ἐν τῷ πατρί μου καὶ ὑμεῖς ἐν ἐμοὶ κἀγὼ ἐν ὑμῖν (V. 20) besteht zwischen den beiden Akkusativobjekten αὐτό bzw. μέ und dem Objektsatz ὅτι ἐγὼ ἐν τῷ πατρί μου καὶ ὑμεῖς ἐν ἐμοὶ κἀγὼ ἐν ὑμῖν eine formale wie inhaltliche Entsprechung. Daraus ergibt sich eine Einsicht, die für die johanneische Pneumatologie von fundamentaler Relevanz ist, – nämlich die, daß die *Erkenntnis des Parakleten* stricto sensu *Christuserkenntnis* ist. Durch das sich in der Ankunft des Geistparakleten vollziehende Kommen Christi (in Gemeinschaft mit seinem Vater [V. 23]) werden Jesu göttliches *Persongeheimnis* und die soteriologische Bedeutung seines *Heilswerkes* erschlossen; die Glaubenden erkennen damit die wesenhafte Einheit von Vater und Sohn und das in seinem Kreuzestod für sie beschlossen liegende Heil. Zudem zeigt die Parallelität zwischen *V. 19b* und *V. 20*[85], daß die christologische Aussage ἐγὼ ζῶ ebenso durch die anschließende christologische Formulierung ἐγὼ ἐν τῷ πατρί μου interpretiert und entfaltet wird, wie die soteriologische Aussage καὶ ὑμεῖς ζήσετε durch die anschließende soteriologische Feststellung καὶ ὑμεῖς ἐν ἐμοὶ κἀγὼ ἐν ὑμῖν. Die Wendung ἐγὼ ζῶ bringt dabei zwei für die johanneische Christologie gleichermaßen gewichtige und sachlich eng miteinander verzahnte Aspekte zur Sprache: Jesus ist *in sich selbst von Ewigkeit her* das Leben in Person[86], und er ist es *für andere*

---

[82] Ähnlich interpretieren 14,2.3 DODD, Interpretation 395. 404f.; SCHULZ, Johannes 183; SCHNACKENBURG, Johannes III 70.

[83] Anderen Sinn hat diese Wendung in 7,33; 12,35; 13,33; 16,16a.17a.19a. Dort ist der Zeitraum bis zur *Passion* Jesu im Blick.

[84] Der Ausdruck ἐν ἐκείνῃ τῇ ἡμέρᾳ 14,20; 16,23.26 ist Johannes vom Alten Testament her vorgegebenen (vgl. Jes 2,11.17.20LXX; Sach 12,3f.6.8f.LXX u.ö.). Er wird wiederum seines traditionellen apokalyptischen Charakters entkleidet und in die Koordinaten der präsentischen Eschatologie des Johannesevangeliums integriert. Denn mit ihm wird – im signifikanten Unterschied zu Mt 7,22; Mk 13,32par; Lk 10,12; 17,31; 21,34; 2Thess 1,10; 2Tim 1,12; 4,8 – nicht auf die endzeitliche Parusie Christi, sondern auf die heilvolle Gegenwart Jesu im *Parakleten*, auf seine *Spiritualpräsenz* verwiesen (eine Bezugnahme auf die österlichen Selbsterschließungen vor seinen Jüngern mag mitschwingen).

[85] In V. 19 und 20 entsprechen einander a) ἔτι μικρόν und ἐν ἐκείνῃ τῇ ἡμέρᾳ, b) ὑμεῖς δὲ θεωρεῖτέ με und γνώσεσθε ὑμεῖς ὅτι, c) ἐγὼ ζῶ und ἐγὼ ἐν τῷ πατρί μου, d) καὶ ὑμεῖς ζήσετε und καὶ ὑμεῖς ἐν ἐμοὶ κἀγὼ ἐν ὑμῖν.

[86] Vgl. 1,4; 5,26; 6,57; 14,6; ferner 1Joh 1,2; 5,20. Deshalb verwendet der vierte Evangelist hier das Präsens, das durativen Sinn hat. Es wird von BULTMANN, Johannes 479 in problematischer Weise interpretiert, wenn er seinen theologischen Sinn darin sieht, „das Osterereignis seines Charakters als eines äußerlichen Wunders" zu entkleiden.

durch seine Auferstehung von den Toten *in alle Ewigkeit*[87]. Durch den differenzierten Tempusgebrauch – in der christologischen Aussage ἐγὼ ζῶ steht das Präsens, in der soteriologischen Feststellung ὑμεῖς ζήσετε dagegen das (logische) Futur – weist Johannes auf den bleibenden *ontologischen* und *soteriologischen* Unterschied hin, der zwischen Jesus und seinen Jüngern unaufhebbar besteht. Während nämlich Jesus das göttliche Leben *ursprung- und wesenhaft* zukommt, weil er als der eine und einzige Sohn in ewiger personaler Gemeinschaft mit seinem Vater lebt, wird es den Seinen durch seine Heilstat, die sie allererst zu τέκνα θεοῦ macht (1,12; 20,17), *gnadenhaft* zuteil[88]. Die Immanenzformel, die in V. 20 wie in 17,21.23 gleichermaßen den christologischen wie den soteriologisch-ekklesiologischen Aspekt zur Sprache bringt[89], besagt ganz entsprechend, daß die Gemeinschaft von Vater und Sohn selbst der sachliche Grund und die notwendige Bedingung für die heilvolle Gemeinschaft der Glaubenden mit dem Vater und dem Sohn ist, die durch den Kreuzestod Jesu konstituiert wird. Denn während die Einheit von Vater und Sohn als

---

[87] Vgl. 11,25f.

[88] Deshalb hat die Konjunktion καί hier *konsekutive* Bedeutung: „ich lebe, und *deshalb* werdet ihr leben". „Die koordinierten Sätzchen stehen also dem Sinne nach im Subordinationsverhältnis" (BULTMANN, Johannes 479 Anm. 2). Dieser *zeitlich wie sachlich* unumkehrbare Folgezusammenhang zwischen Christologie und Ekklesiologie wird auch in 20,17c (ἀναβαίνω πρὸς τὸν πατέρα μου καὶ πατέρα ὑμῶν καὶ θεόν μου καὶ θεὸν ὑμῶν) keinesfalls aufgehoben. Denn der theologische Sinn der καί-Wendungen liegt dort gerade darin, einerseits den *soteriologischen Ertrag des Kreuzestodes Jesu* zur Sprache zu bringen und andrerseits zugleich zwischen der einzigartigen Relation, die zwischen *Jesus* und Gott gegeben ist, und der durch ihn ermöglichten und erwirkten Beziehung, in der *die Jünger Jesu* nachösterlich zu Gott stehen, zu differenzieren. Die καί-Wendungen bringen mithin zur Sprache, daß die Jünger den Vater Jesu Christi nur aufgrund der Heilstat dessen zum Vater haben, der als der Sohn in seiner Person und deshalb auch in seinem Werk *unvertretbar* ist. Daß in 20,17 keineswegs die *wesenhafte Subordination* Jesu unter Gott behauptet werden soll, ergibt sich zum einen schon aus der im vierten Evangelium durchgängig bezeugten Wesenschristologie und zum andern aus dem näheren Kontext, – lautet doch das gültige, Jesu *ewiges* Sein präzise benennende österliche Bekenntnis des Thomas: ὁ κύριός μου καὶ ὁ θεός μου (20,28); damit ist ein Psalmwort (Ps 34,23LXX), das sich ursprünglich auf Jahwe bezieht, auf *Jesus Christus* übertragen worden! Dieses Bekenntnis bildet mit den für die johanneische Christologie ebenso fundamentalen Aussagen des Prologs (1,1f.18), die dem präexistenten Logos *die wesenhafte Gottheit* zusprechen, eine Inklusion. Deshalb ist 20,17 im Lichte von 20,28 zu interpretieren. Das ist gegenüber der Auslegung von DIETZFELBINGER, Osterglaube 44 nachdrücklich zu betonen. Dietzfelbinger entschärft den christologischen Spitzen- und Basissatz 20,28 in exegetisch unzulässiger Weise durch den Rekurs auf 20,17c und reduziert ihn so auf die Behauptung einer bloßen *Offenbarungs- und Funktionseinheit Jesu mit Gott*: „Unbegründet ist die Besorgnis, daß Jesus dadurch (sc. durch 20,28) zum Konkurrenten des Vaters werden könnte; das ist schon von dem ὁ θεός μου in V. 17b her unmöglich. Als Jude kennt Johannes keinen Ditheismus. Vielmehr ist Jesus für ihn in so vollendeter Weise Träger göttlichen Willens und Wirkens, daß in ihm, an dessen Menschsein kein Zweifel ist, Gott in uneingeschränkter Wirklichkeit erscheint. Eben dies bringt Johannes im Thomasbekenntnis zum Ausdruck."

[89] Die Immanenzformeln thematisieren in 10,38; 14,10.11 dagegen ausschließlich den *christologischen* Aspekt.

eine *von Ewigkeit zu Ewigkeit* währende zu begreifen ist[90], ist das Einssein des Vaters und des Sohnes mit denen, die Christus lieben, d.h. an ihn glauben, einzig und allein in dem *geschichtlichen* Ereignis der Inkarnation, Kreuzigung und Auferstehung des Gottessohnes begründet. Die Verse 19 und 20 artikulieren auf diese Weise den für die johanneische Theologie insgesamt zentralen Gedanken, daß *die Christologie der Grund und das sachliche Fundament der Soteriologie* ist und somit *die Person des Erlösers das Werk der Erlösung trägt.* Deshalb steht und fällt die theologische Gültigkeit der beiden *soteriologischen* Bestimmungen – καὶ ὑμεῖς ζήσετε bzw. καὶ ὑμεῖς ἐν ἐμοὶ κἀγὼ ἐν ὑμῖν – mit der Wahrheit der beiden *christologischen* Aussagen: ἐγὼ ζῶ bzw. ἐγὼ ἐν τῷ πατρί μου[91].

Abschließend bleibt festzuhalten, daß die Verse 18–24 den ersten Parakletspruch in zweifacher Weise entfalten und interpretieren: Zum einen stellen sie heraus, daß niemand anderes als der verherrlichte *Jesus Christus selbst* im Geistparakleten zu den Seinen kommt; zum andern sehen sie die spezifische Tätigkeit des Geistes darin, den erwählten Jüngern im Glauben den gekreuzigten, auferstandenen und zu seinem himmlischen Vater aufgestiegenen *Jesus Christus in seiner Person und in seinem Werk* zu erschließen, um ihnen so die heilvolle Gemeinschaft mit dem Sohn und eben darin auch mit seinem himmlischen Vater zu eröffnen.

2. Der zweite Parakletspruch Joh 14,25.26

Der zweite Parakletspruch 14,25.26 ist insofern antithetisch formuliert, als er dem Reden des irdischen Jesus (ταῦτα λελάληκα ὑμῖν παρ' ὑμῖν μένων V. 25) das lehrende und erinnernde Reden des Parakleten gegenüberstellt (ὁ δὲ παράκλητος, τὸ πνεῦμα τὸ ἅγιον, ὃ πέμψει ὁ πατὴρ ἐν τῷ ὀνόματί μου, ἐκεῖνος ὑμᾶς διδάξει πάντα καὶ ὑπομνήσει ὑμᾶς πάντα ἃ εἶπον ὑμῖν [ἐγώ] V. 26). Der Spruch erweist sich deutlich als eine in sich geschlossene Einheit, die vom voraufgehenden Abschnitt V. 15–24 ebenso wie vom anschließenden Passus V. 27–31 klar abgegrenzt ist[92]. Denn die Eingangsworte ταῦτα λελάληκα ὑμῖν und die Schlußworte πάντα ἃ εἶπον ὑμῖν [ἐγώ] bilden miteinander eine Inclusio. Aus dieser *formalen* Erkenntnis ergibt sich die wichtige

---

[90] S. nur 1,1f.; 17,5.24.

[91] Diesen Gedanken hebt der Evangelist literarisch dadurch geschickt hervor, daß er die eben erwähnte *christologische* Inklusion 1,1f.18 / 20,28, die die wesenhafte Gottheit Jesu Christi betont, den Rahmen für die zweite wichtige das Evangelium umspannende Inklusion 1,29.36 / 19,14.29.33.36 sein läßt, die den *soteriologischen* Basissatz des Johannesevangeliums unterstreicht, demzufolge das Heil ausschließlich im Sühnetod des eschatologischen Passalammes Jesus Christus beschlossen liegt. Auf diese Weise betont Johannes auf eindrückliche Weise gleichermaßen das *vere Deus* wie das *solus Christus.*

[92] Mit V. 27 beginnt der Schluß der ersten Abschiedsrede (14,1–31); darauf weist die *Inclusio* V. 1 / V. 27 (μὴ ταρασσέσθω ὑμῶν ἡ καρδία) hin.

sachliche Konsequenz, daß das Demonstrativum ταῦτα nicht (wie in den Parallelformulierungen 15,11; 16,1.4.6.33) auf das zuvor Gesagte (V. 1–24) rekurriert[93], sondern vielmehr inhaltlich mit πάντα ἃ εἶπον ὑμῖν [ἐγώ] identisch ist und folglich (wie in 16,25) ganz umfassend auf die *gesamte* Verkündigung des irdischen Jesus verweist[94]. Es entspricht also semantisch der unmittelbar vorher in V. 24b stehenden Wendung ὁ λόγος ὃν ἀκούετε.

Bevor das inhaltliche Proprium des zweiten Parakletspruches herausgearbeitet werden kann, ist vorab dreierlei zu erwähnen: 1. Der Geistparaklet wird in V. 26 *expressis verbis* als τὸ πνεῦμα τὸ ἅγιον bezeichnet. Johannes stellt damit heraus, daß der Geistparaklet der Abschiedsreden, das πνεῦμα τῆς ἀληθείας (14,17; 15,26; 16,13), mit dem außerhalb der Abschiedsreden erwähnten πνεῦμα ἅγιον (1,33; 20,22) identisch ist. Er will seine Pneumatologie demzufolge als ein theologisch und gedanklich einheitliches Gebilde begriffen wissen. – 2. Wie im ersten Parakletspruch, so geschieht die nachösterliche Sendung des Geistes auch nach dem zweiten Parakletspruch durch den *Vater*, und wie sie dort auf die Bitte des verherrlichten *Sohnes* hin erfolgt, so hier in seinem Namen. Sie ist demnach das *gemeinsame* Werk des Vaters und des Sohnes. – 3. Vergleicht man den Relativsatz ὃ πέμψει ὁ πατὴρ ἐν τῷ ὀνόματί μου (V. 26) einerseits mit der stereotypen Gottesprädikation ὁ πέμψας με[95] bzw. ὁ πέμψας με πατήρ u.ä.[96] und andrerseits mit den christologischen Sendungsformeln des Corpus Johanneum[97], dann tritt vor Augen, daß Johannes nicht nur dem Sohn, sondern auch dem Geistparakleten die *reale Präexistenz* zuschreibt und ihn als eine vom Vater und vom Sohn distinkt unterschiedene *selbständig subsistierende Person* begreift, die ihrem Wesen nach auf die Seite des Vaters und des Sohnes gehört[98].

Die Aufgabe des Geistparakleten liegt dem zweiten Parakletspruch zufolge darin, der johanneischen Gemeinde das Selbstzeugnis des irdischen Jesus lehrend in Erinnerung zu rufen[99]. Der ausschließliche Gegenstand seines Lehrens

---

[93] Gegen BERNARD, John II 552; SCHNACKENBURG, Johannes III 94; BARRETT, Johannes 456; BECKER, Johannes II 561.

[94] Ebenso urteilen BULTMANN, Johannes 484; WIKENHAUSER, Johannes 275; BLANK, Johannes II 124f.; PORSCH, Pneuma und Wort 257; BEASLEY-MURRAY, John 261.

[95] 4,34; 5,24.30; 6,38.39; 7,16.18.28.33; 8,26.29; 9,4; 12,44.45; 13,20; 15,21; 16,5.

[96] 5,23.37; 6,44; 8,16.18; 12,49; 14,24.

[97] 3,17; 1Joh 4,9; vgl. 1Joh 4,14. An allen diesen Stellen wird das Verbum ἀποστέλλειν verwendet, das mit πέμπειν aber synonym ist, wie exemplarisch ein Vergleich von 17,18 mit 20,21 beweist.

[98] PORSCH, Pneuma und Wort 255 bemerkt treffend, daß der Geistparaklet in 14,26 „als eine dritte Gestalt (Person) neben dem Vater und dem Sohn erscheint", und BEASLEY-MURRAY, John 261 betont ebenfalls mit Recht: „The trinitarian implications of v 26, as of the rest of the Paraclete sayings are evident."

[99] Die Verben διδάσκειν und ὑπομιμνῄσκειν bezeichnen nicht zwei voneinander zu unterscheidende Akte, sondern *ein und denselben* Vorgang unter *differentem* Aspekt (mit BROWN, John II 650f.; PORSCH, Johannes 157; DERS., Pneuma und Wort 257. 265; BEASLEY-MURRAY, John 261; SCHNACKENBURG, Johannes III 95; gegen ZAHN, Johannes 572; BAUER,

und Erinnerns ist also das Wort des irdischen Jesus. Der Gedanke einer von Jesus Christus unabhängigen oder über sein Offenbarungswort qualitativ hinausführenden Lehre des Geistes ist damit ausgeschlossen; seine Lehre ist vielmehr – mit den Worten des zweiten Johannesbriefes gesprochen – streng und exklusiv ἡ διδαχὴ τοῦ Χριστοῦ[100] (2Joh 9). Denn „was der Irdische in Selbstoffenbarung kundtat, ist vollständige Offenbarung des Vaters, ein Mehr kann der Geist nicht bieten. Er kann nur die Selbstbekundung des Gesandten wachhalten."[101] Die Tätigkeit des Geistes steht damit in engster sachlicher Kontinuität zu dem Wirken des irdischen Jesus selbst, gilt doch auch für Jesu Verkündigung, daß sie in exklusiver Weise „seine eigene Person, sein Gesandtsein, seine Sohnschaft zum Gegenstand" hat[102].

Was das Neutrum πάντα in V. 26 anlangt, so hat dieses hier ohne Frage nicht etwa quantitative, sondern vielmehr *qualitative* Bedeutung[103]. Es hebt auf den theologischen Gehalt und auf die Qualität der Rede Jesu ab. Wenn also der Geist die Glaubenden „alles" lehren und sie an „alles" erinnern wird, was Jesus geredet hat, so besagt dies, daß er ihnen Jesu Person und Werk vollkommen erschließen wird[104]. Indem Johannes in dieser Weise von dem ὑπομιμνῄσκειν des Geistes spricht, zeigt er auf, wie es zu dem Sich-Erinnern der Jünger kommt, von dem in 2,17.22; 12,16 exemplarisch und paradigmatisch die Rede ist[105]: Allererst das Erinnern des Geistparakleten führt dazu, daß die Jünger den sachlichen Gehalt der Verkündigung Jesu begreifen[106], der ihnen vor Ostern

---

Johannes 187; SCHICK, Johannes 135; STRATHMANN, Johannes 212; WIKENHAUSER, Johannes 275; BERNARD, John II 553; SCHULZ, Johannes 192; SCHNEIDER, Johannes 264). Somit hat die beiordnende Konjunktion καί in 14,26 explikative Funktion (ebenso urteilen SCHNACKENBURG, Johannes III 95; PORSCH, Pneuma und Wort 265). Dementsprechend ist der Relativsatz ἃ εἶπον ὑμῖν [ἐγώ] auch auf das erste πάντα zurückzubeziehen (gegen ZAHN, Johannes 572; WINDISCH, Parakletsprüche 116). Deshalb darf der ersten pneumatologischen Aussage ἐκεῖνος ὑμᾶς διδάξει πάντα keinesfalls der – theologisch folgenreiche – Gedanke entnommen werden, daß in 14,26 „neben der Erinnerung an die Lehre Jesu auch eine eigene *ergänzende* Lehrtätigkeit des Geistes ins Auge gefaßt ist" (so aber WINDISCH, Parakletsprüche 116).

[100] Der Genitiv ist ein *Genitivus objectivus*.

[101] BECKER, Johannes II 561; vgl. PORSCH, Pneuma und Wort 258.

[102] PORSCH, Pneuma und Wort 258; vgl. die Rede vom διδάσκειν Jesu in 6,59; 7,14.28.35; 8,20; 18,20 bzw. von seiner διδαχή in 7,16.17; 18,19. – Falls das textkritisch umstrittene ἐγώ in 14,26 ursprünglich ist, unterstreicht der Evangelist mit dem letzten Wort des zweiten Parakletspruches nochmals, daß *Jesus Christus der alleinige Gegenstand des Lehrens und Erinnerns des Geistparakleten* ist.

[103] Sachlich vergleichbar ist 16,13a: ὁδηγήσει ὑμᾶς ἐν τῇ ἀληθείᾳ πάσῃ. S. dazu u. S. 137ff.

[104] Diesen Gedanken wird der fünfte Parakletspruch 16,12–15 wieder aufnehmen und vertiefen.

[105] Vgl. dazu PORSCH, Pneuma und Wort 262–265. In 2,17.22; 12,16 steht der reflexive Ausdruck μιμνῄσκεσθαι ὅτι.

[106] Vgl. MUSSNER, Parakletsprüche 150; DIETZFELBINGER, Paraklet und theologischer Anspruch 390 Anm. 1.

nicht nur teilweise, sondern *vollkommen* verborgen ist[107]. Weil der christologische Sinn des Selbstzeugnisses Jesu und die soteriologische Bedeutung seines
Sterbens und Auferstehens ohne das διδάσκειν und ὑπομιμνῄσκειν des Geistparakleten unverstanden blieben, es eschatologisches Heil aber nach dem
Zeugnis des Johannesevangeliums allein im Modus des *verstehenden Glaubens* an den gekreuzigten und auferstandenen Jesus Christus gibt, ist das Werk
des Parakleten mithin selbst ein *notwendiges* Moment des göttlichen Heilshan-
delns und in diesem Sinne *heilsnotwendig*.

Vor Ostern ist den Jüngern aber nicht nur Jesu Wort, sondern ebenso absolut
und radikal der theologische Sinn der *Schrift* verschlossen (12,16; 20,9). Auch
diesbezüglich gilt: Erst der Geist eröffnet den Jüngern nach Ostern zusammen
mit der Erschließung des sachlichen Gehaltes des Wortes Jesu und von dort her
das rechte Verständnis der Schrift (2,17.22; 20,9) – und zwar dadurch, daß er
ihnen die Erkenntnis schenkt, daß die Schrift von *Jesus* Zeugnis gibt (5,39.46)
und daß *er* ihre Erfüllung ist (19,28; vgl. 19,24.36.37)[108]. Hier zeigt sich die
hermeneutische Grundthese des vierten Evangelisten, die für seinen Umgang
mit dem Alten Testament leitend ist: Inhalt und Mitte des Alten Testamentes ist
Jesus Christus – er als der Präexistente (12,41[109]), der Menschgewordene
(8,56), der Gekreuzigte (3,14) und der Auferstandene (20,9). *Daß* in Wahrheit
Jesus Christus das Thema der Schrift ist, das wird freilich erst *von Ostern her*
einsichtig und erkennbar. Insofern empfängt die johanneische Gemeinde das
Alte Testament *aus der Hand des Auferstandenen*[110].

Woran aber denkt Johannes des näheren, wenn er davon spricht, daß der Geist
an „alles" erinnern wird, was der irdische Jesus verkündigt hat? Mit Sicherheit
ist hier auszuschließen, daß es sich dabei um die historisch getreue Wiedergabe
„echter" Jesus-Logien handelt. Das Amt des Geistparakleten besteht keineswegs darin, der historischen Erinnerung der Jünger aufzuhelfen und so die
Kontinuität der Überlieferung zu sichern[111]. Vielmehr vollzieht sich das geist-

---

[107] Vgl. 13,36–38; 14,5.9; 16,5.12.17f.29–32. Unzutreffend ist deshalb die *quantifizie-
rende* Rede von einem bloßen „Glaubensmangel" (so PORSCH, Pneuma und Wort 262) bzw.
von einem „mangelhafte(n) Verständnis" der Jünger vor Ostern (so SCHNACKENBURG, Johannes III 94f.; ebenso verkehrt BARRETT, Johannes 456).

[108] Während in 19,24.36.37 vom πληροῦσθαι im Blick auf die Schrift die Rede ist, sprechen die Verse 18,9.32 vom πληροῦσθαι im Blick auf *Jesu* Wort. Daran zeigt sich, daß das
Wort Jesu in seiner Autorität auf jeden Fall gleichrangig neben dem der Schrift steht (vgl.
2,22b: καὶ ἐπίστευσαν [sc. οἱ μαθηταὶ αὐτοῦ] τῇ γραφῇ καὶ τῷ λόγῳ ὃν εἶπεν ὁ Ἰησοῦς).
Insofern die Schrift aber *von Jesus Christus her* zu lesen ist (5,39.46), steht er selbst sogar
qualitativ *über* derselben.

[109] In 12,41 zieht Johannes die letzte Konsequenz aus seiner Hermeneutik alttestamentlicher Texte. Denn im klaren Widerspruch zum Wortlaut von Jes 6 behauptet er – darin seiner
christozentrischen Offenbarungstheologie folgend –, daß Jesaja die Doxa des *präexistenten
Christus* – und nicht die Jahwes selbst – gesehen habe.

[110] Sachlich zu vergleichen sind Lk 24,25–27.44–48; Apg 8,35.

[111] Gegen SCHNEIDER, Johannes 264: „Damit ist die Kontinuität der Überlieferung gesichert. Die Worte Jesu dürfen nicht verlorengehen (ὑπομνήσει), weil sie die Grundlage der

gewirkte Erinnern – wie das Johannesevangelium dem aufmerksamen Leser ja
auf Schritt und Tritt vor Augen stellt – gerade umgekehrt in der Bildung *neuer*
Jesus-Worte, ja ganzer Jesus-Reden. Was im vierten Evangelium laut wird, ist
deshalb nicht einfach die *ipsissima vox* des „historischen" Jesus, sondern die
ipsissima vox des im Parakleten gegenwärtigen Jesus Christus – und zwar in
der Sprachgestalt der Reden des Evangelisten. Die im Johannesevangelium
„enthaltenen Worte und Reden Jesu wollen keineswegs vordergründig als Aus-
sprüche des irdischen Jesus verstanden sein. Sie sind im Verständnis des vierten Evangelisten – als ῥήματα ζωῆς αἰωνίου (6,68; vgl. 6,63; 5,24; 8,31f.51) –
Worte des Christus und Gottessohnes, der in unlöslicher Einheit als der
Menschgewordene, Gekreuzigte und Erhöhte gesehen ist. Wenn der Evangelist
sein Christuszeugnis in Form von Worten und Reden *Jesu* zur Sprache bringt,
so kommt darin zum Ausdruck, daß das apostolische Christuszeugnis nicht ein
menschliches Werturteil *über* Jesus ist. Der Zeuge kann nur sagen, was ihm der
im Geist gegenwärtige Herr selbst erschlossen hat (vgl. 14,16ff.25f.; 15,26f.;
16,12ff.)."[112] Johannes erhebt damit den unerhörten theologischen Anspruch,
daß *sein Evangelium das autoritative Zeugnis des Geistparakleten* ist, durch
welches der auferstandene und erhöhte *Jesus Christus selbst* zu seiner Gemeinde redet[113]. Seine daraus ableitbare und theologisch wie hermeneutisch gleichermaßen gewichtige These lautet: Die theologische Gültigkeit und Wahrheit
der Worte des johanneischen Christus steht und fällt in gar keiner Weise mit
ihrer *historischen Authentizität*. Sie entscheidet sich vielmehr einzig und allein
daran, daß die Christologie und Soteriologie des vierten Evangeliums das
Persongeheimnis Jesu und das in seinem Werk beschlossene Heil *angemessen*
zur Sprache bringen. „Angemessen" – das meint dabei: *in sachlich-inhaltli-*
cher Übereinstimmung mit der österlichen Selbsterschließung des Auferstan-
denen vor dem einzigartigen Kreis seiner μαθηταί (20,19–31)[114].

---

christlichen Lehre (διδάξει!) bilden. Daß sie unverändert und unverkürzt (πάντα) erhalten
bleiben, dafür wird der Paraklet Sorge tragen". Zutreffend urteilen dagegen BULTMANN, Johannes 485; MUSSNER, Parakletsprüche 150; PORSCH, Johannes 158; BLANK, Johannes II
127; SCHULZ, Johannes 192.
  [112] HOFIUS, ‚Unbekannte Jesusworte' 382 Anm. 132.
  [113] Vgl. die gleichlautenden Urteile von SASSE, Paraklet 273f. („Die Botschaft des
Parakleten … ist nichts anderes als das vierte Evangelium" [274]); WILCKENS, Der Paraklet
und die Kirche 198 („Das Johannesevangelium selbst und als Ganzes ist ein Produkt des
Geistes in diesem Sinn: Stimme des Parakleten"); DIETZFELBINGER, Paraklet und theologischer Anspruch 405 („Das Johannesevangelium selbst versteht sich als Wort des Parakleten
… Daß der Paraklet die Gemeinde alles lehrt, was nötig ist, und daß er die Gemeinde ‚erinnert' an das, was Jesus gesagt hat [14,26], das konkretisiert sich im Werk des Evangelisten"). Ferner sind zu vergleichen: WINDISCH, Parakletsprüche 117; SCHLIER, Zum Begriff
des Geistes 267 Anm. 11; BROWN, Paraclete 129f.; PORSCH, Pneuma und Wort 264f.; MÜL-
LER, Parakletvorstellung 50f.
  [114] Vgl. dazu H.-CHR. KAMMLER, Die „Zeichen" des Auferstandenen. Überlegungen zur
Exegese von Joh 20,30+31, in diesem Band 191–211: 202ff. 210f.

Daß Johannes das Wirken des Geistes an das Wort der ersten Zeugen bindet, welches selbst in der Kraft des πνεῦμα ἅγιον ergeht, zeigt sich darin, daß er zwischen der *österlichen* Spendung des Heiligen Geistes durch den Auferstandenen (20,21–23) und dem *nachösterlichen* Kommen des Erhöhten im Geistparakleten zu seiner Gemeinde unterscheidet und zwischen beiden Geistmitteilungen ein zeitlich wie sachlich unumkehrbares Begründungsgefälle behauptet. Die österliche Gabe des Heiligen Geistes an den qualitativ einzigartigen und historisch einmaligen Kreis der Osterzeugen ist nämlich selbst der Realgrund für das ekklesiologisch umfassend ausgerichtete nachösterliche Wirken des παράκλητος. Die Wahrheit der johanneischen Theologie hängt also ausschließlich von der Wirklichkeit der österlichen Selbstoffenbarung des Auferstandenen ab. Das geschichtliche Ereignis der Selbsterschließung des Auferstandenen ἐνώπιον τῶν μαθητῶν [αὐτοῦ] (20,30) ist mithin *die einzige* – gleichermaßen *notwendige* wie *hinreichende* – Bedingung für die Gültigkeit und Wahrheit des pneumatischen Anspruchs des Johannesevangeliums, selbst die von Ostern her erfolgte ὑπόμνησις des im Parakleten gegenwärtigen Jesus Christus zu sein.

Das Urteil, daß der vierte Evangelist den Geist als an das *„apostolische"* *Christuszeugnis* und damit an einen bestimmten, nicht austauschbaren dogmatischen – präziser: christologisch-soteriologischen – Inhalt *gebunden* begreift, wird durch zwei gewichtige innerjohanneische Sachparallelen zu V. 26 untermauert und gestützt: 1. Der zweite Parakletspruch hat seine engste formale und inhaltliche Entsprechung in 1Joh 2,27: καὶ ὑμεῖς τὸ χρῖσμα ὃ ἐλάβετε ἀπ' αὐτοῦ, μένει ἐν ὑμῖν καὶ οὐ χρείαν ἔχετε ἵνα τις διδάσκῃ ὑμᾶς, ἀλλ' ὡς τὸ αὐτοῦ χρῖσμα διδάσκει ὑμᾶς περὶ πάντων καὶ ἀληθές ἐστιν καὶ οὐκ ἔστιν ψεῦδος, καὶ καθὼς ἐδίδαξεν ὑμᾶς, μένετε ἐν αὐτῷ[115]. Auch nach diesem Vers ist Jesus Christus der ausschließliche Gegenstand *des* Lehrens, das dem von ihm als dem Erhöhten gespendeten χρῖσμα zugeschrieben wird[116]. Wie nämlich der Geist dem zweiten Parakletspruch zufolge „alles" lehrt und erinnernd vergegenwärtigt, „was ich euch gesagt habe" (πάντα ἃ εἶπον ὑμῖν [ἐγώ]), so belehrt er die johanneische Gemeinde nach 1Joh 2,27 „über alles" (περὶ πάντων). Das Neutrum πάντα hat auch hier – wie in Joh 14,26 – nicht quantitativen, sondern streng *qualitativen*, nämlich *christologischen* Sinn. Denn der Inhalt der Lehre des Geistes ist die διδαχὴ τοῦ Χριστοῦ (2Joh 9), d.h. die Christologie, deren Zentrum in dem Bekenntnis liegt, daß der präexistente ewige Gottessohn in Jesus von Nazareth Mensch geworden und also der Mensch Jesus mit dem himmlischen χριστός bzw. υἱὸς τοῦ θεοῦ *person-*

---

[115] Vgl. ferner 1Joh 2,20: καὶ ὑμεῖς χρῖσμα ἔχετε ἀπὸ τοῦ ἁγίου καὶ οἴδατε πάντες.

[116] Der Genitiv αὐτοῦ in der Wendung ὃ ἐλάβετε ἀπ' αὐτοῦ bezieht sich in 1Joh 2,27 ebenso auf *Jesus Christus* wie der Genitiv ἀπὸ τοῦ ἁγίου in 1Joh 2,20. Der Verfasser des ersten Johannesbriefes begreift also den verherrlichten Christus – darin Joh 15,26; 16,7 entsprechend – als den Geber des Geistes.

identisch ist[117]. Indem der Geist in diesem Sinn die Gemeinde über die Person Jesu belehrt, teilt er durchaus nichts Neues mit; im προάγειν, das sich von der διδαχή τοῦ Χριστοῦ abwendet, besteht ja nach 2Joh 9 gerade das Wesen der Häresie. Vielmehr lehrt der Geist ausschließlich das, „was ihr von Anfang an gehört habt" (ὃ ἠκούσατε ἀπ' ἀρχῆς 1Joh 2,24[118]) – d.h. das, was die Gemeinde von dem einzigartigen Kreis der Osterzeugen vernommen hat und was ihre eschatologische Neuexistenz begründet und trägt (vgl. 1Joh 1,1–4; 4,14). – 2. Im dritten Parakletspruch heißt es von dem Parakleten: ἐκεῖνος μαρτυρήσει περὶ ἐμοῦ (15,26). In ganz analoger Weise ist in 19,35 vom μαρτυρεῖν des Lieblingsjüngers bzw. von seiner μαρτυρία die Rede, deren Inhalt der Kreuzestod Christi in seiner Heilsbedeutung ist[119]. Ist diese formale und sachliche Entsprechung gesehen und bedenkt man sodann, daß der Lieblingsjünger für die johanneische Gemeinde der Osterzeuge *katexochen* und als solcher der Garant für die theologische Wahrheit und Gültigkeit der johanneischen Tradition *schlechthin* ist[120], so liegt der Schluß auf der Hand, daß Johannes der Auffassung ist, daß die Stimme des Parakleten vor allem im schriftgewordenen Zeugnis des Lieblingsjüngers laut wird und folglich vornehmlich *im „apostolischen" Christuszeugnis des vierten Evangeliums* zu vernehmen ist.

---

[117] S. dazu die zentralen Stellen 1Joh 2,22; 4,2.15; 5,1.5; 2Joh 7.

[118] Vgl. 1Joh 2,7; 3,11; 2Joh 5.6.

[119] Zu vergleichen ist die Aussage von 21,24, die das *gesamte* Christuszeugnis des Lieblingsjüngers im Blick hat.

[120] Der Lieblingsjünger ist *Osterzeuge*, weil er zu dem einmaligen und einzigartigen Kreis derer gehört, denen der auferstandene Gekreuzigte an Ostern sein göttliches Persongeheimnis und die soteriologische Bedeutung seines Kreuzestodes in grundlegender Weise erschlossen hat. Er ist der Osterzeuge *katexochen*, weil er Jesu Persongeheimnis und den Sinn seines Heilswerkes in besonderer Weise erkannt und geistig durchdrungen hat. Um diese qualitative Differenz, die zwischen dem Lieblingsjünger und allen anderen Osterzeugen besteht, erzählerisch darzustellen, berichtet der Evangelist von dem Lieblingsjünger in *anachronistischer* Weise, a) daß er – im theologischen Sinn der Christuserkenntnis – „an der Brust Jesu gelegen habe" (13,23), b) daß er im Unterschied zu allen anderen Jüngern unter dem Kreuz Jesu gestanden habe (19,25–27) und ihm bereits dort die Erkenntnis der Heilsbedeutung des Todes Jesu geschenkt worden sei (19,35) und c) daß er – anders als Petrus – schon angesichts des leeren Grabes und der zusammengelegten Leichentücher geglaubt habe, daß Jesus auferstanden sei (20,8). Bei diesen Aussagen handelt es sich um die symbolische Darstellung der dem Lieblingsjünger geschenkten *vollkommenen* und *unüberbietbaren* Erkenntnis von Person und Werk Jesu Christi. Anachronistisch – wie etwa das Petrusbekenntnis 6,68.69 oder das Bekenntnis der Martha 11,27 (s. dazu u. Anm. 184) – ist die Aussage von 19,35 deshalb, weil nach dem Zeugnis des vierten Evangeliums prinzipiell *kein Mensch* vor Ostern das Persongeheimnis Jesu erkennen kann. Anachronistisch ist sie ferner auch deshalb, weil ein erkennendes und glaubendes Unter-dem-Kreuz-Stehen mit der grundsätzlichen Feststellung 16,32, die sich auf *alle* Jünger Jesu bezieht, gänzlich unvereinbar wäre. Als der Osterzeuge bzw. Christuszeuge katexochen ist der Lieblingsjünger den Zwölfen (6,67.70; 20,24) und insbesondere auch Petrus – der zentralen Jüngergestalt des Markusevangeliums (und der beiden anderen synoptischen Evangelien) – sachlich *vor- und übergeordnet* (13,23–25; 20,2–10; vgl. 21,7.15–23); er ist Petrus gegenüber die größere und somit die *erste und entscheidende* Autorität.

Der zweite Parakletspruch hat in programmatischer Weise die Funktion des Geistparakleten dahingehend definiert, Person und Werk Jesu Christi zu erschließen. Die gleiche Bestimmung läßt sich auch den anderen Parakletsprüchen entnehmen. Vergleicht man das hier greifbare Verständnis des Geistes mit anderen im Urchristentum verbreiteten Vorstellungen vom πνεῦμα ἅγιον, so tritt *eine gewichtige sachliche Differenz* vor Augen. Die johanneische Pneumatologie begreift den Geist in gar keiner Weise als eine sich primär oder zumindest auch irrational und in äußeren Machterweisen äußernde Dynamis. Sie versteht ihn vielmehr *exklusiv* als eine an das in vernünftiger Rede ergehende *Wort* gebundene Größe, deren ausschließliche Aufgabe darin liegt, das glaubende Verstehen der Person Jesu und seines Heilswerkes zu eröffnen[121]. Der theologische Grund für diese strenge Bestimmung ist m.E. darin zu sehen, daß die schon aus den ersten beiden Parakletsprüchen ersichtliche, für die johanneische Pneumatologie insgesamt konstitutive und aus der durchgängigen Christozentrik der johanneischen Theologie resultierende Konzentration auf die Beziehung, in der der Geist zu Person und Werk Jesu Christi steht, für die christologisch ungebundenen außerordentlichen Charismen keinen Raum mehr läßt[122]. Die verkündigende Rede, das theologisch verantwortete Wort, die die Wahrheit des Evangeliums entfaltende Lehre und der christologische Bekenntnissatz sind deshalb im Corpus Johanneum nicht mehr nur als die *vornehmste*[123], sondern als die *einzige* Gabe des Geistes verstanden. Damit wird „zum ersten Male in der Geschichte der christlichen Kirche ... der Geist ausschließlich an das Wort Jesu gebunden"[124]. Diese Konzentration des Geistes auf das Wort Christi, durch welches der im Parakleten gegenwärtige Erhöhte den Glauben wirkt, ist damit als eine *notwendige* Konsequenz aus der Christozentrik der johanneischen Theologie erkannt. „Nicht Reduzierung, sondern notwendige und unerläßliche *Konzentration* auf das Eine, von dem alles abhängt, geschieht hier."[125] Der im Urchristentum virulenten und bei den Enthusiasten zu Korinth greifbaren Gefahr einer Emanzipation vom *gekreuzigten* Christus im Namen entzückender und entrückender Geisterfahrungen, die nur allzu schnell „der Selbstdarstellung des religiös bewegten Menschen dienen"[126], ist damit theologisch der Riegel vorgeschoben. Insofern ist die johanneische Pneumatologie in der für sie signifikanten Konzentration auf die Relation von

---

[121] Damit wird eine schon bei *Paulus* erkennbare kritische Tendenz gegenüber ekstatischen pneumatischen Phänomenen (vgl. vor allem 1Kor 12,1–3; 14,2.4.6.14–19.20–25) radikalisiert.
[122] Vgl. DIETZFELBINGER, Paraklet und theologischer Anspruch 401f.; ferner PORSCH, Pneuma und Wort 258; GNILKA, Johannes 114.
[123] So bereits bei Paulus; vgl. 1Kor 12,8; 14,19; Röm 12,6–8.
[124] KÄSEMANN, Jesu letzter Wille 99.
[125] DIETZFELBINGER, Paraklet und theologischer Anspruch 402.
[126] Ebd.

Wort, Geist und Glaube selbst ein integraler und essentieller Bestandteil der
Kreuzestheologie des vierten Evangeliums.

3. Der dritte Parakletspruch Joh 15,26.27

a) Kontext und Gedankengang

Der dritte Parakletspruch 15,26.27 gehört in den Kontext des Abschnitts
15,18–16,4a. Dessen Thema ist der sich gegen die Jünger Jesu richtende Haß
der Welt, der seinen Grund in der Ablehnung des Offenbarungsanspruchs Jesu
hat und den Ausschluß der johanneischen Gemeinde aus dem jüdischen
Synagogenverband zur Folge haben wird[127]. Zwar sind die Verse 26.27 aus ihrem jetzigen literarischen Zusammenhang insofern prinzipiell herauslösbar,
als sich 16,1 unschwer unmittelbar an 15,25 anschließen läßt, aber sie sind
gleichwohl in ihn sinnvoll integriert. Der johanneischen Gemeinde wird nämlich der Beistand des Parakleten in der in 15,18ff. angesagten Situation äußerer
Bedrängnis und Verfolgung verheißen[128]. Deshalb ist es voreilig, die Verse
26.27 als „kontextfremdes Gut" zu beurteilen, „das illegitimerweise seinen jetzigen Platz eingenommen hat"[129]. Der dritte Parakletspruch ist vielmehr (ebenso wie alle anderen Parakletsprüche[130]) ein *ursprünglicher* Bestandteil des
vierten Evangeliums, den *der Evangelist selbst* – und nicht etwa redaktionell
die sog. „johanneische Schule"[131] – formuliert hat.

Dem dritten Parakletspruch zufolge ist es – wie durch das emphatische ἐγώ
V. 26 unterstrichen wird – der johanneische Christus selbst, der den Parakleten
sendet[132]. Daß die nachösterliche[133] Geistspendung gleichwohl das *gemeinsame* Werk von Vater und Sohn ist, unterstreicht in V. 26 das zweimalige παρὰ
τοῦ πατρός. Das in V. 26 Gesagte läßt zudem deutlich erkennen, daß der Paraklet in distinkter Weise vom Vater und vom Sohn unterschieden und als *eigen-
ständige Person* begriffen ist[134]. Dabei kommt die *personale Unterschieden-*

---

[127] Vgl. 9,22; 12,42; 16,2; vgl. ferner 9,34; zur Sache s. SCHRAGE, Art. ἀποσυνάγωγος.

[128] Möglicherweise steht hier die in Mk 13,11 / Mt 10,20 / Lk 21,12–15 (vgl. ferner Lk
12,11f.) greifbare synoptische Tradition, die von einer besonderen Wirksamkeit des Geistes
in einer Prozeßsituation handelt, überlieferungsgeschichtlich im Hintergrund des johanneischen Textes. Auf diese Tradition verweisen fast alle Ausleger.

[129] BECKER, Abschiedsreden 238 (anders: DERS., Johannes II 589. 590); ferner gegen
WELLHAUSEN, Das Evangelium Johannis 70; WINDISCH, Parakletsprüche 112. 117f.; HIRSCH,
Studien zum vierten Evangelium 113.

[130] Gegen WINDISCH, Parakletsprüche; mit BROWN, Paraclete 114f. und MÜLLER, Parakletvorstellung 41 Anm. 36; SCHNELLE, Abschiedsreden 74 Anm. 49.

[131] Gegen SCHNACKENBURG, Johannes III 135.

[132] Vgl. 16,7; 1Joh 2,20.27; ferner Lk 24,49; Apg 2,33.

[133] Auf die Zeit nach der Verherrlichung Jesu weist der Temporalsatz ὅταν ἔλθῃ ὁ
παράκλητος.

[134] Es ist deshalb entschieden zu wenig, wenn BULTMANN, Johannes 426 den Geistparakleten als „die Kraft der Verkündigung in der Gemeinde" bestimmt (ebenso a.a.O. 430

heit des Geistparakleten von Jesus Christus, dem μονογενὴς υἱός, *bei gleich-zeitiger wesenhafter Einheit mit ihm* an dieser Stelle in besonders nuancierter Weise zum Ausdruck. Denn während Johannes die Herkunft des Sohnes vom Vater mehrfach mit dem Verbum ἐξέρχεσθαι bezeichnet[135], verwendet er in V. 26 kaum zufällig für die entsprechende pneumatologische Aussage differen-zierend das Verbum ἐκπορεύεσθαι[136].

Der zweite Relativsatz ὃ παρὰ τοῦ πατρὸς ἐκπορεύεται bezieht sich eben-so wie der erste Relativsatz ὃν ἐγὼ πέμψω ὑμῖν παρὰ τοῦ πατρός streng und ausschließlich auf *die externe Relation des Geistes zur Welt* und nicht etwa auf sein ewiges Ursprungsverhältnis zu Gott dem Vater[137]; beide Aussagen stehen nämlich zueinander im sachlichen Verhältnis eines synonymen Parallelismus membrorum[138]. Thema des dritten Parakletspruchs ist mithin – dogmatisch ge-sprochen – nicht die immanente Trinität, die θεολογία, sondern die *ökonomi-sche Trinität*, die οἰκονομία. Deshalb läßt sich aus V. 26 für das in der ökume-nischen Diskussion kontroverse Problem des sog. „Filioque" *unmittelbar* nichts entnehmen; es „liegt außerhalb der joh. Sicht"[139]. Freilich kann die dog-matische Reflexion, die dem, was der johanneische Text vorgibt, konsequent *nach*zudenken hat, die These des „Filioque" *mittelbar* durch das vierte Evan-gelium unterstützt sehen. Denn die Parakletsprüche behaupten zum einen, daß die nachösterliche Sendung des Geistes *gleichursprünglich durch den Sohn wie durch den Vater* erfolgt, und sie stellen zum andern mit Nachdruck heraus, daß das Wirken des Geistes seinen Sinn allein darin hat, Person und Werk *Jesu Christi* zu verherrlichen. Wenn es aber richtig ist, daß das offenbarungs-geschichtliche Handeln der drei göttlichen Personen den ewigen innertrinita-rischen Ursprungsverhältnissen notwendig entspricht, weil Gott in seiner ge-schichtlichen Selbstoffenbarung kein anderer ist als in sich selbst von Ewigkeit her, dann *kann* aus diesem im vierten Evangelium bezeugten Relationsgefüge von Vater, Sohn und Geist auf den innergöttlichen Ausgang des Geistes vom Vater *und vom Sohn* zurückgeschlossen werden[140].

Anm. 6). Mit Recht betont dagegen BAUER, Johannes 195, daß das Verhältnis zwischen dem Geistparakleten und Jesus Christus „dem des Logos zu Gott analog gedacht zu sein" scheint: „Wie der Vater im Sohn ist, gleichwohl aber jeder eine Persönlichkeit für sich bildet, so ist auch der Geist Christus selbst, der im Pneuma wiederkehrt, und doch auch wieder als der ‚andere' Helfer von ihm geschieden."

[135] 8,42; 13,3; 16,27.28.30; 17,8.

[136] Das Verbum findet sich im Corpus Johanneum nur noch in 5,29.

[137] Ebenso urteilen BERNARD, John II 499; BROWN, John II 689; MORRIS, John 683; PORSCH, Pneuma und Wort 273f.; BEASLEY-MURRAY, John 276; CARSON, John 529.

[138] Gesehen von SCHNACKENBURG, Johannes III 135; BEASLEY-MURRAY, John 276; CARSON, John 529.

[139] SCHNACKENBURG, Johannes III 136.

[140] In diesem Sinne äußert sich von *exegetischer* Seite neben SCHICK, Johannes 141 ins-besondere CARSON, John 529: „Thus although the clause ‚who goes out from the Father' refers to the mission of the Spirit, in analogy with the mission of the Son, this is the mission

Das Werk des Geistparakleten beschreibt der dritte Parakletspruch in *V. 26* mit den Worten ἐκεῖνος μαρτυρήσει περὶ ἐμοῦ. Der alleinige Gegenstand des Zeugnisses des παράκλητος ist also – wie schon im zweiten Parakletspruch – Person und Werk Jesu Christi. In der Formulierung ἐκεῖνος μαρτυρήσει περὶ ἐμοῦ zeigt sich nochmals die inhaltliche Kontinuität, die zwischen dem Wirken des irdischen Jesus und dem nachösterlichen Handeln des Geistparakleten besteht. Denn das ausschließliche Objekt des μαρτυρεῖν des johanneischen Christus bzw. seiner μαρτυρία ist ebenfalls seine eigene Person[141]. Gerade dadurch, daß Jesus *von sich* und *nur* von sich Zeugnis gibt, offenbart er Gott, seinen himmlischen Vater, dessen μαρτυρία ebenso exklusiv den Sohn zum Thema hat[142]. Eine Betrachtung des Wortfelds μαρτυρεῖν / μαρτυρία im Corpus Johanneum läßt die Christozentrik des johanneischen Zeugnisbegriffs noch klarer ans Licht treten: Das *göttliche* Zeugnis des Vaters, des Sohnes, des Geistparakleten[143], der von Gott gegebenen ἔργα[144] und der Schrift[145] einerseits und das *menschliche* Zeugnis des Lieblingsjüngers[146], des Täufers[147], der Samaritanerin[148] und der johanneischen Gemeinde[149] andrerseits kommen darin sachlich überein, daß ihr *einziger* Gegenstand „der Christus, der Sohn Gottes" ist. Das Verbum μαρτυρεῖν ist also „ganz auf die Gestalt Jesu als solche, auf die Person und ihre Bedeutung zugespitzt"[150]. Die skizzierte Verwendung von μαρτυρεῖν spricht entschieden gegen die Annahme, daß das Verb hier – dem Kontext 15,18–16,4a entsprechend – in erster Linie *forensische* Bedeutung hat und deshalb primär auf den Akt des Bekenntnisses zu Jesus Christus vor Ge-

---

of the Spirit who in certain respects replaces the Son, is sent by the Father and the Son, and belongs ... to the Godhead every bit as much as the Son. In short, the elements of a full-blown doctrine of the Trinity crop up repeatedly in the Fourth Gospel; and the early creedal statement, complete with the *filioque* phrase, is eminently defensible, once we allow that this clause in 15:26 does not itself specify a certain ontological status, but joins with the matrix of Johannine Christology and pneumatology to presuppose it." Zu vergleichen sind ferner die – das „Filioque" verteidigenden – *dogmatischen* Erwägungen von BARTH, KD I/1 500–511; VOGEL, Gott in Christo I 273–275; DERS., Das Nicaenische Glaubensbekenntnis 153–156. S. aber auch die *anderslautenden* Erwägungen zum Problem bei MOLTMANN, Trinität und Reich Gottes 194–206; KASPER, Der Gott Jesu Christi 264–273; SCHLINK, Ökumenische Dogmatik 755–760; PANNENBERG, Systematische Theologie I 344–347.

[141] 3,11.32.33; 8,14.18; 18,37.
[142] 5,32.36.37; 8,18; s. ferner 1Joh 5,9.10.
[143] 15,26; s. ferner 1Joh 5,6.7.
[144] 5,36; 10,25. Der Inhalt der ἔργα Jesu ist *positiv* als ζωοποιεῖν und *negativ* als κρίνειν zu bestimmen (vgl. dazu die Abschnitte 5,20–30; 14,12–14; 20,23).
[145] 5,39.46.
[146] 19,35; vgl. 21,24; ferner 1Joh 1,1–4; 4,14.
[147] 1,7.8.15.32.34; 3,26; 5,33; ferner 10,41.
[148] 4,39.
[149] 3,33; 15,27 (mit BULTMANN, Johannes 427 ist in 15,27 hinter μαρτυρεῖτε das περὶ ἐμοῦ aus 15,26 zu ergänzen).
[150] STRATHMANN, Art. μάρτυς κτλ. 502,25f.

richt abhebt[151]. Es hat vielmehr den gleichen Sinn wie die beiden Verben διδάσκειν und ὑπομιμνῄσκειν in 14,26[152], und es bezeichnet infolgedessen in ganz umfassender Weise die Christus*verkündigung* des Geistparakleten.

Wo vollzieht sich das von dem Parakleten ausgesagte μαρτυρεῖν περὶ ἐμοῦ konkret? Darauf ist – wie schon im Zusammenhang der Auslegung von 14,26 angedeutet – zu antworten: Im Christuszeugnis des Lieblingsjüngers, das im Johannesevangelium seine sachlich authentische und theologisch verbindliche literarische Gestalt gewonnen hat, vernimmt der Leser das Zeugnis des Geistes, das selbst nichts anderes als das Selbstzeugnis des erhöhten Jesus Christus zu sein beansprucht (16,13–15)[153].

Die Interpretation der anschließenden Aussage καὶ ὑμεῖς δὲ μαρτυρεῖτε, ὅτι ἀπ᾽ ἀρχῆς μετ᾽ ἐμοῦ ἐστε (*V. 27*) entscheidet sich an zwei Fragen, die miteinander eng zusammenhängen: Wer sind die angeredeten ὑμεῖς? Was meint der präpositionale Ausdruck ἀπ᾽ ἀρχῆς? Genauer formuliert: Sind die Adressaten von V. 27 in dem *numerisch begrenzten Kreis der μαθηταί des irdischen Jesus* zu sehen[154], oder handelt es sich um *alle Christen aller Zeiten*[155]? Hat der Ausdruck ἀπ᾽ ἀρχῆς hier *zeitlich-chronologischen* Sinn oder aber *qualitativ-theologische* Bedeutung?

Falls sich das Personalpronomen ὑμεῖς in V. 27 auf die Jünger des irdischen Jesus bezieht, ergeben sich für die Wendung ἀπ᾽ ἀρχῆς grundsätzlich drei unterschiedliche Deutungsmöglichkeiten, die zunächst kurz skizziert und sodann kritisch gewürdigt werden sollen: 1. ἀπ᾽ ἀρχῆς hat streng zeitlich-chronologischen Sinn und besagt, daß die Jünger Jesus „von Anfang seines öffentlichen Auftretens an" begleitet haben[156]. Wenn das in V. 27 ausgesagt wäre, hätte der

---

[151] Gegen BECKER, Johannes II 589.

[152] Ähnlich PORSCH, Pneuma und Wort 272.

[153] Angemerkt sei, daß die *pneumatologische* Aussage ἐκεῖνος μαρτυρήσει περὶ ἐμοῦ in den *schrifttheologischen* Bestimmungen von 5,39b (ἐκεῖναί [sc. αἱ γραφαί] εἰσιν αἱ μαρτυροῦσαι περὶ ἐμοῦ) und 5,46b (περὶ ἐμοῦ ἐκεῖνος [sc. Μωϋσῆς] ἔγραψεν) ihre engsten sprachlichen Parallelen hat. Beide, die Schrift und das Zeugnis des Parakleten, haben nur *einen* Inhalt: Jesus Christus, den inkarnierten, gekreuzigten und verherrlichten Gottessohn. Das christologische Zeugnis des Parakleten ist insofern dem christologischen Zeugnis der Schrift sachlich vorgeordnet, als allererst der vom erhöhten Christus in Einheit mit seinem himmlischen Vater gesandte Geistparaklet den christologischen Sinn und Gehalt der Schrift erschließt und damit ihr rechtes Verständnis offenlegt.

[154] So WELLHAUSEN, Das Evangelium Johannis 70f.; HEITMÜLLER, Johannes 158; ZAHN, Johannes 587; SASSE, Paraklet 272; STRATHMANN, Johannes 222; SCHICK, Johannes 141; WIKENHAUSER, Johannes 292; SCHLIER, Zum Begriff des Geistes 269f.; MUSSNER, Parakletsprüche 155f.; DERS., Sehweise 36; BERNARD, John II 500; LINDARS, John 497; MORRIS, John 684; BLANK, Johannes II 168f.; SCHNEIDER, Johannes 273f.; BARRETT, Johannes 469; CARSON, John 529f.

[155] So MÜLLER, Parakletenvorstellung 42 Anm. 39; ONUKI, Gemeinde und Welt 136f.; DIETZFELBINGER, Osterglaube 69; DERS., Paraklet und theologischer Anspruch 390; *ähnlich* SCHULZ, Johannes 202; BULTMANN, Johannes 427.

[156] So interpretieren die in der vorletzten Anmerkung genannten Autoren.

Vers seine engste sprachliche und sachliche Parallele in Lk 1,2 (οἱ ἀπ' ἀρχῆς αὐτόπται καὶ ὑπηρέται γενόμενοι τοῦ λόγου), wo sich ἀπ' ἀρχῆς ja in der Tat eindeutig exklusiv auf die historischen Augen- und Ohrenzeugen Jesu bezieht. 2. ἀπ' ἀρχῆς hat zeitlichen und zugleich qualitativen Sinn und rekurriert auf die ewige Erwählung des einzigartigen Kreises der irdischen Jünger Jesu im Sinne von 6,64.70; 13,18. Die Wendung wäre demnach mit „von Uranfang an", „von Ewigkeit her" zu übersetzen und entspräche darin der in 1Joh 1,1; 2,13.14 begegnenden präexistenzchristologischen Verwendung des Ausdrucks. 3. ἀπ' ἀρχῆς hat wiederum zugleich zeitliche und qualitative Bedeutung, blickt aber anachronistisch auf die einzigartigen Selbsterschließungen des Auferstandenen vor dem einmaligen Kreis seiner Osterzeugen voraus[157] und wäre demnach in der Sache mit „von Ostern her" wiederzugeben; es hätte dann seine engsten innerjohanneischen Entsprechungen in der stereotypen Verwendung dieses Ausdrucks in 1Joh 2,7.24; 3,11; 2Joh 5.6, wo ja mit ihm auf die gemeinde-gründende Predigt der einzigartigen Osterzeugen verwiesen wird, die sich den österlichen Selbstweisen Jesu verdankt. – Suchen wir die drei skizzierten Möglichkeiten zu beurteilen, so ist zunächst zu sagen: Die erstgenannte Interpretation scheitert sowohl aus *inhaltlichen* wie aus *sprachlichen* Gründen. Denn dem vierten Evangelium zufolge werden die Jünger nicht dadurch zu Zeugen, daß sie Jesus von Anfang seiner öffentlichen Wirksamkeit an begleitet haben, sondern einzig und allein dadurch, daß er sich ihnen *an Ostern* als der Auferstandene zu erkennen gibt und ihnen auf diese Weise sein göttliches Persongeheimnis und die soteriologische Bedeutung seines Kreuzestodes er-schließt[158]. Vergleicht man ferner V. 27b (ὅτι ἀπ' ἀρχῆς μετ' ἐμοῦ ἐστε) mit der Formulierung des wenig später erscheinenden Halbverses 16,4b (ταῦτα δὲ ὑμῖν ἐξ ἀρχῆς οὐκ εἶπον, ὅτι μεθ' ὑμῶν ἤμην), so zeigt sich eine doppelte sprachliche Differenz: In V. 27 heißt es erstens ἀπ' ἀρχῆς, nicht ἐξ ἀρχῆς, und zweitens – und das ist sachlich gewichtiger – steht das Verbum dort nicht wie in 16,4b im Imperfekt (ἤμην), sondern auffälligerweise im Präsens (ἐστέ)[159]. Das Präsens ἐστέ wäre bei der erstgenannten Interpretation äußerst seltsam; bei den an zweiter und dritter Stelle genannten Deutungsmöglichkeiten dagegen wäre es sehr wohl verständlich, und diese beiden Optionen machen durchaus im Kontext der johanneischen Theologie Sinn. Aber auch sie stoßen auf erhebliche Bedenken. Zunächst ist daran zu erinnern, daß der literarische Zusammen-hang 15,18–16,4a die nachösterliche Situation der johanneischen Gemeinde im Blick hat, nicht aber exklusiv das Geschick der Osterzeugen. Sodann ist zu

---

[157] In diese Richtung gehen die Erwägungen von BROWN, John II 700f.

[158] Das *Problem* hat HAENCHEN, Johannes 490 gesehen: „Im Zusammenhang der johanneischen Theologie ist das (sc. die Aussage von 15,27) schwer verständlich, da die Jünger während seines Erdenlebens Jesus nicht erkannt haben …"

[159] Auf die zweite Abweichung machen BULTMANN, Johannes 427; SCHWEIZER, Art. πνεῦμα 442 Anm. 763; ONUKI, Gemeinde und Welt 137 aufmerksam.

beachten, daß sich das in 16,1 stehende Verbum σκανδαλίζεσθαι noch einmal in 6,61 und dort nicht zufällig in einem Abschnitt findet, der in theologisch grundsätzlicher Weise die dezidiert ekklesiologische Frage von wahrer und falscher Jüngerschaft reflektiert[160]. Weiter ist zu bedenken, daß einer Bezugnahme auf den einmaligen Kreis der Jünger des irdischen Jesus sowohl die ekklesiologische Funktion der Abschiedsreden entgegensteht wie auch der Tatbestand, daß sich die Verheißungen der anderen Parakletsprüche unschwer auf die johanneische Gemeinde insgesamt, aber nur mit einiger exegetischer Gewaltsamkeit auf den numerisch begrenzten Kreis der „Zwölf" beziehen lassen. Hinzu kommt schließlich, daß der Jüngerbegriff im vierten Evangelium in 15,8 (anders als in der synoptischen Tradition) entschränkt wird[161]. Deshalb ist die These einer exklusiven Bezugnahme des Personalpronomens ὑμεῖς auf den Kreis der Jünger des irdischen Jesus schwerlich haltbar. Angeredet ist in V. 27 vielmehr *die johanneische Gemeinde* als ganze.

Bei dieser Interpretation von ὑμεῖς gibt es zwei Möglichkeiten für das Verständnis von ἀπ' ἀρχῆς: Entweder hat dieser Ausdruck hier den zeitlichen und zugleich qualitativen Sinn „von Ewigkeit her" und verweist er demzufolge auf die ewige Erwählung der johanneischen Gemeinde im Sinne von 10,14–16.27– 29; 15,16.19; oder aber er hat hier eine streng qualitative Bedeutung, wäre dementsprechend mit „vom Ursprung her", „ursprunghaft", „wesenhaft" wiederzugeben und hätte seine engsten semantischen Entsprechungen in 8,44 und 1Joh 3,8. Im letztgenannten Fall würde V. 27 inhaltlich besagen, daß die Gemeinde durch den Geistparakleten in ein unmittelbares Verhältnis zu Jesus Christus versetzt wird und sich deshalb in einer durch den Geist gewirkten Gleichzeitigkeit mit ihm befindet[162]. – Wie ist angesichts dieser Alternative zu entscheiden? Die erste Sicht fügt sich zwar sachlich in die streng prädestinatianisch konzipierte Soteriologie und Ekklesiologie des Johannesevangeliums gut ein; die zweite Möglichkeit ist aber m.E. gleichwohl vorzuziehen. Denn die Aussage, *daß durch die Gegenwart des παράκλητος alle Christen aller Zeiten im Modus des Glaubens in eine Gleichzeitigkeit mit dem erhöhten Christus versetzt werden*, harmoniert trefflich mit der ekklesiologischen Pointe des anschließenden Parakletspruchs 16,7–11. Dieser Spruch stellt nämlich heraus, daß die nachösterliche Gemeinde gegenüber den Jüngern des irdischen Jesus in keiner Weise benachteiligt ist, sondern sich ihnen gegenüber sogar im Vorteil befindet. Daß Johannes den dritten Parakletspruch mit dem vierten Parakletspruch inhaltlich verbunden wissen will, zeigt sich ja auch darin, daß aus-

---

[160] S. dazu SCHENKE, Das johanneische Schisma.

[161] Vgl. DIETZFELBINGER, Osterglaube 69.

[162] So urteilt DIETZFELBINGER, Osterglaube 69; DERS., Paraklet und theologischer Anspruch 390. Vgl. ferner BROWN, John II 690 („The Christians are still with Jesus because they possess the Paraclete who is the presence of Jesus") und ONUKI, Gemeinde und Welt 136f.

schließlich in diesen beiden Sprüchen die interne ekklesiologische Funktion des Geistparakleten in *externer* – d.h. auf den κόσμος bezogener – Perspektive thematisch ist. Ist die dargelegte Interpretation von V. 27 zutreffend, dann hat das dort Gesagte zudem eine gewisse Entsprechung in dem, was der Evangelist in 13,23 über den Lieblingsjünger sagt: ἦν ἀνακείμενος ... ἐν τῷ κόλπῳ τοῦ Ἰησοῦ. Denn auch diese Feststellung will nicht *historisch*, sondern *qualitativ-theologisch* verstanden sein. Mit ihr wird nämlich *in anachronistischer Weise* der für die johanneische Theologie fundamentale Sachverhalt benannt, daß dem Lieblingsjünger in grundlegender und einzigartiger Weise die wahre Erkenntnis des gekreuzigten und auferstandenen Christus zuteil wurde, so daß er authentisch und verbindlich zu bezeugen vermag, wer Jesus ist. 15,27 besagt ebenso *anachronistisch*, aber gleichwohl theologisch angemessen von jedem Christen, daß er aufgrund der Selbsterschließung des im Parakleten real präsenten Jesus Christus mit Jesus ἀπ᾽ ἀρχῆς, d.h. in ursprünglicher Weise, verbunden ist und so mit ihm heilvolle Gemeinschaft hat.

b) Der Paraklet und das „apostolische" Christuszeugnis

Bezeichnet das Personalpronomen ὑμεῖς in V. 27 alle Christen aller Zeiten, so folgt daraus, daß eine von *Franz Mußner* besonders profiliert und entschieden vorgetragene These exegetisch unhaltbar ist[163] – nämlich die These, daß sich die Aussage von V. 27 und von da aus auch alle anderen Parakletsprüche *exklusiv* auf den Kreis der Jünger des irdischen Jesus beziehen und der παράκλητος demzufolge „eine spezifische Geistgabe" sei, „die nur den apostolischen Zeugen geschenkt wird, um sie zum Christuszeugnis in der Welt zu befähigen"[164]. Ist diese These unhaltbar, so ist doch zugleich zu betonen, daß die in V. 27 behauptete Gleichzeitigkeit der Gemeinde mit Jesus bzw. ihr ἀπ᾽ ἀρχῆς μετ᾽ ἐμοῦ εἶναι, das durch den Parakleten bewirkt wird, von Johannes streng als eine durch das Zeugnis der ersten, einmaligen und einzigartigen Osterzeugen *vermittelte* Unmittelbarkeit verstanden ist. Der Geist ist nämlich – darin ist *Mußner* unbedingt Recht zu geben – auch dem dritten Paraklet-spruch zufolge „an das apostolische Amt gebunden"[165], d.h. an das Wort derer, denen der Auferstandene an Ostern sein Persongeheimnis in exzeptioneller und grundlegender Weise erschlossen hat. Der Paraklet „spricht nicht unmittelbar, sondern nur im konkreten apostolischen Zeugnis"[166]. Denn zwischen dem Kreis der Osterzeugen und allen nachgeborenen Christusjüngern besteht im Blick auf die *Genese* ihres Glaubens eine *qualitative* Differenz: Der Glaube der Osterzeugen verdankt sich einer *unmittelbaren* leibhaftigen Begegnung mit dem Auferstandenen, während der Glaube der Nachgeborenen ausschließlich

---

163 S. auch die kritischen Bemerkungen von MÜLLER, Parakletenvorstellung 42 Anm. 39.
164 MUSSNER, Parakletsprüche 156.
165 Ebd.
166 Ebd.

durch die Christusverkündigung jener Zeugen *vermittelt* wird[167]. Diese Differenz wird auch in V. 27 keineswegs aufgehoben; sie ist vielmehr auch hier sachlich vorausgesetzt. Allerdings kommt sie und die darin implizierte Bindung des Geistparakleten an das Wort des historisch einmaligen Kreises der Osterzeugen im dritten Parakletspruch nicht – wie *Mußner* annimmt – in dem kausalen ὅτι-Satz V. 27b zur Sprache, sondern bereits in V. 26. Denn die pneumatologische Fundamentalbestimmung ἐκεῖνος μαρτυρήσει περὶ ἐμοῦ setzt den – im Zusammenhang der Exegese des zweiten Parakletspruchs entfalteten – Gedanken voraus, daß die μαρτυρία des Geistparakleten mit dem im Johannesevangelium literarisch fixierten „apostolischen" Christuszeugnis des Lieblingsjüngers identisch ist, der für die johanneische Tradition *der Christuszeuge katexochen* ist[168]. Daß das christologische Zeugnis des Geistparakleten (V. 26) also keineswegs im Christuszeugnis der Gemeinde (V. 27) aufgeht bzw. mit ihm in eins fällt[169], sondern diesem vielmehr zeitlich wie sachlich zugrunde liegt und also von ihm unterschieden ist, signalisiert Johannes sprachlich gerade auch durch das καὶ ὑμεῖς δέ („und auch ihr"; „aber auch ihr") in V. 27a, das hier eine *konsekutive* Nuance hat[170]. Zwischen den beiden Aussagen des dritten Parakletspruchs besteht demzufolge ein theologisch unumkehrbarer Begründungszusammenhang und ein sachliches Subordinationsverhältnis, das wie folgt beschrieben werden kann: Die im Zeugnis des vierten Evangeliums lautwerdende μαρτυρία des Geistparakleten ist mit der μαρτυρία des Lieblingsjüngers identisch, die sich der österlichen Selbsterschließung des auferstandenen Christus ἐνώπιον τῶν μαθητῶν [αὐτοῦ] (20,30) verdankt. Als solches ist das christologische Zeugnis des Geistparakleten selbst der Grund und die Bedingung für das Christuszeugnis der Gemeinde. An das ihr vorgegebene apostolische Zeugnis von Jesus Christus ist das christologische Zeugnis der Gemeinde gebunden; an ihm muß es sich kritisch prüfen und messen lassen. Die ekklesiologische Aussage von V. 27 liefert also keineswegs ein tragfähiges Fundament für die von *Christian Dietzfelbinger* vertretene These, Johannes sei der Auffassung, daß „jeder Glaubende originaler Osterzeuge ist"[171]. Der Evan-

---

[167] Vgl. zu diesem Gedanken 17,20; 20,24–31; 1Joh 1,1–4; 4,14.

[168] S. dazu o. Anm. 120.

[169] So aber BULTMANN, Johannes 426f.; BROWN, John II 700; SCHNACKENBURG, Johannes III 135; BLANK, Johannes II 168; ONUKI, Gemeinde und Welt 137; SCHULZ, Johannes 202.

[170] Vgl. 6,51; 8,16. Zu καὶ ... δέ s. BDR § 447,1.d. Daß das Zeugnis des Geistes dem Zeugnis der Jünger vorausliegt und von diesem unterschieden ist, hat auch PORSCH, Pneuma und Wort 271f. gesehen; *exegetisch* unzutreffend und *theologisch* nicht unproblematisch ist allerdings seine These, daß die sachliche Differenz darin bestehe, daß das Zeugnis der Jünger ein „äußeres Zeugnis" (272) sei, das des Geistes dagegen ein „inneres Zeugnis" (271).

[171] DIETZFELBINGER, Osterglaube 69. Dietzfelbinger entnimmt den Abschiedsreden – vor allem dem Passus 14,18–24 – den Gedanken, „daß jeder Glaubende im Rang denen gleich ist, die nach der Überlieferung einer Ostererscheinung gewürdigt worden sind. Jener Zuordnung Erstzeugen – Gemeinde bedarf es nicht mehr" (a.a.O. 68).

gelist spricht „der Christuserfahrung der späteren Gemeinde" durchaus *nicht* „dieselbe Qualität und Unmittelbarkeit zu, die die Ostererfahrung der Erstzeugen auszeichnete"[172]. Es bleibt vielmehr *auch johanneisch* dabei, daß die Gemeinde Jesu Christi ohne die einzigartigen Zeugen keinen Zugang zur Auferstehung Jesu Christi hat. Anders gesagt: Nicht nur auf Paulus, sondern sehr wohl *auch* auf das Johannesevangelium kann sich das Urteil stützen, das *Hans-Joachim Iwand* einmal so formuliert hat: *„Der Zeuge der Auferstehung ist die letzte Station, die wir erreichen können, wenn wir an das ‚leere Grab' heran wollen. Jesus wollte sich uns nicht selbst bezeugen unter Umgehung dieser Zeugen ... Hier gibt es keine Unmittelbarkeit. Hier ist Jesus, der Auferstandene, mit seinen Zeugen eins. Diese Einheit darf nicht aufgelöst oder zerbrochen werden ... Insofern gründet der Auferstehungsglaube auf der Autorität der Apostel ... Wir haben also den Auferstandenen nicht einfach isoliert vor uns, wir sind ihm nicht direkt – ‚zeugenlos' – konfrontiert, sondern Er begegnet uns in der Botschaft und im Zeugnis seiner Apostel. Sie sind seine Gesandten."*[173]

Die dargelegte Einsicht in den engen Konnex, der im Johannesevangelium zwischen dem Christuszeugnis des Geistparakleten und dem des Lieblingsjüngers behauptet wird, hat eine weitere gewichtige theologische Konsequenz: Wenn es nämlich richtig ist, daß Johannes die μαρτυρία des Geistparakleten in der beschriebenen Weise mit dem Zeugnis des Lieblingsjüngers identifiziert wissen will, und wenn es ferner richtig ist, daß die μαρτυρία des Lieblingsjüngers mit dem Christuszeugnis des vierten Evangeliums identisch ist, dann kann nicht länger behauptet werden, „daß die Parakletsprüche das Sola-Scriptura-Prinzip nicht zulassen", sondern „der Geist zusammen mit den apostolischen Zeugen die eine traditio divina *in Schrift und mündlicher Überlieferung*" schaffe[174]. Vielmehr trifft das genaue Gegenteil zu: Die Parakletsprüche schärfen in unerhörter Weise das *sola scriptura* ein, indem sie die Bindung des Geistparakleten an das im Johannesevangelium lautwerdende *apostolische Christuszeugnis* herausstellen.

---

[172] DIETZFELBINGER, a.a.O. 70. Er fährt ebd. fort: „An die Stelle der historisch vergangenen österlichen Christusvisionen tritt für den Evangelisten der in der jeweiligen Gegenwart verstehende Glaube, mittels dessen der Auferstandene sich in nicht geringerem Maß mitteilt, als er es mittels der Christusvisionen von 1Kor 15,5–8 tat. Jeder Glaubende, heißt das, hat unmittelbaren Zugang zum Ostergeschehen."

[173] IWAND, Kreuz und Auferstehung Jesu Christi 295. Zur Sache und ihrer *dogmatischen* Relevanz s. ferner KIERKEGAARD, Über den Unterschied zwischen einem Genie und einem Apostel 115–134; VOGEL, Gott in Christo I 142–145; ferner BARTH, Einführung in die evangelische Theologie 27–31; DERS., KD I/2 537–545. 604f.

[174] MUSSNER, Parakletsprüche 157f.

4. Der vierte Parakletspruch Joh 16,7–11

Der vierte Parakletspruch 16,7–11 bildet eine Näherbestimmung des dritten Parakletspruches: Beiden Sprüchen ist die forensische Situation der Konfrontation von Gemeinde und Welt gemeinsam; ferner betonen beide, daß die nachgeborenen Christen gegenüber dem einmaligen Kreis der historischen Augen- und Ohrenzeugen Jesu in keiner Weise benachteiligt sind; und schließlich bestimmt der vierte Parakletspruch das μαρτυρεῖν περὶ ἐμοῦ, von dem in 15,26 die Rede war, in V. 8 näherhin als ein ἐλέγχειν τὸν κόσμον, durch welches der äußerlich und innerlich bedrängten Gemeinde Stärkung, Tröstung und Vergewisserung widerfahren wird. Die Verse 7–11 sind in sich sehr klar strukturiert: V. 7 benennt den soteriologischen und ekklesiologischen „Nutzen", der im ὑπάγειν Jesu zu seinem himmlischen Vater beschlossen liegt[175]; V. 8 definiert das Werk des Parakleten in grundsätzlicher Weise als ein dreifaches ἐλέγχειν τὸν κόσμον; die Verse 9–11 bilden eine Explikation dieser fundamentalen pneumatologischen Bestimmung.

Der vierte Parakletspruch ist mit den voranstehenden Versen 4b–6 gedanklich fest verbunden, die ihrerseits wichtige Berührungen zu V. 19–22 aufweisen. Die Verse 4b–6 stellen heraus, daß die Jünger dem unmittelbar bevorstehenden Fortgang Jesu zu seinem Vater ohne Verständnis gegenüberstehen, weil ihnen sein soteriologischer Sinn verschlossen ist; sie sind in ihrer Trauer gefangen, blicken „nicht auf *ihn*, sondern auf *sich*"[176]. Mit dem Terminus ἡ λύπη (V. 6; vgl. V. 20–22) charakterisiert Johannes nicht nur die Befindlichkeit der historischen Jünger Jesu unmittelbar vor seiner Passion, sondern er kennzeichnet mit ihm außerdem zugleich – wie aus dem ekklesiologischen Sinn der Abschiedsreden Jesu zu schließen ist – die Situation der nachösterlichen Gemeinde. Diese ist ja *äußerlich* durch die Anfeindungen von seiten der jüdischen Synagoge bedrängt[177] und *innerlich* dadurch angefochten, daß sie ihren

---

[175] Das Verbum ὑπάγειν (vgl. 7,33; 8,14.21.22; 13,3.33.36; 14,4.5.28; 16,10.17) bezieht sich auf den *gesamten* Weg der Verherrlichung Jesu: auf seine Kreuzigung, seine Auferstehung und seinen Aufstieg zu Gott, seinem Vater. Den gleichen umfassenden Sinn haben die Verben μεταβαίνειν in 13,1 und ἀπέρχεσθαι bzw. πορεύεσθαι in 16,7. Ferner zeigt ein Vergleich von 2,22 (ὅτε οὖν ἠγέρθη ἐκ νεκρῶν, ἐμνήσθησαν οἱ μαθηταὶ αὐτοῦ ὅτι κτλ.) mit 12,16b (ἀλλ' ὅτε ἐδοξάσθη Ἰησοῦς τότε ἐμνήσθησαν ὅτι κτλ.), daß sich das δοξασθῆναι Jesu (7,39; 11,4; 12,16.23.28; 13,31.32; 17,1.5) keineswegs, wie oft behauptet wird (exemplarisch sei auf DIETZFELBINGER, Osterglaube 5. 24 verwiesen), am *Kreuz* vollendet, sondern daß auch dieses Verbum ganz umfassend auf das *Gesamtgeschehen* von Kreuzigung, Auferstehung und Rückkehr zum Vater Bezug nimmt. Jesu Verherrlichung ist folglich erst mit dem in 3,13; 6,62; 20,17 erwähnten ἀναβαίνειν abgeschlossen. Das Verbum δοξασθῆναι hat also eine weiter reichende Bedeutung als das Verbum ὑψωθῆναι (3,14; 8,28; 12,32.34), das sich *ausschließlich* auf die Kreuzigung bezieht. Demzufolge kann keine Rede davon sein, daß im Johannesevangelium Karfreitag und Ostern auf *einen* Tag fallen (gegen BULTMANN, Theologie des Neuen Testaments 410).

[176] BULTMANN, Johannes 430.

[177] Darauf hebt 16,33 ab: ἐν τῷ κόσμῳ θλῖψιν ἔχετε.

Herrn, den zum Vater aufgestiegenen Jesus Christus, anders als die Zeitgenossen des irdischen Jesus nicht mit den leiblichen Augen „von Angesicht zu Angesicht" sieht, sondern ausschließlich mit den „Augen" des Glaubens im Wort seiner Zeugen zu schauen vermag. Dieser inneren und im engeren Sinn *geistlichen* Anfechtung stellt Johannes deshalb in den Versen 7–11 jenen „Nutzen" entgegen, der im ὑπάγειν des irdischen Jesus begründet liegt: *die Sendung des Geistparakleten, der die Menschenwelt als gottlos erweisen und damit zugleich den Christusglauben der johanneischen Gemeinde definitiv ins Recht setzen wird.* Der Fortgang Jesu ist deshalb für die Gemeinde in Wahrheit kein Grund zur Trauer, sondern im Gegenteil ausschließlich Grund zur Freude (14,28). Denn die in V. 7 angesagte nachösterliche Sendung des Geistes wird die λύπη der Jünger in eschatologische χαρά[178] verwandeln (V. 20–24) – erstmals und grundlegend am Ostermorgen (20,20b) und von da aus immer wieder neu überall dort, wo Jesus Christus in der Kraft des Geistes als „Herr und Gott" (20,28) verkündigt und geglaubt wird.

Mit dem zweimaligen, durchaus emphatisch gemeinten[179] ἐγώ in *V. 7* betont Johannes zunächst, daß *Jesus selbst* seinen Jüngern den wahren Sinn seines Fortgehens (τὴν ἀλήθειαν) verständlich machen muß. Besonderes theologisches Gewicht kommt hier dem Verbum συμφέρειν zu, das sich im Johannesevangelium nicht zufällig nur noch an einer weiteren und für die johanneische Soteriologie ebenfalls gewichtigen Stelle findet, nämlich in 11,50[180]. Was der Hohepriester Kaiphas dort als rational-politisches Kalkül formuliert, bringt auf einer tieferen, ihm selbst freilich verborgenen Ebene in zutreffender Weise die Heilsbedeutung des Kreuzestodes Jesu auf den theologischen Begriff: Jesus stirbt in der Tat stellvertretend „für das Volk", ist er doch selbst das eschatologische Passalamm[181], das durch seinen Sühnetod am Kreuz die eine Kirche aus christusgläubigen Juden und Heiden ins Dasein ruft (11,51f.)[182]. Benennt 11,50 also *indirekt und mittelbar* den soteriologischen Ertrag des *Kreuzestodes* Jesu, so bringt 16,7 demgegenüber *direkt und unmittelbar* den anderen, dazu komplementären theologischen Gedanken zur Sprache, der den soteriologischen Gewinn seiner *Verherrlichung* benennt: die Sendung des Parakleten durch den erhöhten Jesus Christus. Denn allererst durch die Gabe des Geistes wird Jesus sein Heilswerk, das hinsichtlich seiner *objektiven* Seite mit dem τετέλεσται (19,30) definitiv und ein für allemal vollendet ist, auch hinsichtlich seiner *subjektiven* Seite zum Ziel führen. Erst der Geist wird den Erwählten das Heil, das im Kreuzestod Jesu für sie beschlossen liegt, durch die Gabe des

---

[178] 15,11; 16,20–22.24; 17,13.
[179] Anders BULTMANN, Johannes 430 Anm. 4: „Das ἐγώ ist beidemale ohne Ton."
[180] 18,14 ist ein *Rückverweis* auf 11,50.
[181] S. vor allem 1,29.36; 19,14.29.33 und die diesbezüglichen Ausführungen von WENGST, Bedrängte Gemeinde 200–203.
[182] Vgl. neben 10,16; 11,51f. auch 7,35 und 12,19.20–33.

Glaubens erschließen[183]. Ohne das Wirken des Geistes käme es auf der Seite derer, denen der Kreuzestod Jesu gilt, nicht zu dem Glauben, der sich über die Gemeinschaft mit dem gekreuzigten und auferstandenen Christus zu freuen vermag (20,20b). Das Kreuzesgeschehen bliebe ohne die Tätigkeit des Geistparakleten letztlich unverstanden; ja, es käme ohne den Geistparakleten nicht zur Zueignung und Austeilung des Heils, das am Kreuz definitiv erworben ist. Deshalb ist die Pneumatologie ein essentieller und notwendiger Bestandteil der johanneischen Soteriologie. Die *seelsorgerliche* Pointe von V. 7 tritt vor Augen, wenn man bedenkt, daß es der johanneischen Theologie zufolge ein Verstehen des Persongeheimnisses Jesu und also den Glauben an ihn *vor* Ostern prinzipiell nicht geben kann – und zwar deshalb nicht, weil der Geist, der allein und ausschließlich den Christusglauben ermöglicht und schenkt, erst *nach* der Auferstehung ausgegossen wird und weil der Glaube im Johannesevangelium streng als Glaube an den *gekreuzigten, auferstandenen und zum Vater aufgestiegenen* Jesus Christus definiert ist[184]. Die nachösterliche Gemeinde – das soll V. 7 besagen – ist in Wahrheit von ihrem Herrn keineswegs verlassen. Sie hat deshalb überhaupt keinen Grund, die historischen Wegbegleiter Jesu um ihre leibliche Nähe zu ihm zu beneiden; im Gegenteil – *erst jetzt*, in der nachösterlichen Zeit, die im Zeichen des Wirkens des παράκλητος steht, ist das Verstehen des Persongeheimnisses Jesu und seines Heilswerkes und damit wahrer und rechter Glaube an Jesus Christus möglich; *erst jetzt* ereignet sich wahre Jüngerexistenz; *erst jetzt* gibt es – in einer die Grenzen von Raum und Zeit transzendierenden Weise – heilvolle Gemeinschaft mit dem gekreuzigten Jesus Christus und mit Gott, seinem himmlischen Vater.

Die Auslegung des vierten Parakletspruchs entscheidet sich ganz wesentlich an der Interpretation von *V. 8*, genauer: an dem Verständnis des Verbums ἐλέγχειν. Nicht wenige Ausleger sind der Auffassung, daß die Aussage, der

---

[183] Vgl. einerseits 3,3–8 und andrerseits 7,39.

[184] Vgl. zu diesem für die johanneische Theologie fundamentalen Sachverhalt HAENCHEN, ,Der Vater, der mich gesandt hat‘ 212f.; DERS., Das Johannesevangelium und sein Kommentar 227f. Daß im vierten Evangelium gleichwohl in 1,50; 2,11; 4,42.50.53; 6,68f.; 9,38; 11,25f. davon die Rede ist, daß Menschen bereits *vor* der Auferstehung Jesu und *vor* seiner Selbsterschließung im Geistparakleten zum wahren Glauben an ihn gelangt sind, steht zu dem dargelegten Urteil nur scheinbar im Widerspruch. Denn diese Stellen dürfen keinesfalls *historisierend* und *psychologisierend* ausgelegt und verstanden werden. Sie sind vielmehr streng *theologisch* zu interpretieren, nämlich als die *anachronistische* Darstellung dessen, was sich im *nachösterlichen* Zum-Glauben-Kommen ereignet. Der Grund für den – bewußt in Kauf genommenen – Anachronismus, daß das Christusbekenntnis bereits *vor* Ostern in seiner vollen Gültigkeit und Suffizienz zur Sprache kommt, liegt ausschließlich darin, zu betonen, *daß Jesus vor Ostern derselbe ist wie nach Ostern*: der seinem Ursprung und Wesen nach ganz auf die Seite Gottes *gehörende* und aus freiem Erbarmen auf die Seite der verlorenen Menschenwelt *getretene* eine und einzige Sohn Gottes. Damit wehrt Johannes dem Gedanken, Jesus würde allererst durch einen produktiven religiösen Akt der nachösterlichen Gemeinde eine christologische Würde zugesprochen, die er selbst für seine eigene Person niemals in Anspruch genommen habe.

Paraklet werde die Welt „überführen", besagt, daß die Menschenwelt durch die in der Kraft des Geistparakleten ergehende Christuspredigt der Gemeinde zur *subjektiven* Erkenntnis ihrer Sünde und damit zum *Glauben an Jesus Christus* geführt wird[185]. Diese Deutung läßt sich nur dann konsistent vertreten, wenn der κόσμος-Begriff hier nicht einfach *negativ* die in ihrer Sünde *definitiv* vor Gott verlorene Menschenwelt bezeichnet, sondern wenn er sich hier *positiv* ausschließlich auf jene Menschen bezieht, die in ihrer Sünde *vor Gott zwar verloren* sind und also von sich her ebenfalls zur gottlosen Menschenwelt gehören, *aber* gleichwohl von Gott *zum Heil erwählt* sind, weil der Vater sie dem Sohn von Ewigkeit her gegeben hat[186]. Denn die Verkündigung des Evangeliums ist nach Johannes für diejenigen, die nicht zum Heil erwählt sind, streng und ausschließlich *Gerichtswort* bzw. (mit 2Kor 2,16a gesprochen) ὀσμὴ ἐκ θανάτου εἰς θάνατον. Deshalb gilt im Blick auf sie ausnahmslos der negative Satz: ἄν τινων κρατῆτε (sc. τὰς ἁμαρτίας) κεκράτηνται (Joh 20,23b). Dagegen ist die Evangeliumspredigt nach dem Zeugnis des vierten Evangeliums für diejenigen, die zur Heilsteilhabe erwählt sind, *Wort des Lebens* (vgl. 6,63.68) bzw. (mit 2Kor 2,16b gesprochen) ὀσμὴ ἐκ ζωῆς εἰς ζωήν. Deshalb bezieht sich auf sie die Verheißung: ἄν τινων ἀφῆτε τὰς ἁμαρτίας ἀφέωνται αὐτοῖς (Joh 20,23a).

Daß Johannes den κόσμος-Begriff in *positiven* soteriologischen Feststellungen in diesem zweiten, streng prädestinatianischen Sinne verwenden *kann*, steht aufgrund einer Anzahl johanneischer Aussagen außer Frage[187]. Gegen die Annahme, daß ὁ κόσμος in V. 8 so gemeint ist, spricht jedoch ganz entschieden der Tatbestand, daß dieser Ausdruck in V. 11 und also im vierten Parakletspruch selbst wie auch im weiteren Kontext eindeutig den erstgenannten, rein negativen Sinn hat. Außerdem läßt sich eine ganze Anzahl gewichtiger Gründe – teils sprachlich-philologischer, teils sachlich-inhaltlicher Art – anführen, die dafür sprechen, daß es in V. 8 um den *objektiven* Aufweis von Schuld, nicht aber um ein auf *subjektives* Erkennen abzielendes Geschehen geht[188]. In *sprachlich-philologisch*er Hinsicht ist zu sagen: Das Verbum ἐλέγχειν findet

---

[185] So THOLUCK, Evangelium Johannis 384; WEISS, Johannes 440 mit Anm. 2; DERS., Die vier Evangelien 577; GODET, Johannes II 514; CREMER, Art. ἐλέγχω; SCHLATTER, Johannes 311f.; DERS., Erläuterungen I 248; BÜCHSEL, Art. ἐλέγχω 471,31–35; DERS., Johannes 155; HOSKYNS, The Fourth Gospel 484; STRATHMANN, Johannes 223f.; BERNARD, John II 506; THÜSING, Erhöhung und Verherrlichung 143f.; MORRIS, John 697 mit Anm. 19; ONUKI, Gemeinde und Welt 146–148; BEASLEY-MURRAY, John 280f.; BARRETT, Johannes 473f.; CARSON, John 536f.

[186] 6,37.39; 10,29v.l.; 17,2.6.9.24; 18,9.

[187] S. dazu 1,29; 3,16.17; 4,42; 6,33.51; 8,12; 9,5b; 12,47; 17,21.23; vgl. 1Joh 2,2; 4,14.

[188] In diesem zweiten Sinne interpretieren BAUER, Johannes 196f.; BULTMANN, Johannes 433; SCHICK, Johannes 142; WIKENHAUSER, Johannes 294; BLANK, Krisis 335; DERS., Johannes II 180f.; BROWN, John II 705. 711; PORSCH, Pneuma und Wort 282f.; GNILKA, Johannes 123; SCHNEIDER, Johannes 275f.; SCHNACKENBURG, Johannes III 146f.; BECKER, Johannes II 592f.

sich noch zweimal im Johannesevangelium: in 3,20 und 8,46; an beiden Stellen geht es um den objektiven Schulderweis, nicht um subjektive Sündenerkenntnis. *Sachlich-inhaltlich* ist zu bedenken: 1. Johannes hat bereits in der grundsätzlich gemeinten Aussage des ersten Parakletspruchs 14,17 herausgestellt, daß es zwischen dem Geistparakleten und dem κόσμος prinzipiell keine positive Beziehung gibt und auch nicht geben kann. – 2. Die vorangehenden Parakletsprüche thematisieren durchgängig die auf die Glaubenden bezogene Funktion des Geistparakleten; die Welt kommt nur in 14,17; 15,26f. (und 16,8– 11) in den Blick – und zwar ausschließlich in ihrem feindlichen Gegenüber zur Gemeinde. – 3. Das Thema des Abschnitts 15,18–16,4a ist der Dualismus von Gemeinde und Welt, der wieder in 16,20–22 thematisch ist und deshalb sachlich auch in 16,8–11 vorausgesetzt werden kann. – 4. Die Verse 9–11, die V. 8 explizieren, benennen durchgängig objektiv gültige Sachverhalte: das Wesen der Sünde (V. 9), die in der Auferstehung Jesu von den Toten und seinem Aufstieg zu Gott erfolgte Rechtfertigung des Gottessohnes und seines christologisch-soteriologischen Anspruchs (V. 10) und das Gerichtsein des ἄρχων τοῦ κόσμου τούτου, das mit dem Kreuzestod Jesu und mit seiner Auferstehung definitiv Wirklichkeit ist (V. 11). – 5. Auch in den Versen 15,22–24, die in einer gewissen Parallelität zu 16,8–11 stehen, wird gesagt, daß die Welt aufgrund des Kommens Jesu objektiv ohne Entschuldigung vor Gott dasteht, weil sie den menschgewordenen Gottessohn, der selbst ohne jede Sünde ist (15,25), kreuzigen ließ[189]. – 6. Die Aussage, daß der Geistparaklet die Welt „überführt", hat eine Entsprechung in 8,28 und 14,31a. Denn auch an diesen beiden Stellen wird keineswegs gesagt, daß die Ἰουδαῖοι (8,28) bzw. der κόσμος (14,31a) durch die Passion Jesu zur subjektiven Einsicht in ihre Sünde und damit zum Christusglauben gelangen, sondern auch dort ist gemeint, daß die Welt durch das Kreuzes- und Ostergeschehen auf objektive und unwidersprechliche Weise in ihrer Gottlosigkeit offenbar wird[190].

Aus den dargelegten Erwägungen folgt, daß in 16,8 nicht von der subjektiven Sündenerkenntnis des κόσμος die Rede sein kann, sondern allein davon, daß die Welt durch die nachösterliche Christuspredigt der Gemeinde, die in der Kraft des Geistparakleten ergeht, objektiv als gottlos erwiesen wird. Das heißt: „Die Welt erfährt von diesem Prozeß gegen sie nichts. Ihr bleibt der Vorgang subjektiv verborgen, vielmehr erhebt die Gemeinde den Anspruch, von ihrer

---

[189] Die zwischen 15,22–24 und 16,8–11 bestehende sachliche Nähe zeigt sich auch darin, daß in beiden Abschnitten das Wesen der Sünde streng als *Unglaube gegenüber Jesus Christus* definiert ist.

[190] Die in 8,28 und 14,31a erkennbare Verwendung von γινώσκειν hat Analogien in den Gerichtsaussagen Ex 14,4LXX (ἐγὼ δὲ σκληρυνῶ τὴν καρδίαν Φαραω, καὶ καταδιώξεται ὀπίσω αὐτῶν· καὶ ἐνδοξασθήσομαι ἐν Φαραω καὶ ἐν πάσῃ τῇ στρατιᾷ αὐτοῦ, καὶ γνώσονται πάντες οἱ Αἰγύπτιοι ὅτι ἐγώ εἰμι κύριος) und Ez 28,22LXX (καὶ εἰπόν Τάδε λέγει κύριος Ἰδοὺ ἐγὼ ἐπὶ σέ, Σιδών, καὶ ἐνδοξασθήσομαι ἐν σοί, καὶ γνώσῃ ὅτι ἐγώ εἰμι κύριος ἐν τῷ ποιῆσαί με ἐν σοὶ κρίματα, καὶ ἁγιασθήσομαι ἐν σοί).

Sicht her die objektive Situation der Welt angemessen zu beschreiben.“[191] Allein die Gemeinde weiß also um die Wahrheit des ἐλέγχειν τὸν κόσμον, das dem Kosmos selbst definitiv verhüllt bleibt. Auf diese Weise wird sie in ihrem Glauben an Jesus Christus gestärkt.

Die Grundsatzaussage von V. 8 wird in *V. 9–11* in drei parallel strukturierten Sätzen entfaltet[192]. Die Verse 9–11 führen aus, daß Jesus durch den Kreuzestod nur scheinbar – κατ᾽ ὄψιν (7,24a) bzw. κατὰ τὴν σάρκα (8,15a) geurteilt – als Gotteslästerer entlarvt wird[193]. Denn es kommt nachösterlich durch den Geist gewissermaßen zu einer „Revision des Prozesses Jesu“[194], dergestalt, daß der παράκλητος der Gemeinde aufzeigt, daß in Wahrheit nicht Jesus, sondern der κόσμος der Sünde überführt (V. 9), vor Gott im Unrecht (V. 10) und von ihm gerichtet ist (V. 11).

Zunächst expliziert der erste ὅτι-Satz – ὅτι οὐ πιστεύουσιν εἰς ἐμέ (*V. 9*) – die Aussage ἐκεῖνος ἐλέγξει τὸν κόσμον περὶ ἁμαρτίας aus V. 8. Im Blick auf diese grundsätzliche Feststellung ist zweierlei als bemerkenswert herauszustellen: 1. Johannes verwendet das Nomen ἁμαρτία (ebenso wie Paulus, aber anders als die synoptische Tradition) ganz überwiegend im *Singular*[195]. Das hat seinen Grund darin, daß der vierte Evangelist die Sünde (ebenso wie Paulus) als eine tödliche Macht begreift, die den Menschen in seinem Sein und Wesen radikal bestimmt und versklavt, so daß er sich von ihr schlechterdings nicht aus eigener Kraft zu distanzieren vermag[196]. Sünde ist für Johannes mithin (ebenso wie für Paulus) keine moralisch-ethische, sondern eine dezidiert *theologisch-dogmatische* Kategorie. „Sünde ist überhaupt nicht moralische Verfehlung als solche, sondern der Unglaube und das aus ihm fließende Verhalten, also die durch den Unglauben qualifizierte Gesamthaltung der Welt.“[197] – 2. Das Wesen der Sünde wird hier als *Unglaube gegenüber dem inkarnierten Gottessohn* Jesus Christus definiert. Das Nein der Welt zu Jesu Anspruch, in Person der alleinige Offenbarer Gottes, ja der offenbare Gott selbst zu sein, ist also als der In-

---

[191] BECKER, Johannes II 592.

[192] Zum *Sprachlichen* ist anzumerken: a) περί mit Genitiv heißt „hinsichtlich“; „im Blick auf“; b) die ὅτι-Sätze bezeichnen den *Inhalt*, nicht den Grund (mit BULTMANN, Johannes 434 Anm. 3; SCHNACKENBURG, Johannes III 147; gegen ZAHN, Johannes 591; HOSKYNS, John 484f.; BARRETT, Johannes 473f.; BECKER, Johannes II 591; CARSON, John 537).

[193] Zum Blasphemievorwurf gegen Jesus vgl. 5,18; 8,53; 10,33.36; 19,7.

[194] PORSCH, Pneuma und Wort 285.

[195] Bei *Paulus* steht ἁμαρτία im *Singular* in Röm 3,9.20; 4,8; 5,12.13.20.21; 6,1.2.6.7. 10.12.13.14.16.17.18.20.22.23; 7,7.8.9.11.13.14.17.20.23.(25b); 8,2.3.10; 14,23; 1Kor 15,56; 2Kor 5,21; 11,7; Gal 2,17; 3,22 und im *Plural* in Röm 4,7; 7,5; 11,27; 1Kor 15,3.17; Gal 1,4; 1Thess 2,16. Bei *Johannes* begegnet ἁμαρτία im *Singular* in 1,29; 8,21.34.46; 9,41; 15,22.24; 16,8.9; 19,11 (s. auch 1Joh 1,7.8; 3,4.5.8.9; 5,16.17) und im *Plural* in 8,24; 9,34; 20,23 (s. auch 1Joh 1,9; 2,2.12; 3,5; 4,10).

[196] Für *Paulus* s. vor allem Röm 3,9; 5,12; 6,16ff.; 7,14ff.; 1Kor 15,56. Für *Johannes* s. 8,21.24.34.

[197] BULTMANN, Johannes 434.

begriff der ἁμαρτία verstanden. Damit hat Johannes den Sündenbegriff streng von der Christus-Relation her gefaßt[198]. Dieses Sündenverständnis ist seinerseits eine notwendige Konsequenz aus der christologischen Neuinterpretation des ersten Gebotes, die der Evangelist aus seinem christozentrischen Offenbarungsbegriff gewonnen hat und der wir schon im Zusammenhang der Auslegung von 14,15 begegnet sind. Ist Gott nämlich allein und ausschließlich in seinem Sohn Jesus Christus offenbar, der selbst seinem Wesen und Ursprung nach als der μονογενὴς θεός (1,18) auf die Seite seines himmlischen Vaters gehört, dann entscheidet sich – positiv wie negativ – exklusiv an ihm das Gottesverhältnis eines jeden Menschen; dann ist das Ja zu ihm *eo ipso* das Ja zu Gott und das Nein zu ihm *eo ipso* das Nein zu Gott[199] – und also Sünde[200]. Aus dieser Interpretation des ersten Gebotes, die bestreitet, daß es einen unmittelbaren Zugang zu Gott an Jesus Christus vorbei gibt, erklärt sich die Tiefe und die Radikalität des religiösen und theologischen Gegensatzes zwischen der johanneischen Gemeinde und dem jüdischen Synagogenverband. Denn dem hier greifbaren christologischen Anspruch gegenüber bleibt nur die eine scharfe Alternative: entweder *der Vorwurf der Blasphemie*, der nun umgekehrt behauptet, daß die Sünde gegen den allein wahren Gott gerade darin liegt, an Jesus Christus zu glauben; oder aber *der bekennende, anbetende und lobpreisende Anruf des Glaubens*: ὁ κύριός μου καὶ ὁ θεός μου (20,28)[201].

Der zweite ὅτι-Satz – ὅτι πρὸς τὸν πατέρα ὑπάγω καὶ οὐκέτι θεωρεῖτέ με (*V. 10*) – entfaltet die Wendung περὶ δικαιοσύνης aus V. 8. Da in diesem Satz eine *christologische* Aussage getroffen wird, ist das Nomen δικαιοσύνη auf Jesus zu beziehen. Es bezeichnet allerdings nicht etwa eine moralisch-ethische

---

[198] Zu betonen ist, daß die Verse 15,22–24 natürlich keineswegs besagen wollen, daß das Sein des κόσμος allererst durch die Inkarnation und die Selbstoffenbarung Jesu als Sein in der Sünde *qualifiziert* wird, sondern daß das ontisch *vorgängige* In-der-Sünde-Sein der Menschenwelt durch das Nein zum inkarnierten Gottessohn in letzter Schärfe und Klarheit *offenbar* wird und ans *Licht* tritt.

[199] S. vor allem 5,23; 7,28f.; 8,19.42; 12,44.45; 14,1.7; 17,3.

[200] S. 3,19f.32; 7,7; 15,22–24.

[201] Zweierlei sei angemerkt: 1. Dem *offenbarungstheologischen* Basissatz, daß Gott ausschließlich in seinem Sohn erkennbar ist, korrespondiert der auffällige Tatbestand, daß außer in 12,44 und 14,1 (vgl. 17,3) im vierten Evangelium *niemals* vom Glauben an Gott den Vater, sondern durchgängig vom Glauben an Jesus Christus gesprochen wird (expressis verbis: 1,12; 2,11.23; 3,16.18.36; 4,39; 6,29.35.40.69; 7,5.31.39.48; 8,24.30; 9,35; 10,42; 11,25.26.27.42; 12,44.46; 14,1.12; 16,9.27.30; 17,8.20.21; 20,31; aus dem Kontext erschließbar: 1,7.50; 3,15; 4,41.42.48; 5,44; 6,36.47.64; 9,38; 10,25.26; 11,40; 19,35; 20,8.25.29). Der Glaube bezieht sich demzufolge *unmittelbar* auf Jesus Christus selbst und *nur durch ihn vermittelt* auf Gott den Vater (vgl. 12,45; 14,9). – 2. *Christologisch* ist zu bedenken: Insofern gilt, daß sich der Glaube des Menschen im Ernst nur auf ein Wesen beziehen darf, das selbst *ursprunghaft* Gott ist, und niemals auf ein von ihm ontologisch unendlich unterschiedenes und geschiedenes *Geschöpf*, impliziert bereits die schlichte Wendung πιστεύειν εἰς τὸν υἱόν u.ä. notwendig das Bekenntnis zur *Gottheit* des Sohnes.

Qualität Jesu[202] bzw. seinen sich im Gang ans Kreuz vollendenden Gehorsam gegenüber Gott[203], und es spielt ebensowenig auf das δίκαιος-Sein Jesu im Sinne von 1Joh 1,9; 2,1.29; 3,7 an[204]. Es geht vielmehr um das dem Gekreuzigten durch seine Auferstehung und seine Erhöhung *von Gott selbst her widerfahrene Rechtfertigungsgeschehen*, durch das Jesus als sündlos[205] und die Welt als gottlos erwiesen wird[206]. Das ὑπάγειν Jesu πρὸς τὸν πατέρα zeigt *objektiv*, daß Gott selbst dem offenbarungstheologischen und christologisch-soteriologischen Anspruch Jesu Recht gegeben hat und ihm in seiner Auferstehung von den Toten Gerechtigkeit widerfahren ließ. Eben damit aber hat Gott zugleich umgekehrt den κόσμος definitiv ins Unrecht gesetzt und ihn als in der Sünde gefangen und unter dem göttlichen Gericht stehend entlarvt. Der Kreuzestod Jesu ist deshalb nicht der sichtbare Erweis des endgültigen Scheiterns eines Gotteslästerers. Vielmehr ist das Kreuz Christi von seiner Auferstehung und Erhöhung her als der Ort seines eschatologischen Sieges über die Mächte der Sünde und des Todes offenbar geworden. Mit der Auferstehung Jesu und seinem Aufstieg zum Vater hat Gott mithin selbst bestätigt, daß sich Jesus nicht, wie von synagogaler Seite behauptet, in blasphemischer Weise selbstmächtig Gott gleich gemacht hat, sondern daß ihm die Gottheit vielmehr *von Ewigkeit her* und also *wesen- und ursprunghaft* zukommt[207].

Ist diese Interpretation von V. 10 richtig, dann hat seine Aussage ihre engste neutestamentliche Parallele in der Formulierung ἐδικαιώθη ἐν πνεύματι, die sich in dem Christushymnus 1Tim 3,16 findet[208]. Auch diesem Text zufolge

---

[202] So WEISS, Johannes 441 („Schuldlosigkeit und sittliche Vollkommenheit Christi"); ZAHN, Johannes 591 („in Jesus [ist] eine vollkommene menschliche Gerechtigkeit vorhanden").

[203] So SCHLATTER, Johannes 312; BERNARD, John II 507; ähnlich BARRETT, Johannes 474.

[204] So interpretiert SCHRENK, Art. δικαιοσύνη 202,9–14.

[205] Vgl. das Unschuldsmotiv 8,46; 14,30; 18,23.38; 19,4.6 und ferner die Rede von Jesus als dem eschatologischen Passalamm 1,29.36; 19,29.34.36. Als *innerjohanneische Sachparallelen* zu V. 10 sind zu nennen: 8,50 (ἔστιν ὁ ζητῶν καὶ κρίνων) und 8,54 (ἔστιν ὁ πατήρ μου ὁ δοξάζων με).

[206] So interpretieren BROWN, John II 712f.; KERTELGE, Art. δικαιοσύνη 796; SCHNACKENBURG, Johannes III 149f.; SCHNEIDER, Johannes 275.

[207] In V. 10b heißt es überraschenderweise nicht καὶ οὐκέτι θεωροῦσίν με, sondern καὶ οὐκέτι θεωρεῖτέ με. Warum? M.E. deshalb, weil nicht der Kosmos, sondern ausschließlich die Gemeinde den Sinn des ἐλέγχειν τὸν κόσμον *begreift* und weil allein die christliche Gemeinde *erkennt*, daß Jesus durch seine Auferstehung und Rückkehr von Gott ins Recht gesetzt worden ist. Die Formulierung von V. 10b bestätigt noch einmal die These, daß nicht etwa der numerisch begrenzte Kreis der Jünger des irdischen Jesus, sondern *die nachösterliche Christusgemeinde* der primäre Adressat der Parakletsprüche ist. Denn allein für sie gilt ja, daß ihr eine leiblich-reale Begegnung mit dem Auferstandenen definitiv verwehrt ist, weshalb sie ihrem Herrn exklusiv im Medium des Wortes begegnet. Demgegenüber gewährt der auferstandene Christus den „Zwölfen" eine unmittelbare österliche Begegnung mit sich.

[208] Auf 1Tim 3,16 verweisen WIKENHAUSER, Johannes 294; BROWN, John II 713; PORSCH, Johannes 174; SCHNACKENBURG, Johannes III 149f.; GNILKA, Johannes 123; BECKER, Johannes II 594.

ereignet sich die von Gott[209] vollzogene Rechtfertigung des Inkarnierten und Gekreuzigten[210] in seiner *Auferstehung von den Toten* und in seiner *Erhöhung zur Rechten Gottes*[211]. Der traditionsgeschichtliche Hintergrund beider Texte findet sich m.E. im vierten Gottesknechtslied, wenn es dort von dem leidenden, getöteten und aus dem Tod erretteten Knecht Gottes heißt: καὶ βούλεται κύριος ἀφελεῖν ἀπὸ τοῦ πόνου τῆς ψυχῆς αὐτοῦ, δεῖξαι αὐτῷ φῶς καὶ πλάσαι τῇ συνέσει, δικαιῶσαι δίκαιον εὖ δουλεύοντα πολλοῖς, καὶ τὰς ἁμαρτίας αὐτῶν αὐτὸς ἀνοίσει (Jes 53,10c.11LXX). Dieses Urteil gewinnt dadurch an Wahrscheinlichkeit, daß das vierte Gottesknechtslied, welches Johannes seiner Hermeneutik alttestamentlicher Texte entsprechend durchgängig christologisch auf den gekreuzigten und verherrlichten Christus bezogen hat, für ihn von einiger theologischer Relevanz ist. Das zeigt sich zunächst an der auf Jes 52,13LXX (ἰδοὺ συνήσει ὁ παῖς μου καὶ ὑψωθήσεται καὶ δοξασθήσεται σφόδρα) zurückgehenden Verwendung von ὑψωθῆναι und δοξασθῆναι, die beide für die johanneische Christologie und Soteriologie bedeutungsvoll sind, sodann an dem in prädestinationstheologischem Zusammenhang in 12,38 begegnenden Zitat von Jes 53,1LXX (κύριε, τίς ἐπίστευσεν τῇ ἀκοῇ ἡμῶν; καὶ ὁ βραχίων κυρίου τίνι ἀπεκαλύφθη;) und schließlich daran, daß traditionsgeschichtlich hinter der für die johanneische Christologie und Soteriologie fundamentalen ὁ ἀμνὸς τοῦ θεοῦ-Prädikation von 1,29.36 neben dem aus Ex 12,1–13 stammenden Passalamm-Motiv wohl auch die sühnetheologisch verstandenen Stellvertretungsaussagen des vierten Gottesknechtsliedes stehen (vor allem Jes 53,7LXX: καὶ αὐτὸς διὰ τὸ κεκακῶσθαι οὐκ ἀνοίγει τὸ στόμα· ὡς πρόβατον ἐπὶ σφαγὴν ἤχθη καὶ ὡς ἀμνὸς ἐναντίον τοῦ κείροντος αὐτὸν ἄφωνος οὕτως οὐκ ἀνοίγει τὸ στόμα αὐτοῦ).

Der dritte ὅτι-Satz – ὅτι ὁ ἄρχων τοῦ κόσμου τούτου κέκριται (*V. 11*) – expliziert abschließend die Wendung περὶ κρίσεως aus V. 8. Das Nomen ἡ κρίσις spielt bekanntlich mit dem Verbum κρίνειν zusammen eine wichtige Rolle innerhalb der johanneischen Theologie[212]. Zwei Aspekte sind hier dies-

---

[209] Das Passiv ἐδικαιώθη ist ein *passivum divinum*.

[210] Auf den Zusammenhang von Inkarnation und Kreuz weist der Eingangssatz ὃς ἐφανερώθη ἐν σαρκί, der darin sachlich der Aussage ὁ λόγος σὰρξ ἐγένετο von Joh 1,14a entspricht.

[211] Auf den zweiten Aspekt beziehen sich ὤφθη ἀγγέλοις und vor allem das Schlußkolon ἀνελήμφθη ἐν δόξῃ.

[212] S. dazu 3,17–19; 5,22.24.27.29.30; 8,13.15.16.26; 12,31.47.48; 16,8.11. – Gegenüber einer in der Johannesforschung weit verbreiteten Sicht – exemplarisch genannt seien BAUER, Johannes 59. 85; DERS., WbNT, Sp. 895 s.v. κρίσις 1.a.β; BAUER/ALAND, WbNT, Sp. 919 s.v. κρίσις 1.a.β; BULTMANN, Johannes 113. 193. 330f. 436 u.ö.; DERS., Theologie des Neuen Testaments 390f.; BÜCHSEL, Art. κρίσις 943,3f.; SCHULZ, Johannes 61; HAENCHEN, Johannes 278; RISSI, Art. κρίνω κτλ. 793 – ist zu betonen, daß weder für κρίσις noch für κρίνειν an irgendeiner Stelle im vierten Evangelium die Wiedergabe mit „Scheidung" bzw. „die Scheidung vollziehen" / „in die Entscheidung stellen" gerechtfertigt ist. In 5,24.29; 12,31; 16,8.11 ergäbe diese Übersetzung überhaupt keinen Sinn. Daß sich durch das Kommen des

bezüglich erwähnenswert: Der Term ist *erstens* von einigem Gewicht für die Gegenwartseschatologie des vierten Evangeliums, insofern sich das Gericht und die Verurteilung derer, die nicht an Jesus Christus glauben, nicht erst in der Zukunft am Jüngsten Tage bei der Parusie Christi vollziehen werden, sondern sich bereits *hier und jetzt in der Begegnung mit dem Offenbarungswort Jesu* ereignen[213]. Das Wortfeld κρίσις / κρίνειν ist sodann *zweitens* typisch für die hintergründige Ironie des Evangelisten. Denn die Welt wird gerade da selbst vom κρίνειν des Gottessohnes getroffen, wo sie über Jesus zu Gericht zu sitzen meint und ihn im Namen Gottes zum Tode am Kreuz verurteilt. Im Kreuzesgeschehen und in der Auferstehung Jesu kehrt sich die auf der vordergründigen, historischen Ebene bestehende Relation zwischen den Anklägern und dem Angeklagten *von Gott her* radikal um, so daß der Angeklagte zum Ankläger wird und die Ankläger zu Angeklagten werden. Das Kreuz Jesu Christi ist also im vierten Evangelium dezidiert als der Ort des göttlichen Gerichtshandelns begriffen[214]: Dort hat sich das Gericht über die Welt und ihren Herrscher[215] definitiv und letztgültig vollzogen[216], und ebendort ist der Sieg über die Welt, ihren Herrscher und die Mächte der Sünde und des Todes errungen worden. An diesem Sieg haben allein die Glaubenden in heilvoller Weise Anteil[217], während für die Nicht-Glaubenden gilt, daß sie unter der Macht der Sünde und in der Finsternis und damit unter der ὀργή Gottes bleiben[218]. Die Aussage von V. 11 setzt den Gedanken voraus, daß sich das Gericht über die Welt und ihren Herrscher am Kreuz *ein für allemal* ereignet hat, und sie betont nun ihrerseits, daß dieses Gerichtsgeschehen *immer wieder neu* in der Verkündigung proklamiert wird, die in der Kraft des Parakleten ergeht und deren einziger Inhalt und Gegenstand der – von Gott gerechtfertigte – auferstandene und zum Vater aufgestiegene Gekreuzigte, Jesus Christus, ist[219].

Sohnes Gottes eine *Scheidung* vollzieht, wird im Johannesevangelium nur an einer einzigen Stelle gesagt: in 9,39. Bezeichnenderweise findet sich dort aber nicht das Nomen ἡ κρίσις, sondern das Substantiv τὸ κρίμα.

[213] Unbedingt zu beachten ist, daß das Wortfeld κρίσις / κρίνειν im Johannesevangelium durchgängig eine *rein negative Konnotation* hat. Es bezeichnet die sich in der Gegenwart vollziehende und eschatologisch endgültige *Verurteilung* derer, die nicht an Jesus Christus als „den Christus, den Sohn Gottes" glauben; allein im Blick auf sie ist Jesus verurteilender *Richter*. Der Glaubende hat dagegen mit dem Gerichtsgeschehen defintiv nichts zu tun; für ihn ist Jesus in gar keiner Weise Richter, sondern allein und ausschließlich *Retter und Lebendigmacher*.

[214] Vgl. 12,31 im Kontext von 12,27–33.

[215] 12,31; 14,30.

[216] Zu beachten sind die Perfekta in 16,11: κέκριται; 16,33: νενίκηκα τὸν κόσμον; 19,30: τετέλεσται.

[217] Vgl. 1Joh 5,4 mit Joh 16,33.

[218] 3,36b; 9,41; 12,46; vgl. ferner 3,18b mit 16,11.

[219] Es ist deshalb unzutreffend, wenn Becker, Johannes II 593 behauptet, in 16,8–11 sei im Gegensatz zur Theologie des Evangelisten „die Bindung des Gerichts an die Christologie des Gesandten aufgegeben", vielmehr verstehe die Gemeinde „ihr Sein als Weltgericht"

Abschließend sind zwei Fragen zu klären: Welches sachlich-theologische Verhältnis besteht zwischen den drei Bestimmungen von V. 9–11? Wie vollzieht der παράκλητος sein Werk des ἐλέγχειν τὸν κόσμον konkret? Auf die erste Frage ist zu antworten: Die christologische Aussage V. 10 bildet nicht nur die formale Mitte, sondern auch das inhaltliche Zentrum des vierten Parakletspruches. Darin zeigt sich wiederum die durchgängige Christozentrik der Parakletsprüche[220]. Es ergibt sich nämlich der folgende Gedankengang: Die in der Auferstehung Jesu von den Toten und in seinem Aufstieg zu seinem Vater sich vollziehende Rechtfertigung Jesu durch Gott (V. 10) entlarvt auf objektive Weise die Gottlosigkeit des κόσμος, indem sie das Nein der Welt zu Jesus Christus als Sünde vor Gott qualifiziert (V. 9) und das Gerichtetsein des ἄρχων τοῦ κόσμου τούτου erweist (V. 11). Auf die zweite Frage ist eine in sich differenzierte Antwort zu geben: Zum einen ereignet sich die objektive Überführung des Kosmos je und je in der *Christusverkündigung* der Gemeinde, die den Sieg des Gekreuzigten und das Gerichtetsein der Welt öffentlich proklamiert und deren eigentliches, göttliches Subjekt der Geist ist[221]. Die Verkündigung der johanneischen Gemeinde beansprucht demzufolge nicht weniger als dieses, daß sie als Menschenwort zugleich Wort des im Geist real präsenten *erhöhten Christus* und damit Wort *Gottes* ist. Zum andern aber ist der Christusglaube der Gemeinde und also *die Gemeinde selbst in ihrer eschatologischen Neuexistenz*, die sich ja allein dem Wirken des Geistes und also Gott selbst verdankt (3,5–8), der objektive Erweis der Gottlosigkeit der Menschenwelt, die nicht an Jesus glaubt, und damit zugleich das göttliche Siegel dafür, daß Gott sich tatsächlich in der Person und dem Werk Jesu Christi geoffenbart hat[222].

---

bzw. ihre Geschichte als „das kosmische Gericht über die Welt". Für ebenso unbewiesen und zutiefst fragwürdig halte ich sein abschließendes *sachkritisches* Urteil, in 16,8–11 sei „gegen die Konzeption von E (= der Evangelist), bei dem Eschatologie und Christologie des Gesandten, Paraklet und gegenwärtiger Christus zusammenfallen (sic!), eine kirchlich orientierte Apokalyptisierung der Geschichte (sic!) vollzogen, bei der der Geist als Gesandter des Erhöhten eine grundlegende selbständige Funktion wahrnimmt" (a.a.O. 595).

[220] Keineswegs überzeugend ist m.E. die von THEOBALD, Gott, Logos, Pneuma 73–79 vertretene These, daß die ersten beiden Parakletsprüche – im Unterschied zu den Parakletsprüchen der zweiten Abschiedsrede, die deshalb als *redaktionell* zu beurteilen seien – *theozentrisch* strukturiert seien. Theobald kommt im Blick auf die Christozentrik der Parakletsprüche der zweiten Abschiedsrede zu dem *exegetisch* kaum verifizierbaren und *theologisch* höchst problematischen *sachkritischen* Urteil: „Man hat ... den Eindruck, daß die aus der Auseinandersetzung mit dem Judentum stammende Spannkraft der Theozentrik, die für das Denken des Evangelisten kennzeichnend ist, in diesen redaktionellen Passagen nachgelassen hat" (a.a.O. 78).

[221] So BULTMANN, Johannes 433. 436; WIKENHAUSER, Johannes 294; SCHULZ, Johannes 203f.

[222] Vgl. 3,33 (ὁ λαβὼν αὐτοῦ τὴν μαρτυρίαν ἐσφράγισεν ὅτι ὁ θεὸς ἀληθής ἐστιν); s. ferner 1Joh 5,10. – Den zweiten Aspekt betonen SCHNACKENBURG, Johannes III 147–151 und BLANK, Johannes II 182.

5. Der fünfte Parakletspruch Joh 16,12–15

a) Kontext und Strukturanalyse

Der fünfte Parakletspruch 16,12–15 ist mit dem soeben exegesierten vierten Parakletspruch inhaltlich sehr eng verknüpft. Denn der Vers 16,7 bildet nicht nur das Vorzeichen für die Verse 8–11, sondern zugleich auch für die Verse 12–15[223]. Der „Nutzen", der im ὑπάγειν Jesu begründet liegt und im Kommen des Geistparakleten zu der Christusgemeinde besteht, wird dabei in den Versen 13–15 anders als in V. 8–11 nicht in *externer*, auf den κόσμος bezogener Hinsicht entfaltet, sondern streng in *interner*, auf die Jünger bezogener Perspektive bedacht. Die Sendung des παράκλητος bewirkt nicht nur *negativ* die objektive Überführung der Welt (V. 8–11), sondern darüber hinaus *positiv* die suffiziente und sachlich unüberbietbare Erschließung des göttlichen Persongeheimnisses Jesu und die Erkenntnis der Heilsbedeutung seines Kreuzestodes und seiner Auferstehung (V. 13–15).

Hinsichtlich der äußeren Struktur ist zu bemerken, daß die Verse 12–15 in sich sehr klar komponiert und gegliedert sind: V. 12 benennt zunächst in einer *negativen* Feststellung die absolute Unfähigkeit der Jünger, die Selbstoffenbarung Jesu *vor*österlich zu begreifen. V. 13a formuliert sodann eine *positive* Aussage über das zukünftige, *nach*österliche Werk des Parakleten: ὅταν δὲ ἔλθῃ ἐκεῖνος, τὸ πνεῦμα τῆς ἀληθείας, ὁδηγήσει ὑμᾶς ἐν τῇ ἀληθείᾳ πάσῃ. Im Anschluß daran stellt V. 13b zum einen in antithetischer Redeweise (οὐ ... ἀλλά ...) heraus, daß der Geist, indem er „in die Wahrheit in ihrer ganzen Fülle leitet", nicht ἀφ᾽ ἑαυτοῦ reden, sondern ausschließlich das verkündigen wird, was er vom erhöhten Christus vernimmt; und er bestimmt und erläutert zum andern den Ausdruck ἡ ἀλήθεια πᾶσα durch das Partizipium τὰ ἐρχόμενα. In V. 14 wird dann der Inhalt der Rede des Parakleten durch die beiden Formulierungen ἐκεῖνος ἐμὲ δοξάσει und ἐκ τοῦ ἐμοῦ λήμψεται ausdrücklich als ein *christologischer* gekennzeichnet. V. 15 gibt abschließend den theologisch-christologischen Realgrund für die in V. 13b und V. 14 behauptete Christozentrik der johanneischen Pneumatologie an. Daß die Verse 13b, 14 und 15 insgesamt Entfaltung und Begründung von V. 13a sind, zeigt sich darin, daß sie jeweils mit den Worten ἀναγγελεῖ ὑμῖν enden, die gewissermaßen den Charakter eines Kehrreims haben.

---

[223] Das zeigt sich sprachlich darin, daß in V. 13 nicht der Ausdruck ὁ παράκλητος erscheint, sondern das Demonstrativpronomen ἐκεῖνος, das sich – wie das ἐκεῖνος von V. 8 – auf ὁ παράκλητος V. 7b zurückbezieht.

b) Der Gedankengang von Joh 16,12.13

V. 12 bezieht sich auf die vorösterliche Situation der Jünger, wie die Worte οὐ ... ἄρτι signalisieren[224]. Jesus hätte den Jüngern „vieles" (πολλά) zu sagen, doch sie können es „jetzt nicht ertragen". Daß die Worte οὐ δύνασθε βαστάζειν ἄρτι von einem *totalen* und *radikalen* Unvermögen der Jünger reden und also absolut und ganz umfassend gemeint sind, ergibt sich nicht allein aus der theologisch gefüllten Verwendung von οὐ δύνασθαι[225] und dem johanneischen Motiv des vorösterlichen Jüngerunverständnisses[226], sondern auch aus V. 13a. Dort wird ja gesagt, daß allererst der Geistparaklet die Jünger „in die Wahrheit in ihrer ganzen Fülle führen" wird. Er macht also dem vorösterlichen Nicht-Ertragen-Können ein Ende, überwindet das vorösterliche Unverständnis[227].

Was meint die Aussage ὁδηγήσει ὑμᾶς ἐν τῇ ἀληθείᾳ πάσῃ in *V. 13a*? Was besagt diese Wendung exakt? Hat sie *quantitativen* oder *qualitativen* Sinn? Wird mit ihr erklärt, daß der Paraklet die Selbstoffenbarung des irdischen Jesus durch weitere Offenbarungsinhalte *ergänzen*[228] oder sogar *überbieten*[229] wird, welche gleichberechtigt neben die Verkündigung des irdischen Jesus treten oder sogar qualitativ über sie hinausführen? Oder soll sie zum Ausdruck bringen, daß allererst der Geist den Jüngern den Sinn der Selbstoffenbarung des irdischen Jesus *erschließen und enthüllen* wird, die ihnen zuvor in ihrem chri-

---

[224] Vgl. das Wort Jesu an Petrus in 13,7: ὃ ἐγὼ ποιῶ σὺ οὐκ οἶδας ἄρτι, γνώσῃ δὲ μετὰ ταῦτα.

[225] S. dazu o. S. 101f.

[226] S. 2,22; 12,16; 13,6–10.36–38; 14,5.8.22; 16,18.25f.29–32. Dieses Motiv ist schon für die Theologie und Anthropologie des *Markusevangeliums* von Gewicht (s. Mk 4,40f.; 6,49.51f.; 7,18; 8,4.17f.21.32f.; 9,5f.10.19.28.32.34; 10,35–37; 14,18f.27.37f.50–52.66–72; 16,8).

[227] Zurückzuweisen ist deshalb die Auffassung, in V. 12 sei nur von einem *relativen* Unverständnis der Jünger die Rede (so WEISS, Johannes 444; ZAHN, Johannes 592; SCHLATTER, Erläuterungen I 250; SCHICK, Johannes 143; STRATHMANN, Johannes 224; WIKENHAUSER, Johannes 295; PORSCH, Pneuma und Wort 292f. 294f.; DERS., Johannes 175).

[228] So interpretieren ZAHN, Johannes 592; BAUER, Johannes 197; SCHNEIDER, Johannes 277.

[229] In diesem Sinne verstehen MEYER, Ursprung und Anfänge des Christentums III 646f. („So ist die Offenbarung nicht auf einen einmaligen Akt in geschichtlicher, vergangener Zeit beschränkt, sondern vollzieht sich mit gleicher göttlicher Unfehlbarkeit fortdauernd weiter. An Stelle nicht nur der Lehre Jesu, sondern auch des Evangeliums vom Christus Jesus tritt damit tatsächlich bereits, so wenig es den Verfassern zum Bewußtsein gekommen ist, die Lehre der unfehlbaren Kirche, und die ganze Entwicklung bis zum Vaticanum ist in diesen Worten vorgebildet"); WINDISCH, Parakletsprüche 120 („Während Jesus nur die kleinen Mysterien gelehrt hat, weiht er [der Paraklet] in die großen ein; während Jesus Elementarlehrer war für die νήπιοι, kann der Geist die Jünger als τέλειοι belehren"); MÜLLER, Parakletenvorstellung 72f. („Es geht um die noch ausstehenden Offenbarungen und Lehren, die erst der Geist bringt" [73]); BECKER, Johannes II 595f. („‚Wahrheit' ist zur kirchlichen Offenbarungslehre geworden. Sie unterliegt geschichtlicher Fortentwicklung. Diese sanktioniert der Geist" [596]). Ebenso urteilen HEITMÜLLER, Johannes 160; SASSE, Paraklet 273. 276; BURGE, Community 215.

stologisch-soteriologischen Gehalt vollkommen verborgen war? Suchen wir die Antwort, so ist zunächst *grammatisch* hinsichtlich des Ausdrucks ἡ ἀλήθεια πᾶσα zu bedenken: „Nachstellung von πᾶς und ὅλος bedeutet Hervorhebung des Subst[antivs]"[230]; die Betonung liegt also auf ἀλήθεια. Daraus folgt, daß in V. 13a nicht gesagt wird, daß der Paraklet in die *volle* Wahrheit im Unterschied zur bisher nur teilweise erschlossenen führt, sondern, daß er in die *Wahrheit* leitet – und zwar in sie in ihrer ganzen Fülle. V. 13a bringt folglich schon *sprachlich* zum Ausdruck: Die in Christus liegende *Wahrheit*, d.h. das in seiner Person und in seinem Werk beschlossene Heil, wird den Jüngern nachösterlich vom Parakleten mitgeteilt werden – und zwar *vollständig und unüberbietbar*. Dieses Urteil wird auch *sachlich* bestätigt: 1. Der Paraklet wird in V. 13 – wie in 14,17 und 15,26 – gerade deshalb τὸ πνεῦμα τῆς ἀληθείας genannt, weil seine Aufgabe darin liegt, ἐν[231] τῇ ἀληθείᾳ πάσῃ zu führen, d.h. denjenigen zu erschließen, der selbst „die Wahrheit" in Person ist: Jesus Christus (14,6[232]). Mit dieser pneumatologischen Funktionsbestimmung ist der Gedanke einer Ergänzung oder gar Überbietung der Christusoffenbarung durch den Geist schlechterdings unvereinbar. – 2. Ein weiteres gewichtiges inhaltliches Argument stellt die Sachparallele 16,25.26 dar. Während im Blick auf die Verkündigung des *irdischen* Jesus gilt, daß er mit seinen Jüngern ἐν παροιμίαις, d.h. „in Rätselreden" spricht, gilt hinsichtlich der Selbstmitteilung des *erhöhten* Christus gegenüber seinen Jüngern, daß sie sich παρρησίᾳ, d.h. „in Offenheit" vollziehen wird. Mit den antithetischen Ausdrücken – ἐν παροιμίαις und παρρησίᾳ – soll nun nicht etwa behauptet werden, daß sich die Rede des erhöhten Christus in Inhalt und Form von der des irdischen Jesus unterscheidet. Denn die Unverständlichkeit der Verkündigung des irdischen Jesus ist ja nicht in ihrer äußeren Gestalt oder in einer etwaigen gedanklichen Unklarheit begründet; sie liegt nicht auf der Ebene der *claritas externa* seiner Worte. Die Ursache für ihre Dunkelheit ist vielmehr einzig und allein die in der Macht der Sünde begründete Verstehensunfähigkeit der Rezipienten: der Jünger Jesu; sie liegt demzufolge ausschließlich auf der Ebene der *claritas interna*[233]. Erst das Kommen des Geistes[234] wird dieses gleichermaßen grundsätzli-

---

[230] BDR § 275,2 Anm. 5.

[231] Zu ἐν statt εἰς s. BAUER, WbNT, Sp. 515 s.v. ἐν I.6 (= BAUER/ALAND, WbNT, Sp. 524 s.v. ἐν I.6). Die textkritische Entscheidung, ob ἐν τῇ ἀληθείᾳ πάσῃ oder εἰς τὴν ἀλήθειαν πᾶσαν als die ursprüngliche Lesart zu gelten hat, ist deshalb für die Auslegung von V. 13a sachlich ohne Belang.

[232] S.o. Anm. 63. Die Wendung ἐν τῇ ἀληθείᾳ πάσῃ bleibt in V. 13a zunächst inhaltlich unbestimmt, weshalb sie in V. 13b.14 eindeutig christologisch definiert wird: als die Erschließung der Wahrheit über *Jesu* Person und Werk in ihrer ganzen Fülle.

[233] Zu dieser begrifflichen Distinktion s. LUTHER, De servo arbitrio (1525), 103,9–22; 141,32–142,19.

[234] Hierauf weisen die Wendungen ἔρχεται ὥρα (16,25; vgl. 4,21.23.25; ferner 12,23) und ἐν ἐκείνῃ τῇ ἡμέρᾳ (16,26; vgl. 14,20; 16,23).

che wie abgrundtiefe Unverständnis der Jünger gegenüber der Selbstoffenbarung Jesu überwinden und aufheben, so daß sie durch das von Gott selbst gewirkte Wunder der eschatologischen Neugeburt im Geist aus Nicht-Verstehenden zu Verstehenden bzw. aus Nicht-Glaubenden zu Glaubenden werden (20,22; 3,5–8)[235]. – 3. Die These, in V. 13a sei von einem quantitativen oder gar qualitativen Fortschritt gegenüber der Offenbarungstätigkeit des irdischen Jesus die Rede, scheitert auch daran, daß sie in einem fundamentalen Widerspruch zu anderslautenden Basisaussagen der johanneischen Pneumatologie und Offenbarungstheologie steht. Sie steht zum einen im Gegensatz zu Aussagen der *Pneumatologie*, weil es im zweiten Parakletspruch in programmatischer Weise heißt: ἐκεῖνος ὑμᾶς διδάξει πάντα καὶ ὑπομνήσει ὑμᾶς πάντα ἃ εἶπον ὑμῖν [ἐγώ] (14,26). Einziger und ausschließlicher Gegenstand des nachösterlichen lehrenden und erinnernden Wirkens des Geistes ist demnach das Offenbarungswort des irdischen Jesus; der Gedanke eines Darüberhinaus ist damit definitiv ausgeschlossen[236]. Die genannte These ist zum andern unvereinbar mit der *Offenbarungstheologie* des vierten Evangeliums, weil der johanneische Christus in 15,15b im Blick auf sein Offenbarungswort sagt: ὑμᾶς δὲ εἴρηκα φίλους[237], ὅτι πάντα ἃ ἤκουσα παρὰ τοῦ πατρός μου ἐγνώρισα ὑμῖν[238]. Das Wort des irdischen Jesus ist dieser Aussage zufolge also selbst die vollständige Offenbarung Gottes des Vaters. Würde V. 13a die These vertreten, daß das nachösterliche Wirken des παράκλητος über die Offenbarung des irdischen Jesus hinausführt, so stünde das nicht allein in einem diametralen Widerspruch zu 15,15b und zu anderen gewichtigen offenbarungstheologischen Aussagen des Johannesevangeliums, vielmehr wäre dann das Offenbarungshandeln des johanneischen Christus auch nicht länger stricto sensu *Selbstoffenbarung* Gottes[239]. Aus diesen Erwägungen folgt, daß es in der Ankündigung von V. 12.13a „nicht um eine Vielzahl von Dogmen" gehen kann, „die der Geist im Lauf der Geschichte noch hervorbringen wird, sondern um die stets vorgegebene Einheit, Einfachheit und Endgültigkeit der Offenbarung"[240]. „Die

---

[235] Ähnlich wird der Passus 16,25.26 von DIETZFELBINGER, Die eschatologische Freude 426f. interpretiert.

[236] BECKER, Johannes II 595 konstatiert zwischen 16,12.13 und 14,26 einen „glatten Widerspruch" und schreibt 16,12–15 deshalb literarkritisch der sog. „kirchlichen Redaktion" zu. Er macht es sich damit aber entschieden zu einfach.

[237] Das Prädikat φίλοι entspricht sachlich dem Ausdruck τέκνα θεοῦ (1,12; vgl. als Sachparallele 20,17); es ist deshalb *soteriologisch* gefüllt.

[238] S. ferner 17,6–8.14.26.

[239] Wer – wie BAUER, Johannes 197 – annimmt, 16,12f. behaupte eine „Ergänzung" der Offenbarung des irdischen Jesus durch den Geistparakleten, der muß zu dem Ergebnis kommen, daß 16,12f. der Aussage von 15,15 widerspricht, und dann notgedrungen postulieren, daß 15,15 „eine Glosse" sei (a.a.O. 193). Auch diese „Lösung" ist eine Kapitulation vor dem Anspruch des auszulegenden Textes, als ein sinnvoller Bestandteil des Johannesevangeliums interpretiert und verstanden zu werden.

[240] BLANK, Johannes II 184.

Offenbarung ist nach Johannes kein Lehrgebäude, also kein riesiger Komplex von ‚offenbarten Sätzen', sondern die Person Jesu selbst. In die ganze Wahrheit hineinführen, das heißt dann nichts anderes als zum immer neuen und besseren oder tieferen Verstehen Jesu führen."[241]

In einem ersten erläuternden und präzisierenden Schritt wird die pneumatologische Grundaussage von V. 13a durch die Antithese οὐ γὰρ λαλήσει ἀφ' ἑαυτοῦ, ἀλλ' ὅσα ἀκούσει λαλήσει *V. 13ba* entfaltet und näher bestimmt. Johannes stellt hier nachdrücklich heraus, daß der Geistparaklet keineswegs selbstmächtig das Wort ergreifen und so über die Christusoffenbarung hinausführen wird, sondern im Gegenteil streng an das Wort Jesu gebunden bleibt, das er aus dem Munde des Erhöhten vernimmt[242], und deshalb die Wahrheit über Jesus sagt. Damit ist der Gedanke, daß das Wirken des Geistes auf eine Emanzipation von der Person und dem Werk Jesu Christi ziele, abgewiesen. Das Urteil, das Wirken des Geistes führe über die Christusoffenbarung hinaus, steht mithin in einem radikalen Widerspruch zur johanneischen Verhältnisbestimmung von Pneumatologie und Christologie.

Die in V. 13ba formulierte Antithese beschreibt die Relation des Parakleten zum *erhöhten* Christus in genauer Analogie zu dem Verhältnis, in dem der *irdische* Jesus zu seinem himmlischen Vater steht. Wie es im Hinblick auf den Geist in *negativer* Formulierung heißt: οὐ γὰρ λαλήσει ἀφ' ἑαυτοῦ, so vom inkarnierten Sohn Gottes: ἐγὼ ἐξ ἐμαυτοῦ οὐκ ἐλάλησα (12,49) bzw. ἀπ' ἐμαυτοῦ οὐ λαλῶ (14,10)[243]; und wie vom Parakleten *positiv* gesagt wird: ὅσα ἀκούσει λαλήσει, so sagt der johanneische Christus über sich selbst: κἀγὼ ἃ ἤκουσα παρ' αὐτοῦ ταῦτα λαλῶ εἰς τὸν κόσμον (8,26) bzw. ὃ ἑώρακεν καὶ ἤκουσεν τοῦτο μαρτυρεῖ (3,32)[244]. Der theologische Sinn der *christologischen* Negativbestimmungen besteht keinesfalls darin, die wesenhafte Subordination des Sohnes unter den Vater auszusagen[245], sondern sie liegt im Gegenteil gerade darin, die ursprunghafte und wesenhafte Zugehörigkeit des Sohnes zu Gott dem Vater zur Sprache zu bringen. Die οὐκ ἀφ' ἑαυτοῦ- bzw. οὐκ ἀπ' ἐμαυτοῦ-Aussagen sind ja „im Grunde nur ein anderer Ausdruck für die johanneische Lehre von der einzigartigen, absoluten Gemeinschaft zwischen dem Sohn und dem Vater, die in 10,30 ihre klassische Formulierung gefunden

---

[241] Ebd.

[242] Daß der Geistparaklet auf die Stimme *Christi* hören wird, ist aus der inhaltlichen Präzisierung zu schließen, die die Wendung ὅσα ἀκούσει λαλήσει (V. 13ba) durch die eindeutig christozentrisch akzentuierte Aussage ἐκ τοῦ ἐμοῦ λήμψεται (V. 14b) bzw. ἐκ τοῦ ἐμοῦ λαμβάνει (V. 15b) erfährt. Für nicht richtig halte ich deshalb die Behauptung, der Geist vernehme das Wort von *Gott dem Vater* (so Weiss, Johannes 444; Schlatter, Erläuterungen I 250; Schick, Johannes 144).

[243] S. ferner 7,17.18. Ganz entsprechend wird von Jesus Christus ausgesagt, daß er nichts von sich aus *tue* (5,19.30; 8,28) bzw. nicht von sich her in die Welt *gekommen* sei (7,28; 8,42).

[244] S. ferner 3,11.32; 8,28.38.40; 15,15.

[245] Gegen Theobald, Gott, Logos, Pneuma 60. 62f.

hat"[246]. Das Wesen des von Gott ontologisch unendlich unterschiedenen und aufgrund der Sünde radikal geschiedenen κόσμος ist dagegen umgekehrt dadurch qualifiziert, daß er ἀφ' ἑαυτοῦ redet und so seine eigene Ehre sucht (7,18a; vgl. 5,44); und der διάβολος erweist sich darin als Vater der Lüge, daß er ἐκ τῶν ἰδίων spricht (8,44). Die Aussageintention der den christologischen Aussagen entsprechenden *pneumatologischen* Negativbestimmung von 16,13bα liegt darin, die unbedingte christologische Rückbindung des nachösterlichen Wirkens des Geistes herauszustellen. Nur deshalb, weil der Geist ausschließlich *das* verkündigt, was er vom Erhöhten vernimmt, ist er „der Geist der Wahrheit"; *würde* er dagegen ἀφ' ἑαυτοῦ reden, so wäre er nicht τὸ πνεῦμα τῆς ἀληθείας, nicht der Geist des Vaters und des Sohnes, sondern umgekehrt τὸ πνεῦμα τῆς πλάνης (1Joh 4,16) bzw. (paulinisch gesprochen) τὸ πνεῦμα τοῦ κόσμου (1Kor 2,12).

Trotz der oben genannten christologischen Formulierungen, die der positiven pneumatologischen Bestimmung ὅσα ἀκούσει λαλήσει genau entsprechen, kann es allerdings *anders* als beim Parakleten vom johanneischen Christus auch heißen: ἐγὼ μαρτυρῶ περὶ ἐμαυτοῦ (8,14a) bzw. ἐγώ εἰμι ὁ μαρτυρῶν περὶ ἐμαυτοῦ (8,18a). Während sich Jesus also selbst als Gegenstand und Inhalt seiner Offenbarungstätigkeit prädiziert – „der Inhalt der Verkündigung Jesu ist ja im Grunde nur er selbst"[247] –, weist der Geist streng von sich selbst weg und allein auf die Person und das Werk Jesu Christi hin[248]. Wie das (christologisch und soteriologisch gefüllte) göttliche ἐγώ εἰμι des Gottessohnes das eigentliche Thema der sich gleichermaßen in den Reden wie in den wunderbaren σημεῖα vollziehenden Selbstoffenbarung Jesu ist, so bildet es zugleich auch den ausschließlichen Inhalt der nachösterlichen Verkündigung des Geistparakleten. Darin zeigt sich einmal mehr die Christozentrik der johanneischen Pneumatologie. Der Geist, durch den der Erhöhte seine Stimme erhebt, ist folglich in seinem Wirken ganz und gar auf das Offenbarungswort Jesu bezogen und in diesem Sinne dezidiert *der Geist Jesu Christi*. Wenn man deshalb von einer Subordination des Geistes unter den Vater und den Sohn reden zu müssen meint[249], so ist der Begriff *„Subordination"* dabei unbedingt präzise zu bestimmen. Sollte damit ein *wesensmäßiger* bzw. *ontologischer Unterschied* gemeint sein, wie er zwischen Gott und Welt, Schöpfer und Geschöpf besteht, so ist im Blick auf das Johannesevangelium zu konstatieren, daß eine solche Differenz weder hinsichtlich des Verhältnisses von Vater und Sohn noch im Blick auf die Relation des Parakleten zu Jesus und dem Vater behauptet wird. Ist dagegen gemeint, daß es zwischen dem Vater, dem Sohn und dem Geistparakleten *unter der Voraussetzung ihrer wesenhaften Einheit*

---

[246] WIKENHAUSER, Johannes 143.
[247] THÜSING, Erhöhung und Verherrlichung 146.
[248] Vgl. MUSSNER, Sehweise 57f.; PORSCH, Pneuma und Wort 323.
[249] So BULTMANN, Ergänzungsheft 48.

hinsichtlich ihres Welt- und Offenbarungsverhältnisses *ein unumkehrbares Relationsgefüge* gibt, demzufolge der Sohn der Gesandte und der Vater der Sendende (und nicht umgekehrt der Sohn der Sendende und der Vater der Gesandte) bzw. der Sohn dem Vater (und nicht umgekehrt der Vater dem Sohn) gehorsam ist und der Geist den erhöhten Christus (und nicht umgekehrt der Erhöhte den Geist) verherrlicht, *dann*, aber auch *nur* dann ist der Begriff „Subordination" der johanneischen Verhältnisbestimmung gegenüber angemessen.

In einem zweiten präzisierenden Schritt wird die Fundamentalbestimmung von V. 13a durch die Aussage καὶ τὰ ἐρχόμενα ἀναγγελεῖ ὑμῖν *V. 13bβ* expliziert. Die genaue Klärung des semantischen Gehalts des in der Exegese lebhaft umstrittenen Ausdrucks τὰ ἐρχόμενα ist für das Gesamtverständnis des fünften Parakletspruches von höchster Relevanz. Nicht selten wird der Term in *futurisch-eschatologischem* bzw. *apokalyptischem* Sinne interpretiert. Diese Deutung begegnet des näheren in mehreren Spielarten: τὰ ἐρχόμενα wird entweder ganz allgemein auf die gegenwärtig noch ausstehenden *eschatologischen Endereignisse*[250] oder streng auf das Geschehen der zukünftigen *Parusie Jesu Christi* bezogen[251] oder aber speziell auf jene apokalyptischen Vorstellungsinhalte und Geschehnisse gedeutet, die in der *Johannesapokalypse* angesagt und geschildert werden[252]. Wo die zuletzt genannte Interpretation vertreten wird, muß dann zusätzlich angenommen werden, daß die Johannesapokalypse entweder selbst ein literarisches Produkt und theologisches Erzeugnis des vierten Evangelisten ist[253] oder aber das Werk eines von Johannes zu unterscheidenden Autors darstellt, der entweder *direkt* zum Kreis der sog. „johanneischen

---

[250] So THOLUCK, Johannes 387; BAUER, Johannes 198f.; BERNARD, John II 511; SCHICK, Johannes 144; WIKENHAUSER, Johannes 295; MÜLLER, Parakletenvorstellung 72; BECKER, Johannes II 596. *Ähnlich* urteilen ZAHN, Johannes 593f. mit Anm. 23; BARRETT, Johannes 476; TALBERT, Reading John 220.

[251] So RICCA, Eschatologie 150 Anm. 338; SCHNEIDER, Johannes 277; SCHNELLE, Abschiedsreden 75f.

[252] So BENGEL, Gnomon 409; LUTHARDT, Das johanneische Evangelium II 374; KEIL, Johannes 493; GODET, Johannes II 517; WEISS, Johannes 444; HEITMÜLLER, Johannes 160; LAGRANGE, Saint Jean 423; SASSE, Paraklet 274; WINDISCH, Parakletsprüche 121; STRATHMANN, Johannes 225; BETZ, Paraklet 191f.; BURGE, Community 215; HENGEL, Die johanneische Frage 162. 188 Anm. 105. 202f.; ferner *erwogen* von FREY, Erwägungen 416f.

[253] ZAHN, Einleitung II 624–629; HADORN, Offenbarung 225f.; SCHLATTER, Einleitung 472–476; SICKENBERGER, Erklärung der Johannesapokalypse 33–35; WIKENHAUSER, Offenbarung, 1947, 16f. (in der dritten Auflage von 1959 weist Wikenhauser dagegen die Apokalypse „einem Schüler des Apostels Johannes" zu [16]; ebenso in seiner 1953 erschienenen „Einleitung in das Neue Testament" 397); STAUFFER, Theologie des Neuen Testaments 25f.; MICHAELIS, Einleitung 314f.; ALBERTZ, Die Botschaft des Neuen Testaments I/2 370–383; FEINE / BEHM, Einleitung 284; ferner LOHMEYER, Offenbarung 202f.; vgl. 194f. 198f.

Schule"[254] gehört hat[255] oder doch zumindest in einem *mittelbaren* literarischen und theologischen Zusammenhang mit den johanneischen Schriften und ihrem Denken steht[256].

Der skizzierten futurisch-eschatologischen bzw. apokalyptischen Deutung von τὰ ἐρχόμενα stehen nun aber gewichtige Argumente entgegen: 1. Des öfteren begegnet in der exegetischen Fachliteratur der Versuch, den Ausdruck τὰ ἐρχόμενα traditionsgeschichtlich von Deuterojesaja herzuleiten und dementsprechend auf zukünfige eschatologisch-apokalyptische Ereignisse zu beziehen[257]. Nun verdient aber grundsätzlich eine Interpretation des Terms den

---

[254] Die Existenz einer sog. *„Johanneischen Schule"* nehmen u.a. an: CULPEPPER, Johannine School; CULLMANN, Der johanneische Kreis; STRECKER, Anfänge der johanneischen Schule; DERS., Johannesbriefe 19–28; DERS., Chiliasmus und Doketismus; DERS., Literaturgeschichte 214–219; SCHNELLE, Antidoketische Christologie 53–75; DERS., Einleitung 495–500; DERS., Die johanneische Schule; TAEGER, Johannesapokalypse 11–20; HENGEL, Die johanneische Frage 219–224. 275ff. *Skeptisch* urteilen diesbezüglich u.a. SCHÜSSLER FIORENZA, The Quest; LOHSE, Wie christlich ist die Offenbarung des Johannes?, 326; SCHMITHALS, Johannesevangelium und Johannesbriefe 208–214.

[255] Für eine *enge* Zugehörigkeit der Offenbarung zum johanneischen Schriftenkreis plädieren BROWN, John I CII; KRAFT, Offenbarung 10; BÖCHER, Das Verhältnis der Apokalypse des Johannes zum Evangelium des Johannes; DERS., Johanneisches in der Apokalypse des Johannes; BARRETT, Johannes 77f. 147f.; TAEGER, Johannesapokalypse, bes. 205–207; FREY, Erwägungen 415–429; HENGEL, Die johanneische Frage 219. 221; s. ferner BOUSSET, Offenbarung 177–179; MEYER, Ursprung und Anfänge des Christentums II 379f. TAEGER, Johannesapokalypse 207 sieht starke Verbindungslinien zwischen der Apokalypse und einem „deuterojohanneischen" Denken, das sich in den Johannesbriefen und einer Redaktionsschicht des Evangeliums zeige. Die Offenbarung sei aber selbst aufgrund der fortschreitenden Futurisierung der Eschatologie als „tritojohanneisch" einzustufen. Dieser Sicht *entgegengesetzt* gelangt FREY, Erwägungen 414 – ebenfalls unter der Voraussetzung einer traditionsgeschichtlichen Verbindung zwischen dem vierten Evangelium und der Johannesapokalypse und eines zwischen beiden Werken bestehenden Schulzusammenhangs – zu dem „Eindruck eines archaischeren Charakters auf Seiten der Apokalypse" und zu dem traditionsgeschichtlichen Urteil, daß „die Indizien … auf der ganzen Breite für das höhere Alter der apokalyptischen Traditionen und den ‚entwickelteren' Charakter der entsprechenden Motive im 4. Evangelium" sprechen. Zu erwähnen ist schließlich, daß HENGEL, Die johanneische Frage 220f. – ebenfalls unter der Prämisse, daß die Apokalypse „auf jeden Fall … in einem weiteren Sinne dem Corpus Johanneum zuzurechnen" sei (221) – neben der von Frey vertretenen Sicht noch die Möglichkeit erwägt, daß „die Johannesapokalypse … vielleicht … ein mehrere Jahrzehnte früheres Werk darstellen" könnte, „dessen Kern in der Zeit nach dem Schock der neronischen Verfolgung, des beginnenden Jüdischen Krieges, des Mordes an Nero und des Bürgerkrieges verfaßt und das dann später in der ersten Regierungszeit Trajans von einem Schüler erheblich überarbeitet wurde, der den Alten als Empfänger apokalyptischer Offenbarung und als Profeten schilderte".

[256] So SCHNELLE, Einleitung 498; DERS., Johanneische Schule 200f.; STRECKER, Literaturgeschichte 273–275; DERS., Chiliasmus und Doketismus 31; DERS., Johannesbriefe 20 Anm. 1. Strecker ist der Auffassung, daß die chiliastischen bzw. apokalyptischen Anschauungen der Johannesoffenbarung als Traditionsgut den *Anfängen* der johanneischen Schule zugehören (Literaturgeschichte 275; Chiliasmus und Doketismus 36–39).

[257] So WEISS, Johannes 444; DERS., Die vier Evangelien 578; SCHNIEWIND, Art. ἀναγγέλλω 63,32–34; PORSCH, Pneuma und Wort 297f.; BECKER, Johannes II 596; HENGEL, Die johanneische Frage 188 Anm. 105.

Vorzug, der es gelingt, ihn streng von seinem unmittelbaren literarischen Kontext her, also textimmanent zu verstehen. Zudem ist zu beachten, daß sich der Ausdruck τὰ ἐρχόμενα bei Deuterojesaja überhaupt nicht findet; vielmehr begegnet dort ausschließlich die Wendung τὰ ἐπερχόμενα (Jes 41,4.22.23; 42,23; 44,7LXX). – 2. Die präsentische Eschatologie hat im Ganzen der johanneischen Eschatologie gegenüber der Zukunftserwartung eindeutig den sachlichen Primat. Traditionelle apokalyptische Vorstellungsinhalte werden dementsprechend von Johannes, wie im Zusammenhang der Auslegung des ersten Parakletspruches am Beispiel von 14,2.3 und 14,23 exemplarisch dargestellt worden ist, radikal uminterpretiert und auf diese Weise zerbrochen. Der traditionelle urchristliche Parusiegedanke ist im vierten Evangelium zudem bezeichnenderweise nirgendwo bezeugt. Deshalb steht eine futurisch-apokalyptische Deutung von τὰ ἐρχόμενα in einem unauflöslichen Widerspruch zur Eschatologiekonzeption des Johannesevangeliums. – 3. In diesem Zusammenhang ist zu bedenken: *Wäre* die futurisch-eschatologische Deutung zutreffend, so bestünde die Aufgabe des Geistparakleten darin, in *der* Weise „in die Wahrheit in ihrer Fülle zu leiten", daß er über die Offenbarung des irdischen Jesus, dessen Mitte seine eigene Person und das in seinem Werk hier und jetzt gegenwärtige Heil ist, *hinaus*führt, indem er zukünftig-eschatologische Inhalte verkündigt. Das ist aber sowohl mit der Offenbarungstheologie des vierten Evangeliums wie mit der Christozentrik der johanneischen Pneumatologie schlechterdings unvereinbar. – 4. Das Urteil, der Term τὰ ἐρχόμενα verweise konkret auf die in der Johannesapokalypse beschriebenen Endereignisse, impliziert – konsequent zuende gedacht – notwendig den anderen Gedanken, daß sich das Werk des Geistes, „in die Wahrheit in ihrer Fülle zu leiten" (V. 13a), und die sich dadurch vollziehende pneumatologische Verherrlichung Christi (V. 14a) nicht etwa im Johannesevangelium selbst, sondern nirgendwo anders als in der *Johannesapokalypse* ereignen und vollenden. Das widerspricht aber aufs elementarste dem in den Parakletsprüchen greifbaren theologischen Anspruch und Selbstverständnis des vierten Evangeliums, *selbst* das autoritative und letztgültige Zeugnis von Jesus Christus zu sein.

Exkurs: Zum Verhältnis Johannesevangelium – Johannesapokalypse

Gegenüber der These, daß es zwischen dem Johannesevangelium und der Johannesapokalypse einen direkten oder auch nur – etwa aufgrund einer gemeinsamen „johanneischen Schule" – mittelbaren literarischen und theologiegeschichtlichen Zusammenhang gebe, dürfte äußerste Skepsis geboten sein. Denn die *Eschatologien* beider Werke könnten nicht gegensätzlicher konzipiert sein. Im vierten Evangelium liegen das ganze sachliche Gewicht und das theologische Pathos auf der präsentischen Eschatologie; futurisch-eschatologische Aussagen, die tatsächlich streng futurisch gemeint sind[258], sind bloße (wenn auch theologisch notwendige) *Folgesätze*, die aus den Basissätzen der Gegenwartseschatologie resultieren, und traditionelle apokalyptische Sprachformen werden zwar äußerlich rezipiert, aber gerade unter dem Vorzeichen präsentischer Eschatologie inhaltlich radikal transformiert. In der Johannesapokalypse findet sich dagegen eine traditionelle, apokalyptisch gestaltete Zukunftseschatologie, die gänzlich ungebrochen und mit höchstem theologischen Anspruch und großer Leidenschaft vertreten wird. Der erste Johannesbrief, der anders als das vierte Evangelium wieder in zukunftseschatologischem Sinn von der „Parusie" Jesu Christi (1Joh 2,28; 3,2) und vom „Tag des Gerichts" (1Joh 4,17) spricht und der die qualitative Differenz, die zwischen der irdisch-gegenwärtigen Gemeinschaft mit Jesus Christus und der himmlisch-zukünftigen Gemeinschaft mit ihm besteht, reflektiert (1Joh 3,2), kann keinesfalls mit Grund als ein Zwischenglied auf dem Wege vom Johannesevangelium zur Johannesapokalypse angesehen werden. Er vertritt nämlich in derselben Schärfe und mit demselben theologischen Gewicht wie das vierte Evangelium, aber im Gegensatz zur Johannesapokalypse den sachlichen Vorrang der präsentischen Eschatologie[259]. Was ferner *den hermeneutischen Umgang mit dem Alten Testament* anlangt, so besteht zwischen dem Johannesevangelium und der Apokalypse ein tiefgreifender Unterschied: Während der vierte Evangelist aufgrund seines christozentrischen Offenbarungsverständnisses alttestamentliche Texte, die von Jahwe sprechen, (durchaus gegen ihren Wortlaut[260]) auf *Christus* bezogen sein läßt, reden derartige alttestamentliche Texte nach der Auffassung des Apokalyptikers vom *Vater Jesu Christi*[261]. Schließlich zeigen sich gerade an denjenigen Punkten, die für die These eines unmittelbaren bzw. mittelbaren theologiegeschichtlichen Zusammenhangs zwischen dem Johannesevangelium und der Johannesapokalypse ins Feld geführt werden, tiefe sachliche Unterschiede: 1. In Joh 19,37 einerseits und Apk 1,7 andrerseits wird Sach 12,10LXX zitiert. Während das alttestamentliche Zitat aber in Apk 1,7 zur Darstellung des Kommens des *Parusie*christus und als *Gerichts*aussage verwendet wird, verweist es in Joh 19,37 auf den *gekreuzigten* Christus und dient dort dazu, die *soteriologische* Bedeutung seines Sterbens zur Sprache zu bringen[262]. – 2. Nur im vierten Evangelium, im ersten Johannesbrief und in der Johannesapokalypse finden sich die ähnlich lautenden christologischen Titel ὁ λόγος (Joh 1,1.14), ὁ λόγος τῆς ζωῆς (1Joh 1,1) und ὁ λόγος τοῦ θεοῦ (Apk 19,13). Aber diese sprachliche Nähe läßt die inhaltliche Differenz, die zwischen dem Logostitel im Corpus Johanneum und dem Logostitel

---

[258] S. vor allem 5,28f.; 6,39.40.44.54; 12,48b.

[259] Vgl. einerseits 1Joh 3,14 mit Joh 5,24 und andrerseits 1Joh 5,12 mit Joh 3,36.

[260] S.o. Anm. 109.

[261] Ich verdanke diesen Hinweis einem noch nicht publizierten Aufsatz von O. Hofius: Das Zeugnis der Johannesoffenbarung von der Gottheit Jesu Christi.

[262] Zu Joh 19,37 s.u. Anm. 292.

der Apokalypse besteht, nur um so klarer ans Licht treten. Denn Apk 19,13 spricht von dem zum Weltgericht kommenden *Parusiechristus*, Joh 1,1.14; 1Joh 1,1 dagegen von dem mit Gott dem Vater *wesenseinen präexistenten und inkarnierten Sohn Gottes*. Ferner ist der traditionsgeschichtliche Hintergrund des Logostitels im Johannesevangelium und in den Johannesbriefen einerseits und in der Johannesapokalypse andrerseits keineswegs der gleiche: Für Apk 19,13 ist er in dem zur alttestamentlichen *Wort-Gottes-Theologie* gehörenden Text Sap 18,14–16 zu suchen, wo das personifizierte Wort Gottes als Vollstrecker des Gottesgerichts auftritt[263]. Demgegenüber liefert die alttestamentlich-frühjüdische *Weisheitstheologie und -spekulation*, wie sie vor allem in Prov 8,22–31; Sir 24; Sap 7,22–8,1 und Bar 3,9–4,4 bezeugt und entwickelt ist, das Sprach- und Vorstellungsmaterial für Joh 1,1.14 und 1Joh 1,1. Sodann ist die jeweilige christologische Funktion und das sachlich-theologische Gewicht, das dem Logostitel im Corpus Johanneum und in der Apokalypse zukommt, sehr unterschiedlich: Für die johanneische Theologie stellt das christologische Prädikat ὁ λόγος neben dem Sohn-(Gottes-)Titel und dem Menschensohn-Titel die entscheidende *wesens*christologische Titulatur dar. Dagegen hat das Christusprädikat ὁ λόγος τοῦ θεοῦ in der christologischen Konzeption der Apokalypse ein sachlich eher untergeordnetes Gewicht: Es ist dort keine Wesensbestimmung, sondern eine reine *Funktions*aussage. Schließlich ist zu bedenken, daß der Titel ὁ λόγος τῆς ζωῆς (1Joh 1,1) dezidiert *soteriologisch* qualifiziert ist: Jesus Christus wird dieses Prädikat zugesprochen, weil er selbst ὁ ἀληθινὸς θεός und deshalb in sich selbst und eben so für andere ζωὴ αἰώνιος ist (1Joh 5,20; vgl. 1,1–3; 5,11–13). In Apk 19,13 bringt das Prädikat ὁ λόγος τοῦ θεοῦ dagegen die *tödliche* Macht und Gewalt des Parusiechristus zum Ausdruck, durch dessen endzeitliches Kommen die gottfeindliche Welt definitiv dem vernichtenden Gerichtswort Gottes begegnen wird. Aus diesen Erwägungen folgt, daß in der Apokalypse ein gänzlich anderer Logosbegriff vorliegt als im vierten Evangelium und im ersten Johannesbrief; beide haben *traditionsgeschichtlich* wie *theologisch* miteinander nicht das geringste zu tun. – 3. Vorsicht ist nach meinem Dafürhalten auch hinsichtlich der Annahme geboten, daß zwischen der Rede des Johannesevangeliums von Christus als dem „Lamm Gottes" und den Aussagen der Apokalypse über Christus als das „Lamm" eine direkte Verbindung besteht. Im Johannesevangelium ist Jesus als das Passalamm gesehen, dessen Tod Sühne schafft, und auch in der Apokalypse dürfte es sich um eine Passa-Typologie handeln[264]. Dennoch ist die sprachliche Differenz nicht zu übersehen: Während das vierte Evangelium Jesus als ὁ ἀμνὸς τοῦ θεοῦ prädiziert (1,29.36), gebraucht der Verfasser der Johannesapo-

---

[263] Zur *tödlichen* Macht des Wortes Gottes s. ferner Jer 5,14; 23,29; Hos 6,5; auch Hebr 4,12.
[264] Vgl. ROLOFF, Offenbarung 75f.

kalypse – kaum zufällig – *ausnahmslos* das Substantiv τὸ ἀρνίον[265]. – 4. Im Johannesevangelium und in den Johannesbriefen einerseits und in der Johannesoffenbarung andrerseits begegnet besonders häufig das Wortfeld μαρτυρεῖν / μαρτυρία[266]. Während aber im vierten Evangelium und in den Johannesbriefen der gekommene Offenbarer *Jesus Christus* selbst Gegenstand des Zeugnisses ist, erblickt die Apokalypse den Gegenstand des Zeugnisses in dem *eschatologischen Geschichtsplan*, wie ihn der Erhöhte dem Seher enthüllt hat[267]. – 5. Das Lebenswasser-Motiv findet sich sowohl im Johannesevangelium (4,10.13f.; 7,37–39; vgl. 19,34–37) wie in der Apokalypse (7,16f.; 21,6; 22,1.17). Der Evangelist ist dabei der Auffassung, daß der Glaubende bereits *gegenwärtig* des Lebenswassers und damit des Heils unverlierbar teilhaftig ist, weil er im Glauben in einer heilvollen Relation zu dem gekreuzigten Jesus Christus steht, der selbst das Lebenswasser in Person ist. Dagegen bezieht der Apokalyptiker die Rede vom eschatologischen Lebenswasser auf die *kommende* Herrlichkeit, die mit der neuen Welt Gottes anbrechen wird, und also auf das *zukünftige* Heil. – 6. Im Corpus Johanneum und in der Apokalypse ist mehrfach und in wichtigen Aussagen das Verbum νικᾶν belegt[268]. Während aber das Johannesevangelium und die Johannesbriefe darin übereinstimmen, daß der Sieg über den gottfeindlichen Kosmos bereits ein für allemal am Kreuz Jesu Christi errungen ist[269], so daß die Glaubenden im Glauben an diesem Sieg *bereits jetzt in unaufhebbarer Weise* partizipieren[270], geht es dem Verfasser der Offenbarung in den sog. „Überwindersprüchen" darum, *die soteriologische Notwendigkeit der eschatologischen Bewährung des Glaubens* angesichts des noch ausstehenden und über die ewige Heilsteilhabe eines jeden entscheidenden Endgerichts ermahnend einzuschärfen[271].

Angesichts der erheblichen Unterschiede, die zwischen der Johannesapokalypse und dem vierten Evangelium in Sprache und Begrifflichkeit bestehen, und der völlig unterschiedlichen Art des theologischen Denkens und Argumen-

---

[265] 5,6.8.12.13; 6,1.16; 7,9.10.14.17; 12,11; 13,8.11; 14,1.4(bis).10; 15,3; 17,14(bis); 19,7.9; 21,9.14.22.23.27; 22,1.3.

[266] μαρτυρεῖν: Joh 1,7.8.15.32.34; 2,25; 3,11.26.28.32; 4,39.44; 5,31.32(bis).33.36.37.39; 7,7; 8,13.14.18(bis); 10,25; 12,17; 13,21; 15,26.27; 18,23.37; 19,35; 21,24; 1Joh 1,2; 4,14; 5,6.7.9.10; 3Joh 3.6.12(bis); Apk 1,2; 22,16.18.20. – μαρτυρία: Joh 1,7.19; 3,11.32.33; 5,31.32.34.36; 8,13.14.17; 19,35; 21,24; 1Joh 5,9(3mal).10(bis).11; 3Joh 12; Apk 1,2.9; 6,9; 11,7; 12,11.17; 19,10(bis); 20,4.

[267] S. dazu Brox, Zeuge und Märtyrer 92–105. Diese Differenz spiegelt sich sprachlich darin, daß die Wendung ἡ μαρτυρία Ἰησοῦ Χριστοῦ u.ä. (Apk 1,2.9; 12,17; 19,10; 20,4) nicht etwa – wie es im Johannesevangelium zu erwarten wäre – das Zeugnis *über* Jesus Christus, sondern das apokalyptische Zeugnis Jesu Christi selbst meint; der Genitiv ist hier mithin kein *Genitivus objectivus*, sondern ein *Genitivus subjectivus*.

[268] Joh 16,33; 1Joh 2,13.14; 4,4; 5,4(bis).5; Apk 2,7.11.17.26; 3,5.12.21(bis); 5,5; 6,2(bis); 11,7; 12,11; 13,7; 15,2; 17,14; 21,7.

[269] Joh 12,31f.; 16,11.33; 19,28.

[270] 1Joh 2,13.14; 5,4.

[271] Apk 2,7.11.17.26; 3,5.12.21.

tierens, das in beiden Werken wahrzunehmen ist, komme ich zu dem Schluß, daß das Urteil, wonach der Verfasser der Johannesapokalypse „mit dem ‚johanneischen Kreis' nichts zu tun hat"[272], den historischen Sachverhalt durchaus angemessen beschreibt[273]. Selbst „die Annahme, daß eine gemeinsame Tradition jeweils selbständig entfaltet wurde"[274], scheint mir wenig überzeugend zu sein. Denn methodisch ist zu bedenken, daß die Beobachtung von formalen und sachlichen *Analogien* zwischen zwei Texten noch keineswegs eo ipso den Rückschluß auf eine gemeinsame traditionsgeschichtliche oder gar literargeschichtliche *Genealogie* erlaubt.

Die bisherigen Überlegungen haben gezeigt, daß die futurisch-eschatologische Deutung von τὰ ἐρχόμενα 16,13bβ gänzlich unbegründet ist. Wie ist dieser Term dann aber zu verstehen? Wichtig ist zunächst die formale Beobachtung, daß der Ausdruck τὰ ἐρχόμενα die Worte πολλά (V. 12), ἡ ἀλήθεια πᾶσα (V. 13a) und ὅσα ἀκούσει (V. 13bα) sachlich aufnimmt[275]. Er muß folglich einen *christologischen* Sachverhalt bezeichnen. Dieses Urteil wird durch die Entsprechung, die zwischen den Versen 13bβ (καὶ τὰ ἐρχόμενα ἀναγγελεῖ ὑμῖν), 14b (ἐκ τοῦ ἐμοῦ λήμψεται καὶ ἀναγγελεῖ ὑμῖν) und 15b (ἐκ τοῦ ἐμοῦ λαμβάνει καὶ ἀναγγελεῖ ὑμῖν) besteht, gestützt. Denn die Wendungen ἐκ τοῦ ἐμοῦ λήμψεται bzw. ἐκ τοῦ ἐμοῦ λαμβάνει qualifizieren den Begriff τὰ ἐρχόμενα inhaltlich ebenfalls christologisch[276]. Sein präziser Sinn wird aber erst von 18,4 her deutlich. An dieser Stelle begegnen die Worte τὰ ἐρχόμενα

---

[272] VIELHAUER, Geschichte der urchristlichen Literatur 502.

[273] Ebenso urteilen KÖSTER, Einführung 684f.; MÜLLER, Offenbarung 47–49; ROLOFF, Offenbarung 19f. (die Berührungen zwischen der Johannesapokalypse und dem vierten Evangelium „sind nicht enger als die zwischen der Offenbarung und anderen neutestamentlichen Schriften" [20]); LOHSE, Wie christlich ist die Offenbarung des Johannes?, 321f. 326. Schon JÜLICHER, Einleitung 240 hatte konstatiert, daß „der Evangelist und Apokalyptiker in Sprachschatz, Stil, Begriffen und Anschauungsweise total verschieden" sind, ja, daß „der theologische Standpunkt des Evgl. ... dem der Apc fast diametral entgegengesetzt" sei. Zu erinnern ist auch an die diesbezüglichen Beobachtungen des *Dionysius von Alexandrien* (bei: Euseb von Caesarea, Hist. Eccl. VII 25). Selbst SCHNELLE, der annimmt, daß die Apokalypse „in einer mittelbaren Verbindung zu den anderen joh. Schriften" steht (Einleitung 498), stellt „gravierende Unterschiede in der Sprache, der Christologie, der Ekklesiologie und der Eschatologie" fest (ebd. 589; nähere Begründung 589f.). Die sachlichen Differenzen werden dagegen von SCHMITHALS, Johannesevangelium und Johannesbriefe 249f. überzeichnet: „Das Neue Testament enthält keine Schriften, die so weit auseinanderliegen wie die Apk einerseits und das JohEv andererseits. Nach Sprache, Menschenbild, Eschatologie, religionsgeschichtlichem Hintergrund, Stellung zum Judentum und zum römischen Staat usw. stehen sie sich auf den äußersten Flügeln des Neuen Testaments gegenüber."

[274] MÜLLER, Offenbarung 48; ähnlich SCHÜSSLER FIORENZA, The Quest.

[275] Die Konjunktion καί, durch die V. 13bβ an das Vorangehende angeschlossen wird, hat *explikativen* Sinn („und zwar"); es ist hier folglich nicht von einer „zweite(n) Aufgabe des Parakleten" die Rede (gegen SCHNEIDER, Johannes 277).

[276] Zu beachten ist ferner der asyndetische Anschluß des V. 14, der zusätzlich darauf hinweist, daß V. 14 Explikation von V. 13b ist.

ein zweites Mal: Ἰησοῦς οὖν εἰδὼς πάντα τὰ ἐρχόμενα ἐπ' αὐτόν κτλ. Der Ausdruck πάντα τὰ ἐρχόμενα verweist dabei am Eingang der johanneischen Passionsgeschichte ganz umfassend auf die bevorstehende Passion und Kreuzigung Jesu wie auch auf seine Auferstehung und seine Rückkehr zum Vater. Dieses Urteil bestätigt der Satz 13,3 (εἰδὼς ὅτι πάντα ἔδωκεν αὐτῷ ὁ πατὴρ εἰς τὰς χεῖρας καὶ ὅτι ἀπὸ θεοῦ ἐξῆλθεν καὶ πρὸς τὸν θεὸν ὑπάγει), der in 18,4 sprachlich und sachlich wiederaufgenommen wird. Die Wendung τὰ ἐρχόμενα bezeichnet folglich auch in 16,13 die Ereignisfolge von Passion und Kreuzestod Jesu einerseits und seiner Auferstehung und seinem Aufstieg zu seinem Vater andrerseits, und die pneumatologische Funktionsangabe καὶ τὰ ἐρχόμενα ἀναγγελεῖ ὑμῖν (V. 13bβ) besagt demzufolge als ganze, daß der Geistparaklet den Jüngern und der gesamten johanneischen Gemeinde nach Ostern den christologischen und soteriologischen Sinn dieses Gesamtgeschehens enthüllen und erschließen wird[277]. Dann werden die Jünger Jesu Weg in die tiefste Tiefe, den sie vor Ostern genauso wenig wie der κόσμος zu verstehen vermochten, als den Weg des Gottessohnes in die höchste Höhe zu begreifen lernen, – und damit als den Weg, den Jesus zu ihrem Heil auf sich nahm. Dann werden die Jünger erkennen, was es mit der Person und dem Werk Jesu Christi in Wahrheit auf sich hat.

Die vorgeschlagene Interpretation von V. 13bβ wird dadurch unterstützt, daß das Passions- und Ostergeschehen von der textinternen Zeitebene her in der unmittelbar bevorstehenden Zukunft liegt. Sie fügt sich ferner aufs beste in den literarischen und gedanklichen Kontext des fünften Parakletspruches ein. Denn zum einen hatten ja die Verse 16,5.6 und 16,12 bereits herausgestellt, daß den Jüngern der christologische Sinn und der soteriologische „Nutzen" (V. 7) der Passion Jesu vor Ostern zutiefst verborgen sind; und zum andren liegt die vornehmste Aufgabe des Geistparakleten nach 14,19f.25f. gerade darin, diesen Sinn und „Nutzen" in christologischer wie in soteriologischer Hinsicht offenzulegen. Zu bedenken ist schließlich auch, daß der Ausdruck τὰ ἐρχόμενα eine formale und sachliche Entsprechung in den für die präsentische Eschatologie des vierten Evangeliums gleichermaßen gewichtigen wie signifikanten Formulierungen ἔρχεται ὥρα 4,21; 16,25 bzw. ἔρχεται ὥρα καὶ νῦν ἐστιν 4,23; 5,25 hat. Die genannten Stellen blicken nämlich allesamt auf den Zeitraum, der durch das Geschehen der Verherrlichung Jesu und durch das damit unlöslich verbundene Kommen des Geistparakleten qualifiziert ist. Weil er von der Erzählperspektive her in der *Zukunft* liegt, heißt es: ἔρχεται ὥρα; weil er für die johanneische Gemeinde bereits *Gegenwart* ist, heißt es: καὶ νῦν ἐστιν. Für diesen Zeitraum gilt: *Dann* wird die qualitative heilsgeschichtliche Differenz, die zwischen dem Kult der Samaritaner und der Gottesverehrung der Synagoge

---

[277] Das Verbum ἀναγγέλλειν (= „kundtun", „mitteilen") findet sich in der johanneischen Literatur ferner in Joh 4,25; 5,15; 1Joh 1,5. In Joh 4,25 und an unserer Stelle fungiert es ohne Frage als Offenbarungsterminus.

ante Christum natum zu konstatieren war (4,22), christologisch und pneumato-
logisch definitiv aufgehoben (4,21). *Dann* wird die Gott allein angemessene
Anbetung ἐν πνεύματι καὶ ἀληθείᾳ überall dort Wirklichkeit werden, wo
durch das Wirken des Geistes das Persongeheimnis Jesu und der Sinn seines
Heilswerkes im Glauben erkannt werden (4,23f.). *Dann* wird sich durch die
Verkündigung des Evangeliums die geistliche Totenauferweckung ereignen
(5,25). *Dann* wird das Wort des irdischen Jesus, das seine Jünger deshalb vor
Ostern nicht zu verstehen vermochten, weil sie in ihrem Sein durch die tödliche
Macht der Sünde bestimmt waren, für sie zu einem verständlichen und also
glaubenstiftenden und glaubenerhaltenden Wort werden (16,25f.).

Ziehen wir aus unseren Überlegungen zu V. 13bβ den Schluß, so bleibt als
Ergebnis festzuhalten, daß sich der Ausdruck τὰ ἐρχόμενα streng und exklusiv
auf *das Gesamtgeschehen von Passion, Kreuzigung, Auferstehung und Rückkehr Jesu zu seinem Vater* bezieht und daß die Aussage καὶ τὰ ἐρχόμενα
ἀναγγελεῖ ὑμῖν die *Erschließung* des in diesem Ereigniszusammenhang beschlossenen eschatologischen Heiles und die *Mitteilung* der verbindlichen
Wahrheit über Jesu Person und Werk bezeichnet[278].

Fragt man, wo der Geistparaklet sein Werk, in „die ganze Wahrheit" zu führen und „das Kommende" zu verkündigen, konkret vollzieht, so ist auch hier
zunächst und vor allem zu antworten: Hier im Johannesevangelium selbst vernimmt der Leser die Verkündigung des Parakleten und sein christologisches
Zeugnis; hier hört er die Stimme des erhöhten Christus, der mit dem irdischen
Jesus identisch ist. Das vierte Evangelium beansprucht ja, das suffiziente, unüberbietbare und darum für die christliche Verkündigung und den christlichen
Glauben verbindliche und autoritative Zeugnis des Geistes von Jesus Christus

---

[278] Ebenso interpretiert WILCKENS, Der Paraklet und die Kirche 193 Anm. 19: τὰ
ἐρχόμενα meint das „(vom Aspekt der Abschiedssituation aus ‚kommende') Ereignis der
Verherrlichung Jesu, in das die irdischen Jünger durch das ‚Kommen' des Parakleten als
Wiederkehr Jesu (16,16ff.) einbezogen werden sollen"; ferner *erwogen* von BARRETT, Johannes 476. – Aus der dargelegten Interpretation ergibt sich, daß ich die folgenden in der
Forschung vertretenen Deutungen der strittigen Aussage καὶ τὰ ἐρχόμενα ἀναγγελεῖ ὑμῖν
bzw. des Ausdrucks τὰ ἐρχόμενα als *unzutreffend* zurückweisen muß: a) Die Wendung καὶ
τὰ ἐρχόμενα ἀναγγελεῖ ὑμῖν beziehe sich auf die in der Kraft des Geistparakleten ergehende kirchliche *Predigt*, durch die „die Zukunft … jeweils erhellt wird" (BULTMANN, Johannes
443; ferner SCHULZ, Johannes 205). – b) Sie meine „die Bewältigung der Zukunft im Licht
der auszulegenden Offenbarung" (GNILKA, Johannes 124; ähnlich MUSSNER, Sehweise 62;
BROWN, John II 716; PORSCH, Pneuma und Wort 298; DERS., Art. παράκλητος 66; DERS.,
Johannes 177; SCHNACKENBURG, Johannes III 152. 154f.; BLANK, Johannes II 185; ONUKI,
Gemeinde und Welt 151). – c) Sie sei „mit dem ganzen Wirken des Geistes identisch"
(THÜSING, Erhöhung und Verherrlichung 149) und umfasse „die ganze Durchführung des
Heilswerkes durch den Geist bzw. die Jünger" (a.a.O. 153; übernommen von IBUKI, Wahr-
heit 304–306). – d) Der Begriff τὰ ἐρχόμενα verweise sehr konkret auf die nachösterliche
Verfolgungssituation der johanneischen Gemeinde (so DIETZFELBINGER, Paraklet und theo-
logischer Anspruch 395). – e) τὰ ἐρχόμενα meine „the new order which results from the
departure of Jesus" (HOSKYNS, John 497).

zu sein. Dieser Fundamentalbestimmung ist hinzuzufügen, daß sich das ἀναγγέλλειν des Parakleten dann auch überall dort ereignet, wo Jesus Christus in sachlicher Entsprechung zur johanneischen Christologie und Soteriologie und damit in der gehorsamen Bindung an das „apostolische" Christuszeugnis öffentlich als ὁ σωτήρ τοῦ κόσμου (4,42; 1Joh 4,14) proklamiert und verkündigt wird (vgl. 1Joh 1,3.5).

Exkurs: Zum Verhältnis Johannesevangelium – Synoptiker

Was bedeutet der in V. 13 in besonders pointierter Weise greifbare Anspruch des vierten Evangelisten, durch sein literarisches Werk in die *volle* Erkenntnis des göttlichen Persongeheimnisses Christi und seines Heilswerkes zu führen, für die in der Johannesforschung immer wieder erörterte *Frage nach der theologischen Wertung der Synoptiker durch Johannes*[279]? Spricht er ihnen – soweit sie ihm bekannt sind[280] – ab, geistgewirkte Rede von Jesus Christus zu sein? Will er sie also durch sein Evangelium ersetzen[281]? Oder hat er umgekehrt nur die Absicht, sie in quantitativer Hinsicht zu ergänzen[282]? Oder will er sie qualitativ vertiefen und überbieten[283]? Den Sachverhalt trifft m.E. weder die sog. *Ersetzungs- bzw. Verdrängungshypothese* noch die sog. *Ergänzungshypothese*. Letztere wird nämlich dem hohen theologischen Anspruch und Selbstbewußtsein des Verfassers des Johannesevangeliums durchaus nicht gerecht, und sie vermag keineswegs seinen freien – rein theologisch motivierten – literarischen Umgang mit der synoptischen Tradition zu erklären. Erstere vermag nicht plausibel zu machen, weshalb Johannes in seinem Evangelium auf synoptische Traditionen zurückgreift und sich damit bewußt in den urchristlichen Traditionszusammenhang hineinstellt; sie kann ferner nicht begreiflich machen, warum neben dem Lieblingsjünger als der einzigartigen und für das Evangelium grundlegenden Autorität auch noch – synoptischer Tradition entsprechend – der einmalige Kreis der μαθηταί des irdischen Jesus erscheint, die durch die

---

[279] Zur *älteren* Forschungsgeschichte s. WINDISCH, Johannes und die Synoptiker 1–40, zur *neueren* s. BLINZLER, Johannes und die Synoptiker 61–71.

[280] Ich setze, ohne das hier näher begründen zu können, voraus, daß der vierte Evangelist auf jeden Fall das *Markusevangelium* gekannt und benutzt hat. Seine Kenntnis, zugleich aber auch die des *Lukasevangeliums* nehmen u.a. an: KÜMMEL, Einleitung 168–170; BARRETT, Johannes 59ff.; SCHNELLE, Einleitung 566–569; DERS., Johannes und die Synoptiker 18.14.

[281] So u.a. OVERBECK, Johannesevangelium 248–278; HEITMÜLLER, Johannes 13; MEYER, Ursprung und Anfänge des Christentums III 647f.; BOUSSET, Kyrios Christos 196; WINDISCH, Johannes und die Synoptiker; BAUER, Johannes 247; DERS., Johannesevangelium und Johannesbriefe 139.

[282] So schon *Hieronymus*, De viris illustribus 9; *Euseb von Caesarea*, Hist. Eccl. III 24, 7–13; ferner GÜMBEL, Johannes-Evangelium; ZAHN, Einleitung II 507–536.

[283] So schon *Klemens von Alexandrien* (bei: Euseb, Hist. Eccl. VI 14,7), der die besondere Intention des Johannes darin sieht, ein πνευματικὸν εὐαγγέλιον zu schreiben; ferner u.a. KÜMMEL, Einleitung 198; BARRETT, Johannes 67–71.

österliche Selbsterschließung des Auferstandenen als die allen späteren Christen vorgegebenen „apostolischen" Osterzeugen qualifiziert werden (20,19–29). Gegen die Ersetzungs- bzw. Verdrängungshypothese spricht zudem, daß der vierte Evangelist Petrus (synekdochisch für den Kreis der „Zwölf") das vollgültige Christusbekenntnis sprechen läßt: ἡμεῖς πεπιστεύκαμεν καὶ ἐγνώκαμεν ὅτι σὺ εἶ ὁ ἅγιος τοῦ θεοῦ (6,69). Hinzu kommt schließlich, daß nichts im Johannesevangelium oder auch in den Johannesbriefen darauf hindeutet, daß die Verfasser dieser Schriften die hinter der synoptischen Tradition stehenden Traditionsträger als Häretiker angesehen haben. Sowohl die Ersetzungs- bzw. Verdrängungshypothese wie auch die Ergänzungshypothese unterliegen also erheblichen Bedenken. Dagegen sprechen gute Gründe für die Annahme, daß der vierte Evangelist das, was bereits die Synoptiker christologisch und soteriologisch zur Sprache bringen, zu *vertiefen*, zu *vollenden* und in diesem Sinne zu *überbieten* sucht. Während er den älteren Evangelien also durchaus zugestehen kann, daß in ihnen die Wahrheit über Jesu Person und Werk zu finden ist und sie insofern Zeugnis des Geistes und also „apostolisches" Christuszeugnis sind, sieht er die Auszeichnung und den sachlichen Vorrang seines Evangeliums darin, in die *ganze* – sachlich unüberbietbare – christologische und soteriologische Wahrheit zu leiten: in die Wahrheit in ihrer *ganzen Fülle*. Deshalb zieht Johannes die christologischen und soteriologischen Leitlinien, die in der synoptischen Tradition und etwa im Markusevangelium zu erkennen sind, aus: zum einen die *christologische* Fundamentalbestimmung, daß Jesus seinem Wesen und Ursprung nach ganz auf die Seite Gottes gehört, und zum andern die *soteriologische* Basisaussage, daß das Heil des Menschen ausschließlich im Versöhnungswerk des gekreuzigten und auferstandenen Jesus beschlossen liegt. Von daher erklärt sich nicht nur der freie Umgang mit der synoptischen Tradition, sondern auch der für die johanneische Darstellung gewichtige Vorrang des Lieblingsjüngers vor Petrus, der zentralen Jüngergestalt der synoptischen Tradition bzw. der synoptischen Evangelien[284].

c) Der Gedankengang von Joh 16,14.15

In *V. 14* wird der Inhalt der nachösterlichen Verkündigung des Geistes durch die beiden Aussagen ἐκεῖνος ἐμὲ δοξάσει und ἐκ τοῦ ἐμοῦ λήμψεται expressis verbis christologisch bestimmt. Alleiniger Gegenstand des δοξάζειν des Geistparakleten ist also Jesus Christus: er als der inkarnierte, gekreuzigte, auferstandene und zu seinem Vater aufgestiegene Sohn Gottes[285]. Während in 12,28; 13,31.32; 17,1.5 von einem δοξασθῆναι Jesu durch *Gott den Vater* die Rede ist[286], das sich in seiner *Kreuzigung, Auferstehung und Erhöhung* vollzieht,

---

[284] S. dazu o. Anm. 120.

[285] Bei dem Akkusativobjekt ἐμέ ist die *gesamte* johanneische Christologie mitzuhören.

[286] Vgl. ferner 8,54. Gott der Vater ist des weiteren in 7,39; 12,16.23 als Subjekt des δοξασθῆναι Jesu vorausgesetzt.

spricht V. 14a davon, daß *der Geist* den *erhöhten* Christus nach Ostern „verherrlichen", d.h. „als herrlich erweisen" wird. Das δοξάζειν von Person und Werk Jesu Christi ist selbst der Inbegriff dessen, was der παράκλητος tut[287]. Dieses δοξάζειν geschieht dadurch, daß der Geist denjenigen, die vom Vater und vom Sohn von Ewigkeit her zur Heilsteilhabe erwählt und bestimmt sind, das Heil, das im Kreuzestod Jesu und in seiner Auferstehung für sie vollbracht ist, durch die Gabe des Glaubens zueignet. Deshalb sagt Jesus in 17,10, der Sachparallele zu 16,14.15: τὰ ἐμὰ πάντα σά ἐστιν καὶ τὰ σὰ ἐμά, καὶ δεδόξασμαι ἐν αὐτοῖς, „was mein ist, ist alles dein, und was dein ist, das ist mein, und ich bin in ihnen verherrlicht worden" – nämlich durch die eschatologische Neuexistenz der zum Heil prädestinierten Jünger, die sich streng und ausschließlich dem Wirken des Geistes verdankt. Wie Jesus Christus mithin *vor*österlich vom *Vater* und *nach*österlich vom *Geist* verherrlicht wird, so vollzieht sich die Verherrlichung des Vaters ganz analog *vor*österlich durch die *Heilstat Christi* (13,31.32; 17,1.4) und *nach*österlich durch den *Geist*, der die Heilstat Christi anderen im *Heilswort* des Christuszeugnisses erschließt (14,13; 15,8[288]). Der Kausalsatz 16,14b (ὅτι ἐκ τοῦ ἐμοῦ λήμψεται καὶ ἀναγγελεῖ ὑμῖν) gibt nun noch eigens den *christologischen Grund* für das zukünftige, nachösterliche Werk des Geistes an: Es verdankt sich streng und exklusiv Christi Person und Werk[289]; auf ihn ist es deshalb bleibend bezogen.

In *V. 15* benennt Johannes abschließend den *theologisch-christologischen Realgrund*[290] für die in V. 13b.14 behauptete Christozentrik der johanneischen Pneumatologie, indem er die vollkommene Gütergemeinschaft und Wesenseinheit herausstellt, die zwischen dem Vater und dem Sohn von Ewigkeit her besteht (πάντα ὅσα ἔχει ὁ πατὴρ ἐμά ἐστιν [V. 15a][291]), und auf diese Weise die christologisch-pneumatologische Aussage von V. 14b (ὅτι ἐκ τοῦ ἐμοῦ λήμψεται καὶ ἀναγγελεῖ ὑμῖν [vgl. V. 15b]) sachlich fundiert und so theologisch legitimiert. Denn mit dem Rekurs auf die Seins- und Handlungseinheit von Vater und Sohn hat Johannes den letzten sachlich-theologischen Grund, die *ratio essendi*, für seine These angegeben, daß der Geist sein Wort allein und ausschließlich von Jesus Christus her empfängt und in seinem Tun streng auf ihn ausgerichtet ist.

---

[287] Vgl. THÜSING, Erhöhung und Verherrlichung 145.

[288] Die Wendung καρπὸν πολὺν φέρειν 15,8 ist m.E. ein Bild für den *soteriologischen* Sachverhalt des γενέσθαι ἐμοὶ μαθηταί und damit für die vom *Geist* gewirkte eschatologische Neugeburt (3,3.5; 20,22; vgl. auch 1,12).

[289] Zu λαμβάνειν + ἐκ vgl. 1,16.

[290] Der asyndetische Anschluß von V. 15 hat *kausalen* Sinn.

[291] Vgl. den oben zitierten Satz 17,10.

II. Die Geistaussagen des Johannesevangeliums
außerhalb der Parakletsprüche

1. Überblick

Die Exegese der fünf Parakletsprüche hat hinsichtlich der Relation, die zwischen dem Geistparakleten und Jesus Christus besteht, zu den folgenden Ergebnissen geführt: 1. Das Wirken des Parakleten setzt das Geschehen des Kreuzestodes Jesu, seiner Auferstehung und seiner Rückkehr zum Vater zeitlich wie sachlich notwendig voraus. 2. Der Sinn seiner nachösterlichen Sendung besteht ausschließlich darin, das Heilshandeln Christi, das mit Inkarnation, Kreuz und Auferstehung hinsichtlich seiner objektiven Seite definitiv vollendet ist, auch hinsichtlich seiner subjektiven Seite durch das Geschenk des Glaubens zum Ziel zu führen. 3. Die Pneumatologie der Parakletsprüche ist durch eine unerhörte christologische Konzentration charakterisiert, die darin zum Ausdruck kommt, daß der erhöhte Christus einerseits als das in der Einheit mit dem Vater handelnde Subjekt der Sendung und Spendung des Geistes und andrerseits in seiner Person wie in seinem Werk als der einzige Inhalt und Gegenstand des Zeugnisses des Parakleten begriffen ist.

Da im Johannesevangelium auch außerhalb der Abschiedsreden vom Geist die Rede ist, stellt sich die Frage: Wie wird an jenen Stellen das Verhältnis von Pneumatologie und Christologie bestimmt? Hier sind zunächst einige Texte zu erwähnen, die das gleiche Bild bieten: 1. Die Spendung des Heiligen Geistes erfolgt den Versen 7,39 und 20,22 zufolge erst nach der Verherrlichung Jesu. 2. Der Abschnitt 3,5–8 stellt betont heraus, daß es die einzige Aufgabe des Geistes ist, das eschatologische Heil, welches in der Inkarnation und dem Kreuzestod des Sohnes Gottes beschlossen liegt (vgl. 3,13–17), Menschen durch die Gabe des Glaubens und die Gewährung der eschatologischen Neugeburt mitzuteilen und zu erschließen. 3. Aus 1,33; 7,38; 19,34.37; 20,22 läßt sich entnehmen, daß der verherrlichte Gekreuzigte selbst der Geber und Spender des Geistes ist[292], und die Aussage 6,63b impliziert den Gedanken, daß das Wirken

---

[292] Der Bezug auf das göttliche πνεῦμα ergibt sich für 19,34.37 aus dem in V. 37 verkürzt dargebotenen Zitat von Sach 12,10. Sach 12,10LXX lautet nämlich in vollem Wortlaut: καὶ ἐκχεῶ ἐπὶ τὸν οἶκον Δαυιδ καὶ ἐπὶ τοὺς κατοικοῦντας Ιερουσαλημ πνεῦμα χάριτος καὶ οἰκτιρμοῦ, καὶ ἐπιβλέψονται πρός με ἀνθ᾽ ὧν κατωρχήσαντο καὶ κόψονται ἐπ᾽ αὐτὸν κοπετὸν ὡς ἐπ᾽ ἀγαπητὸν καὶ ὀδυνηθήσονται ὀδύνην ὡς ἐπὶ πρωτοτόκῳ. Der Abschnitt 19,34–37 berichtet demnach die Erfüllung der Verheißung von Joh 7,38: καθὼς εἶπεν ἡ γραφή (vgl. vor allem Ez 47,1–12; Sach 14,8; außerdem Joel 4,18), ποταμοὶ ἐκ τῆς κοιλίας αὐτοῦ ῥεύσουσιν ὕδατος ζῶντος. Das Nebeneinander von ὕδωρ und πνεῦμα, wobei ὕδωρ die reinigende Kraft des πνεῦμα symbolisiert, geht traditionsgeschichtlich auf Ez 36,25–27 (vgl. Jes 44,3) zurück (vgl. auch die Metapher vom „ausgießen" [שָׁפַךְ] des Geistes in Ez 39,29; Joel 3,1.2; Sach 12,10). Es begegnet als Hendiadyoin in Joh 3,5: ἐξ ὕδατος καὶ πνεύματος; dabei ist das Nomen πνεῦμα betont, weshalb in 3,5 wohl *kein* Bezug auf die christliche Taufe vorliegt.

des Geistes an das Wort Jesu, das selbst im strengen Sinne Wort Gottes ist, gebunden ist.

Nun scheinen allerdings zwei Texte des Johannesevangeliums – *1,32–34 und 3,34b* – zu der dargelegten Verhältnisbestimmung von Christologie und Pneumatologie in Spannung, ja im Widerspruch zu stehen. Denn nicht wenige Ausleger finden in diesen beiden Texten ausgesagt, daß Jesus hier als der eschatologisch-messianische Geistträger und Gottessohn gekennzeichnet sei, der als solcher – im Unterschied zu den alttestamentlichen Propheten – *bleibend* (1,32.33) und *in unerschöpflicher Fülle* (3,34b) mit dem Geist begabt ist und der erst aufgrund dieser ihm selbst zuteil gewordenen Geistbegabung anderen den Geist spenden kann[293]. Denkt man die skizzierte Sicht konsequent zu Ende, so ergibt sich aus ihr notwendig die These, daß Jesus durch die (in seiner Taufe geschehene) Begabung mit dem Heiligen Geist zum messianischen Sohn Gottes *eingesetzt* worden ist. Der Geist wäre demzufolge konstitutiv daran beteiligt, daß Jesus überhaupt der Offenbarer Gottes und der Spender des ewigen Lebens zu sein vermag. Wäre diese Interpretation der genannten Texte zutreffend, dann käme man kaum um das Urteil herum, daß sie in einem diametralen Gegensatz zu den Basisaussagen der johanneischen Christologie stehen, die ja in großer Klarheit und Eindeutigkeit betonen, daß der im Evangelium mit dem Namen Jesus bezeichnete Mensch mit dem einen und einzigen Sohn Gottes personidentisch ist, der mit seinem himmlischen Vater in ewiger Gemeinschaft und wechselseitiger Liebe lebt und selbst wesenhaft Gott ist. Jene Texte befänden sich zudem in einem vollendeten Widerspruch zu allen übrigen pneumatologischen Bestimmungen des vierten Evangeliums, stimmen diese doch sachlich in der Aussage überein, daß der Geist *von* dem Erhöhten gesandt wird und *in seinem Dienste*, niemals aber *an* ihm selbst handelt. Angesichts dieser Problematik ist es unbedingt erforderlich, die beiden genannten Texte in ihrem literarischen und gedanklichen Zusammenhang gesondert in den Blick zu nehmen.

2. Das Täuferzeugnis von Joh 1,32–34

Wenden wir uns zunächst dem Abschnitt 1,32–34 zu, so läßt ein Vergleich zwischen der johanneischen Schilderung der Täuferszene und dem synoptischen Bericht von der Taufe Jesu, wie er im Markusevangelium vorliegt[294], vier Eigentümlichkeiten des johanneischen Textes hervortreten, die der Schlüssel zu seinem Verständnis sind: 1. Auf die Taufe Jesu wird im Johannesevangelium auffälligerweise mit keiner Silbe hingewiesen; die Verse 32.33 sprechen vielmehr ausschließlich von der Wahrnehmung eines göttlichen Erkennungs-

---

[293] Nachweise aus der Sekundärliteratur folgen in der nachstehenden Auslegung der strittigen Texte.

[294] Zur Begründung, weshalb ich mich auf das Markusevangelium beziehe, s. Anm. 280.

zeichens durch den Täufer, welche auf der Erzählebene zeitlich vor dem in
V. 29ff. geschilderten Geschehen liegt. Es wird „nirgends eine wie auch immer
geartete Verbindung zwischen der bezeugten Herabkunft des Geistes auf Jesus
und seiner Taufe erwähnt", ja: die Taufe Jesu wird „in der Erzählung wie in den
deutenden Worten überhaupt verschwiegen …, so daß der Hörer, wüßte er nicht
von ihr aus den Synoptikern, kein Recht besäße, sie zu postulieren."[295] – 2. Johannes stellt nachdrücklich den *dauernden* Geistbesitz Jesu heraus[296]. – 3. Nur
im Johannesevangelium folgt unmittelbar auf die Erwähnung der Herabkunft
des Geistes die Prädikation Jesu als ὁ βαπτίζων ἐν πνεύματι ἁγίῳ. – 4. Während bei Markus von einer *Gottesstimme* die Rede ist, die Jesus als ὁ υἱός μου
ὁ ἀγαπητός proklamiert (Mk 1,11), tritt an ihre Stelle im Johannesevangelium
das abschließende *Täuferzeugnis*, das Jesus als den υἱὸς τοῦ θεοῦ identifiziert[297]. – Wie lassen sich diese von der synoptischen Tradition abweichenden
Charakteristika des johanneischen Textes erklären? Geben sie ein bestimmtes
theologisch-christologisches Interesse zu erkennen, das den vierten Evangelisten bei seiner Darstellung geleitet hat?

a) Das Schweigen über die Taufe Jesu

Für die erste, sachlich gewichtige Abweichung von der synoptischen Tradi-
tion – das gänzliche Verschweigen der Taufe Jesu – lassen sich m.E. zwei
Gründe nennen: Zum einen soll – vermutlich in polemischer Abgrenzung ge-
genüber Täuferkreisen[298] – das Mißverständnis abgewehrt werden, die Taufe
Jesu durch Johannes sei für das Heilswerk Christi in irgendeiner Weise konstitutiv. Zum andern – und das ist theologisch wesentlicher – ist es das Ziel des
Evangelisten, durch seine Darstellung gerade auszuschließen, daß die Taufe
Jesu im Sinne einer adoptianischen Christologie „als *christologisches
Gründungsgeschehen* verstanden werden kann"[299]. Ein solches Verständnis ist
ja mit den Grunddaten der johanneischen Christologie schlechterdings unvereinbar. Denn diese Sicht begreift die Taufe Jesu als ein Ereignis, das ihn in seinem *Personsein* betrifft, so daß er vom Augenblick des Geistempfangs an ist,
was er zuvor nicht war: der messianische Geistträger, der selbst andere mit
dem Heiligen Geist taufen wird. Um ein solches Mißverständnis von vornherein auszuschließen, läßt der Evangelist den Täufer betonen, daß das in V. 32
geschilderte Geschehen *ausschließlich* ihm selbst als *Erkennungs- und Identi-
fikationszeichen* galt. Dieses göttliche Zeichen machte es dem Täufer allererst

---

[295] THEOBALD, Geist- und Inkarnationschristologie 133.
[296] Die Wendungen καὶ ἔμεινεν ἐπ' αὐτόν (V. 32) bzw. καὶ μένον ἐπ' αὐτόν (V. 33) haben keine Entsprechung in den synoptischen Parallelen.
[297] Zur *textkritischen* Frage in V. 34 s.u. S. 166ff.
[298] So BAUER, Johannes 38; BROWN, John I 65; BLANK, Johannes I/a 137; GNILKA, Johannes 19; SCHULZ, Johannes 39.
[299] THEOBALD, Geist- und Inkarnationschristologie 132 (Hervorhebung von mir).

möglich, Jesus als den Geistträger und Geistspender zu identifizieren und dar-
aufhin als den präexistenten Gottessohn (V. 30 [vgl. V. 15]; V. 34) und als das
eschatologische Passalamm (V. 29; vgl. V. 36) zu proklamieren[300]. Mit anderen
Worten: „Das ist gar nicht das Resultat, daß bei der Taufe Christi irgend etwas
wunderbares geschehen sei um Christi willen, daß er bei der Taufe erst etwas
erfahren habe an sich, daß er der υἱὸς ὁ ἀγαπητὸς θεοῦ sei, sondern alles bezieht sich nur auf den Johannes."[301]

b) Das „Bleiben" des Geistes auf Jesus

Die zweite Abweichung von der synoptischen Tradition liegt, wie bereits
erwähnt, in der betonten Herausstellung des *„Bleibens"* des Geistes auf Jesus.
In der neutestamentlichen Forschung wird häufig das traditionsgeschichtliche
Urteil vertreten, daß die messianische Weissagung Jes 11,2[302] sowie die im
Urchristentum auf Christus gedeuteten Texte Jes 42,1[303] und Jes 61,1[304] den
Hintergrund für die johanneische Formulierung gebildet haben und somit die
frühjüdische Vorstellung vom Messias als dem Geistträger katexochen auf
Jesus übertragen worden sei[305]. Es gibt aber gewichtige Einwände, die gegen
diese These sprechen. Jene messianischen Texte des Alten Testaments und des
Frühjudentums, die noch am ehesten als Belege für die Vorstellung des Messi-
as als des Trägers des Geistes angeführt werden können – nämlich Jes 11,2;
PsSal 17,37; 18,7[306] –, reden gerade *nicht* von dem Messias als dem Geistträger

---

[300] Diese Nuance hat der Imperativ ἴδε in 1,29.36 ebenso wie ἰδού in 19,5.

[301] SCHLEIERMACHER, Das Leben Jesu 148. Im gleichen Sinne urteilen HOLTZMANN,
Lehrbuch der Neutestamentlichen Theologie II 509; DERS., Johannes 49; HEITMÜLLER, Jo-
hannes 51; BULTMANN, Johannes 63f. Anm. 8; SCHWEIZER, Art. πνεῦμα 437 Anm. 717;
BLANK, Johannes I/a 138; SCHULZ, Johannes 39; BARRETT, Johannes 202.

[302] Ich zitiere die LXX-Fassung: καὶ ἀναπαύσεται ἐπ' αὐτὸν πνεῦμα τοῦ θεοῦ, πνεῦμα
σοφίας καὶ συνέσεως, πνεῦμα βουλῆς καὶ ἰσχύος, πνεῦμα γνώσεως καὶ εὐσεβείας. Vgl.
ferner auch PsSal 17,37; 18,7.

[303] LXX: Ιακωβ ὁ παῖς μου, ἀντιλήμψομαι αὐτοῦ· Ισραηλ ὁ ἐκλεκτός μου,
προσεδέξατο αὐτὸν ἡ ψυχή μου· ἔδωκα τὸ πνεῦμά μου ἐπ' αὐτόν, κρίσιν τοῖς ἔθνεσιν
ἐξοίσει. Zur christologischen Deutung dieses Textes s. Mk 1,11; Mt 3,17; Lk 3,22; 9,35;
23,35; besonders Mt 12,18–21.

[304] LXX: πνεῦμα κυρίου ἐπ' ἐμέ, οὗ εἵνεκεν ἔχρισέν με. Zur Deutung dieses Textes auf
Christus s. Apg 4,27; 10,38; besonders Lk 4,18f.

[305] Exemplarisch sei SCHNACKENBURG, Johannes I 303 angeführt, der zu 1,32 unter Hinweis auf Jes 11,2; 61,1 bemerkt: „Der volle und ständige Geistbesitz ist das auszeichnende
Charakteristikum des Messias" (ebd. Verweise auf die Sekundärliteratur).

[306] TestLev 18,7; TestJud 24,2 sind dagegen *christlich*; äthHen 49,3; 62,2 sind von Jes
11,2 abhängig und gehören zu den sog. Bilderreden, die m.E. ins 2. Jh. n. Chr., also in *nach*-
neutestamentliche Zeit zu datieren sind (ebenso datieren: HINDLEY, Towards a Date for the
Similitudes of Enoch 551–565, bes. 564f.; LEIVESTAD, Jesus – Messias – Menschensohn 234
Anm. 33; DERS., Exit the Apocalyptic Son of Man 246; MOULE, Neglected Features 416;
LINDARS, Re-Enter the Apocalyptic Son of Man 58f.; STEMBERGER, Art. Auferstehung
446,11f.; BIETENHARD, ,Der Menschensohn' 338. 345; KIM, „The ,Son of Man'" 19 mit
Anm. 25; BITTNER, Gott – Menschensohn – Davidssohn 344).

katexochen, sondern von einer *gnadenhaft gewährten charismatischen Geistbegabung*, durch die er zur Durchführung seines spezifischen Auftrages ausgerüstet wird[307]. Schon *sprachlich* ist zweierlei beachtenswert: 1. Im signifikanten Unterschied zu Mk 1,10; Mt 3,16; Lk 3,22; Joh 1,32.33 wird πνεῦμα in Jes 11,2; 61,1LXX und PsSal 17,37; 18,7 *artikellos* gebraucht. Ganz analog heißt es in TargJes 11,2: „Und auf ihm wird ruhen Geist (nicht: *der* Geist) von vor JHWH, [nämlich:] Geist der Weisheit und der Einsicht, Geist des Rates und der Kraft, Geist der Erkenntnis und der JHWH-Furcht."[308] 2. Weder die synoptische Rede vom καταβαίνειν des Geistes (Mk 1,10; Mt 3,16; Lk 3,22) noch die johanneische Formulierung von seinem καταβαίνειν καὶ μένειν (Joh 1,32.33) haben irgendeine Parallele in alttestamentlichen und frühjüdischen Aussagen. Was die alttestamentlichen Texte betrifft, so ist in Jes 11,2LXX (wie in Num 11,25f.; 2Kön 2,15) vom ἀναπαύεσθαι des Geistes die Rede. Zu den beiden genannten sprachlichen Differenzen kommt als letztlich entscheidend ein *sachlich-theologischer Befund* hinzu: In der *messianischen* Verheißung von Jes 11,2 ist gemeint, daß der Messias sein Leben lang mit Geist *begabt* sein wird; demgegenüber zielt die *christologische* Aussage von Joh 1,32f. auf den für die johanneische Theologie fundamentalen Sachverhalt ab, daß *der* Geist *bleibend und definitiv an Jesu Person gebunden* ist – und zwar aus dem Grunde, weil ihm der Geist *wesen- und ursprunghaft* zukommt und er ihn deshalb anderen zu spenden vermag. Das heißt: Jes 11,2 handelt von einer sich geschichtlich ereignenden charismatischen Ausrüstung mit Geist, die den Messias zu einem bestimmten Tun befähigt; im Unterschied dazu geht es in Joh 1,32f. um die bleibende und exklusive Bindung des Geistes an Christi Person und Werk und damit um einen *absoluten* und *ewig gültigen* Sachverhalt. – Die dargelegten Beobachtungen lassen grundsätzlich bezweifeln, daß es für die These einer alttestamentlich-frühjüdischen Erwartung eines Messias, auf welchem der Geist im einzigartigen und ausgezeichneten Sinn ruht, eine hinreichende Quellenbasis gibt. Sie machen es damit zugleich mehr als unwahrscheinlich, daß Jes 11,2; 42,1; 61,1 im Hintergrund von Joh 1,32f. stehen.

Dem traditionsgeschichtlichen Befund korrespondiert der Tatbestand, daß die alttestamentlich-frühjüdische Messianologie[309] durch die johanneische Wesenschristologie unvergleichlich überboten und transzendiert wird[310]. Diese

---

[307] Zu dem Gedanken der *Geistbegabung* sind die folgenden, gänzlich *unmessianischen* Texte zu vergleichen: Num 11,17.25f. spricht von der Geistbegabung der Ältesten; Dtn 34,9 von der Josuas; 2Kön 2,15 von der der Propheten Elia und Elisa; Jes 42,1 von der des Gottesknechtes; Jes 61,1 von der des Propheten Tritojesaja. In Jes 59,21 ist von Geistbegabung im Blick auf ein *Kollektivum* die Rede.

[308] S. dazu J. F. STENNING, The Targum of Isaiah, Oxford 1949 (= 1953), 41 (Text) bzw. 40 (Übersetzung); B. D. CHILTON, The Isaiah Targum. Introduction, Translation, Apparatus and Notes (The Aramaic Bible 11), Edinburgh 1987, 28.

[309] Zur alttestamentlichen und zur frühjüdischen Messianologie s. HOFIUS, Messias 109–115.

[310] Vgl. HOFIUS, Messias 128 mit Anm. 50.

Transformation erfolgt des näheren zum einen durch die kreuzestheologische Interpretation des Königtums Jesu[311] und zum andern durch die Gleichsetzung des Christus-Titels mit dem metaphysischen „Sohn Gottes"-Begriff[312]. Auf diese Weise wird der Messias-Begriff neu qualifiziert und in seinem semantischen Gehalt radikal umgeformt.

Was den erstgenannten Aspekt – *die kreuzestheologische Interpretation des Königtums Jesu* – anlangt, so ist zu sagen: „Messias" meint für Johannes keineswegs wie in alttestamentlich-frühjüdischer Messianologie den herrlich und machtvoll herrschenden endzeitlichen Heilskönig Israels, der seinen Auftrag ausschließlich im irdischen Bereich verwirklicht, indem er Israel nach außen den Frieden sichert und in seinem ganzen Reich für Recht und Ordnung sorgt[313] (vgl. 6,15.30ff.; 12,14–16; 18,36); vielmehr bezeichnet der johanneische Christus-Titel dezidiert *den* „König Israels"[314], der freiwillig den Weg ins Leiden und in den Tod am Kreuz geht. Als solchen proklamiert Jesus sich selbst vor Pilatus (18,33–37); als solcher wird er sodann in der schaurigen Parodie einer königlichen Investitur mit einem Dornenkranz und einem Purpurmantel gekrönt, woraufhin ihm seine Peiniger spottend huldigen (19,1–3); als solcher wird er anschließend in einer zweimaligen Königsepiphanie seinem Volk präsentiert (19,4–7.13–16a), das darauf mit der Akklamation σταύρωσον σταύρωσον (19,6) bzw. ἆρον ἆρον, σταύρωσον αὐτόν (19,15) antwortet; und als solcher wird er am Kreuz inthronisiert (19,16b–19) und durch die weltweite Kundgabe seines Königtums vor aller Welt proklamiert (19,20–22). Der Herrschaftsthron des johanneischen „Messias" ist das Kreuz als der Ort seines Sieges über die Mächte der Sünde und des Todes.

Nicht weniger bedeutsam ist der zweite oben genannte Aspekt: *die Gleichsetzung des Messias-Begriffs mit dem metaphysischen „Sohn Gottes"-Begriff.* Der „Messias" im johanneischen Sinne des Wortes stammt nicht wie der in alttestamentlich-frühjüdischer Tradition erwartete und erhoffte Messias seinem Wesen und Ursprung nach aus der Welt; er gehört vielmehr als der eine und einzige präexistente Gottessohn ganz auf die Seite Gottes, seines himmlischen Vaters. Der Begriff ὁ χριστός ist im vierten Evangelium demzufolge keineswegs eine Bezeichnung für einen Menschen, der wie der alttestamentlich-frühjüdische Messias von Jahwe zu seinem irdischen Stellvertreter und Repräsentanten erwählt und eingesetzt ist und dafür durch Geistbegabung ausgerüstet

---

[311] S. dazu DAUER, Passionsgeschichte 249–277; BLANK, Verhandlung 169–196, bes. 170–172; WENGST, Bedrängte Gemeinde 204–207.

[312] S. dazu DE JONGE, Jewish Expectations 251f.; DERS., The Use 73f.; DUNN, Let John be John 321; SCHNACKENBURG, Johannes III 404f.; HOFIUS, Messias 124. 128 mit Anm. 50.

[313] Vgl. HOFIUS, Messias 111: These 4.2.5.

[314] Der Titel ὁ βασιλεὺς τοῦ Ἰσραήλ findet sich 1,49 (wo der Artikel beim Prädikatsnomen fehlt) und 12,13; im Munde des Heiden Pilatus und entsprechend auch in dem von ihm angeordneten Kreuzestitulus steht dafür ὁ βασιλεὺς τῶν Ἰουδαίων (18,33.39; 19,3.19.21).

wird. Er bezeichnet mithin nicht einen zum Sohne Gottes adoptierten Menschen, sondern streng und ausschließlich den von Ewigkeit her mit dem Vater
in engster personaler Gemeinschaft lebenden und als Mensch in die Welt gekommenen Gottessohn, dem selbst die wahre Gottheit zukommt. Deshalb ist
Jesus im Johannesevangelium auch „nie als Pneumatiker" gezeichnet; Johannes „gibt den Gedanken der Inspiration" vielmehr „völlig auf, weil darin das
grundsätzliche Getrenntsein zwischen Gott und Jesus ausgeprägt ist, das immer erst durch ein Drittes, eben den Geist, überwunden werden muß"[315].

Daß und *wie* der traditionelle Messias-Begriff im Johannesevangelium von
der johanneischen Wesenschristologie her semantisch umgeformt wird, sei in
aller Kürze an den relevanten Einzelaussagen des Evangeliums aufgezeigt:
1. Das in 1,41 im Munde des Andreas begegnende Prädikat ὁ Μεσσίας wird in
1,51 durch das erste Selbstzeugnis Jesu, in dessen Zentrum der im vierten
Evangelium wesentliche Hoheitstitel ὁ υἱὸς τοῦ ἀνθρώπου steht[316], ausgelegt
und präzisiert: Jesus ist der Μεσσίας als der wesenhaft auf die Seite Gottes
gehörende und in die Welt gekommene „Menschensohn", der – darauf weist
das Herauf- und Hinabsteigen der Engel – in Person das „Haus Gottes" und
damit die leibhaftige und heilvolle Gegenwart Gottes bei den Menschen ist. –
2. Die in 4,25 der Samaritanerin in den Mund gelegte traditionelle Messiaser-
wartung wird durch Jesu Selbstoffenbarung ἐγώ εἰμι, ὁ λαλῶν σοι (4,26) nicht
nur präzisiert und überboten, sondern korrigiert: Jesus ist der „Christus", weil
er in Person der Ort der Anbetung Gottes ist (4,21–24) und weil er hier und
heute das ins ewige Leben quillende Lebenswasser zu geben vermag (4,14), ja,
selbst das Wasser des Lebens ist. Die Aussage von 4,14 steht im Zusammenhang mit der für die johanneische Christologie wesentlichen These, daß Jesus
ewiges Leben und damit ewiges Heil gibt (6,33; 10,28; 17,2; vgl. 6,27.51c).
Damit wird von Jesus Christus ausgesagt, was im Alten Testament wie im
Frühjudentum ausschließlich in Gottes Macht steht. Dementsprechend kann
im Judentum nie der Gedanke aufkommen, daß der Messias selbst ewiges Leben mitzuteilen und so aus der Gewalt der Sünde und des Todes zu befreien
vermöchte. Weil Jesus im vierten Evangelium die Fähigkeit zugeschrieben
wird, ewiges Leben zu geben, kann von ihm auch behauptet werden, daß er die
Toten lebendig macht und aus dem Tode ins Leben ruft (5,21.24–29;
11,25f.38–44). Auch mit dieser christologischen Bestimmung wird die alttestamentliche Messianologie unendlich transzendiert. Denn die eschatologische Totenerweckung ist im Alten Testament wie im antiken Judentum ebenfalls streng Gottes Werk und also exklusiv Prärogative Gottes. Gott allein hat

---

[315] SCHWEIZER, Art. πνεῦμα 436,17–22. Abzulehnen ist demzufolge die von PORSCH,
Pneuma und Wort 36 vertretene These, Jesus sei in 1,32f. als „der ‚Pneumatiker par
exellence'" dargestellt und „als der geisterfüllte, unter der dauernden Inspiration des Geistes handelnde Messias gekennzeichnet".
[316] 1,51; 3,13.14; 5,27; 6,27.53.62; 8,28; 9,35; 12,23.34(bis); 13,31.

den Schlüssel des Todes und des Lebens in seiner Hand[317]. Deshalb gibt es auch keinen Beleg dafür, daß der Messias die Toten lebendig machen wird, gehört er doch seinem Wesen und Ursprung nach auf die Seite der sterblichen, dem Tode verfallenen Menschen[318]. Entsprechend sind bereits im Alten Testament die von Elia (1Kön 17,17–24) und von Elisa (2Kön 4,32–34) vollbrachten Wunder einer Totenauferweckung dezidiert als Werk Gottes begriffen. Die beiden Propheten sind ausschließlich Instrumente, durch welche Gott selbst die Verstorbenen zurück ins Leben ruft[319]. Den christologischen Aussagen des Johannesevangeliums, die Jesus göttliches Wesen zusprechen, korrespondieren also soteriologische Bestimmungen, die ihm Handlungen zuschreiben, die im alttestamentlich-frühjüdischen Kontext ausschließlich von Gott, niemals aber vom Messias ausgesagt werden können. – 3. Dem bisher Gesagten entspricht

---

[317] Vgl. Dtn 32,39; 1Sam 2,6; 2Kön 5,7; Jes 26,19 (vgl. 25,8); Dan 12,2; Tob 13,2; Sap 16,13; JosAs 20,7; Achtzehn-Gebet, 2.Benediktion; Röm 4,17; 2Kor 1,9. *Rabbinische* Belege bei H. L. STRACK / P. BILLERBECK, Kommentar zum Neuen Testament aus Talmud und Midrasch. Band 1: Das Evangelium nach Matthäus erläutert aus Talmud und Midrasch, München 1926 (unveränderter Nachdruck: München ⁹1986) [= Str.-Bill. I], 523. 737. 895. „,Der die Toten lebendig macht' ist vielleicht die wichtigste Gottesprädikation im zeitgenössischen Judentum" (THEOBALD, Gott, Logos, Pneuma 54 Anm. 55).

[318] Einen Beleg für den Gedanken, daß der Messias die eschatologische Totenerweckung vollzieht, liefert auch keineswegs das Fragment 2 des Qumran-Textes 4Q 521. Denn die dort in Kol. II 12 erscheinenden Worte: „Dann heilt Er Durchbohrte und Tote belebt Er" sprechen von dem, was *Gott* tun wird (Übersetzung: J. MAIER, Die Qumran-Essener: Die Texte vom Toten Meer, Band II: Die Texte der Höhle 4, UTB 1863, München/Basel 1995, 683f.: 684). Nach 4Q 521 2 II 12 „erweckt nicht der Messias die Toten und gibt es auch keine Wundertaten, die nicht das Werk Gottes sind. Was der Text uns lehrt, ist dies, daß in der Endzeit, in der Zeit des ‚Messias', Gott wie versprochen wunderbare Taten vollbringen und die Auferweckung der Toten (natürlich der Treuen) eines dieser Wunderwerke sein wird" (MARTINEZ, Messianische Erwartungen 185; s. ferner die Ausführungen zu 4Q 521 2 II 12 insgesamt a.a.O. 182–185). Ferner ist zu vergleichen STEGEMANN, Die Essener 290f. 341.

[319] Wie entschieden im antiken Judentum betont wird, daß die drei Schlüssel zum Regen, zum Mutterschoß und zur Totenerweckung niemals in die Hände eines Bevollmächtigten Gottes gegeben werden (Str.-Bill. I 523), zeigt sich nicht zuletzt auch in der Formulierung, daß niemand anderer als *Jahwe* selbst *durch* Elia, Elisa bzw. Ezechiel Tote auferweckt habe (s. Str.-Bill. I 895). Wenn in der rabbinischen Literatur (z.B. in bSanh 113a [s. Str.-Bill. I 737]) gelegentlich gesagt werden kann, Gott habe dem Elia den Schlüssel der Wiederbelebung der Toten übergeben, so daß Elia das Wunder von 1Kön 17,17–24 vollbringen konnte, so soll damit lediglich betont werden, daß Gott sich des Propheten als seines *Werkzeuges* bedient hat. Vgl. RENGSTORF, Art. ἀποστέλλω κτλ. 419,22–30.32.34: „*Mose, Elias* und *Elisa*, aber auch *Ezechiel* gelten als שְׁלוּחִים Gottes, weil durch sie Dinge geschahen, die sonst Gott vorbehalten sind: Mose läßt das Wasser aus dem Felsen fließen (bBM 86b), Elias veranlaßt Regen und erweckt einen Toten, Elisa ‚öffnet den Mutterschoß' und erweckt ebenfalls einen Toten, und Ezechiel empfängt den ‚Schlüssel zu den Gräbern bei der Wiederbelebung der Toten' nach Ez 37,1ff. (Midr Ps 78 § 5; vgl bTaan 2a, bSanh 113a). Was diese vier Männer aus ganz Israel heraushebt, ist das *Wunder*, zu dem Gott sie ermächtigt und das er mit diesen Ausnahmen stets sich selbst vorbehalten hat ... Im Hintergrunde steht vielleicht sogar die Tendenz, die vier von dem Verdacht des Eingriffs in Gottes Rechte zu reinigen; das geschieht dadurch, daß sie als seine Werkzeuge erwiesen werden." Was Rengstorf in dem zuletzt zitierten Satz als Vermutung äußert, darf getrost als *Tatbestand* angesehen werden.

es, daß Johannes in 11,27 und 20,31 den Messias-Titel ausdrücklich im Lichte des „Sohn Gottes"-Titels interpretiert. Der „Sohn Gottes"-Titel, der für Johannes der theologisch gewichtigste Hoheitstitel überhaupt ist, impliziert als solcher den Gedanken der Präexistenz Jesu. Deshalb stellt ὁ χριστός in 11,27 und 20,31 keine Amts- und Funktionsbestimmung dar, sondern eine *Ursprungs*- und *Wesensbezeichnung*. – 4. Wo der Messias-Titel ὁ χριστός im Munde des Täufers begegnet (1,20; 3,28; vgl. 1,25), wird er einerseits im Schlußsatz des ersten christologischen Täuferzeugnisses 1,34 durch den „Sohn Gottes"-Titel präzisiert und andrerseits in den Versen 3,35.36, mit welchen das zweite positive Christuszeugnis des Täufers endet, durch das absolute ὁ υἱός definiert[320]. – 5. In der Forderung der Juden: εἰ σὺ εἶ ὁ χριστός, εἰπὲ ἡμῖν παρρησίᾳ (10,24) hat der Christus-Titel ebenso wie an allen anderen Stellen, in denen er im Munde der Jesus feindlich gegenüberstehenden Menschenwelt erscheint (7,26.27. 31.41; 12,34), den traditionellen alttestamentlich-frühjüdischen Sinn; er wird aber auch hier durch die anschließende zweiteilige Rede Jesu (10,25–30; 10,34–38) inhaltlich neu bestimmt. Denn Jesus stellt dort betont heraus, daß er zwar der χριστός ist, dies aber in einem Sinne, der sich von dem semantischen Gehalt des traditionellen Messias-Begriffs radikal unterscheidet. Er ist es gerade als der mit dem Vater *wesenseine Sohn Gottes* (10,30.36.38), der den Seinen *aufgrund dieser Wesenseinheit mit Gott* das ewige Leben zu geben und sie darin ewig zu erhalten vermag (10,28). Allererst diese Neubestimmung des Messias-Begriffs macht verständlich, warum anschließend gegen Jesus der Vorwurf der Gotteslästerung erhoben wird (10,31.33.39). – 6. Der semantische Umformungsprozeß gelangt darin zu seinem konsequenten Abschluß, daß der Titel ὁ χριστός in dem Ausdruck Ἰησοῦς Χριστός (1,17; 17,3) zum *Cognomen* wird. Denn darin zeigt sich, daß der seinem Wesen und Ursprung nach ganz auf die Seite Gottes gehörende inkarnierte, gekreuzigte, auferstandene und erhöhte Jesus Christus selbst definiert, was ὁ χριστός als *christologischer* Titel allein besagen und beinhalten kann; die göttliche Person Jesu Christi bestimmt den Sinn und Gehalt des Messias-Begriffs.

Ein messianisches Verständnis des in 1,32.33a ausgesagten Herabkommens und „Bleibens" des Geistes auf Jesus wird aber nicht nur durch die im gesamten vierten Evangelium erfolgende Umprägung des überkommenen Messias-

---

[320] Der Abschnitt 3,31–36 ist m.E. planvoll von Johannes als abschließendes Christuszeugnis des Täufers gestaltet und sehr bewußt an seinen jetzigen Ort gestellt worden. Er soll erstens aussagen, daß das Zeugnis des Täufers mit dem Selbstzeugnis Christi voll und ganz übereinstimmt; von daher erklären sich die fast wörtlich gleichlautenden Aussagen von 3,11 und 3,32 einerseits und von 5,20 und 3,35 andrerseits. Er soll zweitens die Täuferaussage von 3,30 sachlich aufnehmen, derzufolge die *Person* des Täufers selbst abtritt (ἐμὲ δὲ ἐλαττοῦσθαι) und allein sein *Zeugnis* von Jesus Christus zurückbleibt (ἐκεῖνον δεῖ αὐξάνειν). Von daher halte ich die verschiedenen literarkritischen Umstellungsversuche für voreilig (u.a. gegen BULTMANN, Johannes 92 mit Anm. 6; 116 Anm. 1; SCHNACKENBURG, Die ‚situationsgelösten' Redestücke; DERS., Johannes I 375. 393f. 396).

Begriffs ausgeschlossen, sondern auch durch die christologischen Bestimmungen der Verse 1,29.30 als gänzlich unmöglich erwiesen.

Schon die erste für die johanneische Soteriologie zentrale christologische *Werk*aussage: ἴδε ὁ ἀμνὸς τοῦ θεοῦ ὁ αἴρων τὴν ἁμαρτίαν τοῦ κόσμου (*V. 29*) steht in einem fundamentalen Gegensatz zur alttestamentlich-frühjüdischen Messianologie. Denn diese kennt nicht den Gedanken eines leidenden und erst recht nicht die Vorstellung eines stellvertretend den Sühnetod sterbenden Messias[321]. Der Vers 29 setzt darüber hinaus notwendig den Gedanken der Gottheit Jesu Christi voraus, weil einzig und allein *Gott selbst* den Menschen aus der Gewalt des Todes und der Sünde, die ihn in seinem Sein und Wesen radikal bestimmen, zu befreien vermag. Auch das widerspricht den messianischen Traditionen des Alten Testaments und des Frühjudentums. Denn der Messias ist dort „streng und ausschließlich ein *purus homo*, ein ἄνθρωπος ἐξ ἀνθρώπων γενόμενος"[322], der „aufgrund göttlicher Erwählung allererst in eine bestimmte Gottesbeziehung versetzt" wird[323].

Daß die sühnetheologische Aussage von V. 29 notwendig die These der wesenhaften Gottheit Christi impliziert, bestätigt die erste christologische *Person*aussage des Abschnitts 1,29–34: οὗτός ἐστιν ὑπὲρ οὗ ἐγὼ εἶπον· ὀπίσω μου ἔρχεται ἀνὴρ ὃς ἔμπροσθέν μου γέγονεν, ὅτι πρῶτός μου ἦν (*V. 30*; vgl. 1,15). Zwar fehlt dem präexistenzchristologischen Begründungssatz ὅτι πρῶτός μου ἦν – im Unterschied zu den Präexistenzaussagen 1,1.2; 8,58; 17,5.22 – insofern die letzte begriffliche Präzision, als das in 1,15.30 stehende komparativische πρῶτός μου *dort* im Sinne einer *relativen* Präexistenzaussage mißverstanden werden kann, wo der literarische Kontext beider Aussagen unbedacht bleibt. Es kann aber gleichwohl exegetisch gar nicht zweifelhaft sein, daß auch die Präexistenzaussagen 1,15.30 *absoluten* Sinn haben[324] und eben damit mittelbar die wahre Gottheit Jesu behaupten[325]. Denn die Eingangsverse des vierten Evangeliums, die vom *Logos asarkos* handeln, haben Jesus bereits als den ewigen, im anfangslosen Anfang bei Gott seienden und mit Gott wesenseinen Logos prädiziert, dem die ganze Kreatur ihr Dasein verdankt. In V. 14 ist zudem dem *Logos ensarkos* die δόξα des μονογενὴς παρὰ πατρός und damit die Gottheit des mit dem Vater wesenseinen präexistenten Sohnes zugeschrieben worden. In V. 18b hat der Evangelist sodann in Aufnahme der Präexistenzaussagen des Logos-Hymnus betont, daß Jesus Christus als der μονογενὴς θεός von Ewigkeit her im Schoß des Vaters ruht, weshalb er allein

---

[321] HOFIUS, Messias 114: These 4.3.7.2.
[322] HOFIUS, Messias 115: These 4.3.8.
[323] HOFIUS, Messias 115: These 4.3.8.1.
[324] Gegen THEOBALD, Im Anfang war das Wort 123 Anm. 23: „Im Unterschied zu 1,1f. ist in 1,15 nur eine relative Präexistenz Jesu ausgesagt." Richtig interpretieren dagegen u.a. SCHNACKENBURG, Johannes I 289; SCHULZ, Johannes 33.
[325] Vgl. HOFIUS, Logos-Hymnus 20 Anm. 114 (in diesem Band: 18f. Anm. 114).

Gott zu offenbaren vermag. Schließlich ist zu bedenken, daß die Präexistenz Jesu in 8,58 (πρὶν Ἀβραὰμ γενέσθαι ἐγὼ εἰμί) – der engsten sprachlichen Parallele zu 1,15.30 – unzweideutig in absolutem Sinne begriffen ist. Das ergibt sich zum einen aus dem zeitlosen Präsens εἰμί und zum andern aus der in 8,59 geschilderten Reaktion der Juden, die die Präexistenzaussage als Anmaßung gottgleicher Würde verstehen. Das durative Imperfekt ἦν hat folglich in V. 15.30 – wie in V. 1.2 – zeitlose Bedeutung; es entspricht darin präzise dem christologischen Sinn, den das Präsens εἰμί in 8,58 hat.

An dieser Stelle ist zu betonen, daß der theologische Sinn der Präexistenzaussagen des Johannesevangeliums nicht etwa darin liegt, die soteriologische Bedeutsamkeit Jesu zu *illustrieren*. Wäre das ihre Intention, so wären sie durch andere Aussageformen prinzipiell ersetzbar, mithin letztlich beliebig. In Wahrheit haben die Präexistenzaussagen jedoch für die johanneische Christologie und Soteriologie eine streng *begründende* Funktion. Mit ihnen bringt Johannes zur Sprache, was die gleichermaßen notwendige wie hinreichende Bedingung dafür ist, daß gedacht und geglaubt werden kann, daß der Kreuzestod des Menschen Jesus von Nazareth der alleinige Grund des Heils ist. Mit den Präexistenzaussagen schärft er ein, daß Jesus Christus seinem Ursprung und Wesen nach ganz auf die Seite Gottes gehört und also selbst wesenhaft Gott ist. Das Bekenntnis zur absoluten, realen und personalen Präexistenz Jesu Christi ist folglich die unabdingbare Basisaussage und die *conditio sine qua non* für die johanneische Soteriologie.

Fragt man von daher nach dem sachlich-theologischen Verhältnis zwischen der christologischen *Werk*aussage 1,29 und der christologischen *Person*aussage 1,30, so ist zu antworten, daß die Präexistenzaussage den Realgrund für die Sühneaussage formuliert. Nur deshalb, weil Jesus mit dem real präexistenten Gottessohn personidentisch ist, kann er als das eschatologische Passalamm sein Leben Sühne wirkend zum Heil der Welt am Kreuz dahingeben und so für die Verlorenen die heilvolle Gemeinschaft mit Gott heraufführen.

Aus dem Dargelegten folgt, daß das im Blick auf Jesu Person ausgesagte μένειν des Geistes *auf* (ἐπί) ihm etwas fundamental anderes ist als das μένειν des Parakleten *bei* (παρά) den Seinen (14,17). Während nämlich dieses den Glaubenden durch Christus vermittelt zuteil wird und ihnen also gnadenweise zukommt, ist jenes dem Sohn Gottes in unmittelbarer Weise und also wesen- und ursprunghaft zu eigen. Der christologische Sinn der Rede vom „Bleiben" des Geistes kann demzufolge nicht darin liegen, Jesus als den messianischen Geistempfänger zu charakterisieren[326], dem Gott seinen Heiligen Geist im Un-

---

[326] Gegen THOLUCK, Johannes 94–96; BAUR, Neutestamentliche Theologie 365; KEIL, Johannes 132; GODET, Johannes II 88. 90–92; WEISS, Johannes 74. 76; DERS., Die vier Evangelien 462; SCHLATTER, Johannes 51; DERS., Erläuterungen I 22; BAUER, Johannes 38; BÜCHSEL, Johannes 40; STRATHMANN, Johannes 49; WIKENHAUSER, Johannes 66; HAENCHEN, Johannes 165; BURGE, Community 50. 59. 61f.

terschied zu den Propheten, die nur einer vorübergehenden Inspiration gewürdigt wurden, in unverlierbarer Weise verliehen habe[327]. Die Herausstellung des dauerhaften Geistbesitzes Jesu zielt vielmehr einzig und allein darauf ab, ihn als den göttlichen Geistträger zu qualifizieren, an welchen die Gabe des Geistes bleibend gebunden ist. Die Herabkunft des Geistes auf Jesus ist folglich in V. 32.33a „nur als Beweis, nicht als Ursache der Sohnschaft Jesu erwähnt"[328]; „zeigen soll ja das Zeichen – nicht welcher den Geist jetzt empfängt ... – sondern welcher ihn schon *hat*!"[329]

c) Jesus als der Geisttäufer und Gottessohn

Das messianisch-adoptianische Verständnis von V. 32.33a steht schließlich auch im Widerspruch zu den christologisch-soteriologischen Aussagen der Verse 33b.34, in denen wir die dritte und vierte Abweichung von der markinischen Tauferzählung wahrgenommen haben. Was zunächst den in V. 33 erkennbaren Konnex zwischen der Herabkunft des Geistes und seinem fortwährenden Bleiben einerseits und der Prädikation Jesu als des eschatologischen Geisttäufers andrerseits angeht, so ist zu betonen, daß auch hierdurch einzig jene Auslegung bestätigt und untermauert wird, die V. 32.33 im Lichte der hohen Christologie des Johannesevangeliums zu verstehen sucht. Die zweite christologische *Werk*aussage des Täufers: οὗτός ἐστιν ὁ βαπτίζων[330] ἐν πνεύματι ἁγίῳ (*V. 33b*) stellt nämlich wiederum die wesenhafte Zugehörigkeit Jesu zu Gott heraus. Denn die für die Heilszeit erwartete Ausgießung des Geistes ist nach alttestamentlicher wie nach frühjüdischer Vorstellung exklusiv das Werk Gottes[331]. Daß der Messias „*selbst* diesen Geist ausgießen und da-

---

[327] U.a. gegen WIKENHAUSER, Johannes 66; SCHNEIDER, Johannes 74; BURGE, Community 54.

[328] SCHWEIZER, Art. πνεῦμα 437,1f.

[329] BARTH, Johannes 174. Ebenso treffend bemerkt IBUKI, Wahrheit 240: „Das Herabsteigen des Geistes dürfte kaum besagen, daß dessen Bleiben auf Jesus erst vom Zeitpunkt seiner Taufe an gilt, denn die Taufe Jesu ist nicht die Voraussetzung für dessen Empfangen des Geistes, sondern Jesus ist vielmehr getauft worden, damit das, was er ist, sich dem Volke Israel gegenüber manifestiere (1,31)." Der christologische Sinn von V. 32.33a ist ferner auch von BECKER, Johannes I 116 gesehen worden: „E (= der Evangelist) benutzt das Motiv (sc. der Ausstattung mit dem Geist) nur noch als Erkenntnismittel: Der Präexistente hat es nicht nötig, noch gesondert mit Geist ausgestattet zu werden, wie er nach 1,51 auch im fortdauernden Kontakt mit der himmlischen Welt steht."

[330] Das atemporale Partizip Präsens ist von 7,39; 15,26; 16,7; 19,34.37; 20,22 her zu verstehen und hat demzufolge *futurischen* Sinn; es verweist auf die Zeit nach der Verherrlichung Jesu. Der Begriff βαπτίζειν ist metaphorisch gebraucht („taufen mit" = „überschütten mit"). Die Wendung ὁ βαπτίζων ἐν πνεύματι ἁγίῳ darf folglich nicht sakramental interpretiert und dahingehend gedeutet werden, als gebe der erhöhte Jesus Christus den Geist in der Taufe (gegen SCHNACKENBURG, Johannes I 304). Sie ist vielmehr als Oppositum zu dem *real* gemeinten βαπτίζειν ἐν ὕδατι des Täufers (V. 33) *Bild* für die Geistverleihung durch den Erhöhten bzw. für sein heilschaffendes Wirken im Parakleten.

[331] Vgl. Jes 44,3; Ez 36,25–27; Joel 3; 1QS 4,20–22.

durch zur ‚Quelle des Lebens' würde, ist vorchristlich nicht belegt. Das ver-
wundert auch nicht, denn ein solcher Zug ließe sich mit der Einzigkeit Gottes
nur schwer versöhnen"[332]. Indem der Täufer Jesus als den Geisttäufer bezeichnet, spricht er ihm also ein Gottesprädikat zu. Diese Aussage setzt dann aber
notwendig die Gottheit Jesu voraus. Infolgedessen ist auch von V. 33b her ausgeschlossen, daß die Verse 32.33a besagen, Jesus sei allererst durch die Herabkunft des Geistes mit dem Heiligen Geist begabt worden[333].

Für die vorgetragene Interpretation der Verse 32.33a spricht schließlich auch
die zweite christologische *Person*aussage des Täufers (*V. 34*), mit der der Abschnitt 1,29–34 endet. Denn auch mit ihr stellt Johannes das göttliche Sein und
Wesen Jesu heraus. Im Blick auf die in V. 34b vorliegende Prädikation Jesu ist
zwar textkritisch umstritten, ob ursprünglich ὁ υἱὸς τοῦ θεοῦ[334] oder ὁ
ἐκλεκτὸς τοῦ θεοῦ[335] zu lesen ist. Diese Frage dürfte aber mit hoher Wahrscheinlichkeit zugunsten des christologisch gefüllten „Sohn Gottes"-Titels zu
entscheiden sein. Denn: 1. Die Lesart ὁ υἱὸς τοῦ θεοῦ ist eindeutig besser bezeugt[336]. – 2. Der „Sohn Gottes"-Titel steht sachlich-inhaltlich in Kohärenz zur
johanneischen Wesenschristologie, weil mit ihm „a certain stress on the deity

---

[332] THEOBALD, Gott, Logos und Pneuma 66. Nur deshalb, weil SCHNACKENBURG, Johannes I 303f. diesen fundamentalen traditionsgeschichtlichen Sachverhalt übersieht, kann er
urteilen: „Dieser vom Heiligen Geist Bezeichnete und Erfüllte (vgl. 3,34; 7,37–39) ist der
Geisttäufer, d.h. der *erwartete* Messias" (Hervorhebung von mir).

[333] Angemerkt sei, daß bereits im *Markusevangelium* die christologische Hoheitsaussage
αὐτὸς δὲ βαπτίσει ὑμᾶς ἐν πνεύματι ἁγίῳ (1,8b) der Taufperikope (1,9–11) bewußt vorangestellt worden ist. Ihr christologischer Sinn ist der gleiche wie im Johannesevangelium.
Schon von daher ist die in der neutestamentlichen Wissenschaft häufig begegnende These,
der Verfasser des Markusevangeliums habe die Taufe Jesu *adoptianisch* verstanden (so u.a.
VIELHAUER, Erwägungen 205–207. 212. 213; WILCKENS, Das Neue Testament 129f.;
SCHMITHALS, Markus I 82. 84. 85), gänzlich unhaltbar. Es geht auch in Mk 1,9–11 nicht um
die *Adoption* Jesu *zum* Sohne Gottes, sondern um die *Proklamation* Jesu *als* ὁ υἱὸς ὁ
ἀγαπητός. Was die Gottesstimme über Jesus sagt, „*ist* er also, er *wird* es nicht erst in jenem
Augenblick" (PORSCH, Pneuma und Wort 26; Hervorhebungen von mir).

[334] So SCHLATTER, Johannes 52; HOSKYNS, John 177f.; STRATHMANN, Johannes 48;
BULTMANN, Johannes 64 Anm. 2; SCHICK, Johannes 29; BERNARD, John I 52; SCHRENK, Art.
ἐκλεκτός 194 Anm. 18; BLANK, Johannes I/a 138; HAENCHEN, Johannes 169; SCHULZ, Johannes 39; BEASLEY-MURRAY, John 21; THEOBALD, Fleischwerdung 282; NESTLE-ALAND,
Novum Testamentum Graece, Stuttgart [26]1979 [27]1993; The Greek New Testament, Stuttgart
[5]1993; METZGER, Textual Commentary 172.

[335] So ZAHN, Johannes 126f.; BÜCHSEL, Johannes 39; BROWN, John I 57; MORRIS, John
154 mit Anm. 82; IBUKI, Wahrheit 240; PORSCH, Pneuma und Wort 38; RICHTER, Tradition
und Redaktion 295; DERS., Tauferzählungen 324 mit Anm. 44; BARRETT, Johannes 203;
SCHNACKENBURG, Johannes I 305; GNILKA, Johannes 19; BURGE, Community 60f.;
JEREMIAS, Neutestamentliche Theologie I 60f.; BECKER, Johannes I 116f.; CARSON, John
152.

[336] U.a. bezeugen ὁ υἱὸς τοῦ θεοῦ die aus dem *dritten* Jahrhundert stammenden Papyri
𝔓[66] (ca. 200) und 𝔓[75]. Dieser Tatbestand relativiert das Urteil von JEREMIAS, Neutestamentliche Theologie I 60, daß „schon ihr Alter der Lesart οὗτός ἐστιν ὁ ἐκλεκτὸς τοῦ θεοῦ star-
kes Gewicht" gibt.

of Christ" gegeben ist[337]. – 3. Wahrscheinlich hat Johannes den „Sohn Gottes"-Titel sehr bewußt aus theologischen und kompositorischen Erwägungen in V. 34 loziert. Denn zum einen bringt er durch diesen Hoheitstitel zur Sprache, daß der Täufer durch das ihm von Gott gewährte Erkennungszeichen Jesus als den ewigen metaphysischen Gottessohn identifizieren konnte, der als solcher der göttliche Geistträger und Geistspender ist. Zum andern ist es offensichtlich die schriftstellerische Absicht des Evangelisten, in den ersten beiden Abschnitten des Corpus des Johannesevangeliums – in 1,19–34 und 1,35–51 – die christologische Spitzenaussage jeweils erst im Schlußvers zu formulieren. Weil aber einzig der „Sohn Gottes"-Titel in seinem semantischen Gehalt dem für die johanneische Christologie ebenfalls fundamentalen und erstmals in 1,51 begegnenden Menschensohn-Titel entspricht, verwendet Johannes in 1,34 das christologische Prädikat ὁ υἱὸς τοῦ θεοῦ. Auf diese Weise hat er die beiden gewichtigsten Hoheitstitel an exponierter Stelle innerhalb des ersten auf den Prolog folgenden Teiles 1,19–51 eingeführt: den „Sohn Gottes"-Titel als *Christus*zeugnis im Munde des Täufers, den Menschensohn-Titel als *Selbst*zeugnis Jesu. – 4. Ist die Lesart ὁ υἱὸς τοῦ θεοῦ ursprünglich, dann ergibt sich eine genaue Entsprechung zwischen dem ersten und dem zweiten christologischen Täuferzeugnis: Während das zweite Zeugnis des Täufers (3,31–36) in den Schlußsätzen 3,35.36 dreimal den absolut verwendeten Titel ὁ υἱός aufweist, endet sein erstes Christuszeugnis (1,29–34) in 1,34 mit der Prädikation Jesu als ὁ υἱὸς τοῦ θεοῦ. – 5. In 1,31b gibt der Täufer den Sinn seiner Sendung und seiner Wassertaufe mit den Worten an: ἵνα φανερωθῇ τῷ Ἰσραὴλ διὰ τοῦτο ἦλθον ἐγὼ ἐν ὕδατι βαπτίζων. Aus der in 1,35–51 geschilderten Jüngerberufung geht hervor, daß sich diese Aussage exemplarisch darin erfüllt, daß Nathanael Jesus als ὁ υἱὸς τοῦ θεοῦ erkennt und bekennt (V. 49). Mit dieser christologischen Prädikation stimmt Nathanael in das christologische Zeugnis des Täufers von 1,34 ein; darin erweist er sich als Ἰσραηλίτης ἐν ᾧ

---

[337] So MORRIS, John 153; er fährt treffend fort: „Each of the Evangelists in his own way brings out the deity of Christ at the beginning of his Gospel. Matthew and Luke do it with the birth stories, Mark with his reference to Jesus as ‚the Son of God‘ in his opening sentence. John has already done this in the Prologue, but with this reading he does it again. The climax of the Baptist's testimony is that ‚this is the Son of God‘ (...) Here the expression will have its fullest force. It will point to the closest personal relationship to the Father. It will be an assertion of the deity of the Messiah" (a.a.O. 153f.; allerdings hält Morris selbst die Lesart ὁ ἐκλεκτὸς τοῦ θεοῦ für ursprünglich). Den christologischen Gehalt, der dem Hoheitstitel ὁ υἱὸς τοῦ θεοῦ in V. 34 zukommt, hat bereits KEIL, Johannes 132 präzis erfaßt: „Daß ὁ υἱὸς τ. θεοῦ nicht einfache Bezeichnung des Messias im Sinne der damaligen jüdischen (und der neuprotestantischen) Theologie ist, sondern den Begriff der göttlichen Natur Christi in sich schließt, erhellt aus der in V. 30 u. 27 ausgesprochenen tiefen Unterordnung des Täufers unter Jesum." Verfehlt ist dagegen die Interpretation des Begriffs durch WEISS, Johannes 75: „ὁ υἱὸς τοῦ θεοῦ kann dem Zusammenhange nach nur den mit dem Geiste Taufenden, also den Messias, und zwar nicht nach seinem metaphysischen Wesen, sondern nur als den zur Herbeiführung der Messianischen Vollendung erwählten Liebling Gottes ... bezeichnen."

δόλος οὐκ ἔστιν (1,47). – 6. Die schlechter bezeugte Lesart ὁ ἐκλεκτὸς τοῦ θεοῦ ist mit der johanneischen Theologie inhaltlich nur schwer zu vereinbaren und auch deshalb als sekundär zu beurteilen. – 7. Sie ist dagegen gut als das „Ergebnis einer schriftgelehrten Kombination von Jes 42,1LXX ... mit Joh 1,32f." erklärbar[338]. Denn Jes 42,1 steht traditionsgeschichtlich hinter der bei der Taufe Jesu ergehenden Gottesstimme: σὺ εἶ ὁ υἱός μου ὁ ἀγαπητός, ἐν σοὶ εὐδόκησα (Mk 1,11; Lk 3,22)[339]. Womöglich verdankt sich die Ersetzung von ὁ υἱὸς τοῦ θεοῦ durch ὁ ἐκλεκτὸς τοῦ θεοῦ in V. 34 bereits einer Interpretation von V. 32.33, die hier *die Erwählung und Geistbegabung des als messianischen Gottesknecht begriffenen Jesus* ausgesagt findet; ein solches Verständnis könnte dann nur sachkritisch als ein fundamentales Mißverständnis des johanneischen Textes beurteilt werden[340]. Umgekehrt beweist die Ursprünglichkeit des „Sohn Gottes"-Titels, da er den Gedanken einer ewigen Gemeinschaft zwischen Gott und Jesus Christus notwendig voraussetzt, aufs neue, daß in V. 32.33a keinesfalls von einem Geistempfang Jesu die Rede sein kann. Der, der im Anfang bei Gott war, bedarf als der menschgewordene μονογενὴς υἱός keiner besonderen Ausrüstung mit dem πνεῦμα ἅγιον.

d) Ergebnis

Als *Ergebnis* unserer Überlegungen zu dem Abschnitt 1,32–34 bleibt festzuhalten, daß er sich sehr genau in die johanneische Relationsbestimmung von Christologie und Pneumatologie einfügt[341]. Denn die Verse 32f. besagen kei-

---

[338] THEOBALD, Fleischwerdung 282; ebenso urteilt HAENCHEN, Johannes 169. Vgl. Lk 9,35 (ὁ υἱός μου ὁ ἐκλελεγμένος) mit Mk 9,7 / Mt 17,5 (ὁ υἱός μου ὁ ἀγαπητός); s. auch Lk 23,35 (ὁ χριστὸς τοῦ θεοῦ ὁ ἐκλεκτός).

[339] Vgl. LÜHRMANN, Markus 37f.; auch JEREMIAS, Neutestamentliche Theologie I 60f.

[340] *Sollte* die Lesart ὁ ἐκλεκτός hingegen *ursprünglich* sein, was sich nicht definitiv ausschließen läßt, so wäre sie (genauso wie die übrigen Hoheitstitel des vierten Evangeliums) im Lichte der Grunddaten der johanneischen Christologie – des Präexistenzgedankens einerseits und der θεός-Prädikation andrerseits, die ja beide programmatisch in 1,1f.15.18.30 anklingen – zu interpretieren, so daß auch dann kein adoptianisch-messianischer Sinn vorläge. Die Prädikation Jesu als ὁ ἐκλεκτὸς τοῦ θεοῦ hätte dann ihre engste Parallele in dem Hoheitstitel ὁ ἅγιος τοῦ θεοῦ (6,69; vgl. 10,36; 17,19; 1Joh 2,20), der – im Kontext des Johannesevangeliums gelesen – ebenfalls die *wesenhafte Zusammengehörigkeit* von Vater und Sohn zur Sprache bringt.

[341] Wenn BULTMANN, Johannes 63f. Anm. 8 dagegen urteilt: „Über das Verhältnis des Geistes, den Jesus in der Taufe empfängt, zu seinem Logoscharakter hat der Evangelist offenbar nicht reflektiert", so *unterschätzt* er dessen theologisches Reflexionsvermögen gewaltig. – Von unserer Exegese her ist solchen Interpretationen zu widersprechen, die eine sachlich-theologische Spannung zwischen 1,29–34 und anderen christologischen Aussagen des vierten Evangeliums behaupten: BAUR, Neutestamentliche Theologie 366 kleidet diesen vermeintlichen theologischen „Widerspruch" innerhalb der johanneischen Christologie in die Frage: „Wozu ... bedurfte er noch bei seiner Taufe einer besonderen Ausrüstung mit dem πνεῦμα ἅγιον, wenn er doch von Anfang an der fleischgewordene Logos war?" – HOLTZMANN, Neutestamentliche Theologie II 509f. konstatiert eine „Antinomie", die zwischen der *Logoschristologie* und einer *adoptianischen Tauftradition* bestehen soll, die Jo-

neswegs, daß Jesus den Geist allererst im Geschehen der Taufe zu bleibendem Besitz empfangen habe und dadurch zum Geistträger und Geisttäufer eingesetzt worden sei[342]. Das heißt: Sie sprechen *nicht* von der *Adoption Jesu zum messianischen Sohn Gottes.* Ihre Intention liegt vielmehr einzig darin, herauszustellen, daß der Täufer Jesus deshalb öffentlich als das „Lamm Gottes" (V. 29.36), als den Präexistenten (V. 15.30) und als den ewigen „Sohn Gottes" (V. 34) bezeugen kann, weil Gott ihn durch ein Zeichen hat erkennen lassen, *wer* der *göttliche* Geistträger und Geistspender ist. Die Verse 1,32f. haben damit eine gewisse Sachparallele in der Aussage von 1,51. So wie nach 1,51 das Herab- und Hinaufsteigen der Engel anzeigt, daß der „Menschensohn" Jesus Christus der Ort der heilvollen Gegenwart Gottes ist, so weist das Herabsteigen und Bleiben des Geistes in 1,32f. darauf hin, daß Jesus als der „Sohn Gottes" der göttliche Geistträger ist, der als solcher – wie der Vater selbst – mit dem Heiligen Geist zu taufen vermag. In beiden Fällen wird *ein ewig gültiger Sachverhalt* kundgemacht, nicht aber durch ein punktuelles Ereignis ein bestimmtes Sein Jesu allererst konstituiert[343].

---

hannes aufgrund einer „Konzession an die volksmäßige Vorstellung" als „eine synopt. Reminiszenz" übernommen habe. Es gebe demzufolge einen „Hiatus … zwischen den beiden heterogenen Elementen der johann. Gedankenwelt" (ähnlich urteilt HAENCHEN, Johannes 168). – BAUER, Johannes 38f. ist der Meinung, V. 32f. rede davon, daß Jesus in seiner Taufe „die Fähigkeit verliehen" werde, „mit hl. Geist zu taufen". Weil so durch die Perikope 1,29–34 „ein Zwiespalt" innerhalb der johanneischen Christologie entstehe, paßten diese Verse „schlecht zu der Lehre vom fleischgewordenen Logos, der doch nicht erst mit dem Geiste ausgestattet zu werden braucht". – THEOBALD, Gott, Logos, Pneuma 68 spricht von einer „Aporie" des Textes, die darin liegen soll, daß nicht entscheidbar sei, ob „jene Herabkunft der Geist-Taube nur äußeres Zeichen" ist, „um denjenigen erkennen zu können, der *immer schon* vom Geist erfüllt ist", oder ob „es sich um ein wirkliches Geschehen" handelt, „in dem *Neues* sich ereignet: die Erwählung Jesu zum Offenbarer Gottes".

[342] Gegen THEOBALD, Gott, Logos, Pneuma 66: „Der Gedanke, daß *Jesus Geisttäufer* ist, *weil er von Gott den Geist zu bleibendem Besitz empfangen hat*, ist die ‚immanente Logik‘ des Satzes." Ebenso unzutreffend formuliert LICHTENBERGER, Täufergemeinden 52: „Jesus tauft in Heiligem Geist, weil der Geist in seiner Taufe auf ihn gekommen und geblieben ist."

[343] Nur anmerkungsweise sei hier auf die von THEOBALD, Fleischwerdung 272–282. 400–411. 439–456; DERS., Geist- und Inkarnationschristologie 137–145 vertretene Interpretation von 1,29–34 eingegangen: Nach seinem Urteil sind ausschließlich die Verse 29a.b.30a–d.33 dem *Evangelisten* zuzuschreiben, während die Verse 29c.d.30e.31.32.34 auf das Konto der *Redaktion* gehen. In dieser Textgeschichte spiegele sich eine christologische Auseinandersetzung, die innerhalb der johanneischen Gemeinde geführt wurde und die folgendermaßen verlaufen ist: Der literarkritisch rekonstruierte und dem *Evangelisten* zugeschriebene Text ist für „eine Interpretation im Sinne der dualistischen Taufchristologie offen" gewesen, ja, „die Rede vom Herabkommen des Geistes auf Jesus mußte … zu solch einer Interpretation förmlich einladen" (Fleischwerdung 455f.). In genau diesem dualistischen Sinne ist die Täuferszene dann auch von den *Vertretern der sog. „Geistchristologie"* innerhalb der johanneischen Gemeinde gedeutet worden: „Durch die Herabkunft des Geistes wurde Jesus erst von oben her zu seiner Geist und Leben spendenden Wirksamkeit ausgerüstet" (Geist- und Inkarnationschristologie 141). Deshalb hat die *Redaktion* „Sicherungen … in die Endfassung des Textes eingebaut" (Fleischwerdung 456), die „als Polemik gegen eine dualistische Taufchristologie" (Fleischwerdung 281) zu lesen sind. Die Redaktion stell-

3. „*Er gibt den Geist in unerschöpflicher Fülle*" Joh 3,34b

Für das Urteil, Johannes habe Jesus Christus als den messianischen Geistträger katexochen dargestellt, wird in der Literatur neben 1,32–34 auch der Halbvers 3,34b angeführt: οὐ γὰρ ἐκ μέτρου[344] δίδωσιν τὸ πνεῦμα. Dabei wird diesem Satz die Aussage entnommen, daß Gott dem Messias Jesus den Geist in unerschöpflicher Fülle gegeben habe. Es ist aber zu fragen, ob diese Interpretation zutreffend ist. Das Verständnis der zitierten Worte entscheidet sich daran, wie das grammatische Subjekt zu δίδωσιν zu bestimmen und wer als Empfänger des Geistes gemeint ist. Zwei Möglichkeiten sind hier zu erwägen[345]: Wenn ὁ θεός das grammatikalische Subjekt ist, ist das zu ergänzende Dativobjekt der von Gott gesandte *Jesus Christus* (V. 34a). Entsprechend wäre zu übersetzen: „*Gott* gibt dem von ihm *Gesandten* den Geist in unerschöpflicher Fülle."[346] Setzt man dagegen *Jesus Christus* als das Subjekt des Satzes

---

te dabei heraus: „Was am Jordan geschah, war nicht Jesu Erhebung zum ‚Sohne Gottes‘, sondern seine ‚Offenbarung‘ vor ‚Israel‘ (V. 31) als ‚Sohn Gottes‘ von Ewigkeit her (V. 34)" (Geist- und Inkarnationschristologie 142). – Die skizzierte *literarkritische* Hypothese und das mit ihr verbundene *theologiegeschichtliche* Urteil können hier nicht im einzelnen diskutiert und gewürdigt werden. Ich muß mich mit der Bemerkung begnügen, daß ich beidem nicht zu folgen vermag. Wichtig aber ist, daß auch Theobald zu dem mit meinen Überlegungen konvergierenden Ergebnis gelangt, daß auf der Ebene der *kanonischen Endgestalt* des Textes gerade *kein* Widerspruch zwischen der Inkarnationsaussage von 1,14 und der Herabkunft des Geistes 1,32f. besteht (Fleischwerdung 278): Es widerfuhr Jesus nämlich „am Jordan nichts Neues; er trat nur aus der Verborgenheit seiner menschlichen Existenz hervor, die bislang nicht verriet, daß er der inkarnierte Logos ist" (Fleischwerdung 278). „Durch die Gesamtkonzeption der Szene … sowie durch die Deutung der Vision durch den Gottesspruch, nach der sie nur als Zeichen diente, das es dem Täufer erlauben sollte, *Jesus* als den ‚Geisttäufer‘ zu identifizieren", ist der Gedanke „zurückgedrängt", „daß Jesus durch die Herabkunft des Geistes allererst zum Messias und Heilbringer *wird*" (Fleischwerdung 279); „Jesus *wird* in seiner Taufe nicht erst zum Messias und Heilbringer, sondern *ist* es schon von Anbeginn; der Täufer hatte nur die Aufgabe, das Geheimnis seiner Person durch sein Zeugnis zu entbergen" (Fleischwerdung 281; s. ferner Geist- und Inkarnationschristologie 132).

[344] Die Wendung οὐ … ἐκ μέτρου ist eine Litotes (siehe BDR § 495,2 mit Anm. 9), die mit „ohne Maß", „in unerschöpflicher Fülle" wiederzugeben ist.

[345] *Abwegig* ist die von ZAHN, Johannes 228f. vertretene These, τὸ πνεῦμα sei das grammatische *Subjekt* des Satzes V. 34b (229) und das zu ergänzende *Dativobjekt* seien „alle von Gott Gesandten und für ihren Beruf mit Geist Ausgestatteten" bzw. „die Propheten mit Einschluß des Täufers" (228), auf welche Zahn den gesamten V. 34 beziehen will. – Auf einer viel zu schmalen textkritischen Basis ruht die von BULTMANN, Johannes 119 Anm. 1 gefällte Entscheidung, das in B* pc (sy^c) fehlende τὸ πνεῦμα als „eine völlig unjoh. Ergänzung" zu streichen (zuvor schon von HEITMÜLLER, Johannes 73 erwogen). Bultmann findet demgemäß in V. 34b den Gedanken ausgesagt, „daß die Offenbarung, die Jesus bringt, vollständig, suffizient ist und nicht der Ergänzung bedarf" bzw. „daß Jesus als Ganzer Offenbarer ist", weil der Vater dem Sohn „nicht abgemessen, sondern in ganzer Fülle … gibt" (Johannes 119). – Gänzlich unwahrscheinlich ist die von THÜSING, Erhöhung und Verherrlichung 155 Anm. 52 aufgestellte These, es würde „selbst dann, wenn der Vater das Subjekt von 3,34b sein sollte, noch besser sein, als zu ergänzendes Dativobjekt die Glaubenden zu nehmen".

[346] So bereits die ὁ θεός ergänzenden Handschriften A C² D Θ Ψ u.a. Aus der *exegetischen* Literatur sind u.a. zu nennen: THOLUCK, Johannes 95. 137; BAUR, Neutestament-

voraus, kann das aus dem Kontext zu erschließende Dativobjekt nur in denjenigen, die seine μαρτυρία annehmen (V. 33), und also in den *Glaubenden* gesehen werden. Der Halbvers wäre dann frei so wiederzugeben: „Der von Gott
Gesandte gibt *denen, die sein Zeugnis annehmen,* den Geist in unerschöpflicher Fülle."[347] Die These, Jesus sei in 3,34b als der einzigartige messianische
Geistträger begriffen, der im Unterschied zu den Propheten des Alten Testaments den Gottesgeist in *unerschöpflicher* Fülle empfangen habe, läßt sich
folglich nur dann halten, wenn *Gott* das Subjekt und *Jesus Christus* das Dativobjekt von V. 34b sind. Sollte dagegen der Nachweis gelingen, daß die alternative Wiedergabemöglichkeit weitaus höhere Wahrscheinlichkeit für sich bean-
spruchen kann, so wäre damit gezeigt, daß die genannte christologische These
schwerlich solide begründet ist. Läßt sich aber überhaupt eine exegetisch fun-
dierte Entscheidung treffen? Durchaus! Denn dafür, daß *Jesus* das Subjekt und
die Glaubenden das Dativobjekt von V. 34b sind, sprechen neben zahlreichen
sprachlich-philologischen Gründen auch gewichtige *sachlich-inhaltliche* Argumente.

a) Sprachlich-philologische Erwägungen

Zunächst seien die sprachlich-philologischen Argumente entfaltet, die für
diese Sicht ins Feld geführt werden können: 1. Die allumfassende Gabe des
Vaters an den präexistenten Sohn wird in V. 35b (καὶ πάντα δέδωκεν ἐν τῇ

liche Theologie 365f.; Keil, Johannes 183f.; Holtzmann, Neutestamentliche Theologie II
510; ders., Johannes 74; Weiss, Johannes 132f.; Godet, Johannes II 177; Bauer, Johannes
64f.; Schlatter, Johannes 110; ders., Erläuterungen I 60; Tillmann, Johannes 103f.;
Büchsel, Johannes 59; Barth, Johannes 233; Hoskyns, John 230; Schick, Johannes 47;
Strathmann, Johannes 81; Bernard, John I 125; Bultmann, Johannes 119 mit Anm. 1;
Bornkamm, Jo 3,31–36, 31 mit Anm. 11; Schnackenburg, Die ‚situationsgelösten' Rede-
stücke 94; ders., Johannes I 399f.; Blank, Krisis 72. 326; ders., Johannes I/a 244;
Lindars, John 170f.; Bühner, Der Gesandte 253; ferner 260. 403. 414 Anm. 25; Haen-
chen, Johannes 233; Gnilka, Johannes 32; Barrett, Johannes 245; Beasley-Murray,
John 53f.; Burge, Community 55. 83f.; Schneider, Johannes 107; Lohse, Johannes 3,31–
36, 50f. mit Anm. 7; Carson, John 213; Becker, Johannes I 186; Theobald, Gott, Logos,
Pneuma 66f. Von *systematisch-theologischer* Seite sei hingewiesen auf Berkhof, Theologie des Heiligen Geistes 19; Moltmann, Der Weg Jesu Christi 110; ders., Der Geist des
Lebens 74; Kraus, Heiliger Geist 34; ders., Perspektiven 155. 160; ders., Aspekte 174.
175.
[347] So schon *Origenes*, Johanneskommentar. Bruchstücke aus Catenen, Nr. 48: GCS 10,
1903, 523 (ὁ δέ γε σωτὴρ ἀποσταλεὶς ἐπὶ τῷ τὰ ῥήματα τοῦ θεοῦ λαλεῖν οὐκ ἐκ μέρους
δίδωσι τὸ πνεῦμα. οὐ γὰρ λαβὼν αὐτὸς ἑτέροις παρέχει, ἀλλ᾽ ἀποσταλεὶς ἄνωθεν καὶ
ἐπάνω πάντων ὑπάρχων δίδωσιν αὐτό, τυγχάνων αὐτοῦ πηγή); *Kyrill von Alexandrien,*
Commentarius in Ioannis Evangelium, PG 73, 1864, 289A–C. Ferner sind zu nennen: Lagrange, Saint Jean 98f.; Thüsing, Erhöhung und Verherrlichung 154f.; Beutler, Martyria
314. 315; Porsch, Pneuma und Wort 103f. 200f.; Klaiber, Zeuge 228 mit Anm. 65;
Hübner, Biblische Theologie I 189. Für *sehr wahrscheinlich* hält dieses Verständnis Hahn,
Johannes 3,31–36, 52.

χειρὶ αὐτοῦ) eigens genannt[348]. Das Tempus ist dort aber im Unterschied zu
dem in V. 34b stehenden Präsens δίδωσιν das Perfekt δέδωκεν. Diese Differenzierung in der Verwendung der Tempora entspricht dem johanneischen
Sprachgebrauch. Denn 17mal wird im Johannesevangelium *die Gabe des Vaters an den Sohn* durch das Perfekt[349], 7mal durch den Aorist[350] und nur ein
einziges Mal durch das Präsens[351] von διδόναι ausgedrückt[352]; demgegenüber
bringt das Präsens von διδόναι in 6,33; 10,28; 14,27(bis) jeweils *die heilvolle
Gabe des Sohnes an die Seinen* zur Sprache[353]. – 2. Alle Verben im Kontext von
V. 34b, die sich *eindeutig* auf das Wesen und Wirken des *menschgewordenen
Sohnes* beziehen, stehen im Präsens (V. 31a.c: ἐστίν; V. 32a: μαρτυρεῖ; V. 34a:
λαλεῖ)[354], während die beiden Verben, die *eindeutig Gott* zum Subjekt haben
und *die Relation des Vaters zum Sohn* beschreiben, im Aorist (V. 34a:
ἀπέστειλεν) bzw. im Perfekt (V. 35b: δέδωκεν) verwendet werden. Zu dieser
Beobachtung steht das Präsens ἀγαπᾷ (V. 35a), dessen Subjekt ὁ πατήρ ist,
keineswegs im Widerspruch. Es hat nämlich wie in den Parallelstellen 5,20 und
10,17 *zeitlosen* Sinn, weil es sich auf die ewige Liebe des Vaters zum Sohn
bezieht, die sich zwar auch auf den inkarnierten, zunächst und zuerst aber auf
den präexistenten Sohn richtet (vgl. 15,9; 17,23.24.26). Diese Liebe des Vaters
zum Sohn ist in besonderer Weise das Kennzeichen ihres „ewige(n),
metaphysische(n) Verhältnis(ses)"[355]: „Liebe bezeichnet hier nicht die Einheit
im Willen vermöge einer affektvollen Beziehung, sondern die Einheit des Wesens vermöge göttlicher Qualität."[356] Darin korrespondiert die Formulierung ὁ
πατὴρ ἀγαπᾷ τὸν υἱόν sachlich dem christologischen Sinn der Einheits- und
Immanenzformeln[357]. Sie benennt nämlich ebenso wie diese die ewige Person-
gemeinschaft und Wesenseinheit, die zwischen dem Vater und dem Sohn besteht und die ihrerseits der sachliche Grund für die Liebe des Vaters zur gottlosen Menschenwelt ist, welche sich *in der Zeit* in der Inkarnation und in dem
Kreuzestod Jesu Christi zeigt: „Aus der Liebe, mit der der Vater den Sohn liebte

---

[348] Die Präexistenz Jesu ist in den christologischen Aussagen 3,31a.c.32a.34a.35 impliziert.
[349] 3,35; 5,22.36; 6,39; 10,29; 12,49; 17,2.4.7.9.11.12.22.24(bis); 18,9.11.
[350] 5,26.27; 13,3; 17,2.6(bis).8.
[351] 6,37.
[352] Zu vergleichen sind ferner die ebenfalls im *Vergangenheitstempus* stehenden *theologisch-christologischen Relationsaussagen* 6,27: τοῦτον γὰρ ὁ πατὴρ ἐσφράγισεν ὁ θεός;
10,36: ὃν ὁ πατὴρ ἡγίασεν; 12,50: καθὼς εἴρηκέν μοι ὁ πατήρ; 14,31: καθὼς ἐνετείλατό
μοι ὁ πατήρ; 15,9: καθὼς ἠγάπησέν με ὁ πατήρ.
[353] Zu vergleichen sind auch die *futurischen* Formulierungen mit dem Verbum διδόναι
4,14(bis); 6,27.51; 17,2, die ebenfalls das Handeln des *Sohnes zugunsten der Erwählten*
benennen.
[354] Die Vergangenheitstempora ἑώρακεν καὶ ἤκουσεν (V. 32aα) beziehen sich dagegen
auf Jesu vorweltliches präexistentes Dasein.
[355] HOLTZMANN, Johannes 91 (zu 5,20); vgl. IBUKI, Wahrheit 152.
[356] DIBELIUS, Joh 15,13, 209.
[357] 10,30.38; 14,10.11.20; 17,11.21.22.23.

und liebt von *Ewigkeit* her, geht hervor das *Ereignis* seiner Liebe zur Welt."[358] Von dieser Liebe zur Welt spricht der Evangelist in 3,16 – bezeichnenderweise in dem den punktuellen Zeitaspekt ausdrückenden Aorist ἠγάπησεν. Das Präsens ἀγαπᾷ ist deshalb in 3,35a als *Praesens aeternum* zu bestimmen. – 3. Das Subjekt des Hauptsatzes V. 34a[359] ist der von Gott gesandte Jesus Christus, der auch Subjekt der Verse 31a.c und 32a war. Weil das aber so ist *und* außerdem in V. 35a erstmals ὁ πατήρ als Subjekt erscheint, spricht die sprachlich-syntaktische Gestalt von V. 34 für *Jesus* als Subjekt von δίδωσιν. Das gilt auch angesichts des Tatbestandes, daß der in V. 34a enthaltene Relativsatz das Subjekt ὁ θεός aufweist. – 4. Wenn Johannes hätte aussagen wollen, daß das πνεῦμα *Jesus* in unerschöpflicher Fülle zuteil wird, dann hätte er wohl eher formuliert: οὐ γὰρ ἐκ μέτρου *λαμβάνει* τὸ πνεῦμα. Er fiele so nicht aus der Satzkonstruktion, weil Jesus bei dieser Formulierung das grammatische Subjekt bleibt; außerdem entspricht es seinem Sprachgebrauch, den Empfang des Geistes mit dem Verbum λαμβάνειν zu bezeichnen[360].

b) Sachlich-inhaltliche Erwägungen

In einem zweiten Schritt bleibt nun aufzuzeigen, daß auch die theologische Gedankenführung des Abschnittes 3,31–36 das philologisch gebotene Verständnis von 3,34b fordert und ganz entschieden gegen die These spricht, hier werde ausgesagt, daß Jesus als dem messianischen Geistträger der Geist in einzigartiger Fülle von Gott verliehen sei.

Bereits mit den fast gleichlautenden christologischen Eingangsaussagen *V. 31a* bzw. *V. 31c*[361] ist darüber entschieden, daß der johanneische Christus himmlischen Ursprungs und damit „göttlichen Wesens" ist[362]. Er ist ja der eine und einzige[363], der allen Menschen, die in ihrem Sein und Reden durch ihr ἐκ τῆς γῆς εἶναι qualifiziert sind (V. 31b; vgl. 3,6a; 8,23a.c), als der präexistente Sohn gegenübersteht, weil er „von oben her" bzw. „aus dem Himmel" gekom-

---

[358] BARTH, Johannes 233.

[359] Das Relativpronomen ὅν steht für οὗτος, ὅν (s. dazu BDR § 293,3.d mit Anm. 13).

[360] Vgl. 7,39; 14,17; 20,22.

[361] M.E. ist die längere Lesart in V. 31c ursprünglich; „denn die Wiederholung, die hier zur inclusio wird, entspricht joh. Stil" (SCHNACKENBURG, Johannes I 397 Anm. 1; vgl. BAUER, Johannes 64; BARRETT, Johannes 244).

[362] BULTMANN, Johannes 117. Zu dem für die johanneische Theologie konstitutiven Gedanken, daß *der Ursprung bzw. die Herkunft* über *das Sein und Wesen* entscheidet, vgl. 3,6; 8,23.44.47; 15,19a; 17,14.16; 18,37; s. ferner 1Joh 4,5.

[363] Das ist der Sinn des *individuellen bzw. speziellen* Singulars, der hier unmittelbar antithetisch zu dem in V. 31b begegnenden *kollektiven bzw. generischen* Singular gebraucht ist (vgl. zu diesem sprachlichen Phänomen 7,18; dort findet sich die umgekehrte Reihenfolge). V. 31b bezieht sich also *nicht* speziell auf den *Täufer* (gegen BAUER, Johannes 64; BARTH, Johannes 130f.; STRATHMANN, Johannes 81; BARRETT, Johannes 243. 244; BURGE, Community 83; richtig dagegen BULTMANN, Johannes 117 Anm. 5; BLANK, Johannes I/a 241; SCHULZ, Johannes 66; SCHNEIDER, Johannes 106).

men ist[364] und folglich seinem Wesen und Ursprung nach auf die Seite Gottes gehört (vgl. 3,6b; 8,23b.d). Deshalb wird ihm anschließend zweimal in V. 31aβ und V. 31cβ das Gottesprädikat zugesprochen, daß er als der Sohn ἐπάνω πάντων sei. Dieses Prädikat impliziert notwendig den Gedanken seiner wahren Gottheit[365].

V. *32a* benennt die Konsequenz, die sich aus den beiden christologischen Wesensaussagen von V. 31a und V. 31c hinsichtlich des *Redens* Jesu ergibt[366]. Jesus bezeugt als der μονογενὴς θεός (1,18) das, was er als Präexistenter bei seinem Vater gesehen und gehört hat[367], d.h. er erschließt seinen Vater, indem er sich selbst offenbart. Denn die sich durch die μαρτυρία Jesu ereignende Gottesoffenbarung ist stricto sensu *Selbst*offenbarung und seine Selbstoffenbarung eo ipso *Gottes*offenbarung. Den für den johanneischen Offenbarungsgedanken fundamentalen Sachverhalt, daß Jesus nicht *etwas*, sondern *sich selbst* und damit zugleich *seinen Vater* offenbart, bringt Johannes sprachlich dadurch zum Ausdruck, daß er nirgendwo sagt, *was* der Präexistente gesehen bzw. gehört hat[368].

---

[364] Vgl. 3,13: καὶ οὐδεὶς ἀναβέβηκεν εἰς τὸν οὐρανὸν εἰ μὴ ὁ ἐκ τοῦ οὐρανοῦ καταβάς, ὁ υἱὸς τοῦ ἀνθρώπου; s. ferner 6,33.38.41f.50.51.58.

[365] Daß die Wendung ἐπάνω πάντων ἐστίν ein Gottesprädikat ist, zeigt zum einen die Formulierung des jüdisch-hellenistischen Religionsphilosophen *Aristobulos*: ἐπὶ πάντων ὁ θεός, καὶ πάνθ' ὑποτέτακται καὶ στάσιν εἴληφεν (bei Euseb, Praep. Ev. VIII 10,10), die N. WALTER, Fragmente jüdisch-hellenistischer Exegeten: Aristobulos, Demetrios, Aristeas, JSHRZ III/2, 1980, 257–296: 272 mit den Worten übersetzt: „Über allem (steht) Gott, und alles ist (ihm) untergeordnet und hat (von ihm her) Bestand bekommen" (vgl. ebd. 10,12: πάντων ὑποκειμένων τῷ θεῷ). Zum andern ist die neutestamentliche Parallele Eph 4,6 (εἷς θεὸς καὶ πατὴρ πάντων, ὁ ἐπὶ πάντων ...) zu nennen, die sich ebenfalls auf *Gott* bezieht. In Röm 9,5 bezieht sich die entsprechende Prädikation (ὁ ὢν ἐπὶ πάντων θεός) dagegen sehr wahrscheinlich auf *Christus* (zur Begründung s. MICHEL, Römerbrief 297; SCHLIER, Römerbrief 288). Das sachlich entsprechende Gottesprädikat κύριος πάντων findet sich als *Gottes*bezeichnung in Esth 4,17ᶜ: κύριος εἶ πάντων, bei *Josephus*, Ant. XX 90: τῶν πάντων ... κύριος (vgl. ferner Hi 5,8: ὁ πάντων δεσπότης) und als *Christus*bezeichnung im Neuen Testament in Röm 10,12 und Apg 10,36 (dort πάντων κύριος). – Ist πάντων in Joh 3,31a.c als *Neutrum* zu bestimmen (so bei Aristobulos und in Röm 9,5, ferner bei Josephus und in Hi 5,8) oder als *Maskulinum* (so Eph 4,6, ferner wahrscheinlich in Esth 4,17ᶜ und sicher in Apg 10,36; Röm 10,12)? Diese Frage läßt sich m.E. nicht endgültig entscheiden (ebenso urteilt BULTMANN, Johannes 117 Anm. 4). Für das Neutrum spricht die christologische Schöpfungsaussage des Logos-Hymnus Joh 1,3, die den präexistenten Logos als den Schöpfer der ganzen Welt preist, für das Maskulinum läßt sich dagegen die sich auf die gesamte Menschenwelt beziehende Aussage 3,31b (ὁ ὢν ἐκ τῆς γῆς ἐκ τῆς γῆς ἐστιν καὶ ἐκ τῆς γῆς λαλεῖ) als Argument anführen.

[366] Die *christologische* Feststellung von V. 32a korrespondiert insofern der *anthropologischen* Aussage V. 31bβ.

[367] Vgl. 1,18; 3,11; 6,46; 8,26.38.40; 15,15.

[368] Dem entspricht der theologische Sinn der objektlosen Formulierung in der offenbarungstheologischen Basisaussage 1,18bβ (ἐκεῖνος ἐξηγήσατο) aufs genaueste.

Die ablehnende Reaktion ausnahmslos aller Menschen auf diese μαρτυρία des Sohnes wird anschließend in *V. 32b* angesprochen[369]. Dieses Nein ist darin begründet, daß die Menschenwelt *von sich und ihren Möglichkeiten her* gegenüber der Selbstoffenbarung Jesu total verschlossen ist, weil sie in ihrem Sein und Wesen durch die tödliche Macht der Sünde versklavt ist[370].

V. 33a redet demgegenüber von dem, was allein *von Gott her* möglich und wirklich ist, nämlich von dem Wunder des Zum-Glauben-Kommens, in dem sich die eschatologische Neugeburt vollzieht (3,3–5), und also von einem λαμβάνειν, das sich einzig und allein der in der vorgängigen *Erwählung* gründenden Selbsterschließung Christi im Geist verdankt (vgl. 3,5–8.34b)[371]. Das sachliche Verhältnis, das zwischen der negativen Aussage V. 32b und der positiven Aussage V. 33 besteht, entspricht präzise der Relation zwischen den negativen Aussagen 1,10.11 bzw. 3,19.20 einerseits und den positiven Aussagen 1,12.13 bzw. 3,21 andrerseits. Auch dort werden diejenigen, die den inkarnierten Logos im Glauben annehmen, nicht aus dem Grunde denen, die nicht an Jesus glauben, gegenübergestellt, „weil sie eine Ausnahme bildeten, sondern weil sie, derselben Regel unterworfen wie alle Anderen, der massa perditionis an sich durchaus angehörig, aus Gott gezeugt wurden"[372]. „Es *soll* also überraschend wirken, gerade wie 1,12 und 3,21, daß nun V. 33 doch von einem λαβὼν αὐτοῦ τὴν μαρτυρίαν die Rede ist. So einfach stehen eben die Dinge nicht Christus gegenüber, daß da etwa solche wären, die glauben, und Andere, die nicht glauben. Sondern immer wieder glauben Alle *nicht*, und dann ist es wie das Wasser, das aus dem vom Stabe des Mose berührten Felsen fließt: daß solche da sind, die glauben."[373]

Der Glaube, der die μαρτυρία Christi aufgrund göttlicher Prädestination annimmt, bestätigt[374] – so fährt *V. 33b* fort – durch sein wunderbares Dasein

---

[369] οὐδείς hat hier wie in 1,18; 3,2.13; 6,44.65; 9,4; 10,18.29; 14,6; 16,22 *absoluten* Sinn. Es ist also keineswegs „übertreibend" (so BAUER, Johannes 64) bzw. „hyperbolisch" (so ZAHN, Johannes 224) gemeint. – Die Konjunktion καί hat in V. 32b *adversative* Bedeutung (ebenso urteilen ZAHN, Johannes 224 Anm. 16 und SCHNACKENBURG, Johannes I 398); sprachlich zu vergleichen sind 1,10c.11b; 3,11b.19b; 5,43; 7,28.30; 8,20; 9,30; 10,25 (s. dazu BDR § 442,1.b; BAUER/ALAND, WbNT 797 s.v. καί I.2.g).

[370] Vgl. u.a. 1,10.11; 3,11.19f.; 6,44.65; 8,43f.47b; 12,39f.; 14,17. Von einer „,Offenheit' und Empfänglichkeit für das göttliche Sein" auf seiten des Menschen weiß Johannes *nichts* (gegen SCHNACKENBURG, Johannes I 396 Anm. 1).

[371] Der Glaube an Jesus ist also alles andere als „eine Selbstverständlichkeit" (so aber BÜCHSEL, Johannes 59).

[372] BARTH, Johannes 232; vgl. ferner KLAIBER, Zeuge 227; BECKER, Johannes I 185.

[373] BARTH, Johannes 232. Es wird hier also ebensowenig wie in 1,12 und 3,21 „eine Einschränkung" gemacht (so aber BAUER, Johannes 64; WIKENHAUSER, Johannes 101; SCHULZ, Johannes 67), und von „Ausnahmen" ist hier auch nicht die Rede (gegen BULTMANN, Johannes 118; WIKENHAUSER, Johannes 101; SCHNEIDER, Johannes 107; SCHULZ, Johannes 67; BARRETT, Johannes 245).

[374] ἐσφράγισεν ist proleptischer Aorist: „der bestätigt eben damit" (s. M. ZERWICK, Biblical Greek, SPIB 114, Rom 1963 [= ⁵1990], § 192).

objektiv, daß er es in Jesu μαρτυρία mit *Gottes* Wort und *seiner* Selbstoffenbarung zu tun hat[375]. „Es geschieht das Unbegreifliche, sagt V. 33: Da und da ist Einer, der sein Zeugnis annimmt, wo doch das Nicht-Annehmen dieses Zeugnisses die schlechthinnige Regel ist, und der ist dann in seiner wunderbaren Existenz als Glaubender Siegel und Bestätigung der Offenbarung Gottes."[376] Der Glaube ist also selbst der *Erkenntnisgrund* für Gottes Wahrhaftigkeit[377], präziser: der Erkenntnisgrund dafür, daß Gott sich selbst „wirklich und wahrhaftig" *in der Person und dem Werk Jesu Christi* geoffenbart hat und einzig und allein in ihm in heilvoller Weise gegenwärtig ist[378].

Die darauf folgende Formulierung (*V. 34a*) nimmt zunächst die christologischen Bestimmungen von V. 31a.c.32a auf, indem hier gesagt wird, daß der von Gott gesandte Jesus Christus τὰ ῥήματα τοῦ θεοῦ redet. Damit wird erneut herausgestellt, daß Jesu Offenbarungswort mit dem Worte Gottes im strengen Sinne identisch ist[379]. Zu beachten ist ja, daß es in V. 34a nicht etwa indeterminiert heißt, daß Jesus ῥήματα τοῦ θεοῦ verkündigt. Vielmehr steht hier der bestimmte Artikel (τὰ ῥήματα τοῦ θεοῦ); damit bringt Johannes die *Absolutheit* und *Unüberbietbarkeit* der Christusoffenbarung zur Sprache[380]. Während von den Propheten des Alten Testaments gesagt werden *könnte*, daß sie je und je ῥήματα τοῦ θεοῦ mitgeteilt haben, heißt es einzig und allein von

---

[375] Als *subjektive* Bestätigung versteht dagegen BULTMANN, Johannes 118 die Aussage von V. 33: „Nur im Glauben an das bezeugende Wort wird die bezeugte Sache gesehen und damit der Zeuge als legitim erkannt."

[376] BARTH, Johannes 232f. – Ins Gegenteil wird der Sinn von V. 33 verkehrt, wo man ihn in *synergistischem* Sinne interpretiert und behauptet: Hinter V. 33 „steht der Gedanke, daß Gott dem Menschen die Freiheit gewährt, durch seine Zustimmung der Wahrheit Gottes das Siegel aufzudrücken, genauer, Gott selber zu bestätigen, daß seine Offenbarung die Wahrheit ist und er sich selbst durch sie als treu und wahr erweist ... Es gibt wenige Stellen im Neuen Testament, an welchen der freie und personale Charakter des Glaubens als der menschlichen Antwort auf Gottes Wort so klar und eindrucksvoll ausgesprochen ist, wie hier" (BLANK, Krisis 68); Gott „wartet auf die freie Zustimmung des Menschen; er will vom Menschen ‚bestätigt' werden, indem der Mensch im Glauben von sich aus zu diesem Gott Ja sagt. Der Glaube an das Gotteszeugnis Jesu ist die freie Tat des Menschen, der durch seine positive Antwort gleichsam Siegel und Unterschrift unter die Treue und Wahrhaftigkeit Gottes setzt" (BLANK, Johannes I/a 243; in der Sache ebenso GODET, Johannes II 176).

[377] Zum Gedanken der Wahrhaftigkeit Gottes vgl. auch 8,26b.c: ὁ πέμψας με ἀληθής ἐστιν, κἀγὼ ἃ ἤκουσα παρ' αὐτοῦ ταῦτα λαλῶ εἰς τὸν κόσμον.

[378] Vgl. zu diesem Gedanken 5,32 und vor allem 1Joh 5,9b.10.

[379] S. dazu 8,26; 12,49; 14,10b.24b; 17,8; vgl. ferner 8,43b (ὅτι οὐ δύνασθε ἀκούειν τὸν λόγον τὸν ἐμόν) mit 8,47a (ὁ ὢν ἐκ τοῦ θεοῦ τὰ ῥήματα τοῦ θεοῦ ἀκούει). Zu betonen ist, daß der christologische Sinn der Aussage von 14,24b (καὶ ὁ λόγος ὃν ἀκούετε οὐκ ἔστιν ἐμὸς ἀλλὰ τοῦ πέμψαντός με πατρός) keineswegs darin liegt, *eine wesenhafte Subordination* des Sohnes unter den Vater zu behaupten, sondern ganz im Gegenteil darin besteht, zu unterstreichen, daß Jesu Wort selbst als das Wort des göttlichen Offenbarers *Gottes* Wort ist. Die Aussage setzt also gerade *die wesenhafte Einheit* von Vater und Sohn voraus.

[380] Sachlich ganz entsprechend begegnet in 8,32.40.45 in ebenso absolutem Sinn als Objektbezeichnung der Offenbarungsrede Jesu der determinierte Ausdruck τὴν ἀλήθειαν, der präzis das beinhaltet, ἃ ἐγὼ ἑώρακα παρὰ τῷ πατρί (8,38b).

Jesus Christus, dem μονογενὴς θεός (1,18), daß er τὰ ῥήματα τοῦ θεοῦ gesprochen und so den Vater geoffenbart habe[381]. Die christologische Feststellung V. 34a stellt also die einzigartige und wesenhafte Identität zwischen dem
Sendenden und dem Gesandten bzw. zwischen dem Vater und dem Sohn heraus[382]. Allein deshalb kann den Worten Jesu mit Grund die – in alttestamentlich-frühjüdischer Tradition ausschließlich in Hinsicht auf das Wort des lebendigen Gottes selbst denkbare – soteriologische Qualität zugeschrieben werden,
πνεῦμα καὶ ζωή (6,63) bzw. ῥήματα ζωῆς αἰωνίου (6,68) zu sein, die denjenigen, der sie im Glauben vernimmt, „rein" machen (15,3) und damit wirk-
mächtig aus der versklavenden Macht der Sünde und des Todes befreien und
ins Leben rufen (5,24f.). Allein in der wesenhaften Einheit von Vater und Sohn
ist es auch begründet, daß Jesu Worte den Glaubenden an der Gabe des Geistes
in unerschöpflicher Fülle Anteil zu geben vermögen (3,34b), so daß diejenigen, die sein Wort im Glauben bewahren, den Tod ewig nicht sehen werden
(8,51). Der argumentative Sinn von V. 34a besteht von daher darin, die Aussage
von V. 33 durch die Angabe des *Realgrundes* zu fundieren[383]. Denn nur deshalb, weil die Verkündigung des von Gott aus der himmlischen Sphäre in die
Welt gesandten Jesus Christus im strengen Sinne mit dem Worte Gottes identisch ist (V. 34a), erweist derjenige, der sein Zeugnis annimmt, durch seine
wunderbare eschatologische Neuexistenz, daß Gott sich tatsächlich in der Person und dem Werk Jesu Christi erschlossen hat (V. 33).

Der anschließende *V. 34b* gibt nun nicht etwa den *Realgrund* für V. 34a an –
auf ihn kommt nämlich erst V. 35 zu sprechen. Seine Intention liegt folglich
auch nicht darin, auszusagen, daß Jesus *deshalb* Gottes Wort zu reden vermag,
weil er im Unterschied zu den Propheten des Alten Testaments mit dem Geist in
unerschöpflicher Fülle begabt und so „der vollkommen Geisterfüllte" ist[384].

---

[381] Es ist folglich gänzlich unzutreffend, wenn BLANK, Johannes I/a 244 interpretiert:
Jesus ist, „wie die alttestamentlichen Propheten, der ‚Sprecher Gottes'. Und er ist dies in
Kraft und Vollmacht seiner ‚messianischen Geistbegabung'".

[382] S. dazu 10,30.38; 12,44.45; 13,20; 14,9.10.20; 17,11.21–23.

[383] Die Konjunktion γάρ hat dementsprechend in V. 34a streng kausale Bedeutung.

[384] SCHNACKENBURG, Johannes I 399. – Ebenso unzutreffend BENGEL, Gnomon 338
(„Porro, quia Christus Spiritum sine mensura accepit, verba Dei perfectissime eloquitur");
SCHLATTER, Johannes 110f. („Er spricht Gottes Wort, weil er den Geist empfangen hat"
[110]); BAUER, Johannes 64f. (V. 34b will zeigen, was Jesus dazu „befähigt, allezeit Herold
der ῥήματα τοῦ θεοῦ zu sein"); BLANK, Johannes I/a 244 („Durch seine uneingeschränkte
Geistbegabung und Geistesfülle, also durch das ‚messianische Charisma' ist Jesu Vollmacht
als ‚Gesandter und Sprecher Gottes' mehr als legitimiert und abgesichert. Bei ihm bilden
‚juridische Bevollmächtigung' und charismatische Geistesfülle eine Einheit"); BARRETT,
Johannes 245 („Weil Gott [den Geist] Jesus gibt, und zwar nicht in geringem Maß, sondern
vollständig, spricht Jesus die Worte Gottes"); SCHNEIDER, Johannes 107 („In Vers 34b wird
der Grund dafür genannt, daß Jesus die Worte Gottes zu reden vermag. Als der Träger des
Geistes, den er bei der Taufe empfangen hat, ist er von Gott dazu auserwählt und autorisiert.
Und Gott gibt ihm stets den Geist in reichem Maße." Deshalb ist Jesus „das vollkommene
Werkzeug und Organ des sich in der Welt offenbarenden Gottes"). Ebenso unzutreffend sind

Hier ist der Geist überhaupt nicht „als Gabe Gottes an den Messias" verstanden[385], mit welcher er „zu seinem Berufe in einzigartiger Weise ausgerüstet ist"[386], damit er „als vollkommener Geistträger wieder zum ‚Geisttäufer' für die Menschen werde"[387]. Ebensowenig wird hier „die Offenbarungsqualität Jesu *charismatisch* (nicht: ‚metaphysisch') begründet"[388]. Vielmehr korrespondiert V. 34b inhaltlich der Aussage von V. 33. Wie V. 33 den *Erkenntnisgrund* für die christologische Aussage von V. 32a formuliert, so benennt V. 34b den *Erkenntnisgrund* für die christologische Bestimmung von V. 34a[389]. Die gedankliche Verbindung zwischen V. 34b und V. 34a ist nämlich so zu bestimmen: Daran, daß der von Gott gesandte Jesus Christus nach seiner Verherrlichung[390] den Erwählten durch das Medium seines Wortes den Geist in unerschöpflicher Fülle mitteilt, wird in *objektiver* Weise verifiziert, daß Jesus in der Tat τὰ ῥήματα τοῦ θεοῦ verkündigt, bzw. daran wird objektiv offenbar, daß Jesu Wort im strengen Sinn der Identität selbst *Gottes* Wort ist. Denn das Selbstzeugnis Jesu hat die schöpferische Kraft des Geistes bei sich, und es erweist sich darin als das Wort des eschatologischen Neuschöpfers[391]. Die christologisch-pneumatologische Bestimmung von V. 34b hat demzufolge ihre engsten innerjohanneischen Sachparallelen in den *soteriologischen* Aussagen von 6,63b (τὰ ῥήματα ἃ ἐγὼ λελάληκα ὑμῖν πνεῦμά ἐστιν καὶ ζωή ἐστιν[392]) und 1,16 (ὅτι ἐκ τοῦ πληρώματος αὐτοῦ ἡμεῖς πάντες ἐλάβομεν καὶ χάριν ἀντὶ χάριτος).

In *V. 35* benennt Johannes sodann den *Realgrund* für die beiden soteriologisch ausgerichteten christologischen Aussagen von V. 34, indem er auf deren ontologisches Fundament zu sprechen kommt: ὁ πατὴρ ἀγαπᾷ τὸν υἱὸν καὶ

---

die diesbezüglichen Ausführungen von KEIL, Johannes 183f.; HOLTZMANN, Johannes 74; WEISS, Johannes 133; GODET, Johannes II 177; SCHLATTER, Erläuterungen I 60; TILLMANN, Johannes 103f.; BÜCHSEL, Johannes 59; HOSKYNS, John 230f.; STRATHMANN, Johannes 81; SCHICK, Johannes 47; LINDARS, John 170f.; SCHNACKENBURG, Johannes I 399f.; GNILKA, Johannes 32; BURGE, Community 83f.; THEOBALD, Gott, Logos, Pneuma 66f.

[385]   So aber SCHNACKENBURG, Johannes I 400.

[386]   BAUER, Johannes 65.

[387]   SCHNACKENBURG, Johannes I 400.

[388]   So BLANK, Johannes I/a 244.

[389]   γάρ hat folglich auch in V. 34b streng kausalen Sinn.

[390]   Dieser zeitliche Bezug ergibt sich einerseits aus 7,39; 20,22 und andrerseits aus den Parakletsprüchen. Das Präsens δίδωσιν erklärt sich aus dem *grundsätzlichen* Charakter von V. 34b, der zur Sprache bringt, was *seit Ostern* Wirklichkeit ist.

[391]   So wie *Gott* als *Schöpfer* dem Adam den *Lebensgeist* einhauchte und ihn so zu einer *lebendigen Kreatur* werden ließ (Gen 2,7bLXX: καὶ ἐνεφύσησεν εἰς τὸ πρόσωπον αὐτοῦ πνοὴν ζωῆς, καὶ ἐγένετο ὁ ἄνθρωπος εἰς ψυχὴν ζῶσαν), so haucht *der auferstandene Christus* als der eschatologische *Neuschöpfer* die Seinen am Ostermorgen an, so daß sie den *Heiligen Geist* empfangen und auf diese Weise zu einer *neuen Kreatur* werden (Joh 20,22: καὶ τοῦτο εἰπὼν ἐνεφύσησεν καὶ λέγει αὐτοῖς· λάβετε πνεῦμα ἅγιον).

[392]   Vgl. ferner 6,68b: ῥήματα ζωῆς αἰωνίου ἔχεις.

πάντα δέδωκεν ἐν τῇ χειρὶ αὐτοῦ[393]. Erstmals verwendet der Evangelist hier das absolut gebrauchte ὁ πατήρ[394] und das absolute ὁ υἱός[395] unmittelbar nebeneinander. Beide Begriffe bezeichnen das ewige Wesensverhältnis, das zwischen Gott und Jesus Christus besteht. Mit diesem christologischen Spitzensatz hat der inhaltlich äußerst gefüllte und sachlich gewichtige Passus 3,31–36 seinen theologischen Gipfelpunkt erreicht. Denn mit dem Hinweis auf die ewige Liebes- und Wesensgemeinschaft zwischen dem Vater und dem Sohn (V. 35a) gibt der vierte Evangelist *den letzten* – seinerseits nicht mehr durch einen weiteren Argumentationsschritt begründbaren – *theologisch-christologischen Realgrund* dafür an, daß von Jesus Christus gesagt werden kann, daß er Gottes Wort in umfassender und autoritativer Weise verkündigt (V. 34a) und den an sein Wort gebundenen Geist in unerschöpflicher Fülle spendet (V. 34b). Die Liebesgemeinschaft von Vater und Sohn ist zugleich die Basis für die umfassende Teilhabe des präexistenten Sohnes[396] an der göttlichen Machtfülle des Vaters (V. 35b)[397]. Zwischen der *theologisch-christologischen* Aussage V. 35b und der *christologisch-pneumatologischen* Aussage V. 34b besteht wiederum ein bestimmtes, sachlich unumkehrbares Begründungsgefälle: Weil der Vater von Ewigkeit her dem *präexistenten* Sohn an seiner göttlichen Machtfülle uneingeschränkt Anteil gegeben hat (V. 35b), darum besitzt er als der *inkarnierte*

---

[393] Der asyndetische Anschluß in V. 35 hat *begründenden* Sinn (vgl. zu diesem sprachlichen Phänomen 16,15a); die Aussage 3,35a ist folglich synonym zu 5,20a: ὁ γὰρ πατὴρ φιλεῖ τὸν υἱόν.

[394] 1,14.18; 4,21.23; 5,19.20.21.22.23(bis).26.36(bis).37.45; 6,27.37.44.45.46(bis).57(bis). 65; 8,16.18.27.28.38; 10,15(bis).17.29.30.32.36.38(bis); 12,26.49.50; 13,1.3; 14,6.8.9(bis). 10(bis).11(bis).12.13.16.24.26.28(bis).31; 15,9.16.26(bis); 16,3.10.15.17.23.25.26.27.28(bis). 32; 18,11; 20,17.21.

[395] 3,17.35.36; 5,19–23.26; 6,40; 8,36; 14,13; 17,1.

[396] Auf die Präexistenz Jesu weist das Perfekt δέδωκεν hin. Ohne den leisesten Anhalt am Text ist deshalb die These, in V. 35b sei von der Übertragung der Vollmacht an den *Erhöhten* die Rede (so aber SCHULZ, Untersuchungen 126f.; BECKER, Auferstehung der Toten 120–124; DERS., Johannes I 186f.; GNILKA, Johannes 32).

[397] Die Konjunktion καί hat hier eine *konsekutive* Nuance, weshalb V. 35 zu übersetzen ist: „Denn der Vater liebt den Sohn, und *deshalb* hat er alles in seine Hand gegeben." Πάντα hat hier *umfassende* Bedeutung (vgl. 5,20; 13,3; ferner 17,7); es bezieht sich nicht *nur* und auch nicht *primär* auf Jesu Funktion als Offenbarer (gegen SCHNACKENBURG, Johannes I 400. 401), und es hebt demzufolge auch nicht auf „die ‚Ausrüstung' und Vollmacht des in die Welt gesandten Offenbarers und Heilbringers" ab (gegen SCHNACKENBURG, Johannes I 401). Es verweist vielmehr in erster Linie auf die vom Weltbezug unabhängige *innergöttliche* Relation zwischen Vater und Sohn bzw. auf „die innertrinitarische Selbstmitteilung des Vaters an den Sohn" (von SCHNACKENBURG, Johannes I 401 ausdrücklich abgelehnt) und damit auf Jesu *ewiges, göttliches Sein und Wesen*. Denn dem Sohn hat Gott der Vater vor Grundlegung der Welt die göttliche δόξα (17,22.24) und damit die *wesenhafte Gottheit* gegeben (vgl. HOFIUS, Logos-Hymnus 24 Anm. 134 [= in diesem Band: 22 Anm. 134]), ferner seinen göttlichen Namen (17,11.12) und damit sein *Wesen* kundgetan und die exklusiv Gott selbst zukommende Qualität ewigen, unzerstörbaren Lebens mitgeteilt (5,26).

die gottgleiche Macht, den Seinen den Geist in unerschöpflicher Fülle und damit die volle eschatologische Heilsteilhabe zu schenken (V. 34b)[398].

In *V. 36* wird dann abschließend die soteriologische Konsequenz, die sich aus den christologischen Aussagen von 3,31–35 notwendig ergibt, in positiver und in negativer Hinsicht zur Sprache gebracht. Ist Jesus Christus wirklich der von Ewigkeit her geliebte präexistente Sohn, dem die göttliche Machtfülle von Ewigkeit her zu eigen ist (V. 35), – ist er der von Gott aus der himmlischen Welt gesandte Offenbarer, der ἐπάνω πάντων ist (V. 31a.c.34aα), – ist er der, der das, was er als Präexistenter gesehen und gehört hat, bezeugt (V. 32a), – ist er der eine und einzige, der Gottes Worte redet und den Geist in Fülle zu spenden vermag (V. 34aβ.b), – kurz: ist er der mit dem Vater *wesenseine* Sohn, in dem *allein* Gott sich der vor ihm verlorenen Menschenwelt zuwendet, dann entscheidet sich für einen jeden hier und jetzt an der Relation zu ihm das Verhältnis zu Gott und damit das ewige Heil und Unheil[399]. Derjenige, der aufgrund seiner vorgängigen Erwählung an den Sohn glaubt und seine μαρτυρία annimmt (V. 33), dem wird deshalb bereits jetzt in unverlierbarer Weise die Gabe des ewigen Lebens zuteil[400]; „er kommt nicht ins Gericht, sondern ist definitiv aus dem Tode ins Leben hinübergeschritten" (5,24; vgl. 1Joh 3,14)[401]. Wer dagegen dem Sohn ungehorsam ist, d.h. nicht an ihn glaubt, auf dem bleibt die

---

[398] Ebenso urteilt THÜSING, Erhöhung und Verherrlichung 156: „Der Sohn kann *deshalb* in Fülle den Geist spenden, weil ‚alles‘ in seiner Hand ist." Daß in Gottes „Geben" an den Sohn das „Geben" des Sohnes an die Erwählten *gründet*, wird in Joh 17 eingehend entfaltet; dabei werden das „Geben" auf der einen und das „Geben" auf der anderen Seite keineswegs miteinander identifiziert, sondern vielmehr streng voneinander *unterschieden*.

[399] Vgl. BAUER, Johannes 65: „Die Folge der Übertragung der schlechthin alles umfassenden, also gottgleichen Macht auf den Sohn besteht … darin, daß sich an ihm das Geschick der Menschen entscheidet."

[400] Vgl. 3,15.16; 6,40.47.54; 20,31; vgl. 1Joh 5,12.13. – In *synergistischem* Sinne interpretiert dagegen SCHNACKENBURG, Johannes I 404: In V. 36 wird „die Menschheit unausweichlich und endgültig vor die *Entscheidung* gestellt, ob sie an den alleinigen Retter glauben oder nicht glauben, ob sie das ihr von Gott *angebotene* Heil ergreifen oder sein Todesurteil gegen sie wahrmachen *will*" (Hervorhebungen von mir). V. 36 setzt aber keineswegs voraus, daß der Mensch hier in die „Entscheidung" zwischen der „Möglichkeit des Glaubens und Unglaubens" gestellt wird (so aber BULTMANN, Johannes 120f.; ebenso WIKENHAUSER, Johannes 101; PORSCH, Pneuma und Wort 105; BARRETT, Johannes 246). Denn das πιστεύειν ist für Johannes weder „eine durch eine *Willensentscheidung* zustandegekommene vertrauensvolle und folgsame Haltung" (so STRATHMANN, Johannes 82; Hervorhebung von mir) noch „Hingabe des Willens" (so WIKENHAUSER, Johannes 101) oder „Gehorsamstat" (so SCHICK, Johannes 47). Das Verbum ist ferner auch keineswegs „der Terminus, in welchem sich für Johannes die neue, dem Menschen durch die Offenbarung zugesprochene Möglichkeit, das Heil zu gewinnen, artikuliert" (so BLANK, Johannes I/a 246). Vielmehr bezeichnet es die von *Gott selbst* gewirkte und *allein* von ihm auf den Plan gerufene *Weise der Heilsteilhabe*.

[401] Vgl. ferner 3,18a.

ὀργὴ τοῦ θεοῦ[402]; denn er ist schon – aufgrund seines Seins in der Sünde – gerichtet und damit vor Gott definitiv verloren[403].

c) Ergebnis

Schauen wir auf das Dargelegte zurück, so ist festzuhalten: Sowenig die Täuferszene 1,32–34 einen Anhalt für das Urteil bietet, Jesus sei im vierten Evangelium als der einzigartige messianische Geistempfänger begriffen, sowenig kann sich diese Sicht begründet auf 3,34b berufen. Das dort Gesagte entspricht vielmehr inhaltlich aufs präziseste denjenigen christologisch-pneumatologischen Aussagen des vierten Evangeliums, die erklären, *daß der erhöhte Jesus Christus nach seiner Verherrlichung den Erwählten den Heiligen Geist spenden wird*, um ihnen auf diese Weise die heilvolle Gemeinschaft mit sich selbst und seinem himmlischen Vater zu eröffnen[404].

Damit Jesus dieses nachösterliche Werk vollziehen kann, bedarf er selbst keineswegs zuvor einer ihm selber widerfahrenen exzeptionellen Geistbegabung. Das genaue Gegenteil ist der Fall. Denn die *conditio sine qua non* dafür, daß der Auferstandene Menschen mit dem Heiligen Geist begaben kann, ist die, daß ihm selbst der Geist – in derselben Weise wie Gott – *wesen- und ursprunghaft* eigen ist. Der Akt der eschatologischen Geistbegabung ist ja im Alten Testament wie im Frühjudentum streng und exklusiv als *Gottes* Werk verstanden. Der Gedanke, daß Jesus Christus den Geist spendet, setzt demzufolge notwendig voraus, daß Jesus selbst von Ewigkeit her *wahrer Gott* und als solcher *Träger und Quelle des Geistes* ist. Wem der Geist demgegenüber *gnadenhalber* in einem bestimmten geschichtlichen Akt zuteil wird, der ist selbst schlechterdings außerstande, anderen den Geist Gottes selbsttätig mitzuteilen[405]. Die christologisch-pneumatologische Aussage von 3,34b hat deshalb ihre Sachparallele keineswegs in den (dazu noch *messianisch* mißverstandenen) Versen 1,32.33a[406]. Sie hat ihre genaue Parallele vielmehr in dem christologischen Gottesprädikat 1,33b: οὗτός ἐστιν ὁ βαπτίζων ἐν πνεύματι ἁγίῳ[407].

---

[402] Vgl. 9,41; ferner 12,46.

[403] Vgl. 3,18b–20; 12,48.

[404] Vgl. 1,33; 7,39; 15,26; 16,7; 20,22.

[405] Die *ontologische* Differenz, die zwischen *Jesus Christus* und *den alttestamentlichen Propheten* hinsichtlich der Teilhabe am Geist prinzipiell besteht, hat schon *Kyrill von Alexandrien*, Commentarius in Ioannis Evangelium, PG 73, 1864, 289B präzis auf den theologischen Begriff gebracht. Während nämlich von dem Propheten gilt: μικράν τινα μοῖραν ἔχει τοῦ Πνεύματος, καὶ τοῦτο μεταληπτῶς, heißt es einzig und allein von Jesus Christus: ὅλον ἔχων (sc. τὸ Πνεῦμα) οὐσιωδῶς ἐν ἑαυτῷ.

[406] U.a. gegen SCHNACKENBURG, Johannes I 399; BARRETT, Johannes 245.

[407] So urteilt auch PORSCH, Pneuma und Wort 104.

Zusammenfassung

Abschließend seien die wichtigsten Ergebnisse unserer Überlegungen thesenartig zusammengefaßt:

1. Die johanneische Pneumatologie gewinnt ihr spezifisches Profil durch einen doppelten Sachverhalt. Zum einen ist für sie eine strenge *christologische Rückbindung* charakteristisch, mit der sie an der durchgängigen Christozentrik der johanneischen Theologie partizipiert. Die nachösterliche Sendung des Geistparakleten, die der erhöhte Christus in der Einheit mit seinem Vater vollzieht, hat deshalb ausschließlich den *einen* Sinn und das *eine* Ziel, bei den Erwählten die heilvolle Erkenntnis des göttlichen Persongeheimnisses Jesu und des in seiner Person und in seinem Werk beschlossenen Heiles heraufzuführen. Zum andern liegt das Proprium der Geistlehre des vierten Evangeliums in ihrer *Konzentration auf die Relation von Wort und Glaube* bzw. in der *Bindung des Geistes an das Selbstwort Christi*.

2. Dieser Konzentration auf die Beziehung von Geist, Wort und Glaube entspricht es, daß weder im Johannesevangelium noch in den Johannesbriefen die im Urchristentum zu verzeichnenden außerordentlichen, wunderhaften und ekstatischen „charismatischen" Phänomene Erwähnung finden. Das läßt sich nur so erklären, daß sie dort nicht als Wirkungen des göttlichen Pneumas angesehen werden. Vielmehr ist der Heilige Geist im Corpus Johanneum als eine Größe begriffen, die *streng und exklusiv* an das in vernünftiger Rede ergehende *Wort* gebunden ist, weshalb die theologisch verantwortete Lehre und das rechte Bekenntnis zu Jesus Christus als die einzigen Gaben des Geistes verstanden werden. Auf diese Weise steuert Johannes einer möglichen und in bestimmten Bereichen des Urchristentums ja auch tatsächlich vollzogenen pneumatologisch begründeten Emanzipation vom *gekreuzigten* Christus entgegen. Darin erweist sich die für die johanneische Pneumatologie signifikante Konzentration des Wirkens des Geistes auf das Geschehen von Wort und Glaube als eine notwendige Konsequenz aus der Kreuzestheologie des vierten Evangeliums.

3. Den Parakletsprüchen sind die hermeneutische These und der theologische Anspruch zu entnehmen, daß Johannes sein Evangelium als die im Lichte der österlichen Verherrlichung Christi erfolgte autoritative und unüberbietbare Erinnerung des Geistparakleten an die Selbstoffenbarung Jesu versteht, die vor Ostern auch seinen Jüngern in ihrem christologischen Gehalt und in ihrem soteriologischen Sinn verschlossen war. Die theologische Verbindlichkeit und die Wahrheit des johanneischen Kerygmas – insbesondere seiner Christologie und Soteriologie – stehen und fallen demzufolge in gar keiner Weise mit der *Historizität* des von Jesus Berichteten und mit der *historischen Authentizität* der ihm in den Mund gelegten Reden. Sie stehen und fallen vielmehr einzig und allein damit, daß das vierte Evangelium das göttliche Persongeheimnis Jesu Christi und die soteriologische Relevanz seines Kreuzestodes so zur Spra-

che bringt, daß es darin sachlich mit der an Ostern erfolgten Selbsterschließung des Auferstandenen vor dem einzigartigen Kreis seiner Zeugen übereinstimmt.

4. Die dem dritten Parakletspruch zu entnehmende Aussage, daß der Paraklet die Glaubenden in eine Gleichzeitigkeit mit dem erhöhten Jesus Christus versetzt, hebt keineswegs die *Bindung der Nachgeborenen an das ihnen vorgegebene „apostolische" Christuszeugnis* auf, das den Erstzeugen in grundlegender und exzeptioneller Weise durch das Wirken des Geistes erschlossen worden ist. Denn das im vierten Evangelium lautwerdende Zeugnis des Geistparakleten von Jesus Christus, das mit dem des Lieblingsjüngers sachlich identisch ist, ist ja selbst Grund und Bedingung für die nachösterliche Christusgemeinschaft der johanneischen Gemeinde.

5. Hinsichtlich der Frage nach dem *Wesen* bzw. dem *ontologischen Status* des Heiligen Geistes läßt sich aus den Parakletsprüchen ersehen, daß der Heilige Geist hier als *Person*, und zwar als *göttliche* Person verstanden ist, die ihrem Ursprung und Wesen nach ganz auf die Seite des Vaters und des Sohnes gehört.

6. Im Blick auf *das Verhältnis zwischen dem Geistparakleten und Jesus Christus* ist festzuhalten, daß weder der Geistparaklet die Person und das Werk des irdischen Jesus ersetzt oder qualitativ überbietet, noch umgekehrt die christologische Anbindung der johanneischen Pneumatologie zur Folge hat, daß das Sein und Wirken des Geistes vom erhöhten Christus so vollständig absorbiert und verschlungen werden, daß der Geist seine personale Eigenständigkeit verliert. Vielmehr ist der Geist gerade darin er selbst, daß er nichts anderes tut, als den mit dem irdischen Jesus identischen Erhöhten durch seine Christuspredigt zu verherrlichen, die im Johannesevangelium und im an dieses Evangelium gebundenen Wort der Zeugen Jesu ergeht[408]. Das nachösterliche Wirken des Geistes ist dabei als *heilsnotwendig* verstanden. Denn allererst der Geist führt das Heilswerk Christi, das mit dem τετέλεσται des Gekreuzigten hinsichtlich seiner objektiven Seite vollendet ist, hinsichtlich seiner subjektiven Seite zum Ziel, indem er den Erwählten die Erkenntnis dessen schenkt, was der Gekreuzigte für sie getan hat.

7. Die Pneumatologie der Parakletsprüche entspricht derjenigen des übrigen Evangeliums. Deshalb besteht kein Anlaß, die Parakletsprüche literarkritisch als sekundär zu beurteilen. Die Sprüche können vielmehr mit guten Gründen als ein ursprünglicher Bestandteil des vierten Evangeliums angesehen werden.

8. Auch zwischen der Relationsbestimmung von Pneumatologie und Christologie, wie sie die Parakletsprüche entfalten, und derjenigen des sonstigen Evangeliums besteht keine sachliche Differenz, sondern eine vollendete theo-

---

[408] Ganz „johanneisch" bemerkt M. LUTHER in einer am Pfingstmontag des Jahres 1532 über Joh 3,16–21 gehaltenen Hauspredigt: „Man kan sonst nicht predigen quam de Iesu Christo et fide. Das ist generalis scopus (...) Jesum Christum, quem unicum potest praedicare spiritus sanctus, der arm spiritus sanctus weis sonst nichts. Ridetur cytharedus. Sic spiritus sanctus, qui tantum auff einer seyten" (WA 36, 180,10f.; 181,8–11).

logische Korrespondenz. Denn in Joh 1,32–34 und 3,34b ist Jesus Christus nicht etwa als der im Akt seiner Taufe mit dem Geist in Fülle begabte *messianische Gottessohn und Geistempfänger* dargestellt und begriffen, sondern als der eine und einzige *metaphysische* Sohn Gottes, der selbst *wesen- und ursprunghaft Träger des Geistes* ist und allein deshalb – wie Gott selbst – den Geist anderen zu spenden vermag.

9. In der gedanklich durchgängig einheitlichen und theologisch konsistenten Verhältnisbestimmung von Christologie und Pneumatologie spiegelt sich in eindrücklicher Weise wider, daß das vierte Evangelium (vom Nachtragskapitel Joh 21 und einigen redaktionellen Zusätzen abgesehen) das in sich klar durchdachte Werk eines herausragenden urchristlichen Theologen ist, dem es um die *denkerische* Durchdringung des christlichen Glaubens geht – in unerhörter Konzentration auf seinen vornehmsten Gegenstand: *Jesus Christus.*

Bibliographie

ALBERTZ, M., Die Botschaft des Neuen Testaments I/2, Zürich 1952.

BARRETT, C. K., Das Evangelium nach Johannes, KEK.S, 1990.

BARTH, K., Erklärung des Johannes-Evangeliums (Kapitel 1–8), Vorlesung Münster Wintersemester 1925/26, wiederholt in Bonn, Sommersemester 1933 (hrsg. v. W. FÜRST), in: Karl Barth Gesamtausgabe, II. Akademische Werke, Zürich 1976.

–, Die Kirchliche Dogmatik I/1, Zürich ⁶1952; I/2, Zürich ⁴1948.

–, Einführung in die evangelische Theologie, GTB 191, ³1980.

BAUER, W., Johannesevangelium und Johannesbriefe, ThR 1 (1929) 135–160.

–, Das Johannesevangelium, HNT 6, ³1933.

BAUR, F. CHR., Vorlesungen über Neutestamentliche Theologie, Leipzig 1864 (= Darmstadt 1973).

BEASLEY-MURRAY, G. R., John, WBC 36, 1987.

BECKER, J., Die Abschiedsreden Jesu im Johannesevangelium, ZNW 61 (1970) 215–246.

–, Auferstehung der Toten im Urchristentum, SBS 82, 1976.

–, Das Evangelium nach Johannes I: Kapitel 1–10, ÖTK 4/1, ³1991; II: Kapitel 11–21, ÖTK 4/2, ³1991.

BEHM, J., Art. παράκλητος: ThWNT V, 1954, 798–812.

BENGEL, J. A., Gnomon Novi Testamenti. Editio octava stereotypa ed. P. STEUDEL, Stuttgart 1891 (= Nachdruck der Ausgabe Tübingen ³1773).

BERGMEIER, R., Glaube als Werk? Die ‚Werke Gottes‘ in Damaskusschrift II, 14–15 und Johannes 6,28–29, RQum 6 (1967) 253–260.

BERKHOF, H., Theologie des Heiligen Geistes, Neukirchen-Vluyn ²1988.

BERNARD, J. H., A Critical and Exegetical Commentary to the Gospel according to St. John I, ICC, ⁶1962; II, ICC, ⁶1962.

BERTRAM, G., Art. ἔργον κτλ.: ThWNT II, 1935 (= 1957), 631–653.

BETZ, O., Der Paraklet, AGSU 2, 1963.

BEUTLER, J., Martyria. Traditionsgeschichtliche Untersuchungen zum Zeugnisthema bei Johannes, FTS 10, 1972.

–, Habt keine Angst. Die erste johanneische Abschiedsrede (Joh 14), SBS 116, 1984.

BIETENHARD, H., ‚Der Menschensohn‘ – ὁ υἱὸς τοῦ ἀνθρώπου. Sprachliche und religionsgeschichtliche Untersuchungen zu einem Begriff der synoptischen Evangelien. I. Sprachlicher und religionsgeschichtlicher Teil: ANRW II 25/1, 1982, 265–350.

BITTNER, W. J., Gott – Menschensohn – Davidssohn. Eine Untersuchung zur Traditionsgeschichte von Daniel 7,13f., FZPhTh 32 (1985) 343–372.

BLANK, J., Krisis. Untersuchungen zur johanneischen Christologie und Eschatologie, Freiburg 1964.

–, Das Evangelium nach Johannes I/a, GSL.NT 4/1a, 1981; II, GSL.NT 4/2, 1977.

–, Die Verhandlung vor Pilatus Joh 18,28–19,16, in: DERS., Der Jesus des Evangeliums. Entwürfe zur biblischen Christologie und Eschatologie, München 1981, 169–196.

BLINZLER, J., Johannes und die Synoptiker. Ein Forschungsbericht, SBS 5, 1965.

BÖCHER, O., Das Verhältnis der Apokalypse des Johannes zum Evangelium des Johannes, in: L'Apocalypse johannique et l'Apocalyptique dans le Nouveau Testament (hrsg. v. J. LAMBRECHT), BEThL 53, 1980, 289–301.

–, Johanneisches in der Apokalypse des Johannes, NTS 27 (1981) 310–321, = in: DERS., Kirche in Zeit und Endzeit. Aufsätze zur Offenbarung des Johannes, Neukirchen-Vluyn 1983, 1–12.

BORNKAMM, G., Jo 3,31–36, GPM 13 (1958/59) 28–32.

–, Der Paraklet im Johannes-Evangelium, in: DERS., Geschichte und Glaube. 1.Teil, Gesammelte Aufsätze III, München 1968, 68–89.

–, Zur Interpretation des Johannes-Evangeliums. Eine Auseinandersetzung mit Ernst Käsemanns Schrift ‚Jesu letzter Wille nach Johannes 17', in: DERS., Geschichte und Glaube. 1.Teil, Gesammelte Aufsätze III, München 1968, 104–121.

BOUSSET, W., Die Offenbarung Johannis, KEK 16, ⁶1906 (Nachdruck 1966).

–, Kyrios Christos. Geschichte des Christusglaubens von den Anfängen des Christentums bis Irenaeus, Göttingen ²1921.

BROWN, R. E., The Gospel according to John (I–XII), AncB 29, 1966; The Gospel according to John (XIII–XXI), AncB 29A, 1970.

–, The Paraclete in the Fourth Gospel, NTS 13 (1967/68) 113–132.

BROX, N., Zeuge und Märtyrer. Untersuchungen zur frühchristlichen Zeugnis-Terminologie, StANT 5, 1961.

BÜCHSEL, F., Das Evangelium nach Johannes, NTD 4, ³1937.

–, Art. ἐλέγχω: ThWNT II, 1935 (= 1957), 470–473.

–, Art. κρίσις: ThWNT III, 1938 (= 1957), 942f.

BÜHLER, P., Ist Johannes ein Kreuzestheologe? Exegetisch-systematische Bemerkungen zu einer noch offenen Debatte, in: Johannes-Studien. Interdisziplinäre Zugänge zum Johannes-Evangelium. Freundesgabe für J. ZUMSTEIN (hrsg. v. M. ROSE), Zürich 1991, 191–207.

BÜHNER, J.-A., Der Gesandte und sein Weg im vierten Evangelium. Die kultur- und religionsgeschichtlichen Grundlagen der johanneischen Sendungschristologie sowie ihre traditionsgeschichtliche Entwicklung, WUNT II/2, 1977.

BULTMANN, R., Das Evangelium des Johannes, KEK 2, ¹⁴1956.

–, Das Evangelium des Johannes. Ergänzungsheft, KEK 2, 1957.

–, Theologie des Neuen Testaments (durchgesehen und ergänzt von O. MERK), Tübingen ⁹1984.

BURGE, G. M., The Annointed Community. The Holy Spirit in the Johannine Tradition, Grand Rapids 1987.

CARSON, D. A., The Gospel according to John, Grand Rapids 1991.

CREMER, H., Art. ἐλέγχω, in: Hermann Cremers Biblisch-theologisches Wörterbuch des neutestamentlichen Griechisch (hrsg. v. J. KÖGEL), Stuttgart ¹¹1923, 419f.

CULLMANN, O., Der johanneische Kreis. Sein Platz im Spätjudentum, in der Jüngerschaft Jesu und im Urchristentum. Zum Ursprung des Johannesevangeliums, Tübingen 1975.

CULPEPPER, R. A., The Johannine School, SBL DS 26, 1975.

DAUER, A., Die Passionsgeschichte im Johannesevangelium. Eine traditionsgeschichtliche und theologische Untersuchung zu Joh 18,1–19,30, StANT 30, 1972.

DIBELIUS, M., Joh 15,13. Eine Studie zum Traditionsproblem des Johannes-Evangeliums, in: DERS., Botschaft und Geschichte. Gesammelte Aufsätze I: Zur Evangelienforschung (hrsg. v. G. BORNKAMM in Verbindung mit H. KRAFT), Tübingen 1953, 204–220.

DIETZFELBINGER, CHR., Die eschatologische Freude der Gemeinde in der Angst der Welt (Joh 16,16–33), EvTh 40 (1980) 420–436.

–, Paraklet und theologischer Anspruch im Johannesevangelium, ZThK 82 (1985) 389–408.

–, Johanneischer Osterglaube, ThSt 138, 1992.

DODD, C. H., The Interpretation of the Fourth Gospel, Cambridge 1963.

DUNN, J. D. G., Let John be John. A Gospel for its Time, in: Das Evangelium und die Evangelien. Vorträge zum Tübinger Symposium 1982 (hrsg. v. P. STUHLMACHER), WUNT 28, 1983, 309–339.

FEINE, P. / BEHM, J., Einleitung in das Neue Testament, Heidelberg ⁹1950.

FREY, J., Erwägungen zum Verhältnis der Johannesapokalypse zu den übrigen Schriften des Corpus Johanneum, in: M. HENGEL, Die johanneische Frage. Ein Lösungsversuch, WUNT 67, 1993, 326–429.

GNILKA, J., Johannesevangelium, NEB 4, ²1985.

GODET, F., Kommentar zu dem Evangelium des Johannes I: Historisch-kritische Einleitung, Hannover/Berlin ⁴1903; II: Die Exegese, Hannover/Berlin ⁴1903.

GRÄSSER, E., Die antijüdische Polemik im Johannesevangelium, in: DERS., Der Alte Bund im Neuen. Exegetische Studien zur Israelfrage im Neuen Testament, WUNT 35, 1985, 135–153.

–, Die Juden als Teufelssöhne in Joh 8,37–47, in: DERS., Der Alte Bund im Neuen. Exegetische Studien zur Israelfrage im Neuen Testament, WUNT 35, 1985, 154–167.

GRUNDMANN, W., Verständnis und Bewegung des Glaubens im Johannes-Evangelium, KuD 6 (1960) 131–154.

GÜMBEL, L., Das Johannes-Evangelium, eine Ergänzung des Lukas-Evangeliums, Speyer 1911.

GUNDRY, R. H., ‚In my Father's House are many Μοναί' (John 14,2), ZNW 58 (1967) 68–72.

HADORN, W., Die Offenbarung des Johannes, ThHK 18, 1928.

HAENCHEN, E., ‚Der Vater, der mich gesandt hat', NTS 9 (1962/63) 208–216.

–, Das Johannesevangelium und sein Kommentar, in: DERS., Die Bibel und wir. Gesammelte Aufsätze II, Tübingen 1968, 208–234.

–, Das Johannesevangelium (hrsg. v. U. BUSSE), Tübingen 1980.

HAHN, F., Johannes 3,31–36, GPM 37 (1982/83) 47–56.

HAUCK, F., Art. μονή: ThWNT IV, 1942, 583–585.

HEITMÜLLER, W., Das Johannesevangelium, SNT 4, ³1918.

HENGEL, M., Die johanneische Frage. Ein Lösungsversuch, WUNT 67, 1993.

HINDLEY, J. C., Towards a Date for the Similitudes of Enoch. An Historical Approach, NTS 14 (1967/68) 551–565.

HIRSCH, E., Studien zum vierten Evangelium. Text, Literarkritik, Entstehungsgeschichte, BHTh 11, 1936.

HOFIUS, O., ‚Unbekannte Jesusworte', in: Das Evangelium und die Evangelien. Vorträge zum Tübinger Symposium 1982 (hrsg. v. P. STUHLMACHER), WUNT 28, 1983, 355–382.

–, Struktur und Gedankengang des Logos-Hymnus in Joh 1,1–18, ZNW 78 (1987) 1–25 (in diesem Band: 1–23).

–, Der Christushymnus Philipper 2,6–11. Untersuchungen zu Gestalt und Aussage eines urchristlichen Psalms, WUNT 17, ²1991.

–, Ist Jesus der Messias? Thesen, in: Der Messias, JBTh 8 (1993) 103–129.

HOLTZMANN, H. J., Evangelium, Briefe und Offenbarung des Johannes, HC 4, ²1893.

–, Lehrbuch der Neutestamentlichen Theologie II, SThL, ²1911.

HOSKYNS, E. C., The Fourth Gospel (hrsg. v. F. N. DAVEY), London 1950.

HÜBNER, H., Biblische Theologie des Neuen Testaments I: Prolegomena, Göttingen 1990.

IBUKI, Y., Die Wahrheit im Johannesevangelium, BBB 39, 1972.

–, Viele glaubten an ihn. Auseinandersetzung mit dem Unglauben im Johannesevangelium, AJBI 9 (1983) 128–183.

IWAND, H.-J., Kreuz und Auferstehung Jesu Christi (Auszug aus seiner in Bonn gehaltenen Christologievorlesung [1958/59]), in: Diskussion um Kreuz und Auferstehung (hrsg. v. B. KLAPPERT), Wuppertal 1967, 279–297.

JEREMIAS, J., Neutestamentliche Theologie I: Die Verkündigung Jesu, Gütersloh ⁴1988.

JONGE, M. DE, The Use of the Word ΧΡΙΣΤΟΣ in the Johannine Epistles, in: Studies in John. FS J. N. SEVENSTER, NT.S 24, 1970, 66–74.

–, Jewish Expectations about the ‚Messiah' according to the Fourth Gospel, NTS 19 (1972/73) 246–270.

JÜLICHER, A., Einleitung in das Neue Testament, GThW III.1, ⁵·⁶1906.

KÄSEMANN, E., Jesu letzter Wille nach Johannes 17, Tübingen ³1971.

KAMMLER, H.-CHR., Die „Zeichen" des Auferstandenen. Überlegungen zur Exegese von Joh 20,30+31, in diesem Band: 191–211.

KASPER, W., Der Gott Jesu Christi, Mainz ²1983.

KEIL, C. F., Commentar über das Evangelium des Johannes, Leipzig 1881.

KERTELGE, K., Art. δικαιοσύνη: EWNT I, ²1992, 784–796.

KIERKEGAARD, S., Über den Unterschied zwischen einem Genie und einem Apostel, in: DERS., Kleine Schriften 1848/49. Gesammelte Werke. 21., 22. und 23. Abteilung (hrsg. v. E. HIRSCH u. H. GERDES), GTB 619, 1984, 115–134.

KIM, S., „The ‚Son of Man'" as the Son of God, WUNT 30, 1983.

KLAIBER, W., Der irdische und der himmlische Zeuge. Eine Auslegung von Joh 3,22–36, NTS 36 (1990) 205–233.

KLAUCK, H.-J., Der erste Johannesbrief, EKK 23/1, 1991.

KÖSTER, H., Einführung in das Neue Testament im Rahmen der Religionsgeschichte und Kulturgeschichte der hellenistischen und römischen Zeit, Berlin/New York 1980.

KOHLER, H., Kreuz und Menschwerdung im Johannesevangelium. Ein exegetisch-hermeneutischer Versuch zur johanneischen Kreuzestheologie, AThANT 72, 1987.

KRAFT, H., Die Offenbarung des Johannes, HNT 16a, 1974.

KRAUS, H.-J., Heiliger Geist. Gottes befreiende Gegenwart, München 1986.

–, Aspekte der Christologie im Kontext alttestamentlich-frühjüdischer Tradition, in: DERS., Rückkehr zu Israel. Beiträge zum christlich-jüdischen Gespräch, Neukirchen 1991, 167–188.

–, Perspektiven eines messianischen Christusglaubens, in: DERS., Rückkehr zu Israel. Beiträge zum christlich-jüdischen Gespräch, Neukirchen 1991, 146–166.

KÜMMEL, W. G., Einleitung in das Neue Testament, Heidelberg ²¹1983.

LAGRANGE, M.-J., Évangile selon Saint Jean, EtB, 1925.

LEIVESTAD, R., Exit the Apocalyptic Son of Man, NTS 18 (1971/72) 243–267.

–, Jesus – Messias – Menschensohn: ANRW II 25/1, 1982, 220–264.

LICHTENBERGER, H., Täufergemeinden und frühchristliche Täuferpolemik im letzten Drittel des 1. Jahrhunderts, ZThK 84 (1987) 36–57.

LINDARS, B., The Gospel of John, NCeB, 1972.

–, Re-Enter the Apocalyptic Son of Man, NTS 22 (1976) 52–72.

LOHMEYER, E., Die Offenbarung des Johannes, HNT 16, ²1953.

LOHSE, E., Wie christlich ist die Offenbarung des Johannes?, NTS 34 (1988) 321–338.

–, Johannes 3,31–36, GPM 43 (1988/89) 49–54.

LÜHRMANN, D., Das Markusevangelium, HNT 3, 1987.

LUTHARDT, CHR. E., Das johanneische Evangelium I, Nürnberg ²1875; II, Nürnberg ²1876.

LUTHER, M., De servo arbitrio (1525), in: Luthers Werke in Auswahl III (hrsg. v. O. CLEMEN), Berlin ⁶1966, 94–293.

–, Predigt am Pfingstmontag (im Hause) [20. Mai 1532], in: D. Martin Luthers Werke. Kritische Gesamtausgabe (Weimarer Ausgabe) 36. Band, Weimar 1909, 180–184.

MARTINEZ, F. G., Messianische Erwartungen in den Qumranschriften, in: Der Messias, JBTh 8 (1993) 171–208.

METZGER, B. M., A Textual Commentary on the Greek New Testament, Stuttgart ²1994.

MEYER, E., Ursprung und Anfänge des Christentums II: Die Entwicklung des Judentums und Jesus von Nazareth, Stuttgart/Berlin 1921; III: Die Apostelgeschichte und die Anfänge des Christentums, Stuttgart/Berlin 1923.

MICHAELIS, W., Einleitung in das Neue Testament. Die Entstehung, Sammlung und Überlieferung der Schriften des Neuen Testaments, Bern ³1961.

MICHEL, O., Der Brief an die Römer, KEK 4, ⁵1978.

MOLTMANN, J., Trinität und Reich Gottes. Zur Gotteslehre, München 1980.

–, Der Weg Jesu Christi. Christologie in messianischen Dimensionen, München 1989.

–, Der Geist des Lebens. Eine ganzheitliche Pneumatologie, München 1991.

MORRIS, L., The Gospel according to John, NIC, 1972.

MOULE, C. F. D., Neglected Features in the Problem of ‚the Son of Man‘, in: Neues Testament und Kirche. FS R. SCHNACKENBURG (hrsg. v. J. GNILKA), Freiburg 1974, 413–428.

MOWINCKEL, S., Die Vorstellungen des Spätjudentums vom heiligen Geist als Fürsprecher und der johanneische Paraklet, ZNW 32 (1933) 97–130.

MÜLLER, U. B., Die Parakletenvorstellung im Johannesevangelium, ZThK 71 (1974) 31–77.

–, Die Bedeutung des Kreuzestodes Jesu im Johannesevangelium. Erwägungen zur Kreuzestheologie im Neuen Testament, KuD 21 (1975) 49–71.

–, Die Offenbarung des Johannes, ÖTK 19, 1984.

MUSSNER, F., Die johanneische Sehweise und die Frage nach dem historischen Jesus, QD 28, 1965.

–, Die johanneischen Parakletsprüche und die apostolische Tradition, in: DERS., Praesentia Salutis, Düsseldorf 1967, 146–158.

ONUKI, T., Gemeinde und Welt im Johannesevangelium. Ein Beitrag zur Frage nach der theologischen und pragmatischen Funktion des johanneischen ‚Dualismus‘, WMANT 56, 1984.

OVERBECK, F., Das Johannesevangelium. Studien zur Kritik seiner Erforschung (hrsg. v. C. A. BERNOULLI), Tübingen 1911.

PANNENBERG, W., Systematische Theologie I, Göttingen 1988.

PORSCH, F., Pneuma und Wort. Ein exegetischer Beitrag zur Pneumatologie des Johannesevangeliums, FTS 16, 1974.

–, Johannes-Evangelium, SKK.NT 4, 1988.

–, Art. παράκλητος: EWNT III, ²1992, 64–67.

RENGSTORF, K. H., Art. ἀποστέλλω κτλ.: ThWNT I, 1933 (= 1957), 397–448.

RICCA, P., Die Eschatologie des vierten Evangeliums, Zürich/Frankfurt a.M. 1966.

RICHTER, G., Zur Frage von Tradition und Redaktion in Joh 1,19–34, in: DERS., Studien zum Johannesevangelium (hrsg. v. J. HAINZ), BU 13, 1977, 288–314.

–, Zu den Tauferzählungen Mk 1,9–11 und Joh 1,32–34, in: DERS., Studien zum Johannesevangelium (hrsg. v. J. HAINZ), BU 13, 1977, 315–326.

RIEDL, J., Das Heilswerk Jesu nach Johannes, FThSt 93, 1973.

RISSI, M., Art. κρίνω κτλ.: EWNT II, ²1992, 787–794.

ROLOFF, J., Die Offenbarung des Johannes, ZBK NT 18, ²1987.

SASSE, H., Der Paraklet im Johannesevangelium, ZNW 24 (1925) 260–277.

SCHENKE, L., Das johanneische Schisma und die ‚Zwölf‘ (Johannes 6,60–71), NTS 38 (1992) 105–121.

SCHICK, E., Das Evangelium nach Johannes, EB, 1956.

SCHLATTER, A., Der Evangelist Johannes. Wie er spricht, denkt und glaubt. Ein Kommentar zum vierten Evangelium, Stuttgart 1930 (= ⁴1975).

–, Einleitung in die Bibel, Stuttgart ⁵1933.

–, Erläuterungen zum Neuen Testament I: Die Evangelien und die Apostelgeschichte, Stuttgart ⁵1936.

SCHLEIERMACHER, F. D. E., Das Leben Jesu. Vorlesungen an der Universität zu Berlin im Jahre 1832 gehalten (hrsg. v. K. A. RÜTENIK), in: DERS., Sämmtliche Werke I 6, Berlin 1864.

SCHLIER, H., Zum Begriff des Geistes nach dem Johannesevangelium, in: DERS., Besinnung auf das Neue Testament. Exegetische Aufsätze und Vorträge II, Freiburg/Basel/Wien 1964, 264–271.

–, Der Römerbrief, HThK 6, ³1987.

SCHLINK, E., Ökumenische Dogmatik. Grundzüge, Göttingen ²1985.

SCHMITHALS, W., Das Evangelium nach Markus I: Kapitel 1–9,1, ÖTK 2/1, 1979.

–, Johannesevangelium und Johannesbriefe. Forschungsgeschichte und Analyse, BZNW 64, 1992.

SCHNACKENBURG, R., Die ‚situationsgelösten‘ Redestücke in Joh 3, ZNW 49 (1958) 88–99.

–, Christologie des Neuen Testaments, in: MySal III/1, 1970, 227–388.

–, Das Johannesevangelium I: Einleitung und Kommentar zu Kap. 1–4, HThK 4/1, ⁷1992; II: Kommentar zu Kap. 5–12, HThK 4/2, ⁴1985; III: Kommentar zu Kap. 13–21, HThK 4/3, ⁶1992; IV: Ergänzende Auslegungen und Exkurse, HThK 4/4, ²1990.

SCHNEIDER, J., Das Evangelium nach Johannes, ThHK Sonderband (hrsg. v. E. FASCHER), ⁴1988.

SCHNELLE, U., Antidoketische Christologie im Johannesevangelium. Eine Untersuchung zur Stellung des vierten Evangeliums in der johanneischen Schule, FRLANT 144, 1987.

–, Die Abschiedsreden im Johannesevangelium, ZNW 80 (1989) 64–79.

–, Johannes und die Synoptiker, in: The Four Gospels 1992. FS F. NEIRYNCK (hrsg. v. F. VAN SEGBROECK u.a.), BEThL 100, Vol. III, 1992, 1799–1814.

–, Einleitung in das Neue Testament, UTB 1830, Göttingen 1994.

–, Die johanneische Schule, in: Bilanz und Perspektiven gegenwärtiger Auslegung des Neuen Testaments. Symposion zum 65. Geburtstag von G. STRECKER (hrsg. v. F. W. HORN), BZNW 75, 1995, 198–217.

SCHNIEWIND, J., Art. ἀναγγέλλω: ThWNT I, 1933 (= 1957), 61–64.

SCHRAGE, W., Art. ἀποσυνάγωγος: ThWNT VII, 1964, 845–850.

SCHRENK, G., Art. δικαιοσύνη: ThWNT II, 1935 (= 1957), 194–214.

–, Art. ἐκλεκτός: ThWNT IV, 1942, 186–197.

SCHÜSSLER FIORENZA, E., The Quest for the Johannine School: The Apocalypse and the Fourth Gospel, NTS 23 (1977) 402–427.

SCHULZ, S., Untersuchungen zur Menschensohn-Christologie im Johannesevangelium. Zugleich ein Beitrag zur Methodengeschichte der Auslegung des 4. Evangeliums, Göttingen 1957.

–, Das Evangelium nach Johannes, NTD 4, ⁵1987.

SCHWEIZER, E., Art. πνεῦμα: ThWNT VI, 1959, 387–450.

SEVENSTER, G., Art. Christologie I. Christologie des Urchristentums: RGG³ I, 1957, 1745–1762.

SICKENBERGER, J., Erklärung der Johannesapokalypse, Bonn ²1942.

STÄHLIN, G., Zum Problem der johanneischen Eschatologie, ZNW 33 (1934) 225–259.

STAUFFER, E., Die Theologie des Neuen Testaments, Stuttgart ⁴1948.

STEGEMANN, H., Die Essener, Qumran, Johannes der Täufer und Jesus. Ein Sachbuch, Herder Spektrum 4128, Freiburg/Basel/Wien ²1993.

STEMBERGER, G., Art. Auferstehung I/2. Judentum: TRE 4, 1979, 443–450.

STRATHMANN, H., Art. μάρτυς κτλ.: ThWNT IV, 1942, 477–520.

–, Das Evangelium nach Johannes, NTD 4, ³1955.

STRECKER, G., Die Anfänge der johanneischen Schule, NTS 32 (1986) 31–47.

–, Die Johannesbriefe, KEK 14, 1989.

–, Literaturgeschichte des Neuen Testaments, UTB 1682, Göttingen 1992.

–, Chiliasmus und Doketismus in der johanneischen Schule, KuD 38 (1992) 30–46.

TAEGER, J.-W., Johannesapokalypse und johanneischer Kreis. Versuch einer traditionsgeschichtlichen Ortsbestimmung am Paradigma der Lebenswasser-Thematik, BZNW 51, 1988.

TALBERT, C. H., Reading John. A Literary and Theological Commentary on the Fourth Gospel and the Johannine Epistles, New York 1992.

THEOBALD, M., Im Anfang war das Wort. Textlinguistische Studie zum Johannesprolog, SBS 106, 1983.

–, Die Fleischwerdung des Logos. Studien zum Verhältnis des Johannesprologs zum Corpus des Evangeliums und zu 1Joh, NTA NF 20, 1988.

–, Geist- und Inkarnationschristologie. Zur Pragmatik des Johannesprologs (Joh 1,1–18), ZKTh 112 (1990) 129–149.

–, Gott, Logos, Pneuma. ‚Trinitarische‘ Rede von Gott im Johannesevangelium, in: Monotheismus und Christologie. Zur Gottesfrage im hellenistischen Judentum und im Urchristentum (hrsg. v. H.-J. KLAUCK), QD 138, 1992, 41–87.

THOLUCK, A., Commentar zum Evangelium Johannis, Gotha 71857.

THÜSING, W., Die Erhöhung und Verherrlichung Jesu im Johannesevangelium, NTA XXI.1/ 2, 21972.

TILLMANN, F., Das Johannesevangelium, HSNT 3, 41931.

VIELHAUER, PH., Erwägungen zur Christologie des Markusevangeliums, in: DERS., Aufsätze zum Neuen Testament, ThB 31, 1965, 199–214.

–, Geschichte der urchristlichen Literatur. Einleitung in das Neue Testament, die Apokryphen und die Apostolischen Väter, Berlin/New York 1975.

VOGEL, H., Gott in Christo. Ein Erkenntnisgang durch die Grundprobleme der Dogmatik. Teil 1, in: DERS., Gesammelte Werke II, Stuttgart 1982 (= Berlin/Stuttgart 1957).

–, Das Nicaenische Glaubensbekenntnis, in: DERS., Gesammelte Werke VI, Stuttgart 1983 (= Berlin/Stuttgart 1963).

WEDER, H., Die Menschwerdung Gottes. Überlegungen zur Auslegungsproblematik des Johannesevangeliums am Beispiel von Joh 6, ZThK 82 (1985) 325–360.

WEISS, B., Das Johannesevangelium, KEK 2, 61902.

–, Das Neue Testament I: Die vier Evangelien, Leipzig 21905.

WELLHAUSEN, J., Das Evangelium Johannis, Berlin 1908 (= Berlin/New York 1987).

WENGST, K., Der erste, zweite und dritte Brief des Johannes, ÖTK 16, 21990.

–, Bedrängte Gemeinde und verherrlichter Christus. Ein Versuch über das Johannesevangelium, KT 114, 31992.

WIKENHAUSER, A., Offenbarung des Johannes, RNT 9, 1947 31959.

–, Einleitung in das Neue Testament, Freiburg 1953.

–, Das Evangelium nach Johannes, RNT 4, 21957.

WILCKENS, U., Das Neue Testament übersetzt und kommentiert, Hamburg 1970.

–, Der Paraklet und die Kirche, in: Kirche. FS G. BORNKAMM (hrsg. v. D. LÜHRMANN u. G. STRECKER), Tübingen 1980, 185–203.

WINDISCH, H., Johannes und die Synoptiker. Wollte der vierte Evangelist die älteren Evangelien ergänzen oder ersetzen?, UNT 12, 1926.

–, Die fünf johanneischen Parakletsprüche, in: Festgabe für A. JÜLICHER (hrsg. v. H. VON SODEN u. R. BULTMANN), Tübingen 1927, 110–137.

ZAHN, TH., Das Evangelium des Johannes, KNT 4, 5.61921 (= Wuppertal 1983).

–, Einleitung in das Neue Testament II, SThL, 31924.

Die „Zeichen" des Auferstandenen

Überlegungen zur Exegese von Joh 20,30+31

von

Hans-Christian Kammler

Das vierte Evangelium, das vom Herausgeberkreis nachträglich um das 21. Kapitel erweitert worden ist, endete ursprünglich mit den Worten 20,30+31: „Noch viele andere Zeichen hat Jesus vor den (bzw. seinen) Jüngern getan, die nicht in diesem Buch geschrieben stehen. Diese aber sind geschrieben, damit ihr glaubt, daß Jesus der Christus, der Sohn Gottes ist, und damit ihr im Glauben Leben habt in seinem Namen." Befragt man die Kommentare zum Johannesevangelium und die einschlägigen wissenschaftlichen Monographien danach, was unter den in 20,30f. erwähnten σημεῖα zu verstehen sei, dann erhält man ganz überwiegend die Auskunft: Wie an allen anderen Stellen im Johannesevangelium, so meine σημεῖα auch hier *ausschließlich* die *Wundertaten* des irdischen Jesus; dementsprechend verweise das Demonstrativum ταῦτα in 20,31a auf die sieben im vierten Evangelium erzählten Wunder[1]. *Primär* oder doch zumindest *auch* an die Wundertaten Jesu denken ferner diejenigen Exegeten, die für 20,30f. mit einer semantischen Ausweitung des johanneischen σημεῖον-Begriffs rechnen und mit ihm an dieser Stelle *zugleich* eine der fol-

---

[1] So u.a. A. THOLUCK, Commentar zum Evangelium Johannis, Gotha [7]1857, 443f.; CHR. E. LUTHARDT, Das johanneische Evangelium II, Nürnberg [2]1876, 522; F. BÜCHSEL, Das Evangelium nach Johannes, NTD 4, [3]1937, 180; H. STRATHMANN, Das Evangelium nach Johannes, NTD 4, [3]1955, 260f.; R. BULTMANN, Das Evangelium nach Johannes, KEK 2, [14]1956, 541 (für die von Bultmann postulierte *Semeia-Quelle*); J. H. BERNARD, A Critical and Exegetical Commentary to the Gospel according to St. John II, ICC, [6]1962, 685; B. LINDARS, The Gospel of John, NCeB, 1972, 617; L. MORRIS, The Gospel according to John, NIC, 1972, 855; E. HAENCHEN, Das Johannesevangelium (hrsg. v. U. BUSSE), Tübingen 1980, 574f.; J. GNILKA, Johannesevangelium, NEB 4, [2]1985, 156; W. J. BITTNER, Jesu Zeichen im Johannesevangelium. Die Messias-Erkenntnis im Johannesevangelium vor ihrem jüdischen Hintergrund, WUNT II/26, 1987, 220f. 224; S. SCHULZ, Das Evangelium nach Johannes, NTD 4, [5]1987, 248; J. BECKER, Das Evangelium nach Johannes II: Kapitel 11–21, ÖTK 4/2, [3]1991, 756; CHR. WELCK, Erzählte Zeichen. Die Wundergeschichten des Johannesevangeliums literarisch untersucht. Mit einem Ausblick auf Joh 21, WUNT II/69, 1994, 294 mit Anm. 18; vgl. ferner K. H. RENGSTORF, Art. σημεῖον: ThWNT VII, 1964, 199–261: 253f.

genden Größen bezeichnet sehen: *die Worte des irdischen Jesus*[2], *das Ereignis seiner Auferstehung*[3], *die Wunder des Auferstandenen*[4], *die österlichen Selbsterweise Jesu*[5]. Nun ist jedoch kritisch zu fragen, ob die – oftmals mit großer Selbstverständlichkeit vorgetragene – Deutung der σημεῖα von Joh 20,30f. auf die Wundertaten des irdischen Jesus auf einem wirklich tragfähigen exegetischen Fundament steht. Die Gründe, die *gegen* diese Deutung sprechen, werde ich in den ersten beiden Teilen des Aufsatzes darlegen, indem ich zunächst die exegetischen Aporien, in die die genannte These den Ausleger des vierten Evangeliums führt, aufweise (I) und sodann die zur Erklärung und Lösung dieser Aporien entwickelte literarkritische Hypothese auf ihre Plausibilität und Stichhaltigkeit hin überprüfe (II). Im Anschluß daran werde ich meine Gegenthese entwickeln und darlegen, daß das Nomen σημεῖα in 20,30f. – im Unterschied zu dem sonstigen Sprachgebrauch des vierten Evangelisten – *ausschließlich* auf die *Selbsterweise des Auferstandenen* vor seinen Jüngern zu beziehen ist[6] (III). In einem weiteren Schritt meiner Überlegungen wird dann

---

[2] In diesem Sinne F. GODET, Kommentar zu dem Evangelium des Johannes II: Die Exegese, Hannover/Berlin [4]1903, 629; BULTMANN, Johannes (s. Anm. 1) 541 (im Blick auf den die Semeia-Quelle korrigierenden *Evangelisten* selbst); E. SCHICK, Das Evangelium nach Johannes, EB, 1956, 175; A. WIKENHAUSER, Das Evangelium nach Johannes, RNT 4, [2]1957, 346; R. T. FORTNA, The Gospel of Signs. A Reconstruction of the Narrative Source underlying the Fourth Gospel, MSSNTS 11, 1970, 197 Anm. 3 (im Blick auf den *Evangelisten*); W. NICOL, The Semeia in the Fourth Gospel. Tradition and Redaction, NT.S 32, 1972, 115; U. SCHNELLE, Antidoketische Christologie im Johannesevangelium. Eine Untersuchung zur Stellung des vierten Evangeliums in der johanneischen Schule, FRLANT 144, 1987, 154f.; J. SCHNEIDER, Das Evangelium nach Johannes, ThHK Sonderband (hrsg. v. E. FASCHER), [4]1988, 326.
[3] So W. BAUER, Das Johannesevangelium, HNT 6, [3]1933, 233f.; FORTNA, The Gospel of Signs (s. Anm. 2) 198 Anm. 4 (für die von Fortna rekonstruierte *Semeia-Quelle*); D. A. CARSON, The Gospel according to John, Grand Rapids 1991, 661.
[4] So *Johannes Zigabenus*, Expositio in Joannem, PG 129, 1898, 1489D (ebd. 1489C als Alternative: ausschließlich die *nach* der Auferstehung vollbrachten Wunder); J. A. BENGEL, Gnomon Novi Testamenti. Editio octava stereotypa ed. P. STEUDEL, Stuttgart 1891 (= Nachdruck der Ausgabe Tübingen [3]1773), 426f.; Π. Ν. Τρεμπέλας, Ὑπόμνημα εἰς τὸ κατὰ Ἰωάννην Εὐαγγέλιον, Athen [3]1979, 713.
[5] So C. F. KEIL, Commentar über das Evangelium des Johannes, Leipzig 1881, 576; B. F. WESTCOTT, The Gospel according to St. John, London 1958 (= 1881), 297; O. HOLTZMANN, Das Johannesevangelium, Darmstadt 1887, 303; B. WEISS, Das Johannesevangelium, KEK 2, [6]1902, 528; DERS., Das Neue Testament I: Die vier Evangelien, Leipzig [2]1905, 609; TH. ZAHN, Das Evangelium des Johannes, KNT 4, [5.6]1921 (= Wuppertal 1983), 686f.; A. SCHLATTER, Erläuterungen zum Neuen Testament I: Die Evangelien und die Apostelgeschichte, Stuttgart [5]1936, 296; R. E. BROWN, The Gospel according to John (XIII–XXI), AncB 29A, 1970, 1058f.; R. SCHNACKENBURG, Das Johannesevangelium III: Kommentar zu Kap. 13–21, HThK 4/3, [6]1992, 401f.
[6] So urteilte schon *Johannes Chrysostomus*, Commentarius in Joannem, Homilie LXXXVII (LXXXVI), 2, PG 59, 1862, 474 Nr. 521: Es handelt sich um μετὰ τὴν ἀνάστασιν … σημεῖα, welche Jesus vor seinen Jüngern getan hat, ἵνα καταδέξωνται ὅτι ἀνέστη. S. ferner etwa TH. BEZA, Testamentum Novum, Genf [4]1588, I 422; F. LÜCKE, Commentar über das Evangelium des Johannes II: Allgemeine Untersuchungen und Auslegung von Kap. V–

die Frage zu erörtern sein, was den Verfasser des vierten Evangeliums dazu
bewogen hat, die Auferstehungserscheinungen mit dem sonst exklusiv zur Bezeichnung der Wundertaten Jesu reservierten Term σημεῖα zu benennen (IV).
Zuletzt sollen die Konsequenzen bedacht werden, die sich von der von mir
vertretenen Interpretation her für die Frage nach der literarischen und theologischen Funktion der Verse 20,30+31 ergeben (V).

I

Die These, das Wort σημεῖον habe in 20,30f. den gleichen Sinn wie an allen
anderen Stellen des vierten Evangeliums[7] und verweise demzufolge auf die
Wundertaten des irdischen Jesus, sieht sich mit den folgenden gewichtigen
exegetischen Problemen und Schwierigkeiten konfrontiert:

1. Der Term σημεῖον begegnete zuletzt in 12,37 – am Ende des ersten großen
Hauptteiles Joh 1,19–12,50 – zur Bezeichnung der Wunder Jesu. Im zweiten
großen Hauptteil Joh 13–20 wird bis einschließlich 20,29 weder von einem
Wunder Jesu erzählt, noch findet sich an irgendeiner Stelle das Wort σημεῖον.
Warum sollte der Evangelist dann aber am Ende seines Evangeliums gänzlich
unvermittelt mit dem Begriff σημεῖα wieder auf die Wundertaten des irdischen
Jesus zu sprechen kommen? Wäre es nicht in höchstem Maße seltsam, wenn
mit ταῦτα δέ (sc. τὰ σημεῖα) über acht Kapitel hinweg auf die zuletzt in 12,37
erwähnten und zuvor im Evangelium berichteten Wundertaten Jesu zurückver-
wiesen würde[8]?

2. Bezieht man σημεῖα in 20,30 auf die Wundertaten des irdischen Jesus, so
benennen die Verse 20,30f. zusammenfassend den Inhalt des vierten Evangeliums. Kann das Johannesevangelium aber im Ernst „unter dem Stichwort ‚Zeichen' sinnvoll zusammengefaßt werden?"[9] In ihm liegt ja doch trotz der großen
theologischen Bedeutung, die den Wundern Jesu als den objektiven Erweisen
seiner göttlichen Herrlichkeit zweifellos zukommt[10], der theologische und

---

XXI, Bonn ³1843, 802f.; E. C. HOSKYNS, The Fourth Gospel (hrsg. v. F. N. DAVEY), London
1950, 549f. Hoskyns ist meines Wissens der *einzige* Kommentator im 20. Jahrhundert, der
diese Deutung vertritt; allerdings findet sich bei ihm keine nähere exegetische Begründung.
Weitere *ältere* Autoren nennt WEISS, Johannesevangelium (s. Anm. 5) 528 Anm. 1. Schließlich sei auf die von ZAHN, Johannes (s. Anm. 5) 686 Anm. 68 genannte altlateinische Hand-
schrift „e mit dem aus 21,14 geschöpften Zusatz *postquam resurrexit a mortuis* hinter *coram
discipulis suis*" hingewiesen.

[7] Der Begriff σημεῖον findet sich im Johannesevangelium insgesamt 17mal: 2,11.18.23;
3,2; 4,48.54; 6,2.14.26.30; 7,31; 9,16; 10,41; 11,47; 12,18.37; 20,30.

[8] Zu dem ταῦτα δέ … von 20,31 gibt es *einen* vergleichbaren Text im Johannesevangelium, nämlich 9,29. Hier bezieht sich τοῦτον δέ … bezeichnenderweise auf den *unmittelbar
vorher* in 9,24–28 erwähnten Jesus zurück.

[9] BECKER, Johannes II (s. Anm. 1) 755.

[10] Die Bedeutung der Wunder für die johanneische Christologie hat SCHNELLE,
Antidoketische Christologie (s. Anm. 2) 193 mit vollem Recht gegenüber Bultmanns Johan-

sachliche Primat *quantitativ wie qualitativ* ganz unzweideutig auf seinen *Worten und Reden*[11].

3. Wenn man der Auffassung ist, das Wort σημεῖα verweise auch in 20,30 auf die Wunder des irdischen Jesu, so steht man ferner vor der großen Schwierigkeit, die Wendung ἐνώπιον τῶν μαθητῶν [αὐτοῦ] sinnvoll zu interpretieren. Denn die in Joh 2–11 erzählten Wundertaten Jesu ereigneten sich ja gerade nicht in exklusiver Weise vor den Jüngern Jesu, sondern *in aller Öffentlichkeit vor dem Forum der Welt*[12]. Sie waren in hervorgehobener Weise Kennzeichen der *öffentlichen* Wirksamkeit Jesu. Kein einziges der im vierten Evangelium erzählten Wunder vollzog sich *ausschließlich* ἐνώπιον τῶν μαθητῶν [αὐτοῦ]. Daß der Evangelist an einer durchgängigen Anwesenheit der Jünger im Zusammenhang seiner Wundererzählungen gar nicht interessiert ist, spiegelt sich etwa darin, daß die Jünger in den beiden Wunderberichten 4,46–54 und 5,1–9a nicht einmal Erwähnung finden. Angesichts der angedeuteten Problematik ist von einigen Auslegern die These entwickelt worden, daß „die Aussage, Jesus habe die Zeichen ‚vor seinen Jüngern‘ getan, … nicht ein Publikum, sondern den die Tradition verbürgenden Zeugenkreis" bezeichne[13]. Doch das ist kaum mehr als eine Verlegenheitsauskunft. Denn die als sprachliches Argument die-

---

nes-Interpretation herausgestellt: „Weil die Offenbarung der einen Doxa Jesu nicht hinter, sondern *in* den Wundern geschieht, sind sie für die Christologie des 4. Evangelisten von grundlegender Bedeutung. Die Wunder sind nicht bloße Konzession an die menschliche Schwäche, vielmehr Demonstrationen der δόξα θεοῦ."

[11] Vgl. BECKER, Wunder und Christologie. Zum literarkritischen und christologischen Problem der Wunder im Johannesevangelium, NTS 16 (1969/70) 130–148: 133; DERS., Johannes II (s. Anm. 1) 755f.; SCHULZ, Johannes (s. Anm. 1) 248. – Einige Exegeten haben deshalb die oben genannte These entwickelt, σημεῖα umfasse in Joh 20,30 gleichermaßen *Jesu Taten und Jesu Worte*. Diese These scheitert aber daran, daß es schlechterdings unerfindlich bleibt, warum der vierte Evangelist auf einmal die Worte Jesu als σημεῖα bezeichnet haben sollte. Jesu Worte haben ja weder wunderbaren, mirakulösen Charakter, noch leuchtet in ihnen – wie in den Wundertaten – Jesu göttliche Doxa auf. Nicht überzeugend ist schließlich auch die von SCHNELLE, Antidoketische Christologie (s. Anm. 2) 155 vertretene Erklärung, die „Ausweitung in der Verwendung des σημεῖον-Begriffes" in 20,30 sei dadurch bedingt, daß die Funktion des gesamten Johannesevangeliums darin mit der Funktion der Wunder konvergiere, daß es geschrieben sei, „um Glauben an den Gottessohn hervorzurufen, zu bewahren und zu festigen"; denn diese Sicht scheitert an Schnelles Fehlbestimmung der Relation von Wunder und Glaube (s. dazu das unten unter Punkt 4 Ausgeführte).

[12] Vgl. nur die grundsätzliche Feststellung 12,37: τοσαῦτα δὲ αὐτοῦ σημεῖα πεποιηκότος *ἔμπροσθεν αὐτῶν* (sc. vor dem ὄχλος von 12,34) οὐκ ἐπίστευον εἰς αὐτόν. – BULTMANN, Johannes (s. Anm. 1) 541 Anm. 2 hat das Problem erkannt, das sich bei der Annahme, der Begriff σημεῖα verweise auch in 20,30 auf die Wundertaten Jesu, im Blick auf „die Wendung ἐνώπιον τῶν μαθ." ergibt: Sie ist „durch die Darstellung des Evg nicht motiviert …, sofern im ersten Teil gerade nicht die Jünger das eigentliche Publikum sind". Deshalb schreibt Bultmann die Worte ἐνώπιον τῶν μαθητῶν [αὐτοῦ] der von ihm postulierten Semeia-Quelle zu.

[13] BITTNER, Jesu Zeichen (s. Anm. 1) 222 (vgl. die Darlegungen ebd. 221–225); in diesem Sinne auch SCHICK, Johannes (s. Anm. 2) 175; MORRIS, John (s. Anm. 1) 855; SCHNACKENBURG, Johannesevangelium III (s. Anm. 5) 401.

nende Behauptung, die Präposition ἐνώπιον 20,30 unterstreiche im Unterschied zu ἔμπροσθεν 12,37 nicht den „Öffentlichkeitscharakter der Zeichen Jesu", sondern sage „wohl nur (schwächer) … ,in Gegenwart von'" und qualifiziere auf diese Weise die Jünger als „Zeugen der σημεῖα"[14], ist unhaltbar. Die verschiedenen Lesarten in Mk 2,12 sowie der Vergleich von Mt 10,32f. mit Lk 12,8f. zeigen nämlich exemplarisch, daß zwischen beiden Präpositionen *keine erkennbare semantische Differenz* besteht. Außerdem dienen beide Präpositionen in Lk 12,8f. gleichermaßen zur Bezeichnung des *Forums*, vor dem bekannt oder verleugnet wird.

4. Schließlich ergibt sich bei der Annahme, der Begriff σημεῖα rekurriere in 20,30f. auf die Wundertaten Jesu, als Konsequenz, daß den Wundern Jesu hier die Macht zugeschrieben wird, den Glauben an Jesus als „den Christus, den Sohn Gottes", zu *wirken* und zu *begründen* (so bei der m.E. als sekundär zu beurteilenden Lesart πιστεύσητε [Konj. Aorist][15]), zumindest aber ihn zu *fördern*, zu *erneuern* und zu *vertiefen* (so bei der m.E. ursprünglichen Lesart πιστεύητε [Konj. Präsens][16]). In beiden Fällen ergibt sich jedoch ein fundamentaler Widerspruch zur johanneischen Bestimmung des sachlichen Verhältnisses von Glaube und Wunder[17]. Dazu die folgenden grundsätzlichen Bemerkungen und Erwägungen: a) Die Kraft, den Glauben zu wecken und zu erhalten, hat nach dem Zeugnis des Johannesevangeliums allein und ausschließlich das *Wort* Jesu, das im vierten Evangelium selbst als dem autoritativen Christuszeugnis des Geistparakleten laut wird; der Christusglaube ist deshalb vom Evangelisten streng als *fides ex auditu* bestimmt und qualifiziert[18]. – b) Daß der Verfasser des vierten Evangeliums keineswegs etwa der Meinung ist, die Wunder vermöchten den wahren Glauben an Jesus Christus zu wirken[19],

---

[14] SCHNACKENBURG, Johannesevangelium III (s. Anm. 5) 401.

[15] Für die Ursprünglichkeit des Aorists πιστεύσητε votieren allerdings z.B. MORRIS, John (s. Anm. 1) 855f. mit Anm. 82; WELCK, Erzählte Zeichen (s. Anm. 1) 297 Anm. 28.

[16] Zur Ursprünglichkeit der Lesart πιστεύητε s. etwa ZAHN, Johannes (s. Anm. 5) 688; BERNARD, John II (s. Anm. 1) 685; BROWN, John II (s. Anm. 5) 1056; LINDARS, John (s. Anm. 1) 617; SCHNELLE; Antidoketische Christologie (s. Anm. 2) 155 mit Anm. 345; C. K. BARRETT, Das Evangelium nach Johannes, KEK.S, 1990, 551.

[17] Das *Problem* hat bereits Johannes Calvin in seinem Johannes-Kommentar gesehen (IOANNIS CALVINI in Novum Testamentum Commentarii ed. A. THOLUCK, Vol. III: In Evangelium Ioannis, Berlin 1833, 372). Auch er bezieht σημεῖα 20,30 auf die Wundertaten Jesu, bemerkt aber dazu: „Videtur tamen absurdum esse, fidem in miraculis fundari, quam Dei promissionibus et verbo penitus addictam esse oportet." Calvin sucht das damit scharf markierte Problem unter Beibehaltung des *sachlichen Vorrangs des Wortes vor den Wundern* folgendermaßen zu lösen: „Respondeo, non alium hic usum dari miraculis, quam ut fidei adminicula sint ac futurae. Valent enim ad praeparandas hominum mentes, quo plus reverentiae deferant verbo Dei ... Ergo quamvis proprie fides in verbum Dei recumbat, et ad verbum respiciat tanquam ad unicum suum scopum, non tamen vana est accessio ex miraculis, modo ipsa quoque ad verbum referantur eoque fidem dirigant."

[18] S. vor allem 4,26ff.41f.50; 5,24; 6,68f.; 9,35–38; 11,25–27; 20,16.29b.

[19] So aber z.B. RENGSTORF, Art. σημεῖον (s. Anm. 1) 249–251; J. BLANK, Das Evangelium nach Johannes I/a, GSL.NT 4/1a, 1981, 190; SCHNELLE, Antidoketische Christologie

ergibt sich zum einen daraus, daß er wiederholt herausstellt, daß die Wunder
gerade den Widerspruch und das Nein des zeitlich wie sachlich *vorgängigen*
Unglaubens provozieren[20], und zum anderen von daher, daß er den durch das
Wunder entstandenen Glauben der πολλοί als *Scheinglauben* und also als *Unglauben* qualifiziert und entlarvt[21]. – c) Sowenig also der Glaube durch das
Wunder hervorgerufen wird, sowenig ist umgekehrt der Glaube die Bedingung
dafür, daß das Wunder geschieht; und sowenig das Wunder den durch das Wort
gewirkten und in sich suffizienten Heilsglauben ergänzt und vollendet, sowenig
fügt der Glaube dem objektiven Gehalt des Wunders etwas hinzu. Allerdings –
und darin liegt in der Tat *die positive Funktion des Glaubens bezüglich des
Wunders* – ist der Glaube die notwendige Voraussetzung für die *Erkenntnis* des
christologischen und soteriologischen Gehaltes des Wunders. Denn ohne den
Glauben bleibt das Wunder für den Wahrnehmenden ein letztlich stummes Mi-
rakel. Der Sinn des Wunders bleibt für ihn verschlossen, weil er *von sich her*

(s. Anm. 2) 186–188. 193; DERS., Neutestamentliche Anthropologie. Jesus – Paulus – Johannes, BThSt 18, 1991, 141–144; H.-J. KUHN, Christologie und Wunder. Untersuchungen zu
Joh 1,35–51, BU 18, 1988, 476. 478; H. VON LIPS, Anthropologie und Wunder im Johannesevangelium. Die Wunder Jesu im Johannesevangelium im Unterschied zu den synoptischen
Evangelien auf dem Hintergrund johanneischen Menschenverständnisses, EvTh 50 (1990)
296–311: 302; WELCK, Erzählte Zeichen (s. Anm. 1) 113–118. 122.

[20] Vgl. 5,9ff.; 6,14f.; 6,16ff.; 9,8ff.; 11,46ff.

[21] Die Wendung πολλοὶ ἐπίστευσαν εἰς αὐτόν u.ä. (2,23; 4,39; 7,31; 8,30; 10,42; 11,45;
12,11.42a) bezeichnet im Johannesevangelium an keiner Stelle eine *Vorstufe* zum wahren
Glauben (u.a. gegen BÜCHSEL, Johannes [s. Anm. 1] 105; F. HAHN, Das Glaubensverständnis im Johannesevangelium, in: Glaube und Eschatologie. FS W. G. KÜMMEL [hrsg. von E.
GRÄSSER u. O. MERK], Tübingen 1985, 51–69: 64). Verschiedene Stufen und Intensitäts-
grade des Glaubens kennt der vierte Evangelist nicht; er kennt einzig und allein „entweder
den Glauben oder den Unglauben je in seinem Vollzug" (Y. IBUKI, Viele glaubten an ihn.
Auseinandersetzung mit dem Glauben im Johannesevangelium, AJBI 9 [1983] 128–183:
142). Erst recht meint die genannte Wendung nicht den „*Glauben im Vollsinn des Wortes*:
Erkennen und Anerkennen der Gottessohnschaft Jesu Christi" (so SCHNELLE, Antidoketische Christologie [s. Anm. 2] 188; DERS., Neutestamentliche Anthropologie [s. Anm. 19]
144 [Hervorhebung von mir]). Vielmehr bezeichnet sie durchgängig den *Schein- und Unglauben* (so mit Recht IBUKI, a.a.O. 132–141). Eindeutig ergibt sich das im Blick auf 2,23
(von 2,24f. her); 4,39 (von 4,41f. her); 7,31 (von 7,40–44 her); 8,30 (von 8,33ff. her);
12,42a (von 12,42b.43 her [der Akt des Bekennens gehört nach 9,22 konstitutiv zum Glauben hinzu, und das Verlangen nach Ehrung durch die Menschen kennzeichnet nach 5,44;
7,18 die in ihrer Sünde vor Gott verlorene und gerichtete Menschenwelt]). Wenn nun an den
übrigen Stellen – in 10,42; 11,45; 12,11 – mit derselben Wendung wie in 2,23 und 7,31 vom
*Zeichen*glauben die Rede ist, so ist zu schließen, daß der durch das Wunder hervorgerufene
Glaube auch dort als eine Gestalt des *Unglaubens* bestimmt sein soll. Gestützt wird dieses
Urteil nicht zuletzt dadurch, daß der Ausdruck πολλοί auch an Stellen, an denen er nicht mit
πιστεύειν verbunden ist (6,60.66; 10,20.41; 11,55), eine *negative* Konnotation hat. Dasselbe
gilt für die Wendung πολὺς ὄχλος (6,2.5; 12,9.12). Der dargelegten Sicht steht 4,41 nicht
entgegen. Denn der Sinn der Aussage: καὶ πολλῷ πλείους ἐπίστευσαν διὰ τὸν λόγον αὐτοῦ
liegt allein darin, herauszustellen, daß der *wahre* Glaube, der Jesus als ὁ σωτὴρ τοῦ κόσμου
bekennt und prädiziert (4,42; vgl. 1Joh 4,14), nicht durch bloßes Menschenwort hervorgerufen werden kann (4,29.39), sondern durch Jesu *eigenes* Wort gewirkt werden muß.

δοῦλος τῆς ἁμαρτίας (8,34) und also für den im Wunder objektiv in seiner δόξα epiphanen Gottessohn blind ist. Umgekehrt gilt: Nur da, wo der Glaube bereits *vorgängig* auf der Seite des Rezipienten vorhanden und so die geistliche Blindheit des Menschen *von Gott her* überwunden ist, wird das Wunder in seinem eigentlichen, nämlich christologisch-soteriologischen Sinn erfaßt: als raum-zeitliche Darstellung und Manifestation der δόξα Jesu (2,11; vgl. 11,4.40), durch die er sein Persongeheimnis offenbart und sein Heilswerk erschließt. Allererst im Glauben wird der *christologische* und *soteriologische* Gehalt des σημεῖον begriffen, der darin liegt, daß Jesus sich durch das Wunder als *Sohn Gottes* und als *Geber des ewigen Lebens* kundgibt. Weil der Glaube mithin die notwendige Bedingung für das rechte Verständnis des Wunders ist, läßt der vierte Evangelist Jesus *vor* der Auferweckung des Lazarus zu Martha sagen (11,40): οὐκ εἶπόν σοι ὅτι ἐὰν πιστεύσῃς ὄψῃ τὴν δόξαν τοῦ θεοῦ; Allein der Glaubende *schaut* also die im Wunder sich manifestierende δόξα des Gottessohnes[22]. – d) Der vorgetragenen Verhältnisbestimmung von Wort, Glaube und Wunder steht auch 2,11 (ταύτην ἐποίησεν ἀρχὴν τῶν σημείων ὁ Ἰησοῦς ἐν Κανὰ τῆς Γαλιλαίας καὶ ἐφανέρωσεν τὴν δόξαν αὐτοῦ, καὶ ἐπίστευσαν εἰς αὐτὸν οἱ μαθηταὶ αὐτοῦ) nicht entgegen. Denn zum einen ist zu bedenken, daß die Erzählung 2,1–11 im Lichte der christologischen Selbstaussage 1,51 gelesen und interpretiert sein will; jenes *Wort* Jesu ist der entscheidende hermeneutische Schlüssel zum rechten Verständnis der in 2,1ff. erzählten Wundertat Jesu. Nur deshalb, weil Jesus zu seinen Jüngern gesagt hat: ὄψεσθε τὸν οὐρανὸν ἀνεῳγότα καὶ τοὺς ἀγγέλους τοῦ θεοῦ ἀναβαίνοντας καὶ καταβαίνοντας ἐπὶ τὸν υἱὸν τοῦ ἀνθρώπου (1,51), können sie das Weinwunder *als* σημεῖον und damit als Darstellung, Erweis und Offenbarung seiner göttlichen δόξα begreifen und an ihn als „den Menschensohn" glauben[23]. Zum anderen ist zu beachten, daß die Jünger Jesu bereits in 1,35–51 als *Glaubende* gekennzeichnet sind – und zwar durch ihre christologischen Bekenntnisse 1,41.45.49 und durch Jesu Feststellung, daß Nathanael „glaube" (1,50), eine Feststellung, die sich zugleich synekdochisch auf alle Jünger bezieht. Folglich kann der Aorist ἐπίστευσαν in 2,11 nicht besagen, daß die Jünger erst durch das Weinwunder zum Glauben an

---

[22] In diesem Sinne urteilt auch R. SCHNACKENBURG, Das Johannesevangelium II: Kommentar zu Kap. 5–12, HThK 4/2, ⁴1985, 424f. (z.St.): „Alle Zeichen des joh. Jesus machen die Herrlichkeit Gottes und Jesu ‚sichtbar' (vgl. 2,11), und die Glaubenden, aber auch nur sie, vermögen sie zu ‚schauen' (vgl. 1,14c)."

[23] Dem entspricht aufs genaueste der theologische Gedankengang von Joh 9: Auch der Blindgeborene wird nicht schon durch die an ihm geschehene wunderbare Heilung zum Glaubenden, sondern allererst durch die sich bezeichnenderweise allein durch das *Wort* vollziehende Selbstoffenbarung Jesu (9,35–37). Denn seine christologischen Aussagen von 9,17.25.31–33 verfehlen insofern allesamt das Persongeheimnis Jesu, als sie es in *prophetischen* Kategorien zu begreifen und zu beschreiben versuchen. Erst *nach* der Selbstoffenbarung Jesu, durch die Jesus sein Persongeheimnis in suffizienter und unüberbietbarer Weise erschließt, kann der Geheilte ihn als den mit Gott *wesensgleichen* „Menschensohn" bekennen und vor ihm im Glauben *anbetend* niederfallen (9,38).

Jesus gelangt seien[24]. Er will vielmehr zum Ausdruck bringen, daß den Jüngern
Jesu nun das in 1,50 von Jesus verheißene „Größere", nämlich Jesu göttliche
δόξα, „seine göttliche Macht und sein göttliches Wesen"[25], und damit sein *vol-
les* Persongeheimnis im Glauben erschlossen ist, das ihnen zuvor noch – trotz
ihrer in *soteriologischer* Hinsicht suffizienten Bekenntnisaussagen – verborgen
geblieben war. Schließlich ist zu bedenken, daß das zweite Kana-Wunder Joh
4,46–54, das von der Fernheilung des Sohnes des königlichen Beamten erzählt
und den von der Selbstoffenbarung Jesu und dem Echo des Glaubens handeln-
den Abschnitt Joh 2,1–4,54 abschließt, eine Inklusion mit dem ersten Kana-
Wunder 2,1–11 bildet. Denn beide Texte sind parallel strukturiert[26]; beide sind
durch den Rückverweis in 4,46 und durch die ausdrückliche Zählung der Wunder in 2,11 und 4,54 vom Evangelisten expressis verbis aufeinander bezogen
worden; beide berichten von einem Ereignis, das – in signifikantem Unterschied zu den übrigen im Johannesevangelium geschilderten Wundern – in
Kana in Galiläa geschieht, dem positiven Kontrastort zum negativ qualifizier-
ten Judäa mit seiner Hauptstadt Jerusalem; und schließlich wird nur in ihnen
gesagt, daß Jesu Wunder Glauben finden (2,11; 4,53). Indem der Evangelist auf
diese Weise beide Texte geschickt miteinander verknüpft, signalisiert er, daß sie
sich gegenseitig auslegen sollen. Nun stellt aber die Erzählung 4,46–54 thematisch heraus, daß der *rechte* Glaube gerade *nicht* auf „Zeichen und Wunder"
(4,48), sondern allein auf das *Wort* Jesu und auf die mit ihm verbundene Verhei-

---

[24] Gegen SCHNELLE, Antidoketische Christologie (s. Anm. 2) 93–96, hier 94: „Die Offenbarung der Doxa im Wunder ruft Glauben hervor. Dieses Geschehen vollzieht sich exemplarisch beim ersten Wunder an den Jüngern. Johannes demonstriert an ihnen in einer völlig
undualistischen Terminologie sein Verständnis von Wunder und Glaube: Nicht der Glaube
schaut das Wunder, sondern durch die Offenbarung der Doxa im Inkarnierten entsteht Glaube. Weil das Wunder Offenbarungsort der Doxa des sarkischen Jesus ist, kann es zum Glauben führen"; BARRETT, Johannes (s. Anm. 16) 216 (zu 2,11): „Glaube ist in der Tat das Ziel
der Zeichen (20,31)"; LINDARS, John (s. Anm. 1) 132 (zu 2,11): „The purpose of this display
is thus to illuminate the minds of men, and so to produce faith"; SCHULZ, Johannes (s. Anm.
1) 47. Vgl. außerdem F. PORSCH, Johannesevangelium, SKK. NT 4, 1988, 33; J. BECKER, Das
Evangelium nach Johannes I: Kapitel 1–10, ÖTK 4/1, ³1991, 132. Weil der vierte Evangelist
selbst die Relation von Wunder und Glaube *anders* bestimme (vgl. PORSCH, Johannesevangelium 52–54), schreiben die beiden zuletzt genannten Exegeten Joh 2,11 der von ihnen postulierten *Semeia-Quelle* zu, was zuvor schon BULTMANN, Johannes (s. Anm. 1) 84 Anm. 7
erwogen hatte.
[25] WIKENHAUSER, Johannes (s. Anm. 2) 76.
[26] 1. Im Anschluß an die Nennung von Ort, Person(en) und Situation wird die Bitte um
ein Wunder an Jesus herangetragen (2,1–3; 4,46.47). 2. Diese Bitte wird von Jesus schroff
zurückgewiesen (2,4; 4,48; vgl. das aus der synoptischen Wundertradition bekannte sog.
Erschwernismotiv). 3. Trotzdem erwarten die Bittenden weiterhin von Jesus ein wunderbares Eingreifen (2,5; 4,49). 4. Jetzt wird die Bitte von Jesus erhört, ohne daß das wunderbare
Geschehen selbst vom Evangelisten erzählt wird (2,7; 4,50). 5. Das *Faktum* des Wunders
wird vielmehr von Außenstehenden – und auf diese Weise gewissermaßen *objektiv* – konstatiert (2,8–10; 4,51.52). 6. Abschließend wird zum einen hervorgehoben, daß das Wunder den
Glauben gefunden hat, der seinen Sinn begreift (2,11b; 4,53), und zum anderen festgehalten,
daß es sich um das erste bzw. zweite in Kana geschehene Wunder handelt (2,11a; 4,54).

ßung bezogen und gegründet ist (4,50: ἐπίστευσεν ὁ ἄνθρωπος τῷ λόγῳ, ὃν εἶπεν αὐτῷ ὁ Ἰησοῦς καὶ ἐπορεύετο). Nur deshalb, weil der Glaube bei dem königlichen Beamten bereits *vor* dem Wunder vorhanden ist, kann es dann *nach* der erfolgten Heilung heißen: καὶ ἐπίστευσεν αὐτὸς καὶ ἡ οἰκία αὐτοῦ ὅλη (4,53b). 4,53b besagt folglich, daß der königliche Beamte das Wunder im Glauben als Offenbarung der Herrlichkeit des Sohnes Gottes zu begreifen vermochte, *weil* sein Glaube ganz auf das *Wort* Jesu ausgerichtet war. Durch 4,50 wird also gerade ausgeschlossen, daß 4,53 meinen kann, daß allererst das Wunder den Glauben hervorruft. Das bedeutet nun aber für das Verständnis von 2,11, daß auch hier nicht gesagt sein kann, daß der Glaube der Jünger überhaupt erst durch das Wunder gewirkt worden sei. Der Glaube wird demzufolge in beiden Texten als *Wort-Glaube* qualifiziert, der als solcher und *nur* als solcher in der Lage ist, das Wunder in seinem christologisch-soteriologischen Sinn zu erfassen[27].

II

Daß die Deutung der σημεῖα von Joh 20,30f. auf die Wundertaten des irdischen Jesus zu den oben aufgezeigten Problemen und Aporien führt, ist auch – zumindest teilweise – von nicht wenigen Vertretern dieser Interpretation gesehen worden. Wenn sie gleichwohl an ihr festhalten, so aufgrund der literarkritischen Hypothese, daß die Verse 20,30+31a von Haus aus den Schluß der sog. Semeia-Quelle gebildet[28] und also ursprünglich unmittelbar hinter 12,37 gestanden haben[29]. Die Verse 20,30+31a seien – so wird dann etwa argumen-

---

[27] Auch Joh 11,15 (καὶ χαίρω δι' ὑμᾶς ἵνα πιστεύσητε, ὅτι οὐκ ἤμην ἐκεῖ) kann keineswegs die These begründen, daß die Wunder Jesu den Glauben wirken und schaffen. 11,15 ist nämlich mit 11,4 (αὕτη ἡ ἀσθένεια οὐκ ἔστιν πρὸς θάνατον ἀλλ' ὑπὲρ τῆς δόξης τοῦ θεοῦ, ἵνα δοξασθῇ ὁ υἱὸς τοῦ θεοῦ δι' αὐτῆς) zusammenzusehen; beide Verse bilden in ihrem Miteinander die Sachparallele zu 2,11. Für 11,15 gilt deshalb das zu 2,11 Bemerkte in gleicher Weise. Die wirklichen *Jünger* Jesu – und *nur* sie – nehmen im Wunder die δόξα des Gottessohnes wahr, die allein der zu sehen vermag, dem Jesus selbst durch den Glauben die Augen öffnet.

[28] So u.a. BULTMANN, Johannes (s. Anm. 1) 78. 541 mit Anm. 2; BECKER, Wunder und Christologie (s. Anm. 11) 133f.; DERS., Johannes II (s. Anm. 1) 756; FORTNA, The Gospel of Signs (s. Anm. 2) 197–199; GNILKA, Johannesevangelium (s. Anm. 1) 156; SCHULZ, Johannes (s. Anm. 1) 248. Vorsichtiger urteilt SCHNACKENBURG, Johannesevangelium III (s. Anm. 5) 401. 403. – Zur Forschungsgeschichte der von A. FAURE, Die alttestamentlichen Zitate im 4. Evangelium und die Quellenscheidungshypothese, ZNW 21 (1922) 99–121: 107–112 entwickelten und von R. Bultmann endgültig durchgesetzten These einer vorjohanneischen Semeia-Quelle siehe WELCK, Erzählte Zeichen (s. Anm. 1) 12–25; SCHNELLE, Antidoketische Christologie (s. Anm. 2) 105f. Anm. 105 und G. VAN BELLE, The Signs Source in the Fourth Gospel. Historical Survey and Critical Evaluation of the Semeia Hypothesis, BEThL 116, 1994.

[29] So BULTMANN, Johannes (s. Anm. 1) 78 Anm. 4; 541 Anm. 2 unter Verweis auf FAURE, Die alttestamentlichen Zitate (s. Anm. 28) 107–112; BECKER, Wunder und Christologie (s. Anm. 11) 135.

tiert – vom Evangelisten um den zweiten Finalsatz 20,31b erweitert worden, mit welchem er sein dezidiert *soteriologisch* ausgerichtetes theologisches Interesse zu erkennen gebe[30]. Weil er alle Aufmerksamkeit darauf richtete, in 20,31b „das Heilsziel des Christusgeschehens abschließend zu formulieren", habe er nicht darauf geachtet, „ob 20,30a auch sein Evangelium angemessen wiedergab"[31]. So erkläre sich „diese befremdliche Schlußwendung"[32], die inhaltlich sowohl hinsichtlich der Bestimmung des sachlichen Verhältnisses von Wunder und Glaube wie hinsichtlich der Beschreibung des Propriums des Wirkens Jesu in einer deutlichen Spannung, ja in einem offensichtlichen Gegensatz zur Theologie des vierten Evangelisten stehe.

Die skizzierte literarkritische These gibt nun aber doch zu ganz erheblichen Bedenken Anlaß. Denn „der Pferdefuß dieser entstehungsgeschichtlichen Erklärung ist, daß nun nicht mehr begreiflich zu machen ist, wie diese angeblich *auf eine ganz andere Schrift zugeschnittene* Schlußnotiz vom Evangelisten als Schlußnotiz ... für *seine* Schrift Verwendung finden konnte"[33]. Was – so ist einzuwenden – sollte einen so originellen und selbständigen Theologen wie den vierten Evangelisten, der in größter literarischer Freiheit und theologischer Eigenständigkeit mit der ihm bekannten urchristlichen Tradition umgeht, dazu bewegt haben, an einem überaus zentralen und gewichtigen Ort seines Evangeliums einen Text unreflektiert aufzunehmen, der in Spannung und Widerspruch zu Grunddaten seines eigenen Denkens steht?![34] Gegen die Annahme, 20,30f. sei ursprünglich Abschluß der Semeia-Quelle gewesen, sprechen ferner die zahlreichen johanneischen Spracheigentümlichkeiten[35]. Sie zwingen zu dem Schluß, „daß der ursprüngliche Abschluß des Evangeliums in Kap. 20,30f. nicht auf eine vorjoh. ‚Semeia-Quelle', sondern auf den Evangelisten Johannes selbst zurückgeht"[36]. Aber nicht nur die Behauptung, die Verse 20,30f. gäben

---

[30] Erwogen von BULTMANN, Johannes (s. Anm. 1) 541f.; vertreten von BECKER, Johannes II (s. Anm. 1) 756f.; GNILKA, Johannesevangelium (s. Anm. 1) 156.

[31] BECKER, Johannes II (s. Anm. 1) 756.

[32] SCHULZ, Johannes (s. Anm. 1) 248; ebenso urteilt GNILKA, Johannesevangelium (s. Anm. 1) 155f.: „die befremdlich erscheinende Zusammenfassung des Wirkens Jesu als ein Wirken in Zeichen".

[33] WELCK, Erzählte Zeichen (s. Anm. 1) 294f.; ebenso treffend ist die folgende Bemerkung Welcks: „Der entscheidende Nachteil solcher Erklärungen ist und bleibt es, daß sie mehr unbeweisbare (und oft auch: unwahrscheinliche) Hypothesen erforderlich machen als Probleme bewältigen. Einmal mehr tritt hier die charakteristische Tendenz der Literarkritik zu Tage, Probleme mit konkreten literarischen Phänomenen auf das Gebiet der Historie zu verlagern, welches den eigenen Kombinationen umso mehr Raum läßt, je weniger man über den Gegenstand weiß bzw. wissen kann" (a.a.O. 295 Anm. 23).

[34] Auch SCHNELLE, Antidoketische Christologie (s. Anm. 2) 181 stellt „gegenüber diesem Verfahren die Frage", „warum der Evangelist die ‚Semeia-Quelle' übernahm, wenn ihre Christologie seiner eigenen widersprach". Ein solcher Widerspruch ist ja von BECKER, Wunder und Christologie (s. Anm. 11) 144. 146. 147 in der Tat behauptet worden.

[35] SCHNELLE, Antidoketische Christologie (s. Anm. 2) 153f.; er nennt insgesamt vierzehn (!).

[36] SCHNELLE, a.a.O. 154.

den Schluß der Semeia-Quelle wieder, muß zurückgewiesen werden, sondern
die These der Semeia-Quelle selbst unterliegt größten Bedenken[37]. Denn auch
das andere Hauptargument für diese These – die bei den übrigen Wundertaten
Jesu nicht wieder aufgenommene und in einem vermeintlichen Gegensatz zu
den Wunder-Summarien 2,23 und 4,45 stehende Zählung der ersten beiden
Wunder in 2,11 und 4,54[38] – ist nicht stichhaltig. Die Zählung in 2,11 und 4,54
erklärt sich nämlich nicht literarkritisch, sondern aus der Kompositionsabsicht
und dem Gestaltungswillen des vierten Evangelisten selbst. Denn durch die
Zählung setzt er die beiden Kana-Wunder als Anfangs- und Endpunkt des er-
sten öffentlichen Auftretens Jesu aufs engste zueinander in Beziehung. Auf
diese Weise gelingt es ihm, Kana in Galiläa als den exzeptionellen Ort zu qua-
lifizieren, an dem Jesu Offenbarungshandeln Glauben findet. Damit fungiert
Kana im Johannesevangelium als der positive Gegenort zu Judäa und seiner
Hauptstadt Jerusalem, wo Jesus das tödliche Nein des Unglaubens in aller
Schärfe entgegentritt. Weil die anderen fünf im vierten Evangelium erzählten
Wundergeschichten in Judäa bzw. in Jerusalem spielen und auch die beiden
Summarien 2,23 und 4,45 auf die Wundertaten Jesu in Jerusalem verweisen,
ergibt sich gerade *kein* Widerspruch zu 2,11 und 4,54. „Damit entfällt das
Hauptindiz für die Existenz einer vorjoh. ‚Semeia-Quelle'!"[39] Deshalb ist die
These einer alle Wundererzählungen des Evangeliums enthaltenden Semeia-
Quelle schwerlich aufrechtzuerhalten.

Das *Ergebnis*, das sich aus den bisherigen Überlegungen ergibt, ist ein nega-
tives: Die in der Johannes-Forschung vertretene Mehrheitsmeinung ist exegetisch schwerlich hinreichend begründet; der Begriff σημεῖα kann sich – entgegen dem sonstigen johanneischen Sprachgebrauch – in 20,30 nicht auf die
Wundertaten des irdischen Jesu beziehen.

III

Wie ist der Begriff σημεῖα in Joh 20,30+31 dann aber zu verstehen? Es bleibt
m.E. nur *eine* Möglichkeit: Der fragliche Term bezieht sich *ausschließlich* auf
die *Selbsterweise des Auferstandenen vor seinen Jüngern*. Für diese Interpretation spricht zunächst einmal der Tatbestand, daß sich dann alle im ersten Teil
des Aufsatzes aufgewiesenen Aporien als gegenstandslos erweisen:

---

[37] Zur Kritik der These einer dem vierten Evangelisten vorgegebenen und von ihm be-
nutzten Semeia-Quelle s. vor allem die Ausführungen von SCHNELLE, Antidoketische Christologie (s. Anm. 2) 105–108. 168–182; ferner BITTNER, Jesu Zeichen (s. Anm. 1) 2–13; H.
THYEN, Art. Johannesevangelium: TRE 17, 1988, 200–225: 207f.

[38] Darauf berufen sich u.a. BULTMANN, Johannes (s. Anm. 1) 78; DERS., Art. Johannesevangelium: RGG³ III, 1959, 839–850: 842; BECKER, Wunder und Christologie (s. Anm. 11)
134; DERS., Johannes I (s. Anm. 24) 135f.

[39] SCHNELLE, Antidoketische Christologie (s. Anm. 2) 168.

1. Es erledigt sich bei der Deutung von σημεῖα auf die österlichen Selbsterweise Jesu das Problem, warum nach 12,37 erstmals wieder in 20,30 von den Wundertaten Jesu die Rede ist. Denn jetzt fügt sich die Aussage 20,30f. glatt zu dem voranstehenden Kontext 20,19–29, der ja von den Selbsterschließungen des Auferstandenen vor seinen Jüngern handelt.

2. Deutet man die σημεῖα in 20,30f. auf die Selbsterweise des auferstandenen Christus, so steht man nicht länger vor der Schwierigkeit, erklären zu müssen, weshalb die gesamte Wirksamkeit des vorösterlichen Jesus unter den Begriff σημεῖα subsumiert werden kann. Bei dieser Interpretation rekurriert das Demonstrativum ταῦτα nämlich nicht auf die in Joh 2–11 berichteten Wundertaten Jesu, sondern auf die in Joh 20,19–29 erzählten Erscheinungen des Auferstandenen vor seinen Jüngern[40].

3. Nur unter der Voraussetzung, daß sich σημεῖα in 20,30 auf die Selbsterschließungen des Auferstandenen bezieht, läßt sich die Wendung ἐνώπιον τῶν μαθητῶν [αὐτοῦ] sinnvoll interpretieren und in ihrem Sinn präzis erfassen. Denn dann bezeugt 20,30 den für die johanneische Theologie gewichtigen Gedanken, daß sich die Selbsterweise des Auferstandenen (in signifikantem Unterschied zu den sich öffentlich vor dem Forum der Welt ereignenden Wundertaten) in exklusiver Weise vor dem Kreis seiner auserwählten Zeugen vollzogen haben: Ihnen zuerst und ihnen allein hat Jesus das Geheimnis seiner Person und den Sinn seines Heilswerkes in unmittelbarer, grundlegender und suffizienter Weise erschlossen, weshalb die Gemeinde Jesu Christi bleibend auf ihr christologisches und soteriologisches Zeugnis angewiesen ist[41].

---

[40] ταῦτα bezieht sich dagegen *nicht* auch auf die in 20,11–18 erzählte österliche Begegnung Maria Magdalenas mit dem auferstandenen Christus zurück. Denn zum einen gehört Maria Magdalena nicht zu dem streng begrenzten Kreis der μαθηταί Jesu; ihre Aufgabe liegt ja gerade darin τοῖς μαθηταῖς zu verkündigen, ὅτι ἑώρακα τὸν κύριον (20,18). Zum anderen – und das ist theologisch gewichtiger – ist die Begegnung Marias mit dem Auferstandenen von den in 20,19–29 erzählten Selbsterschließungen Jesu ἐνώπιον τῶν μαθητῶν [αὐτοῦ] insofern *qualitativ* unterschieden, als sich in 20,11ff. noch nicht das ἀναβαίνειν Jesu zu Gott, seinem himmlischen Vater, vollzogen hat (20,17; vgl. 3,13; 6,62). *Erst* und *nur* die Ostertexte 20,19–23 und 20,24–29 berichten demzufolge von Christophanien aus der *himmlischen* Welt. Schließlich bestätigt auch der aus dem Nachtragskapitel stammende Vers Joh 21,14 (τοῦτο ἤδη *τρίτον* ἐφανερώθη Ἰησοῦς τοῖς μαθηταῖς ἐγερθεὶς ἐκ νεκρῶν) die These, daß ausschließlich in 20,19–23 und 20,24–29 von den österlichen Selbsterschließungen ἐνώπιον τῶν μαθητῶν [αὐτοῦ] die Rede ist.

[41] S. 20,24–29; 1Joh 1,1–4.5; 4,14. In 14,3.18–24.28; 16,16–26 ist dagegen nicht primär von der *österlichen* Selbstoffenbarung des Auferstandenen vor dem einzigartigen Kreis seiner auserwählten Zeugen die Rede, sondern in erster und entscheidender Linie von der allen Glaubenden *nachösterlich* immer wieder neu widerfahrenden Selbsterschließung des verherrlichten Christus im *Geistparakleten* (s. dazu im einzelnen: H.-Chr. Kammler, Jesus Christus und der Geistparaklet. Eine Studie zur johanneischen Verhältnisbestimmung von Pneumatologie und Christologie, in diesem Band 87–190: 90ff.). Zwischen den beiden Weisen der Selbsterschließung Jesu läßt sich das folgende Begründungsverhältnis wahrnehmen: Die Spendung des Heiligen Geistes durch den Auferstandenen, die seine Jünger allererst dazu befähigt, seine Zeugen zu sein (20,22f.), ist selbst der *Grund* und die *Bedingung der*

4. Schließlich ergibt sich bei der von mir vorgeschlagenen Interpretation des Begriffs σημεῖα nicht das Problem, wie sich mit der johanneischen Theologie die These vereinbaren läßt, daß der Sinn und Zweck der Wundererzählungen darin liege, den Glauben an Jesus als den „Christus" und den „Sohn Gottes" bei den Lesern zu vertiefen oder gar allererst zu wecken. Denn nunmehr artikuliert der erste Finalsatz von 20,31 den mit dem Ganzen der johanneischen Theologie aufs genaueste übereinstimmenden Gedanken, daß der Glaube derer, für die es eine unmittelbare Begegnung mit dem auferstandenen Christus prinzipiell nicht geben kann, in eben jenen einmaligen und einzigartigen Selbstweisen des Auferstandenen vor seinen Jüngern gründet, die diese authentisch und gültig bezeugt haben.

Bei der Annahme, daß σημεῖα in 20,30f. exklusiv auf die Selbsterschließungen des Auferstandenen verweist, lösen sich aber nicht allein die Schwierigkeiten, die sich bei der üblichen Deutung des Ausdrucks unweigerlich ergeben. Diese Sicht wird vielmehr darüber hinaus durch eine Anzahl weiterer gewichtiger Beobachtungen, die teils sprachlich-philologischer, teils sachlich-inhaltlicher Art sind, untermauert:

1. Die Wendung πολλὰ μὲν οὖν καὶ ἄλλα κτλ. hat in der griechischen Literatur Parallelen, in denen jeweils auf das vorher Gesagte in verknüpfender Weise Bezug genommen und so eine weiterführende Aussage gemacht wird. Besondere Erwähnung verdient Lk 3,18[42]. Hier bezieht sich der Verfasser des Lukasevangeliums mit den Worten πολλὰ μὲν οὖν καὶ ἕτερα παρακαλῶν auf die in 3,7–17 mitgeteilten Mahnworte des Täufers zurück. Nach dieser Formulierung des Lukas stellen die mitgeteilten Mahnworte eine *Auswahl* aus den Mahnworten des Täufers dar. Ganz entsprechend handelt es sich auch bei den österlichen Selbstweisen Jesu, von denen Joh 20,19–29 berichtet wird, um eine *Auswahl* aus der in 20,30f. angedeuteten Fülle der Erscheinungen des Auferstandenen.

Möglichkeit für das nachösterliche Wirken des παράκλητος, der bleibend an das im vierten Evangelium lautwerdende Selbstzeugnis Christi gebunden ist. Seine vornehmste Aufgabe besteht darin, den – im Johannesevangelium als Gottessohn proklamierten – gekreuzigten und auferstandenen Jesus Christus dadurch zu verherrlichen (16,14), daß er von ihm lehrend und erinnernd Zeugnis gibt (14,26; 15,26; 16,13–15). S. dazu des näheren KAMMLER, Jesus Christus und der Geistparaklet 106ff. 109ff. 118ff. 137ff. 182ff.

[42] S. ferner etwa: Platon, Euthydemos 303C; Aischines, In Timarchum 43 (68); Aelian, Varia Historia III 18; Dionysius Hal. II 67,5; Plotin, Enneades II 9,10; Jamblichus, De vita Pythagorica XXX 176 (dort jeweils die Formulierung mit anknüpfendem und fortleitendem μὲν οὖν); vgl. auch Diodorus Siculus XVII 38,3; Josephus, Antiquitates III 318; Arrian, Anabasis VI 11,2; Diognetbrief 2,10. Den Hinweis auf diese Stellen verdanke ich W. BAUER, Griechisch-deutsches Wörterbuch zu den Schriften des Neuen Testaments und der frühchristlichen Literatur (hrsg. v. K. u. B. ALAND), Berlin/New York ⁶1988, 1380 s.v. πολύς 2.b.α und vor allem der umfangreichen Materialsammlung bei J.J. WETTSTEIN, Novum Testamentum Graecum I, Amsterdam 1751 (unveränderter Nachdruck: Graz 1962), 674f. (zu Lk 3,18).

2. Daß die Wendung ἐνώπιον τῶν μαθητῶν [αὐτοῦ], wie oben dargelegt,
auf die Jünger als *Zeugen des Auferstandenen* abhebt, legt sich auch von daher
nahe, daß zuvor in den beiden Erscheinungsberichten 20,19–23 und 20,24–29
wiederholt ausdrücklich von den μαθηταί die Rede war (20,19.20.25.26; vgl.
20,18)[43]. Falls der Genitiv αὐτοῦ in 20,30 nicht ursprünglich sein sollte, wäre
der Bezug auf die zuvor genannten Jünger sprachlich noch stärker herausgestellt; denn „an manchen Stellen läßt der Evangelist das Pronomen fort, wenn
die Jünger Jesu (mit Pronomen) vorher genannt wurden"[44]. Der Artikel hätte
dann anaphorischen Sinn.

3. Die Verse 20,30f. sind mit dem voranstehenden Abschnitt 20,24–29 un-
übersehbar durch das Stichwort πιστεύειν verbunden, das sich außer in 20,25
jeweils zweimal in 20,29 und 20,31 findet. In 20,29b werden diejenigen selig
gepriesen, „die (den Auferstandenen) nicht sehen und doch (an ihn als ihren
auferstandenen Herrn und Gott) glauben". Dieser Satz hat die Situation derer
im Blick, die auf das Zeugnis der einmaligen und einzigartigen Osterzeugen
hin glauben, d.h. das Zeugnis derer annehmen, denen ein unmittelbarer Selbst-
erweis durch den österlichen Christus gewährt wurde und die von daher bezeugen: ἑωράκαμεν τὸν κύριον (20,25a). Es ist ja wichtig zu beachten, daß Thomas in 20,24f. zunächst in der Situation aller späteren Christen geschildert
wird, die nicht eine unmittelbare Begegnung mit dem Auferstandenen, sondern
nur das Zeugnis der Osterzeugen haben und „durch ihr Wort an mich glauben"
(17,20). In genau diesem Sinne glaubt die in 20,31 angeredete johanneische
Gemeinde an Jesus als „den Christus, den Sohn Gottes". Denn sie glaubt auf
die „geschriebene" Bezeugung der beiden österlichen Selbstweise Christi
hin: den in 20,19–23 geschilderten Selbstweis, mit dem der Auferstandene
seine Jünger zu Zeugen macht, und den in 20,24–29 berichteten Selbstweis,
mit dem er selbst – exzeptionell – dem ungläubigen Thomas gegenüber ihr
Zeugnis bestätigt. 20,29b wie 20,31 besagen demzufolge in gleicher Weise,
daß sich der seligmachende Christusglaube der Nachgeborenen konstitutiv
dem *Zeugnis* derer verdankt, denen der Auferstandene sein Persongeheimnis
zuerst erschlossen hat.

4. Nur dann, wenn sich der Term σημεῖα in 20,30f. auf die Auferstehungserscheinungen bezieht, gewinnen die beiden Verse einen präzisen, pointierten
und im Ganzen der johanneischen Theologie stimmigen Sinn, der zudem noch
auf das beste zu dem voranstehenden Kontext paßt: In 20,29 bedenkt der Evangelist, wie dargelegt, die Situation der nachösterlichen Gemeinde. Er spricht
dabei die Differenz an, die zwischen dem einzigartigen Kreis der Osterzeugen

---

[43] Auch SCHNELLE, Antidoketische Christologie (s. Anm. 2) 155f. bemerkt, daß „die
Wendung ἐνώπιον τῶν μαθητῶν auch durch die vorhergehenden Erscheinungen Jesu vor
seinen Jüngern veranlaßt worden sein" dürfte; er zieht daraus aber nicht die notwendigen
Konsequenzen für die Bestimmung des Sinns von σημεῖα.

[44] SCHNACKENBURG, Johannesevangelium III (s. Anm. 5) 401 Anm. 120.

und den Nachgeborenen bezüglich der *Genese* des Glaubens in der Tat unhin-
tergehbar und unaufhebbar besteht, weil sich der Glaube der Osterzeugen einer
unmittelbaren Begegnung mit dem Auferstandenen verdankt, der Glaube der
Nachgeborenen dagegen durch die Christus-Verkündigung der Zeugen *vermittelt* wird[45]. Zugleich aber stellt er in Form eines Makarismus nachdrücklich
heraus, daß diese Differenz für die Nachgeborenen *in soteriologischer Hinsicht* gänzlich irrelevant ist. Ihr Glaube ist nämlich mit dem der ersten Zeugen
sowohl im Blick auf seinen *Inhalt* (Jesu Person) wie im Blick auf die mit diesem Inhalt verbundene *Gabe* (das ewige Leben) identisch. In diesen Gedankengang fügt sich nun die Aussage von 20,30 glatt ein: Weil den Adressaten
des vierten Evangeliums eine unmittelbare Begegnung mit dem Auferstandenen, wie sie in den Abschnitten 20,19–23 und 20,24–29 erzählt wurde, prinzipiell verwehrt ist, sie dem auferstandenen Christus vielmehr *ausschließlich* im
Medium des Wortes begegnen, würde es theologisch überhaupt keinen Sinn
machen, wenn der Evangelist nun noch von weiteren Erscheinungen des Auferstandenen vor seinen Jüngern erzählte. Denn solche Berichte wären für seine
Adressaten ohne jeden Nutzen, gilt für sie doch in aller Strenge: μακάριοι οἱ
μὴ ἰδόντες καὶ πιστεύσαντες (20,29b)[46]. Daß den Selbstweisen des Auferstandenen und den im Johannesevangelium niedergeschriebenen Ostergeschichten trotzdem eine bleibende und fundamentale ekklesiologische Bedeutung zukommt, schärft der vierte Evangelist mit dem letzten Vers des von ihm
verfaßten Evangeliums (20,31) ein. Mit ihm stellt er nämlich heraus, daß die in
20,19–29 exemplarisch festgehaltenen und erzählten Selbstschließungen des
Auferstandenen vor seinen Jüngern das im vierten Evangelium lautwerdende
Kerygma und damit den durch diese Botschaft hervorgerufenen Glauben der
Nachgeborenen *zeitlich wie sachlich* begründen – und zwar sowohl in *christologischer* wie in *soteriologischer* Hinsicht. Denn nur weil Jesus sich an Ostern
als „Herr und Gott" (20,28) vor seinen Jüngern zu erkennen gegeben hat, kann
ihn die Gemeinde als ὁ χριστὸς ὁ υἱὸς τοῦ θεοῦ (20,31a) bekennen[47]; und nur

---

[45] Vgl. zu diesem Gedanken Joh 17,20; 1Joh 1,1–4; 4,14.

[46] 20,30 will demzufolge keineswegs „dem Leser den unerschöpflichen Reichtum des
Gegenstandes zum Bewußtsein bringen" (so BULTMANN, Johannes [s. Anm. 1] 540).

[47] Weil der Glaube der ersten Zeugen und der Glaube der Nachgeborenen hinsichtlich
des *Gegenstandsbezuges* bzw. *Inhaltes* identisch sind (der Glaube bezieht sich auf Jesus
Christus, auf ihn in seiner Person und in seinem Werk), bringen beide Verse – 20,31 wie
20,28 – durch die verschiedenen Hoheitstitel in gleicher Weise die wesenhafte *Gottheit* Jesu
zur Sprache (vgl. BROWN, John II [s. Anm. 5] 1060: „... his approval of the ‚Lord and God'
profession shows how he understood ‚Son of God'"; ferner MORRIS, John [s. Anm. 1] 856f.;
SCHNACKENBURG, Johannesevangelium III [s. Anm. 5] 405; G. R. BEASLEY-MURRAY, John,
WBC 36, 1987, 388). – Hinsichtlich des Hoheitstitels ὁ χριστός in 20,31 ist zu bedenken,
daß er wie in 11,27 durch den für die johanneische Christologie fundamentalen *metaphysischen* „Sohn Gottes"-Titel ausgelegt und auf diese Weise in seinem semantischen Gehalt
gegenüber der alttestamentlich-frühjüdischen Messianologie *neu*, nämlich im christlich-
johanneischen Sinn bestimmt und definiert wird (das gleiche Phänomen begegnet in Mt
16,16; anders Mt 26,63). Der Titel ὁ χριστός ist jetzt nicht länger eine bloße Amts- und

weil der auferstandene Gekreuzigte den Osterzeugen seinen am Kreuz erworbenen Frieden zugesprochen (20,19.20.26) und sie mit eschatologischer Freude erfüllt (20,20) und durch die Ausrüstung mit dem Heiligen Geist als Zeugen eingesetzt und in die Welt gesandt hat (20,22f.), kann die johanneische Gemeinde dessen gewiß sein, daß sie im Glauben an ihn des ewigen Lebens auch wirklich teilhaftig ist (20,31b).

5. Verweist das Wort σημεῖα in 20,30f. auf die Selbsterweise des Auferstandenen, so ergibt sich eine genaue *antithetische Entsprechung* zu 12,37, zu jener Stelle also, an der letztmals im Johannesevangelium der Terminus σημεῖα als Bezeichnung der Wundertaten Jesu begegnete. In 12,37 – am Ende des ersten großen Hauptteiles 1,19–12,50, der die Selbstoffenbarung Jesu vor der *Welt* zum Gegenstand hat – stellt der vierte Evangelist abschließend im Rückblick fest, daß die sich in den *Wundertaten* vollziehenden Erweise der göttlichen Herrlichkeit Jesu den *Unglauben* des Kosmos nicht überwunden haben. In 20,30f. – am Ende des zweiten Hauptteiles 13,1–20,31, der die Selbstoffenbarung Jesu vor seinen *Jüngern* thematisiert – erklärt der Evangelist, daß allererst die sich in den *Erscheinungen* des Auferstandenen vor den Jüngern ereignenden Erweise der göttlichen Herrlichkeit Christi und das darin gründende Christuszeugnis der Osterzeugen den wahren *Glauben* an seine Person hervorzurufen und zu erhalten vermögen.

6. Deutet man den Begriff σημεῖα in 20,30f. auf die Selbsterweise des Auferstandenen, dann wird ersichtlich, daß die Aussage 20,31 eine genaue formale und inhaltliche Parallele in 19,35 hat. Wie die μαρτυρία von 19,35, so bezieht sich dann nämlich auch das ταῦτα δὲ γέγραπται von 20,31 nicht auf eine Vielzahl von wunderhaften Geschehnissen, die im vierten Evangelium erzählt werden, sondern auf *ein* bestimmtes, in seiner soteriologischen Relevanz schlechterdings einzigartiges, die Zeiten über- und umgreifendes und also *eschatologisches* Ereignis. *19,35* hebt auf die Mitteilung der dem Lieblingsjünger unter dem Kreuz zuteil gewordenen Erkenntnis der soteriologischen Bedeutung des *Kreuzestodes* Jesu ab. Das Heraustreten von Blut und Wasser aus der Seite Jesu (19,34) hat symbolischen Sinn: Während αἷμα darauf verweist, daß der Gekreuzigte das eschatologische Passalamm ist, das den Sühnetod für die verlore-

---

Funktionsbezeichnung, sondern eine *Wesens*bezeichnung, durch die der Evangelist die wesen- und ursprunghafte Zugehörigkeit Jesu zu Gott als seinem Vater zur Sprache bringt. Vgl. zu dem beschriebenen Sachverhalt KAMMLER, Jesus Christus und der Geistparaklet (s. Anm. 41) 159ff.; ferner BROWN, John II (s. Anm. 5) 1059f.; M. DE JONGE, Jewish Expectations about the ,Messiah' according to the Fourth Gospel, NTS 19 (1972/73) 246–270: 251f.; DERS., The Use of the Word ΧΡΙΣΤΟΣ in the Johannine Epistles, in: Studies in John. FS J. N. SEVENSTER, NT.S 24, 1970, 66–74: 73f.; J. D. G. DUNN, Let John be John. A Gospel for its Time, in: Das Evangelium und die Evangelien (hrsg. v. P. STUHLMACHER), WUNT 28, 1983, 309–339: 321; BITTNER, Jesu Zeichen (s. Anm. 1) 213–216. 225; CARSON, John (s. Anm. 3) 663; SCHNACKENBURG, Johannesevangelium III (s. Anm. 5) 404f.; O. HOFIUS, Ist Jesus der Messias? Thesen, in: Der Messias, JBTh 8 (1993) 103–129: 124. 128 mit Anm. 50.

ne Menschenwelt stirbt[48], steht ὕδωρ für die Spendung des Heiligen Geistes, die im Kreuzestod Christi begründet ist und erst nach seiner am Kreuz vollzogenen Erhöhung und Verherrlichung erfolgt[49]. *20,31* rekurriert auf die einzigartigen Selbsterschließungen des *Auferstandenen* vor seinen Jüngern. Da Kreuz und Auferstehung Jesu im vierten Evangelium einen zwar in sich differenzierten, aber gleichwohl unlöslichen Zusammenhang bilden, verhalten sich die Aussagen von 19,35 und 20,31 zueinander wie die zwei Seiten *einer* Medaille. Weil das Geschehen von Kreuz und Auferstehung Jesu für den Glauben der johanneischen Gemeinde das Fundamentaldatum schlechthin ist, stehen nicht zufällig an beiden Stellen die fast gleichlautenden Finalsätze: ἵνα καὶ ὑμεῖς πιστεύητε (19,35) bzw. ἵνα πιστεύητε ὅτι Ἰησοῦς ἐστιν ὁ χριστὸς ὁ υἱὸς τοῦ θεοῦ (20,31). Mit ihnen bringt der vierte Evangelist zum Ausdruck, daß der Glaube seiner Gemeinde gleichermaßen auf die Erkenntnis der soteriologischen Bedeutung des Kreuzestodes Jesu angewiesen bleibt, die dem Lieblingsjünger als dem Garanten katexochen für die Wahrheit des johanneischen Kerygmas unter dem Kreuz zuteil wurde, wie auf die Erkenntnis seiner Person und seines Heilswerkes, die den Jüngern durch die österliche Selbsterschließung Jesu geschenkt wurde.

7. Schließlich ist als bemerkenswert zu notieren, daß bereits der in Joh 21 zu Wort kommende Herausgeberkreis unter den in 20,30 genannten σημεῖα die Selbstoffenbarungen des Auferstandenen vor seinen Jüngern verstanden hat. Das ergibt sich nämlich aus 21,1. Denn dem an 20,30f. unmittelbar anschließenden Beginn des Nachtragskapitels 21,1 (μετὰ ταῦτα ἐφανέρωσεν ἑαυτὸν πάλιν ὁ Ἰησοῦς τοῖς μαθηταῖς κτλ.) läßt sich entnehmen, daß der Verfasser von Joh 21 gerade deshalb eine weitere Erzählung von einer österlichen Selbst-

---

[48] Das ergibt sich aus dem Mischzitat Ex 12,10.46 in Joh 19,36. Vgl. zu diesem für die johanneische Soteriologie *fundamentalen* Gedanken vor allem Joh 1,29.36; 19,14.29.33 und die diesbezüglichen Ausführungen von K. WENGST, Bedrängte Gemeinde und verherrlichter Christus. Ein Versuch über das Johannesevangelium, KT 114, München ³1992, 200–203.

[49] Der Bezug auf das göttliche πνεῦμα ergibt sich aus dem verkürzten Zitat von Sach 12,10 in Joh 19,37. Sach 12,10LXX lautet nämlich in vollem Wortlaut: καὶ ἐκχεῶ ἐπὶ τὸν οἶκον Δαυιδ καὶ ἐπὶ τοὺς κατοικοῦντας Ιερουσαλημ *πνεῦμα χάριτος καὶ οἰκτιρμοῦ, καὶ* ἐπιβλέψονται πρός με ἀνθ᾽ ὧν κατωρχήσαντο καὶ κόψονται ἐπ᾽ αὐτὸν κοπετὸν ὡς ἐπ᾽ ἀγαπητὸν καὶ ὀδυνηθήσονται ὀδύνην ὡς ἐπὶ πρωτοτόκῳ. Der Abschnitt 19,34–37 erzählt demnach die Erfüllung der Verheißung von Joh 7,38: καθὼς εἶπεν ἡ γραφή (vgl. vor allem Ez 47,1–12; Sach 14,8; außerdem Joel 4,18), ποταμοὶ ἐκ τῆς κοιλίας αὐτοῦ ῥεύσουσιν ὕδατος ζῶντος. Das Nebeneinander von ὕδωρ und πνεῦμα, wobei ὕδωρ die reinigende Kraft des πνεῦμα illustriert, geht traditionsgeschichtlich auf Ez 36,25–27 (vgl. Jes 44,3) zurück (vgl. auch die Metapher vom ausgießen [שָׁפַךְ] des Geistes in Ez 39,29; Joel 3,1.2; Sach 12,10). Es begegnet als Hendiadyoin in Joh 3,5: ἐξ ὕδατος καὶ πνεύματος; dabei ist das Nomen πνεῦμα betont, weshalb in 3,5 wohl *kein* Bezug auf die christliche Taufe vorliegt.

erschließung Jesu (21,1–14) angefügt hat, weil er in 20,30 ausgesagt fand, daß
der Evangelist selbst sehr wohl um weitere Ostererscheinungen Jesu gewußt
hat[50].

Blickt man auf die in Teil III vorgetragenen Erwägungen insgesamt zurück,
so wird man urteilen dürfen, daß „starke, am Text selbst sichtbare Beobachtungen“[51] nachdrücklich dafür sprechen, daß der Evangelist mit dem Begriff
σημεῖα in 20,30+31 – abweichend von seinem sonstigen Sprachgebrauch – *die
österlichen Selbsterweise Jesu* und *nur sie* bezeichnet hat.

IV

Was aber – so ist nun zu fragen – gab dem vierten Evangelisten dazu Anlaß,
den in seinem Evangelium sonst exklusiv zur Bezeichnung der Wundertaten
Jesu reservierten Begriff σημεῖα in 20,30f. auf die Selbsterweise des Auferstandenen zu beziehen? Auf diese Frage ist zu antworten, daß der Verfasser des
Evangeliums die österlichen Erscheinungen des Auferstandenen deshalb als
σημεῖα bezeichnen konnte, weil er zwischen ihnen und den Wundertaten des
irdischen Jesu Entsprechungen wahrnahm, die teils eher formaler, teils dezidiert sachlich-inhaltlicher Natur sind:

1. Die eher *formale* Entsprechung, die zwischen den Wundertaten Jesu und
seinen österlichen Selbsterweisen zu erkennen ist, liegt in dem wunderbaren,
die innerweltliche Raum-Zeit-Struktur durchbrechenden Phänomen, daß der
Auferstandene in seiner verklärten Leiblichkeit durch verschlossene Türen
geht, was vom Evangelisten in den beiden Erscheinungsberichten 20,19–23
und 20,24–29 eigens betont wird (20,19 bzw. 20,26).

2. Noch gewichtiger ist die *sachlich-inhaltliche* Entsprechung, die zwischen
den Wundern des irdischen Jesu einerseits und den Selbsterweisen des auferstandenen Herrn andrerseits zu erkennen ist. Der theologische Sinn sowohl der
Wunder Jesu wie auch der Selbsterweise des Auferstandenen ist nämlich darin
zu sehen, daß Jesus sich darin in seiner *Person* und in seinem *Werk* manifestiert. Beide haben Offenbarungscharakter; in ihnen scheint gleichermaßen
Jesu göttliche δόξα auf. Das sei in der gebotenen Kürze aufgezeigt. Für die
Wunder gilt, daß sie deshalb vom Evangelisten als σημεῖα bezeichnet werden,
weil sie über sich selbst hinaus auf die Person und das Werk des Wundertäters
verweisen[52]. Sie enthüllen zum einen *Jesu Wesen* durch die sichtbare Darstel-

---

[50] Zu beachten ist vor allem die dem ἐνώπιον τῶν μαθητῶν [αὐτοῦ] von 20,30 formal
wie inhaltlich entsprechende Wendung ἐφανέρωσεν ἑαυτὸν ... τοῖς μαθηταῖς 21,1.

[51] Sie hat BECKER, Johannes II (s. Anm. 1) 756 mit Recht für die Annahme eines vom sonstigen johanneischen Sprachgebrauch abweichenden Verständnisses von σημεῖα gefordert.

[52] Vgl. VON LIPS, Anthropologie und Wunder (s. Anm. 19) 302: σημεῖον ist „ein
Funktionsbegriff, nicht nur ein Synonym für ‚Wunder‘, d.h. die Wunder haben Hinweis-
charakter, weisen über sich selbst hinaus“.

lung und Manifestation seiner göttlichen Herrlichkeit (2,11; vgl. 11,4.40), und
sie geben ihn zum anderen als den *Geber des ewigen Lebens* zu erkennen und
weisen so „auf seine Herrlichkeit im Sinne seiner Heilsbedeutung"[53] hin. Die
Wunder bringen auf diese Weise die johanneische Christologie und die in ihr
gründende Soteriologie zur Sprache. Sie erzählen, was die ἐγώ-εἰμι-Worte auf
den theologischen Begriff bringen; kurz: sie sind *erzählte Ich-bin-Worte*. Ganz
analog ist der theologische Sinn der in 20,19–29 erzählten Selbsterschließungen des Auferstandenen zu bestimmen. Auch in ihnen offenbart der Auferstandene sein *Persongeheimnis*, indem er einerseits seine Identität mit dem Gekreuzigten zu erkennen gibt und damit anzeigt, daß er auch als der Verherrlichte
bleibend durch die Wundmale seines Kreuzestodes gekennzeichnet ist
(20,20.27), und indem er andrerseits seinen Jüngern in seiner göttlichen Auf-
erstehungsherrlichkeit entgegentritt, so daß ihn Thomas – stellvertretend für
alle Auferstehungszeugen – als ὁ κύριός μου καὶ ὁ θεός μου anrufen kann
(20,28). Ferner gibt Jesus sich auch in den österlichen Selbstweisen als *Geber des ewigen Lebens* zu erkennen – und zwar dadurch, daß er seinen Jüngern
das Heil erschließt, das in seinem Kreuzestod begründet ist. Er erschließt es
ihnen, indem er ihnen in Erfüllung der Verheißung von 14,27; 16,33 seinen
Frieden zuspricht (20,19.20.26), ihnen die in 14,28; 15,11; 16,20–24; 17,13
verheißene eschatologische *Freude* gewährt (20,20b) und ihnen den in den
Parakletsprüchen (14,16f.25f.; 15,26f.; 16,7–11.12–15) zugesagten *Heiligen
Geist* spendet, der sie allererst dazu befähigt, seine Zeugen zu sein (20,22f.).
Bedenkt man schließlich, daß nicht nur das Lazarus-Wunder, sondern letztlich
alle im vierten Evangelium erzählten Wundertaten den johanneischen Christus
als „die Auferstehung und das Leben" verkündigen (11,25) und insofern dezidiert die δόξα des *Auferstandenen* zur Darstellung bringen[54], so begreift man
vollends, warum der Evangelist die Selbstweise des Auferstandenen in
20,30f. mit dem Terminus σημεῖα bezeichnen konnte und bezeichnet hat. Denn
auf diese Weise fällt vom Osterkapitel her ein wichtiges interpretatorisches
Licht auf alle Wundererzählungen des Johannesevangeliums: Von 20,30f. her
gelesen, erzählen sie allesamt vom *auferstandenen* Christus[55].

---

[53] VON LIPS, a.a.O. 302.

[54] Damit soll selbstverständlich nicht gesagt sein, daß die δόξα und damit die Gottheit
erst dem Auferstandenen zuteil geworden ist. Denn die δόξα ist Jesus als dem Sohn ebenso
von Ewigkeit her zu eigen (vgl. nur 17,5.24) wie die wesenhafte Gottheit (vgl. nur 1,1.18).

[55] Die Äquivokation im Gebrauch des σημεῖον-Begriffs mag auch durch 2,18–23 vorbereitet sein, wo Jesus die Zeichenforderung der Ἰουδαῖοι mit dem verschlüsselten Hinweis
auf seine *Auferstehung* beantwortet. Allerdings versteht der Evangelist die Auferstehung
Jesu im Unterschied zu den Ostererscheinungen *nicht* als σημεῖον.

V

Abschließend sind die Konsequenzen zu bedenken, die sich aus dem Dargelegten für die Frage nach der literarischen und theologischen Funktion der Verse 20,30+31 ergeben. Wenn es richtig ist, daß sich der Term σημεῖα in 20,30 ausschließlich auf die Selbsterweise des Auferstandenen vor seinen Jüngern bezieht, dann fassen die Verse 20,30+31 weder den Inhalt des vierten Evangeliums zusammen, noch benennen sie dann dessen Zweck und Ziel. Vielmehr beschreiben sie Funktion, Sinn, Zweck und Ziel der in Joh 20,19–29 erzählten *Ostergeschichten* – und zwar in ekklesiologischer wie in hermeneutischer Hinsicht. Dabei liegt die *ekklesiologische* Funktion der Verse 20,30+31 darin, den Lesern des Evangeliums in Erinnerung zu rufen, daß ihr Glaube bleibend auf das Zeugnis der ersten Zeugen angewiesen ist, welches seinerseits in den einzigartigen österlichen Selbstweisen des Auferstandenen gründet. Denn nur unter dieser Voraussetzung kann ihr Glaube streng Glaube an den im vierten Evangelium als Gottessohn verkündigten *Jesus Christus* und damit *Heilsglaube* sein und bleiben. Nun kommt den Versen 20,30+31 aber zudem auch eine wichtige *hermeneutische* Funktion für das rechte Lesen und Verstehen des gesamten Evangeliums zu. Mit ihnen wird dem Leser nämlich angezeigt, daß sich die Christologie und Soteriologie des vierten Evangeliums den – in Joh 20,19–29 in exemplarischer Weise erzählten – österlichen Selbstweisen des Auferstandenen ἐνώπιον τῶν μαθητῶν [αὐτοῦ] verdanken. Denn nur weil Jesus sich an Ostern seinen Jüngern in seiner – ihm *von Ewigkeit her* zukommenden – göttlichen Herrlichkeit geoffenbart hat, kann der Evangelist den johanneischen Christus *von Anfang seines Evangeliums an* als den darstellen und verkündigen, der in Person „die Auferstehung und das Leben" ist. Das vierte Evangelium ist also *im Lichte der österlichen Selbsterschließung Jesu* verfaßt. Deshalb soll es der Leser *von Ostern her* lesen und zu verstehen suchen. Ist die hermeneutische Funktion von 20,30+31 angemessen bestimmt, dann bilden die Schlußverse des Osterkapitels das passende Gegenstück zum Prolog 1,1–18. Der Prolog ist programmatischer Eröffnungstext und Eingangstor zum Corpus des Evangeliums. Als solcher stellt er von Anfang an betont heraus, wer die im Evangelium geschichtlich in Erscheinung tretende Gestalt des Jesus von Nazareth in Wahrheit ist: der mit dem Vater von Ewigkeit her in personaler Gemeinschaft lebende Sohn, der deshalb selbst wesenhaft Gott ist[56]. Dem korrespondiert die hermeneutische Funktion des Epilogs 20,30+31. Denn

---

[56] Vgl. zu dieser literarischen und textpragmatischen Funktion des Prologs die diesbezüglichen Ausführungen von R.H. LIGHTFOOT, St. John's Gospel. A Commentary (hrsg. v. C.F. EVANS), Oxford 1956, 78; M. THEOBALD, Im Anfang war das Wort. Textlinguistische Studie zum Johannesprolog, SBS 106, 1983, 9. 117. 127–130; DUNN, Let John be John (s. Anm. 47) 334; SCHNELLE, Antidoketische Christologie (s. Anm. 2) 246; DERS., Neutestamentliche Anthropologie (s. Anm. 19) 134; THYEN, Art. Johannesevangelium (s. Anm. 37) 201. 213. 221; WENGST, Bedrängte Gemeinde (s. Anm. 48) 192.

mit dem Rückverweis auf die in Joh 20,19–29 erzählten Selbsterschließungen des Auferstandenen vor seinen Jüngern gibt er den *Erkenntnisgrund* für diese hohe, im Prolog erstmals laut werdende und im gesamten Evangelium durchgängig bezeugte Wesenschristologie an.

Bestimmen wir am Ende unserer Darlegungen die literarische und theologische Funktion von Joh 20,30+31 präzise, so läßt sich formulieren: Die Verse 20,30+31 bilden nicht den Epilog zum Johannesevangelium als ganzem; sie sind vielmehr *das Schlußwort zur johanneischen Ostergeschichte* – ein Schlußwort freilich, das gleichermaßen deren fundamentale Bedeutung für den Glauben der Gemeinde Jesu Christi wie für das rechte Verstehen des gesamten vierten Evangeliums herausstellt.

Nachweis der Erstveröffentlichungen

OTFRIED HOFIUS

Struktur und Gedankengang des Logos-Hymnus in Joh 1,1–18
Zeitschrift für die neutestamentliche Wissenschaft 78 (1987) 1–25.

„Der in des Vaters Schoß ist" Joh 1,18
Zeitschrift für die neutestamentliche Wissenschaft 80 (1989) 163–171.

Das Wunder der Wiedergeburt.
Jesu Gespräch mit Nikodemus Joh 3,1–21
Unveröffentlicht.

Erwählung und Bewahrung.
Zur Auslegung von Joh 6,37
Theologische Beiträge 8 (1977) 24–29.

HANS-CHRISTIAN KAMMLER

Jesus Christus und der Geistparaklet.
Eine Studie zur johanneischen Verhältnisbestimmung von Pneumatologie
und Christologie
Unveröffentlicht.

Die „Zeichen" des Auferstandenen.
Überlegungen zur Exegese von Joh 20,30+31
Unveröffentlicht.

Stellenregister

Altes Testament

Schriften des masoretischen Kanons

Zusätzliche Schriften der Septuaginta

Neues Testament

Die kursiv gesetzten Seitenzahlen weisen auf eine genauere Exegese des Textes bzw. auf wichtige Überlegungen zu seinem Verständnis hin.

Qumrantexte

Jüdisch-hellenistische Autoren

Rabbinische Literatur

Targumim

Frühchristliche Schriften und Kirchenväter

Kirchliche Autoren des Mittelalters

Pagane antike Autoren

Sonstige Quellen

Corpus Hermeticum
XIII 1f.   44

Inschriften und Papyri
BGU 595,6   41
IG VII 2712,59   41
P.Oxy. 745,4   41
SIG 1104,11   41

Jüdische Liturgie
Achtzehn-Gebet,
2. Benediktion   161

Mandäische Literatur
GinzaR V 3   46
GinzaL I 1   46
Johannesbuch 126 46

Autorenregister

Sachregister

Register griechischer Begriffe und Wendungen

Wissenschaftliche Untersuchungen zum Neuen Testament

Alphabetische Übersicht der ersten und zweiten Reihe

Anderson, Paul N.: The Christology of the Fourth Gospel. 1996. *Band II/78.*
Appold, Mark L.: The Oneness Motif in the Fourth Gospel. 1976. *Band II/1.*
Arnold, Clinton E.: The Colossian Syncretism. 1995. *Band II/77.*
Bachmann, Michael: Sünder oder Übertreter. 1992. *Band 59.*
Baker, William R.: Personal Speech-Ethics in the Epistle of James. 1995. *Band II/68.*
Bammel, Ernst: Judaica. Band I 1986. *Band 37* – Band II 1996. *Band 91.*
Bauernfeind, Otto: Kommentar und Studien zur Apostelgeschichte. 1980. *Band 22.*
Bayer, Hans Friedrich: Jesus' Predictions of Vindication and Resurrection. 1986. *Band II/20.*
Bell, Richard H.: Provoked to Jealousy. 1994. *Band II/63.*
Betz, Otto: Jesus, der Messias Israels. 1987. *Band 42.*
– Jesus, der Herr der Kirche. 1990. Band 52.
Beyschlag, Karlmann: Simon Magus und die christliche Gnosis. 1974. *Band 16.*
Bittner, Wolfgang J.: Jesu Zeichen im Johannesevangelium. 1987. *Band II/26.*
Bjerkelund, Carl J.: Tauta Egeneto. 1987. *Band 40.*
Blackburn, Barry Lee: Theios Anēr and the Markan Miracle Traditions. 1991. *Band II/40.*
Bockmuehl, Markus N. A.: Revelation and Mystery in Ancient Judaism and Pauline Christianity. 1990. *Band II/36.*
Böhlig, Alexander: Gnosis und Synkretismus. Teil 1 1989. *Band 47* – Teil 2 1989. *Band 48.*
Böttrich, Christfried: Weltweisheit – Menschheitsethik – Urkult. 1992. *Band II/50.*
Büchli, Jörg: Der Poimandres – ein paganisiertes Evangelium. 1987. *Band II/27.*
Bühner, Jan A.: Der Gesandte und sein Weg im 4.Evangelium. 1977. *Band II/2.*
Burchard, Christoph: Untersuchungen zu Joseph und Aseneth. 1965. *Band 8.*
Cancik, Hubert (Hrsg.): Markus-Philologie. 1984. *Band 33.*
Capes, David B.: Old Testament Yaweh Texts in Paul's Christology. 1992. *Band II/47.*
Caragounis, Chrys C.: The Son of Man. 1986. *Band 38.*
– siehe *Fridrichsen, Anton.*
Carleton Paget, James: The Epistle of Barnabas. 1994. *Band II/64.*
Crump, David: Jesus the Intercessor. 1992. *Band II/49.*
Deines, Roland: Jüdische Steingefäße und pharisäische Frömmigkeit. 1993. *Band II/52.*
Dobbeler, Axel von: Glaube als Teilhabe. 1987. *Band II/22.*
Dunn, James D. G. (Hrsg.): Jews and Christians. 1992. *Band 66.*
– Paul and the Mosaic Law. 1996. *Band 89.*
Ebertz, Michael N.: Das Charisma des Gekreuzigten. 1987. *Band 45.*
Eckstein, Hans-Joachim: Der Begriff Syneidesis bei Paulus. 1983. *Band II/10.*
– Verheißung und Gesetz. 1996. *Band 86.*
Ego, Beate: Im Himmel wie auf Erden. 1989. *Band II/34.*
Ellis, E. Earle: Prophecy and Hermeneutic in Early Christianity. 1978. *Band 18.*
– The Old Testament in Early Christianity. 1991. *Band 54.*
Ennulat, Andreas: Die ›Minor Agreements‹. 1994. *Band II/62.*
Ensor, Peter W.: Paul and His ›Work‹. 1996. *Band II/85.*
Feldmeier, Reinhard: Die Krisis des Gottessohnes. 1987. *Band II/21.*
– Die Christen als Fremde. 1992. *Band 64.*
Feldmeier, Reinhard und *Ulrich Heckel* (Hrsg.): Die Heiden. 1994. *Band 70.*
Forbes, Christopher Brian: Prophecy and Inspired Speech in Early Christianity and its Hellenistic Environment. 1995. *Band II/75.*
Fornberg, Tord: siehe *Fridrichsen, Anton.*
Fossum, Jarl E.: The Name of God and the Angel of the Lord. 1985. *Band 36.*
Frenschkowski, Marco: Offenbarung und Epiphanie. Band 1 1995. *Band II/79* – Band 2 1996. *Band II/80.*

Frey, Jörg: Eugen Drewermann und die biblische Exegese. 1995. *Band II/71.*

Fridrichsen, Anton: Exegetical Writings. Hrsg. von C. C. Caragounis und T. Fornberg. 1994. *Band 76.*

Garlington, Don B.: ›The Obedience of Faith‹. 1991. *Band II/38.*

– Faith, Obedience, and Perseverance. 1994. *Band 79.*

Garnet, Paul: Salvation and Atonement in the Qumran Scrolls. 1977. *Band II/3.*

Gräßer, Erich: Der Alte Bund im Neuen. 1985. *Band 35.*

Green, Joel B.: The Death of Jesus. 1988. *Band II/33.*

Gundry Volf, Judith M.: Paul and Perseverance. 1990. *Band II/37.*

Hafemann, Scott J.: Suffering and the Spirit. 1986. *Band II/19.*

– Paul, Moses, and the History of Israel. 1995. *Band 81.*

Heckel, Theo K.: Der Innere Mensch. 1993. *Band II/53.*

Heckel, Ulrich: Kraft in Schwachheit. 1993. *Band II/56.*

– siehe *Feldmeier, Reinhard.*

– siehe *Hengel, Martin.*

Heiligenthal, Roman: Werke als Zeichen. 1983. *Band II/9.*

Hemer, Colin J.: The Book of Acts in the Setting of Hellenistic History. 1989. *Band 49.*

Hengel, Martin: Judentum und Hellenismus. 1969, ³1988. *Band 10.*

– Die johanneische Frage. 1993. *Band 67.*

Hengel, Martin und *Ulrich Heckel* (Hrsg.): Paulus und das antike Judentum. 1991. *Band 58.*

Hengel, Martin und *Hermut Löhr* (Hrsg.): Schriftauslegung im antiken Judentum und im Urchristentum. 1994. *Band 73.*

Hengel, Martin und *Anna Maria Schwemer* (Hrsg.): Königsherrschaft Gottes und himmlischer Kult. 1991. *Band 55.*

– Die Septuaginta. 1994. *Band 72.*

Herrenbrück, Fritz: Jesus und die Zöllner. 1990. *Band II/41.*

Hoegen-Rohls, Christina: Der nachösterliche Johannes. 1996. *Band II/84.*

Hofius, Otfried: Katapausis. 1970. *Band 11.*

– Der Vorhang vor dem Thron Gottes. 1972. *Band 14.*

– Der Christushymnus Philipper 2,6–11. 1976, ²1991. *Band 17.*

– Paulusstudien. 1989, ²1994. *Band 51.*

Hofius, Otfried und *Kammler, Hans-Christian* (Hrsg.): Johannesstudien. 1996. *Band 88.*

Holtz, Traugott: Geschichte und Theologie des Urchristentums. 1991. *Band 57.*

Hommel, Hildebrecht: Sebasmata. Band 1 1983. *Band 31* – Band 2 1984. *Band 32.*

Hvlavik, Reidar: The Struggle of Scripture and Convenant. 1996. *Band II/82.*

Kähler, Christoph: Jesu Gleichnisse als Poesie und Therapie. 1995. *Band 78.*

Kammler, Hans-Christian: siehe *Hofius, Otfried.*

Kamlah, Ehrhard: Die Form der katalogischen Paränese im Neuen Testament. 1964. *Band 7.*

Kim, Seyoon: The Origin of Paul's Gospel. 1981, ²1984. *Band II/4.*

– »The ›Son of Man‹« as the Son of God. 1983. *Band 30.*

Kleinknecht, Karl Th.: Der leidende Gerechtfertigte. 1984, ²1988. *Band II/13.*

Klinghardt, Matthias: Gesetz und Volk Gottes. 1988. *Band II/32.*

Köhler, Wolf-Dietrich: Rezeption des Matthäusevangeliums in der Zeit vor Irenäus. 1987. *Band II/24.*

Korn, Manfred: Die Geschichte Jesu in veränderter Zeit. 1993. *Band II/51.*

Koskenniemi, Erkki: Apollonios von Tyana in der neutestamentlichen Exegese. 1994. *Band II/61.*

Kraus, Wolfgang: Das Volk Gottes. 1996. *Band 85.*

Kuhn, Karl G.: Achtzehngebet und Vaterunser und der Reim. 1950. *Band 1.*

Lampe, Peter: Die stadtrömischen Christen in den ersten beiden Jahrhunderten. 1987, ²1989. *Band II/18.*

Lieu, Samuel N. C.: Manichaeism in the Later Roman Empire and Medieval China. ²1992. *Band 63.*

Löhr, Hermut: siehe *Hengel, Martin.*

Löhr, Winrich Alfried: Basilides und seine Schule. 1995. *Band 83.*

Maier, Gerhard: Mensch und freier Wille. 1971. *Band 12.*
– Die Johannesoffenbarung und die Kirche. 1981. *Band 25.*
Markschies, Christoph: Valentinus Gnosticus? 1992. *Band 65.*
Marshall, Peter: Enmity in Corinth: Social Conventions in Paul's Relations with the
   Corinthians. 1987. *Band II/23.*
Meade, David G.: Pseudonymity and Canon. 1986. *Band 39.*
Meadors, Edward P.: Jesus the Messianic Herald of Salvation. 1995. *Band II/72.*
Mell, Ulrich: Die »anderen« Winzer. 1994. *Band 77.*
Mengel, Berthold: Studien zum Philipperbrief. 1982. *Band II/8.*
Merkel, Helmut: Die Widersprüche zwischen den Evangelien. 1971. *Band 13.*
Merklein, Helmut: Studien zu Jesus und Paulus. 1987. *Band 43.*
Metzler, Karin: Der griechische Begriff des Verzeihens. 1991. *Band II/44.*
Metzner, Rainer: Die Rezeption des Matthäusevangeliums im 1. Petrusbrief. 1995.
   Band II/74.
Niebuhr, Karl-Wilhelm: Gesetz und Paränese. 1987. *Band II/28.*
– Heidenapostel aus Israel. 1992. *Band 62.*
Nissen, Andreas: Gott und der Nächste im antiken Judentum. 1974. *Band 15.*
Noormann, Rolf: Irenäus als Paulusinterpret. 1994. *Band II/66.*
Obermann, Andreas: Die christologische Erfüllung der Schrift im Johannesevangelium. 1996.
   Band II/83.
Okure, Teresa: The Johannine Approach to Mission. 1988. *Band II/31.*
Park, Eung Chun: The Mission Discourse in Matthew's Interpretation. 1995.
   Band II/81.
Philonenko, Marc (Hrsg.): Le Trône de Dieu. 1993. *Band 69.*
Pilhofer, Peter: Presbyteron Kreitton. 1990. *Band II/39.*
– Philippi. Band 1 1995. *Band 87.*
Pöhlmann, Wolfgang: Der Verlorene Sohn und das Haus. 1993. *Band 68.*
Probst, Hermann: Paulus und der Brief. 1991. *Band II/45.*
Räisänen, Heikki: Paul and the Law. 1983, ²1987. *Band 29.*
Rehkopf, Friedrich: Die lukanische Sonderquelle. 1959. *Band 5.*
Rein, Matthias: Die Heilung des Blindgeborenen (Joh 9). 1995. *Band II/73.*
Reinmuth, Eckart: Pseudo-Philo und Lukas. 1994. *Band 74.*
Reiser, Marius: Syntax und Stil des Markusevangeliums. 1984. *Band II/11.*
Richards, E. Randolph: The Secretary in the Letters of Paul. 1991. *Band II/42.*
Riesner, Rainer: Jesus als Lehrer. 1981, ³1988. *Band II/7.*
– Die Frühzeit des Apostels Paulus. 1994. *Band 71.*
Rissi, Mathias: Die Theologie des Hebräerbriefs. 1987. *Band 41.*
Röhser, Günter: Metaphorik und Personifikation der Sünde. 1987. *Band II/25.*
Rose, Christian: Die Wolke der Zeugen. 1994. *Band II/60.*
Rüger, Hans Peter: Die Weisheitsschrift aus der Kairoer Geniza. 1991. *Band 53.*
Sänger, Dieter: Antikes Judentum und die Mysterien. 1980. *Band II/5.*
– Die Verkündigung des Gekreuzigten und Israel. 1994. *Band 75.*
Salzmann, Jorg Christian: Lehren und Ermahnen. 1994. *Band II/59.*
Sandnes, Karl Olav: Paul – One of the Prophets? 1991. *Band II/43.*
Sato, Migaku: Q und Prophetie. 1988. *Band II/29.*
Schaper, Joachim: Eschatology in the Greek Psalter. 1995. *Band II/76.*
Schimanowski, Gottfried: Weisheit und Messias. 1985. *Band II/17.*
Schlichting, Günter: Ein jüdisches Leben Jesu. 1982. *Band 24.*
Schnabel, Eckhard J.: Law and Wisdom from Ben Sira to Paul. 1985. *Band II/16.*
Schutter, William L.: Hermeneutic and Composition in I Peter. 1989.
   Band II/30.
Schwartz, Daniel R.: Studies in the Jewish Background of Christianity. 1992.
   Band 60.
Schwemer, Anna Maria: siehe *Hengel, Martin*
Scott, James M.: Adoption as Sons of God. 1992. *Band II/48.*
– Paul and the Nations. 1995. *Band 84.*

Siegert, Folker: Drei hellenistisch-jüdische Predigten. Teil I 1980. *Band 20* – Teil II 1992.
    Band 61.
– Nag-Hammadi-Register. 1982. *Band 26.*
– Argumentation bei Paulus. 1985. *Band 34.*
– Philon von Alexandrien. 1988. *Band 46.*
Simon, Marcel: Le christianisme antique et son contexte religieux I/II. 1981. *Band 23.*
Snodgrass, Klyne: The Parable of the Wicked Tenants. 1983. *Band 27.*
Söding, Thomas: siehe *Thüsing, Wilhelm.*
Sommer, Urs: Die Passionsgeschichte des Markusevangeliums. 1993. *Band II/58.*
Spangenberg, Volker: Herrlichkeit des Neuen Bundes. 1993. *Band II/55.*
Speyer, Wolfgang: Frühes Christentum im antiken Strahlungsfeld. 1989. *Band 50.*
Stadelmann, Helge: Ben Sira als Schriftgelehrter. 1980. *Band II/6.*
Strobel, August: Die Stunde der Wahrheit. 1980. *Band 21.*
Stuckenbruck, Loren T.: Angel Veneration and Christology. 1995. *Band II/70.*
Stuhlmacher, Peter (Hrsg.): Das Evangelium und die Evangelien. 1983. *Band 28.*
Sung, Chong-Hyon: Vergebung der Sünden. 1993. *Band II/57.*
Tajra, Harry W.: The Trial of St. Paul. 1989. *Band II/35.*
– The Martyrdom of St. Paul. 1994. *Band II/67.*
Theißen, Gerd: Studien zur Soziologie des Urchristentums. 1979, [3]1989. *Band 19.*
Thornton, Claus-Jürgen: Der Zeuge des Zeugen. 1991. *Band 56.*
Thüsing, Wilhelm: Studien zur neutestamentlichen Theologie. Hrsg. von Thomas Söding.
    1995. *Band 82.*
Twelftree, Graham H.: Jesus the Exorcist. 1993. *Band II/54.*
Visotzky, Burton L.: Fathers of the World. 1995. *Band 80.*
Wagener, Ulrike: Die Ordnung des »Hauses Gottes«. 1994. *Band II/65.*
Wedderburn, A. J. M.: Baptism and Resurrection. 1987. *Band 44.*
Wegner, Uwe: Der Hauptmann von Kafarnaum. 1985. *Band II/14.*
Welck, Christian: Erzählte ›Zeichen‹. 1994. *Band II/69.*
Wilson, Walter T.: Love without Pretense. 1991. *Band II/46.*
Zimmermann, Alfred E.: Die urchristlichen Lehrer. 1984, [2]1988. *Band II/12.*

Einen Gesamtkatalog erhalten Sie gern vom Verlag
J. C. B. Mohr (Paul Siebeck), Postfach 2040, D-72010 Tübingen

DATE DUE

			Printed in USA